PFERDERECHT
KOMPAKT, VERSTÄNDLICH, PRAXISNAH

Jost Appel

PFERDERECHT
KOMPAKT, VERSTÄNDLICH, PRAXISNAH

Impressum

Copyright © 2015
by Cadmos Verlag, Schwarzenbek

Titelgestaltung und Layout:
ravenstein2.de
Satz:
Das Agenturhaus, München
Titelbild:
Jost Appel
Fotos:
Jost Appel, shutterstock.com,
Christiane Slawik, Mike Wallrafen,
Krzysztof Ziemianski
Lektorat:
Maren Müller

Druck: Westermann Druck, Zwickau

Deutsche Nationalbibliothek –
CIP-Einheitsaufnahme
Die Deutsche Nationalbibliothek verzeichnet
diese Publikation in der Deutschen National-
bibliografie; detaillierte bibliografische Daten
sind im Internet über http://dnb.ddb.de
abrufbar.

ISBN: 978-3-8404-1061-1

Haftungsauschluss

Autor und Verlag weisen darauf hin, dass die
in diesem Buch enthaltenen Beiträge entweder
die Sichtweise einzelner Gerichte darstellen oder
Übersichten zu derzeitigen Rechtsmeinungen
ohne Anspruch auf Vollständigkeit oder auf über
den Erscheinungstag hinausgehende Aktualität.
Die Beiträge geben einen rechtlichen Überblick,
aber sind weder dafür gedacht noch dazu geeignet,
als rechtliche Beurteilung konkreter Sachverhalte
zu dienen. Scheinbar unbedeutende Sachverhalts-
varianten können in rechtlicher Hinsicht große
Unterschiede bedeuten. Bitte betrachten Sie
deshalb die Beiträge lediglich als Anregungen
und fragen Sie einen Rechtsanwalt, wenn ein
konkreter Einzelfall zu beurteilen ist.

Alle Angaben in diesem Buch erfolgen trotz sorgfältiger Bearbeitung ohne Gewähr. Eine Haftung
des Autors und/oder des Verlags ist ausgeschlossen.

[Foto: shutterstock.com/StockLite]

INHALT

[Foto: shutterstock.com/Andriy Solovyov]

ABKÜRZUNGSVERZEICHNIS

ADMR	Anti-Doping und Medikamenten kontroll-Regeln
AG	Amtsgericht
AGB	Allgemeine Geschäftsbedingungen
AKU	Ankaufsuntersuchung
ArbG	Arbeitsgericht
BauGB	Baugesetzbuch
BauNVO	Baunutzungsverordnung
BBodSchG	Bundesbodenschutzgesetz
BFH	Bundesfinanzhof
BG	Berufsgenossenschaft
BGB	Bürgerliches Gesetzbuch
BGH	Bundesgerichtshof
BVerwG	Bundesverwaltungsgericht
BWaldG	Bundeswaldgesetz
EStG	Einkommensteuergesetz
EU	Europäische Union
EuGH	Europäischer Gerichtshof
EuGVVO	Verordnung über die gerichtliche Zuständigkeit und die Anerkennung und Vollstreckung von Entscheidungen in Zivil- und Handelssachen
EuVTVO	Verordnung zur Einführung eines europäischen Vollstreckungstitels für unbestrittene Forderungen
FEI	Fédération Équestre Internationale
ff.	fortfolgende
FG	Finanzgericht
FN	Fédération Équestre Nationale/ Deutsche Reiterliche Vereinigung e.V.
GOT	Gebührenordnung für Tierärzte
HGB	Handelsgesetzbuch
KG	Kammergericht
LG	Landgericht
LSG	Landessozialgericht
OCD	Osteochondrosis dissecans, eine Wachstumsstörung der Gelenke (Chips)
OLG	Oberlandesgericht
OP	Operation
OVG	Oberverwaltungsgericht
ProdHaftG	Produkthaftungsgesetz
SG	Sozialgericht
StGB	Strafgesetzbuch
STVO	Straßenverkehrsordnung
TierZG	Tierzuchtgesetz
TierSchG	Tierschutzgesetz
TSchTrV	Tierschutztransportverordnung
UStG	Umsatzsteuergesetz
VE	Vieheinheiten
VG	Verwaltungsgericht
VGH	Verwaltungsgerichtshof
ZBO	Zuchtbuchordnung
ZPO	Zivilprozessordnung

ZUM GELEIT

Als ich Jost kennenlernte, kreuzten sich die Wege zweier Pferdebegeisterten und ich durfte feststellen, dass es noch jemanden gibt, der hippologisch so vielseitig interessiert ist und gleich „tickt" wie ich selbst. Dass dieser Jemand neben aktivem Pferdesport und Pferdezucht obendrein leidenschaftlich das Pferderecht bearbeitet, war mir bis dahin noch nie begegnet. Damit begann eine Kooperation der besonderen Art. War ich als Rechtsanwältin schon immer ausgerichtet auf Rechtsberatung und anwaltliche Vertretung vor Gericht, zeigte mir Jost als diplomierter Wirtschaftsjurist mit seiner unkonventionellen und kreativen Art, dass es neben der reinen anwaltlichen Arbeit auch noch ein ganz anderes juristisches Arbeiten im Pferderecht gibt: Seine hippologischen Gutachten und speziell seine Aufsätze, Kommentare und Publikationen zu allen Themen des Pferderechts sind griffig, kompakt, verständlich und – ganz wichtig: lesenswert für Nichtjuristen. Jost schafft es immer,

[Foto: Archiv Appel]

einen juristischen Sachverhalt auf das Wesentliche und Spannende zu reduzieren. Seinem Ziel, allen, die mit Pferden zu tun haben, zu vermitteln, dass im Pferderecht Vorsorge besser als Nachsorge ist und gar nicht so schwer zu verstehen, kommt er sicherlich mit diesem Buch wieder ein Stück näher. Ich wünsche ihm auch für die Zukunft viel Kreativität und Lust zum Schreiben, und das nicht nur als seine juristische Kooperationspartnerin, sondern auch und vor allem als seine Ehefrau.

Solms, im September 2015
Urte Appel, Spezialanwältin für Pferderecht und Pferdewirtschaftsmeisterin

VORWORT DES AUTORS

[Foto: Archiv Appel]

„Warum soll ich mich selbst mit dem Pferderecht beschäftigen", fragen Sie sich vielleicht, „schließlich gibt es Anwälte für den Fall der Fälle. Und zur Not frage ich meinen Stallnachbarn, der hat immer einen guten Tipp parat." Ganz einfach, es geht um Ihr Recht und damit fast immer auch um Ihr Geld. „Aber", werden Sie einwenden, „juristisch Geschriebenes ist doch schwer verdauliche Kost, trocken, unverständlich und das Ganze noch klein geschrieben auf ungebleichtem Papier."

Der erste Beweis, dass es nicht so sein muss, ist, dass Sie dieses Buch schon in der Hand halten. Es hat Sie „angesprochen", und damit ist der erste Schritt getan. Dass es jetzt noch für Sie lesenswert und verständlich ist, dafür stehe ich gerade. Ich möchte keinen Hobbyjuristen aus Ihnen machen, doch es gibt mindestens zwei gute Gründe, warum Sie sich mit dem Thema anfreunden sollten: Zum einen möchten Sie vermeiden, dass ein Problem, das Sie hätten vorhersehen können, überhaupt zu einem Rechtsfall wird. Zum anderen möchten Sie, falls Sie doch einen Anwalt benötigen sollten oder es gar vor Gericht geht, dass Ihre Interessen bestmöglich vertreten werden und Sie Ihren Fall idealerweise auch gewinnen.

Stellen Sie sich einmal eines der folgenden Szenarien vor: Sie haben ein Pferd gekauft und es stellt sich heraus, dass es ein Sommerekzem hat. Erfahrungsgemäß sagt der Verkäufer: „Das hat er bei mir aber noch nicht gehabt." Oder Sie haben ein problemloses und gut gerittenes Pferd verkauft, zu dem Ihnen der Käufer einige Monate nach dem Verkauf mitteilt, es wäre unreitbar, würde ständig bocken und er wolle es zurückgeben. Hätten Sie sich ein wenig eingelesen und in einem fundierten Vertrag eine entsprechende Klausel verankert, wäre das Thema mehr oder weniger vom Tisch. Nun haben Sie aber einen Feld-, Wald- und Wiesenvertrag abgeschlossen, und spätestens, wenn vonseiten Ihres Vertragspartners ein Anwalt ins Spiel kommt, bleibt Ihnen nur noch, einen eigenen Anwalt zu bemühen.

Sie sitzen nun beim Anwalt und alles rauscht nur so an Ihnen vorbei. Sie denken über den letzten Satz des Anwalts nach, aber bevor Sie Ihre Gedanken geordnet haben, stürzen schon die nächsten Paragrafen, juristischen Worthülsen und verschachtelten Sätze auf Sie ein. „Jetzt nur nicht zeigen, dass ich kaum etwas verstanden habe", schießt es Ihnen durch den Kopf. Und nun kommt es zu einer überhaupt nicht untypischen Szene in den deutschen Anwaltskanzleien: Sie nicken und tun so, als wäre alles klar. „Mein Anwalt hat Jura studiert, ich bezahle ihn dafür und er wird's schon richten", denken Sie. Aber das Richten ist nun mal, wie der Name schon sagt, Aufgabe des Richters. Lassen Sie es nicht so weit kommen.

Ihr Anwalt muss für eine erfolgreiche Strategie, um Ihnen zu Ihrem Recht zu verhelfen, einen Spannungsbogen zwischen Ihrem Pferdewissen und seinem juristischen Sachverstand aufbauen. Ihre Erfolgsaussichten sind um ein Vielfaches höher, wenn Sie auf Augenhöhe mit Ihrem Anwalt sprechen können. Denn im schlimmsten Fall haben Sie einen Anwalt gefunden, der Pferde nur von Bildern kennt, mit etwas Glück einen, der sich schon ein wenig mit dem Pferderecht beschäftigt hat, und im Idealfall einen Anwalt, der seit mehreren Jahren überwiegend Mandate im Pferderecht hat.

Und hier schon mein erster Rechtspfad-Tipp, einer von vielen, die sich wie ein roter Faden durchs Buch ziehen.

RECHTSPFAD-TIPP

Scheuen Sie sich nicht, die Spezialisierung Ihres Anwalts in Richtung Pferderecht zu hinterfragen. Stellen Sie unverblümt Fragen zu seinem hippologischen Hintergrund. Holen Sie sich per Internet entsprechende Informationen. Hat Ihr Anwalt wirklich selbst etwas mit Pferden zu tun, hat er sich dahingehend fortgebildet, hat er Rechtsbeiträge in Fachzeitschriften verfasst? Vergessen Sie nicht, es geht um Ihr Recht und Ihr Geld.

Ob Sie nun dieses Buch bei akutem Bedarf aus der Schublade ziehen, ob Sie nur gelegentlich darin stöbern oder ob Sie sich das Buch als wissenswerte und unterhaltsame Lektüre zu Gemüte führen: In allen drei Fällen wird es Ihnen eine große Hilfe sein. Begeben Sie sich mit mir auf die spannende Reise durchs Pferderecht. Mein Anliegen war es, dieses komplexe Thema für Sie verständlich aufzubereiten und mithilfe von Gerichtsurteilen und Rechtstipps praxisnah zu Papier zu bringen.

Viel Spaß beim Lesen wünscht Ihnen

Ihr

Jost Appel

[Foto: Archiv Appel]

[Foto: Jost Appel]

KAPITEL I:
PFERDEKAUFRECHT

Pferdekaufvertrag

Dass aus Kaufverträgen nicht nur Rechte, sondern ebenfalls Pflichten resultieren, wird beim Pferdekauf sowohl auf Verkäufer- als auch auf Käuferseite immer wieder nicht ganz so ernst genommen. Kaum zu glauben, aber in der Praxis kommt es nicht selten vor, dass schon mal „vergessen" wird, das **Pferd zu übergeben** oder den **Kaufpreis zu bezahlen**. Beides sind die Hauptpflichten beim Pferdekaufvertrag.

Erfolgt die Kaufpreiszahlung nicht wie vereinbart, kann der Verkäufer den noch offenen Kaufpreis nebst Zinsen seit Fälligkeit der Zahlung einklagen. In der Zwischenzeit darf er das Pferd zurückbehalten und der Käufer muss die für das Pferd in dieser Zeit anfallenden Kosten ersetzen.

Die fehlende oder verspätete Übergabe des Pferdes beinhaltet noch erheblich mehr Streitpotenzial. Denn spätestens mit der Übergabe geht nicht nur die Haftung, sondern vor allem auch die sogenannte **Gefahr des Pferdes** auf den Käufer über. Gemeint ist damit das Risiko, dass sich das verkaufte Pferd verletzt oder gar stirbt, ohne dass für einen derartigen „zufälligen Untergang" irgendjemanden ein Verschulden trifft. Wird das verkaufte Pferd also entgegen der vertraglichen Vereinbarung verspätet übergeben und kommt es in der Zwischenzeit zu solch einem Schaden, geht dies zulasten des Verkäufers.

Als Verkäufer sollten Sie in diesem Zusammenhang der Versuchung widerstehen, ein bereits verkauftes **Pferd ein weiteres Mal zu verkaufen** und an einen zweiten Kaufinteressenten zu übergeben, weil Sie dadurch einen höheren Verkaufspreis erzielen könnten. Zwar hat der übergangene Erstkäufer dann gegenüber dem Zweitkäufer keinen Anspruch auf Herausgabe des Pferdes, sehr wohl aber einen Schadensersatzanspruch gegenüber Ihnen als Verkäufer. Er besteht der Höhe nach aus der Differenz des vereinbarten Kaufpreises zu dem von einem Sachverständigen zu ermittelnden Kaufpreis für die Neubeschaffung eines gleichartigen Pferdes.

Sie merken schon: Als Jurist geht man naturgemäß davon aus, dass beim Pferdekaufvertrag irgendetwas schiefgeht. Dabei gibt es doch im Internet Tipps und Downloads bis zum Abwinken, sagen Sie sich. Im Prinzip ja, doch wie so oft liegt die Schwierigkeit im Detail. Mit vielen der im Internetdschungel zu findenden Musterverträge inklusive guter Ratschläge von Halbwissenden bewegt man sich auf dünnem Eis. Da hilft zunächst nur eins: sich selbst einlesen.

AUFKLÄRUNGSPFLICHTEN VOR DEM VERTRAGSABSCHLUSS

Bevor Sie den angestrebten Pferdekaufvertrag abschließen, werden in aller Regel Verhandlungen in Form von Verkaufsgesprächen oder E-Mail-Verkehr stattfinden. Üblicherweise dürfen Sie als Käufer dabei alle Informationen erwarten, die Ihnen zur Entscheidungsfindung dienen. Als Verkäufer müssen Sie hier deshalb die sogenannten „vorvertraglichen Aufklärungspflichten" beachten, die sich aus dem Grundsatz von Treu und Glauben nach § 242 BGB ergeben.

Aufklärungspflicht über
die bloße Beschaffenheit hinaus

Doch Achtung: Dabei geht es gerade nicht um die bloße Aufklärung über die Eigenschaften des Pferdes, also darüber, ob ein Pferd koppt oder webt oder wie weit es ausgebildet ist. Denn Derartiges gehört zur Vereinbarung der Beschaffenheit, und wenn dabei ein Mangel am Pferd vorliegt, wird dieser Mangel ja über die Sachmängelhaftung und die Möglichkeit von Nacherfüllung, Rücktritt oder Minderung erfasst. Die weitergehende Aufklärungspflicht bezieht sich dagegen auf Umstände außerhalb der Beschaffenheitsvereinbarung, und zwar solche, die die Entscheidungsfindung für den Kauf gebildet haben oder beeinträchtigt hätten, so das OLG Stuttgart 2010.

Der Unterschied ist äußerst **wesentlich für die Frage der Verjährung** von Ansprüchen eines Käufers (› Seite 24 f.). Denn für Sachmängel haftet der Verkäufer, wenn dies nicht anders vereinbart ist, ab Übergabe des Pferdes zwei Jahre, während die Verjährungsfrist aus Verletzung vorvertraglicher Auskunftspflichten erheblich länger ist, nämlich drei Jahre ab Kenntnis der Aufklärungspflichtverletzung – und damit bis zu 30 Jahre nach Kaufvertragsabschluss.

Außerdem braucht der Käufer den Verkäufer bei Aufklärungspflichtverletzungen anders als bei Sachmängeln **nicht erst zur Nacherfül-** **lung aufzufordern**, sondern kann direkt Schadensersatz verlangen. In einem vom BGH 2008 dazu entschiedenen Pferdefall ging es um einen „residualen Kryptorchiden", dem bei der Kastration das Hodengewebe nicht vollständig entfernt worden war. Weil der Verkäufer diesen Umstand dem Käufer nicht offenbart hatte, konnte dieser den Kaufpreis ohne Aufforderung zur Nachbesserung im Wege des Schadensersatzes mindern.

Grundlegende Urteile zur Aufklärungspflicht ergingen 2009 vom BGH und 2011 vom Brandenburgischen OLG. In beiden Fällen lag ein Verstoß gegen die vorvertragliche Aufklärungspflicht vor, da der Verkäufer eines Fahrzeugs den Käufer nicht über den Voreigentümer aufgeklärt hatte, der Mietwagenunternehmer war. Überträgt man dies auf die Aufklärungspflicht beim Pferdekauf, müssen Sie als Verkäufer zum Beispiel auch darüber aufklären, wenn das zu verkaufende Pferd jahrelang in einem Verleihbetrieb lief oder bekanntermaßen unter desolaten Bedingungen aufgezogen wurde. Gleiches dürfte gelten, wenn Ihnen ein vorangegangener Rennbahneinsatz bekannt ist oder eine Kette von Vorbesitzern, die sich sämtlich an dem zu verkaufenden Pferd bereits vergeblich versucht hatten. Denn solche Informationen könnten für viele ein Entscheidungsgrund sein, das besagte Pferd nicht zu erwerben.

Über den Rennbahneinsatz eines Pferdes ist vor Vertragsschluss aufzuklären. [Foto: Krzysztof Ziemianski]

Verletzungen der Aufklärungspflicht gehen oft einher mit der Frage, ob darüber hinaus eine arglistige Täuschung vorliegt (› Seite 54 f.). Bedeutung hat dies beim Pferdekauf häufig, wenn es um zurückliegende tierärztliche Behandlungen oder Operationen geht. Als Verkäufer sollten Sie sich dabei über die Tragweite der Aufklärungspflicht im Klaren sein. So reicht es beispielsweise nach Ansicht des LG Kleve im Jahr 2002 nicht, dem Käufer mitzuteilen, wenn das zu verkaufende Pferd einen Chip hat, sondern Sie haben gleichfalls **über eine durchgeführte Chip-Operation aufzuklären**, auch wenn der Fremdkörper erfolgreich entfernt worden ist. Sinngemäß urteilte so auch das LG Gießen 2007, als ein Pferdeverkäufer den Käufer nicht über einen dreiwöchigen Klinikaufenthalt zur Behandlung einer Kiefernebenhöhlenentzündung mit einhergehendem Aufbohren der Stirn aufgeklärt hatte.

Aber alles hat seine Grenzen. Sie als Käufer und aufklärungsbedürftige Partei dürfen in rechtlicher Hinsicht nicht erwarten, dass Ihnen der Verkäufer sämtliche Informationen quasi auf dem Silbertablett serviert. Denn den Käufer trifft auch die **Pflicht, selbst nachzufragen,** wenn objektive, sachlogische Gründe gegeben sind. Ebenso müssen Sie als Käufer mit den Ihnen persönlich zumutbaren und zur Verfügung stehenden Möglichkeiten die erforderlichen Informationen selbst ermitteln. Beispielsweise können Sie, wenn Sie ein Pferd von einer Tierschutzrettung kaufen und sich über seinen Werdegang nicht informieren, später nicht behaupten, dass die Aufklärungspflicht über die vorangegangenen Haltungsbedingungen verletzt worden sei.

Schadensersatz bei Verletzung der Aufklärungspflicht

Liegt ein Verstoß gegen die vorvertragliche Aufklärungspflicht vor, steht dem Geschädigten ein Wahlrecht zu. Zum einen kann er die **Aufhebung und Rückabwicklung des Pferdekaufvertrags** verlangen. Er kann dann gegen Rückgabe des Pferdes die Rückzahlung des Kaufpreises sowie den Ausgleich aller für das Pferd getragenen nutzlosen Aufwendungen verlangen, und zwar drei Jahre ab Kenntnis der Aufklärungspflichtverletzung.

Oder der Geschädigte kann, falls er den Vertrag bestehen lassen will, die **Anpassung des Vertrags** verlangen. Er ist dann vertraglich so zu stellen, wie er stünde, wenn er die Vereinbarung nach ordnungsgemäßer Aufklärung geschlossen hätte. Hierbei ist davon auszugehen, dass es dem geschädigten Pferdekäufer bei ordnungsgemäßer Auskunft gelungen wäre, den Vertrag zu angemessenen Konditionen, also regelmäßig zu einem geringeren Preis, abzuschließen. Dies gilt selbst dann, wenn feststeht, dass sich der Verkäufer unter diesen Umständen auf den Vertrag gar nicht eingelassen hätte.

ONLINEVORDRUCKE: EINFACH, ABER NICHT UNPROBLEMATISCH

Man ist sich einig und nun soll ein schriftlicher Pferdekaufvertrag geschlossen werden. Sie wollen jedoch keinen Kaufvertrag selbst entwerfen, sondern stehen eher auf „Fertiggerichte"? Dann greifen Sie bitte nur dort zu, wo fundiertes Pferderechtswissen drinsteckt, nämlich beim ausgewiesenen Pferderechtsspezialisten. Wichtig ist auch die Aktualität. Nicht selten erscheinen bei Suchergebnissen im Internet Vertragsvorlagen, die schon längst juristisch überholt sind.

Eine aktuelle Kaufvertragsvorlage finden Sie auch im Anhang dieses Buches (› Seite 220 ff.).

Teilweise Unwirksamkeit von Formularverträgen

Mit den vorformulierten Kaufverträgen sind wir schon beim ersten Stolperstein, der vor

Ihnen liegen könnte. Das betrifft Sie als Käufer ebenso wie als Verkäufer. Denn egal, wo und wie Sie sich einen solchen Vordruck besorgt haben – es handelt sich dabei in aller Regel um einen sogenannten Formularvertrag. Was sich zunächst nicht schlimm anhört, hat einen großen juristischen Haken: Weil solche Verträge Vorformulierungen enthalten, befinden Sie sich plötzlich auf dem Kriegsschauplatz der Allgemeinen Geschäftsbedingungen, auch AGB genannt; Sie haben es also mit dem **berühmten Kleingedruckten** zu tun. Werden nämlich die einzelnen Vertragsbestimmungen nicht auch im Einzelnen individuell ausgehandelt, sondern von Ihnen in Form einer fertigen Vorlage der anderen Vertragspartei vorgegeben, liegen in aller Regel AGB im Rechtssinne vor.

Die Folge ist, dass das eigentlich Gewollte oft zumindest teilweise unwirksam ist, weil nämlich für AGB **umfangreiche Klauselverbote** gelten, die in den §§ 305 bis 310 BGB festgehalten sind. Zudem gehen Unklarheiten und Zweifel anders als bei „normalen Verträgen" immer zulasten desjenigen, der den Formularvertrag gestellt hat.

Eine Entscheidung des BGH aus 2013 zu Klauselverboten bei Onlineverträgen im Autokauf betrifft Pferde-Formularkaufverträge inhaltlich gleichermaßen. Findet sich in einem solchen Formularvertrag etwa eine Verjährungsverkürzung für Sachmängelrechte unterhalb der gesetzlichen Zweijahresfrist oder gar ein gänzlicher Ausschluss der Gewährleistungsrechte, muss für eine solche Verjährungs- oder Haftungserleichterung gleichzeitig die Einschränkung im Vertrag enthalten sein, dass sie nicht Ansprüche wegen Schäden aus der Verletzung des Lebens, des Körpers oder der Gesundheit betrifft, die auf einer mindestens fahrlässigen Pflichtverletzung des Verkäufers beruhen. Andernfalls ist die gesamte Klausel danach unwirksam.

 RECHTSPFAD-TIPP

Nehmen Sie die Vorlage eines Pferderechtsspezialisten als roten Faden für Ihren gemeinsamen Vertragsentwurf. Gehen Sie jeden einzelnen Punkt mit Ihrem Vertragspartner durch, sodass beide Parteien alle Punkte verstehen und über das Einfügen in den Vertrag für sich entscheiden können. Halten Sie alles individuell Vereinbarte zumindest als handschriftlichen Zusatz am Ende des Vertragsvordrucks fest. **Noch besser:** Formulieren Sie den Vertrag insgesamt als neues Schriftstück!

Wann Verträge Allgemeine Geschäftsbedingungen sind

Eine Vorformulierung liegt nach einer Entscheidung des BGH aus 2009 im Übrigen schon dann vor, wenn der Verwender eines Vertragsformulars nur beabsichtigt, die Vorformulierung **mindestens dreimal zu verwenden**. Getoppt hat dies noch das OLG Koblenz. Es urteilte 2010, dass derjenige, der sich darauf beruft, dass der andere Vertragspartner unwirksame AGB verwendet hat, dies durch Vorlage von nur einem (!) weiteren gleichlautenden Vertrag beweisen kann. Im Ergebnis bedeutet dies, dass man heute bereits bei zwei gleichlautenden Verträgen von AGB sprechen kann.

Die wahrscheinliche Konsequenz im Streitfall vor Gericht, jedenfalls dann, wenn der Gegenanwalt fit im AGB-Recht ist: Der Richter wird Klauseln, die unter die Klauselverbote fallen, für nicht wirksam erachten. Trost mag sein, dass der Rest des Vertrags in solch einem Fall in aller Regel weiterhin gültig bleibt.

Als privater Käufer oder Verkäufer wähnen Sie sich möglicherweise jetzt in Sicherheit und nehmen an, dass doch nur bei gewerblichen Verkäufern von der Verwendung von AGB ausgegangen werden kann. Das ist jedoch unrichtig. Ein böses Erwachen hatte beispielsweise ein

Privatverkäufer, der beim Verkauf seines Gebrauchtwagens an einen ebenfalls privaten Käufer seine Gewährleistung für etwaige Mängel des Fahrzeugs ausschließen wollte. Die Vertragsparteien verwendeten einen **vorformulierten Vertrag aus dem Internet,** den der private Verkäufer von dort heruntergeladen hatte. Er wurde deshalb vom OLG Oldenburg in einer Entscheidung aus 2011 als Verwender von AGB angesehen – mit der Folge, dass der Gewährleistungsausschluss als unwirksam betrachtet wurde und er zwei Jahre lang für Mängel seines Gebrauchtwagens haften musste. Dass auch bei Verkäufen von privat an privat immer derjenige, der den Formularvertrag stellt, unwirksame Klauseln gegen sich gelten lassen muss, bestätigte im gleichen Jahr das LG Verden.

MÜNDLICHER VERTRAG – NICHT OHNE MEINEN ZEUGEN

Sie verwenden als Verkäufer und Käufer nicht einen individuell auf den Pferdekauf abgestimmten Vertrag und auch keinen Formularvertrag? Dann gibt es für ganz Risikofreudige, zu denen Sie

hoffentlich nicht gehören, noch den – gesetzlich erlaubten – mündlich geschlossenen Kaufvertrag.

Spätestens jedoch, wenn beim Pferd das erste Problem am Horizont auftaucht, erscheinen oftmals zeitgleich Zeugen auf der Bildfläche, die Kaufvertragsinhalte des mündlichen Kaufvertrags zu Ihren Lasten bezeugen können oder sollen. Pech gehabt haben Sie, wenn Sie beim mündlichen Kaufvertragsabschluss alleine waren, denn dann können Sie im Fall eines Rechtsstreits nicht beweisen, was beim Pferdekauf tatsächlich vereinbart worden war. Beim Pferdekaufvertrag gilt deshalb wie so oft das Sprichwort **„Wer schreibt, der bleibt".**

BESCHAFFENHEITSVEREINBARUNG

Größtes Augenmerk sollten Sie als Beteiligter des Kaufvertrags auf die vertraglich gewünschte Beschaffenheit des Pferdes legen.

Was sich so einfach anhört, gestaltet sich in der Praxis oftmals schwierig. Denn nach § 90a BGB wird das **Pferd grundsätzlich erst einmal wie eine Sache** angesehen – und damit rechtlich nicht unwesentlich

Der berühmte Handschlag gibt dem Pferdekauf lediglich eine nostalgische Note, juristisch gesehen hat er allenfalls eine Indizwirkung.
[Foto: shutterstock.com/Yeko Photo Studio]

anders als ein Kühlschrank. Da es aber kein Typenschild mit Leistungskennzahlen und Baujahr trägt und als Lebewesen von Geburt an bezüglich Leistung, Charakter, Gesundheit und Nutzung wesentlich vom Menschen beeinflusst ist, wird beim Pferd häufig „die Katze im Sack" gekauft.

Beschaffenheitsvorgabe in drei Stufen

Zwischen den Vertragsparteien kann eine Beschaffenheitsvereinbarung hinsichtlich der Rasse und des äußeren Erscheinungsbilds, des gesundheitlichen Zustands, Ausbildungsstands, Sozialverhaltens oder jedweder beliebiger anderer Merkmale und Auffälligkeiten eines Pferdes erfolgen. Das bedeutet gemäß der Vorschrift des § 434 BGB für Sie, dass ein Pferd nur dann frei von Sachmängeln ist, wenn es bei Gefahrübergang auf den Käufer die (mündlich oder schriftlich) **vereinbarte Beschaffenheit hat**.

Wie weit die Vereinbarung geht, muss aber häufig ausgelegt werden. Beispielsweise kann die Beschreibung „sehr gut ausgebildet" dem Käufer durchaus etwas anderes suggerieren als das, was der Verkäufer damit sagen wollte. Das LG Coburg ermittelte hier 2005 die genaue Bedeutung dessen, was gewollt war, und kam zu dem Ergebnis, dass die Vereinbarung des guten Ausbildungsstands speziell für das Westernreiten getroffen worden war. Es konkretisierte, dass dieser nicht auf andere Reitweisen verallgemeinert werden könne und verneinte deshalb einen behaupteten Mangelanspruch der Käuferin.

Auch in einem Fall, in dem es um den Verkauf eines hochpreisigen, „als Springpferd geeigneten" Pferdes an einen 68-jährigen erfahrenen Reiter ging, entschied das LG Stade 2004 für den Verkäufer. Das Gericht legte diese Beschaffenheitsvereinbarung wie folgt aus: „Der Verkäufer schuldet nicht die Lieferung eines Pferdes, welches praktisch ohne Anleitung unabhängig vom Verhalten seines Reiters jeden Parcours springt. Der Verkäufer darf aufgrund der Erfahrung des Käufers und dessen Kaufvorstellungen davon ausgehen, dass es sich um einen geübten Reiter handelt, der ein Pferd mit der entsprechenden Hilfengebung reiten und springen kann. Diese Vorgaben erfüllte das Pferd, sodass für einen Rücktritt des Käufers vom Kaufvertrag kein Raum war."

Wenn zwischen Ihnen als Vertragsparteien keine konkrete Beschaffenheit vereinbart wurde, gilt in einer zweiten Prüfungsstufe, dass sich das Pferd dann für die **vertraglich vorausgesetzte Verwendung eignen muss**. War also etwa ein Reitpferd verkauft, muss es sich, um mangelfrei zu sein, sowohl in tatsächlicher als auch in gesundheitlicher Hinsicht reiten lassen können. Desgleichen muss eine zur Zucht verkaufte Stute auch tatsächlich zuchttauglich sein beziehungsweise der zur züchterischen Verwendung gedachte Hengst eine ausreichende Spermaqualität besitzen.

Für ein mit der Beschaffenheit **„als Turnierpferd für das Springreiten geeignet"** verkauftes Pferd entschied in diesem Zusammenhang das LG Kassel 2006 zulasten einer Verkäuferin. Das streitgegenständliche Pferd zeigte nämlich Stalluntugenden, bei denen es sich immer wieder verletzte, und zwar nicht nur im Stall, sondern auch auf den Transporten zum Turnier. Damit fehle dem Pferd die nach dem Vertrag vorausgesetzte Verwendungsmöglichkeit, so das Gericht, da es für die gewöhnliche Stallhaltung und für den mit dem Besuch von Turnieren unweigerlich einhergehenden Transport nicht geeignet sei – und somit auch nicht als Turnierpferd für das Springreiten.

Fehlen sowohl eine konkrete Beschaffenheitsvereinbarung als auch ein im Vertrag explizit festgehaltener Verwendungszweck des Pferdes, so kommt es darauf an, ob sich das verkaufte Pferd für **eine gewöhnliche Verwendung eignet** und eine **übliche Beschaffenheit** im Verhältnis zu gleichartigen

Pferden besitzt. Aus Sicht eines Gerichts wird in einem solchen Fall gefragt, was der Käufer des Pferdes erwarten konnte. Bei dieser letzten Stufe der Beschaffenheitsvorgabe ist also grundsätzlich der Empfängerhorizont des Käufers zu berücksichtigen.

§ RECHTSPFAD–TIPP

Ob Käufer oder Verkäufer, seien Sie hellwach, wenn es um die Beschreibung der Beschaffenheit des gegenständlichen Pferdes im Vertrag geht. Formulieren Sie diese detailliert und vermeiden Sie unbestimmte Begriffe. Denn jeder hat diesbezüglich individuelle Vorstellungen: Manche verstehen unter „gut geritten", einmal in der Woche gemütlich durchs Gelände zu schlurfen, andere stellen den Begriff mit einer dressurmäßig korrekten Anlehnung auf eine Stufe, und ein Distanzreiter mag darunter verstehen, dass das Pferd mehrmals pro Woche auf allen Böden in allen Tempi ausdauertrainiert wurde.

Kommt es zum Streit zwischen den Kaufvertragsparteien, gilt zunächst einmal alles, was als Beschaffenheit im Kaufvertrag konkret beschrieben ist, als zugesichert beziehungsweise akzeptiert.

Doch aufgepasst: Darüber hinaus werden im Grundsatz auch diejenigen Merkmale des Pferdes als vereinbarte Beschaffenheit angesehen, mit denen Sie als Verkäufer in einer Verkaufsanzeige das Pferd angepriesen haben. Natürlich liegt es in der Natur der Sache, dass Sie das Pferd positiv beschreiben, doch muss diese subjektive Beschreibung objektiver Natur sein, also den Tatsachen entsprechen.

Bei all diesen beschriebenen Fällen handelt es sich um **positive Beschaffenheitsvereinbarungen,** die das Pferd also positiv auszeichnen sollen.

Negative Beschaffenheitsvereinbarungen

In der Praxis von ebenso großer Bedeutung ist die sogenannte **negative Beschaffenheitsvereinbarung**, also diejenige Vereinbarung im Kaufvertrag, die eine negative Eigenschaft des Pferdes beschreibt und zum Vertragsinhalt werden lässt. Eine Fülle von Rechtsprechungen hierzu findet sich beispielsweise zu Untugenden wie Kreiseln, Koppen oder Weben, Allergien, Anlagen zu unerwünschten Gendefekten, Röntgenbefunden, früheren Operationen und Krankheiten, Problemen beim Schmied oder beim Verladen, Unrittigkeit oder gar Unreitbarkeit, Futterunverträglichkeiten oder Einschränkungen für Sportzwecke.

Durch derartige negative Beschaffenheitsvereinbarungen wird eine Haftung für Sie als Verkäufer für die im Kaufvertrag beschriebenen „Mängel" ausgeschlossen. Denn Ihnen als Käufer wurde damit offenbart, mit welchen Mängeln das von Ihnen erworbene Pferd zum Kaufzeitpunkt behaftet ist. Derartige negative Beschaffenheiten sind dann keine Sachmängel mehr im Rechtssinne. Die Rechtsprechung ist hier nahezu einheitlich.

Beispielsweise entschied das LG Braunschweig 2005, dass ein Käufer, der ein Pferd ausdrücklich **„als Beistellpferd für Liebhaberzwecke"** erwirbt, keine Sachmängelansprüche hat, wenn das mit negativer Nutzbarkeit verkaufte Pferd bei ihm letztlich doch als Reitpferd verwendet wird und sich beim Röntgen Befunde an den Gliedmaßen ergeben, die bei der Nutzung als Turnierpferd zur Lahmheit führen würden.

Keine negative Beschaffenheitsvereinbarung liegt dagegen nach einer BGH-Entscheidung aus 2013 vor, wenn sich in einem Kaufuntersuchungsprotokoll die Beschaffenheitsinformation „Galle am Sprunggelenk links" findet, zu der sich erst bei weitergehenden Untersuchungen nach dem Kauf herausstellt, dass an gleicher Stelle ein Chip (OCD) vorhanden ist.

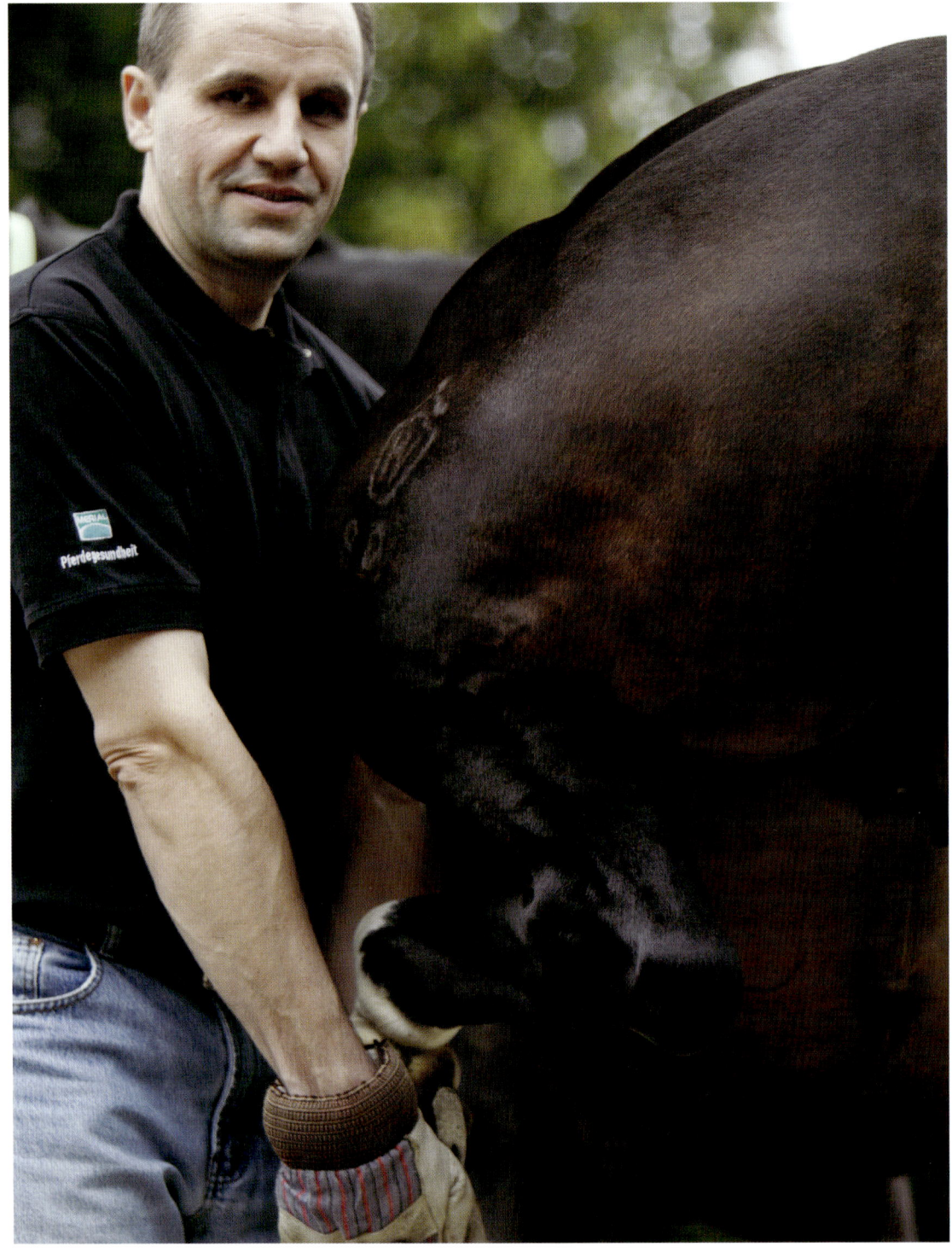

Eine positive Beugeprobe bei der Kaufuntersuchung kann zur negativen Beschaffenheitsvereinbarung führen. [Foto: Christiane Slawik]

Ankaufsuntersuchung als Sollbeschaffenheit

Vereinbaren Sie als Käufer und Verkäufer, dass das **Ergebnis der Ankaufsuntersuchung Bestandteil des Pferdekaufvertrags** wird, so stellt diese Kaufuntersuchung eine Beschaffenheitsvereinbarung dar. So entschied auch das OLG Hamm 2011: „Ist dem Verkäufer bekannt, dass der Käufer den Erwerb eines Pferdes von einer tierärztlichen Ankaufsuntersuchung und deren, beiden Seiten zuvor mitgeteilten, Ergebnis abhängig macht und nimmt der Verkäufer das Untersuchungsergebnis, wonach das Pferd in Röntgenklasse II einzuordnen ist, nicht lediglich zur Kenntnis, sondern bestimmt es gemeinsam mit dem Käufer zum Vertragsinhalt, so ist eine konkludente Beschaffenheitsvereinbarung gegeben, wonach das Pferd ohne Weiteres sporttauglich sein soll."

Das gleiche Ergebnis findet sich in einem Urteil des LG Dortmund aus 2008: „Verweist ein schriftlicher Kaufvertrag über ein Pferd auf die Ankaufsuntersuchung, ist dieser so auszulegen, dass damit der Inhalt des ärztlichen Untersuchungsprotokolls als Beschaffenheit des Pferdes vereinbart ist."

 RECHTSPFAD–TIPP

Die tierärztliche Ankaufsuntersuchung wird häufig zu einer negativen Beschaffenheitsvereinbarung führen. Nimmt nämlich der Käufer, nachdem sich bei der Kaufuntersuchung von der Norm abweichende Befunde oder gar Mängel beim Pferd gezeigt haben und der Tierarzt den Käufer darüber entsprechend aufgeklärt hat, das Pferd mit all seinen Besonderheiten uneingeschränkt ab, wird damit eine negative Beschaffenheit vereinbart. Ein Sachmangel liegt dann nicht vor.

Aber Achtung, keine Ankaufsuntersuchung kann auch als Ankaufsuntersuchung gelten, wenn ihre Durchführung zwar im Vertrag als Bedingung seiner Wirksamkeit vereinbart worden war, der Käufer sie dann aber gar nicht in Auftrag gibt. Das OLG Koblenz stellte 2013 in einem solchen Fall fest, dass sich der Käufer nach Treu und Glauben und § 162 BGB so behandeln lassen muss, **als wäre eine Ankaufsuntersuchung durchgeführt** worden und als wäre dabei die (spätere) Diagnose eines Hodenkrebses beim erworbenen Hengst bereits zum Kaufzeitpunkt bekannt geworden.

MÄNGELHAFTUNG

Im Mängelrecht stellt das BGB das Pferd über § 90a BGB jeder anderen Sache schuldrechtlich gleich. Ob Sie sich eine Waschmaschine kaufen, ein Auto oder ein Pferd, alles wird vor Gericht schuldrechtlich nahezu gleich behandelt. Bei der Mängelhaftung, vor der Schuldrechtsreform 2002 als Gewährleistung bezeichnet, handelt es sich schlicht und einfach um die Haftung des Verkäufers für einen Sachmangel, der bei Gefahrübergang des verkauften Pferdes **vorlag** (zum Beispiel eine chronische Fesselträgerentzündung) oder **im Keim angelegt war** (zum Beispiel eine allergene Veranlagung), oder für einen **Rechtsmangel** (zum Beispiel keine Freiheit von Rechten Dritter, etwa wenn der Verkäufer nicht Eigentümer ist).

Sachmangelbegriff von Vereinbarung abhängig

Es gibt kaum ein Pferd, das hundertprozentig den Lehrbuchvorgaben entspricht. Aber nicht jede Abweichung vom Idealbild ist auch ein Mangel. Von einem Sachmangel spricht man beim Pferd nur, wenn eine **Abweichung von der vereinbarten Beschaffenheit** vorliegt. Zur Feststellung dessen, was Sie in rechtlicher Hinsicht eigentlich miteinander vereinbart haben, dient die dreistufige Prüfung des § 434 BGB zur Beschaffenheitsvereinbarung (› Seite 19 ff.).

Fehlende Reiteigenschaften sind ein Sachmangel, wenn sie explizit vereinbart wurden. [Foto: Christiane Slawik]

Ganz grob kann man Sachmängel beim Pferd in tatsächliche und gesundheitliche Mängel, in Mängel bezüglich der Reiteigenschaften sowie in charakterliche Mängel und Verhaltensauffälligkeiten einteilen. Dazu, wie die Gerichte mit dem Thema Sachmangel beim Pferd umgehen, finden Sie später in diesem Kapitel eine weitreichende Aufzählung einzelner Sachmängel von A bis Z (› Seite 34 ff.).

Die Zeit läuft: Verjährungsfrist und Ausschluss der Sachmängelhaftung

Steht ein Sachmangel im Raum, müssen Sie sich als Käufer oder Verkäufer fragen, ob die Ansprüche nicht schon verjährt sind oder ob die Haftung für Sachmängel nicht von vornherein schon vertraglich wirksam ausgeschlossen worden war.

Grundsätzlich gilt bei Pferdekäufern nach § 438 Abs. 1 Nr. 3 BGB eine **zweijährige Haftung für Sachmängel**. Sie beginnt ab der Übergabe des Pferdes, wobei die Übergabe nicht notwendigerweise dem tatsächlichen Inbesitznehmen des Pferdes entsprechen muss. Sie können im Vertrag auch vereinbaren, dass die Übergabe schon bei Vertragsschluss fiktiv stattfinden soll. Genauso gut sind aber Vereinbarungen denkbar, wonach das Pferd nach Kauf zunächst beim Verkäufer verbleibt und die Übergabe erst zu einem späteren Zeitpunkt erfolgt, beispielsweise bei Beendigung einer Ausbildung oder beim Absetzen eines Fohlens von der Mutterstute.

Die zweijährige Sachmängelhaftung gilt nur dann nicht, wenn sie vertraglich wirksam ausgeschlossen ist. Sind Sie ein privater Verkäufer, dürfen Sie einen solchen **Mängelhaftungsausschluss im Vertrag unbeschränkt formulieren**. Ebenso dürfen Sie statt eines kompletten Haftungsausschlusses eine verkürzte Haftung vereinbaren. Das Gleiche gilt, wenn Sie als gewerblicher Verkäufer ein Pferd an einen anderen Gewerblichen verkaufen.

Anders ist dies aber dann, wenn der Verkäufer gewerblich oder als Unternehmer im Rechtssinn anzusehen ist und an einen privaten Käufer verkauft. In dem Fall liegt ein sogenannter **Verbrauchsgüterkauf** vor, bei dem Mängelhaftungsausschlüsse gänzlich unzulässig sind und eine Verkürzung der Sachmängelhaftung nur für „Gebrauchtpferde" (› Seite 31 f.) wirksam auf ein Jahr vereinbart werden kann. In diesem Zusammenhang ist für nicht steuerlich geführte, jedoch regelmäßige Züchter oder bei wiederkehrenden Pferdeverkäufen besondere Aufmerksamkeit geboten: denn dann können Sie als Verkäufer viel schneller Unternehmer im Rechtssinn sein, als Sie denken – und ebenfalls unter die Regelung des Verbrauchsgüterkaufs (› Seite 30) fallen.

Zwar ist es Ihnen, wenn Sie gewerblicher Verkäufer sind, dem Gesetz nach verwehrt, wirksam einen **Haftungsausschluss mit einem privaten Käufer** zu vereinbaren. Das gilt aber ausweislich eines Urteils des OLG Schleswig aus 2005 ausdrücklich nicht für die angesprochenen negativen Beschaffenheitsvereinbarungen (› Seite 21). Denn bei solchen handelt es sich ja gerade um einen Haftungsausschluss für eine beschriebene und damit vertraglich vereinbarte negative Eigenschaft des Pferdes. Das Gericht schlussfolgerte richtigerweise, dass andernfalls Tiere mit bekannten negativen Eigenschaften gänzlich unverkäuflich würden.

Aber Achtung, für alle an sich zulässigen Haftungsverkürzungen und -ausschlüsse müssen zusätzliche Grenzen beachtet werden: Verwendet einer von Ihnen dabei einen **Formularvertrag**, kann eine solche Haftungserleichterung, wie schon dargestellt, den AGB-Klauselverboten unterfallen (› Seite 18 f.) und zulasten des Verwenders deshalb unwirksam sein.

In Ihrer Formulierung eines Haftungsausschlusses sind Sie grundsätzlich frei, möglich ist etwa: „Die Haftung für Sachmängel ist vollumfänglich ausgeschlossen." Häufig findet man in Kaufverträgen aber auch die alte, gebräuchliche

Formulierung: **„verkauft wie gesehen und Probe geritten"**. Dies stellt ausweislich eines Urteils des LG Hannover aus 2005 jedoch nur einen Haftungsausschluss für solche Mängel dar, die der Käufer bei einer Besichtigung und einem Proberitt tatsächlich feststellen konnte. Das Gleiche hatte 2003 bereits das LG München für den in Auktionsbedingungen enthaltenen Gewährleistungsausschluss **„verkauft wie besichtigt"** entschieden und festgestellt, dass sich ein solcher nicht auf versteckte Mängel beziehen kann. Denn die Haftung sei damit nur für solche Mängel ausgeschlossen, die bei einer ordnungsgemäßen Besichtigung ohne Hinzuziehung eines Sachverständigen wahrgenommen werden könnten.

Vorrang der Nacherfüllung beim Sachmängelrecht

Kommen Sie als Verkäufer Ihrer Pflicht aus dem Kaufvertrag zur Verschaffung eines mangelfreien Pferdes nicht nach, haben Sie Ihre geschuldete Leistung noch nicht erbracht. An die Stelle des ursprünglichen Anspruchs des Käufers auf Erfüllung des Kaufvertrags treten dann die in § 437 BGB normierten Sachmängelrechte, also Nacherfüllung, Rücktritt, Minderung und Schadensersatz. Als Käufer können Sie das mangelbehaftete Pferd aber nicht **„einfach so" zurückgeben und auch nicht sofort den Kaufpreis mindern**. Denn das Gesetz bestimmt, dass Sie erst einmal Ihren Nacherfüllungsanspruch beim Verkäufer geltend machen müssen beziehungsweise umgekehrt, dass dem Verkäufer ein Recht auf Nacherfüllung zusteht.

Nachbesserung oder Nachlieferung nach Wahl des Käufers

Die Nacherfüllung kann in zwei Varianten gefordert werden, nämlich als **Nachbesserung**, sprich „Reparatur" des Pferdes, oder als **Nachlieferung**, sprich Ersatz durch die Lieferung eines anderen, gleichartigen Pferdes.

Als Käufer haben Sie dabei nach § 439 BGB die **Qual der Wahl**: Sie müssen sich zwischen den Möglichkeiten der Nacherfüllung entscheiden und den Pferdeverkäufer **unter Fristsetzung zur Nachbesserung oder zur Nachlieferung auffordern**. Tun Sie dies nicht und der Mangel des Pferdes wäre behebbar gewesen, also etwa operabel, sind Ihre sämtlichen weiteren Rechte als Käufer auf Rücktritt, Minderung oder weitergehenden Schadensersatz beim Kauf oder Tausch eines Reitpferdes gegenüber dem Verkäufer grundsätzlich ausgeschlossen. Dies entschied der BGH bereits 2005.

Das OLG Frankfurt konkretisierte diese Rechtsprechung im Folgejahr dahingehend, dass ein Pferdekäufer das Recht des Verkäufers zur Nacherfüllung auch dann unterläuft, wenn er das gekaufte Pferd seinerseits zunächst durch den eigenen Tierarzt behandeln lässt und erst danach den Verkäufer über die festgestellten Beschwerden informiert und zur Nacherfüllung auffordert. Nach Ansicht des Gerichts hat der Käufer dann keinerlei weitere Rechte mehr gegenüber dem Verkäufer und kann zudem auch keinen Ersatz seiner Aufwendungen für die Mangelbeseitigung, also die angefallenen OP-Kosten, beanspruchen.

Lehnen Sie als Verkäufer ansonsten ein Nacherfüllungsverlangen des Käufers unmissverständlich ab, darf der Käufer im Falle der Mangelhaftigkeit des Pferdes von Ihnen sofort Rücktritt, Minderung oder Schadensersatz verlangen. Das OLG Koblenz entschied hierzu jedoch 2008, dass das bloße **Leugnen eines Mangels** durch den Verkäufer für Sie als Käufer allerdings nicht immer bedeutet, dass eine Nacherfüllungsaufforderung damit hinfällig ist. Das sei nämlich gerade nicht so, wenn für den Verkäufer Grund zur Annahme bestehe, dass der Mangel nicht vor, sondern erstmals nach der Übergabe des Pferdes zutage getreten ist.

Keine Pflicht, dem Verkäufer eine Nacherfüllungsfrist einzuräumen, besteht dagegen nach einer Entscheidung des BGH von 2008, wenn der Verkäufer den Mangel des Pferdes bei Vertragsabschluss nachweislich **arglistig verschwiegen** hatte.

Eine einmal getroffene Wahl zwischen Nachbesserung und Nachlieferung dürfen Sie als Käufer ansonsten grundsätzlich nur so lange ändern, wie der Verkäufer noch nicht mit der Nacherfüllung begonnen hat. Anderes gilt dann, wenn die **gewählte Art der Nacherfüllung misslingt**. In diesem Fall sind Sie als Käufer in Ihrer Wahl wieder frei und können auf die andere Art der Nacherfüllung übergehen, so entschieden vom LG Hagen 2011.

Nacherfüllung in Form der Nachlieferung bedeutet beim Pferdekauf, dass der Käufer ein anderes, gleichartiges Pferd vom Verkäufer verlangen kann. Gleich oder nicht gleich ist dabei die entscheidende Frage. [Foto: shutterstock.com/Zuzule]

Ihnen als Verkäufer steht es auf der anderen Seite wiederum offen, die vom Käufer gewählte Art der Nacherfüllung zu verweigern, wenn sie tatsächlich nicht durchführbar oder nur mit **unverhältnismäßigen Kosten und Aufwand möglich** ist. Der Anspruch des Käufers beschränkt sich in diesem Fall auf die andere Art der Nacherfüllung.

Entscheiden Sie sich als Käufer für die Nachbesserung, so müssen Sie dem Verkäufer gemäß § 440 BGB mindestens **zwei Nachbesserungsversuche gewähren**. Erst danach haben Sie die Möglichkeit, vom Vertrag zurückzutreten oder den Kaufpreis zu mindern.

Unmöglichkeit der Nacherfüllung

In der Praxis häufig sind Fälle, in denen die Nacherfüllung von vornherein aus tatsächlichen Gründen nicht möglich ist. Dann entfällt Ihre Pflicht als Käufer, den Verkäufer vor Rücktritt oder Minderung des Kaufpreises zur Nacherfüllung auffordern zu müssen. Anschaulich entschied dies 2010 das OLG Frankfurt. Es ging um ein Pferd, das an nicht heilbaren Gelenksosteophyten und einer Hufknorpelverknöcherung litt und „aus emotionalen und persönlichen Gründen" gekauft worden war. Die **Unheilbarkeit der Erkrankung schloss eine Nachbesserung aus**. Auch die Nachlieferung eines Ersatzpferdes konnte dem Käufer nicht zugemutet werden, weil er das streitgegenständliche Pferd nicht als austauschbares Stück Tier erworben hatte, sondern sich auf der Basis seiner Emotionen und seinem persönlichen Bezug genau für dieses eine Pferd als Unikat entschieden hatte.

Umgekehrt dürfen Sie als Käufer Ihr Nacherfüllungsverlangen nicht genau auf diejenige Art der Nacherfüllung richten, die tatsächlich unmöglich ist. Ist die andere Nacherfüllungsvariante umsetzbar, müssen Sie diese wählen. Dass eine **Nacherfüllungsaufforderung sehr sorgsam formuliert werden muss**, zeigt ein Urteil des AG Northeim aus 2013. Bei dem

gekauften Pferd stellte sich eine chronische Bronchitis heraus und der Kläger verlangte im Rechtsstreit Minderung des Kaufpreises. Diesen Anspruch schmetterte das Gericht jedoch ab, weil es der Ansicht war, dass der Anwalt des Käufers bei einer derartigen chronischen Erkrankung, die sich ihrem Wesen nach als solche gar nicht beseitigen lässt, nicht Nachbesserung hätte verlangen dürfen, sondern Nachlieferung hätte geltend machen müssen. Wegen dieses Versäumnisses stünden dem Käufer weitergehende Rechte aus der Minderung nicht mehr zu.

Was die Nachlieferung betrifft, haben Sie sich als Käufer in den meisten Fällen gerade für das spezielle Pferd entschieden und nicht für irgendeines. Beim Pferdekauf liegt wegen der Eigenschaft des Pferds als Lebewesen ein Höchstmaß an Einzigartigkeit vor. Deshalb schließt die Rechtsprechung eine Nachlieferung im Pferdekauf überwiegend aus. Das ist aber nicht so beim Gattungskauf, wenn gekaufte Pferde nicht individualisiert, sondern gegen Pferde gleicher Art und Güte austauschbar sind. Auch beim Stückkauf ist aber eine Austauschbarkeit denkbar, vor allem wenn ein Pferd der **gewerblichen Nutzung dient**. Das AG Hannover entschied in diesem Zusammenhang 2006, dass bei einem für den Reitunterricht erworbenen Pferd deshalb eine Aufforderung zur Nachlieferung eines Ersatzpferds an den Verkäufer zwingend erfolgen muss. Das Gleiche dürfte auch für das Voltigierpferd oder Verleihpferd Geltung haben.

Wird dagegen wie meistens ein Pferd aus emotionalen Gründen erworben, weil einfach „der Funke überspringt", dann ist dieser Kauf selbst dann, wenn objektiv gleichartige Pferde für eine Nachlieferung vorhanden wären, „unvergleichbar" und in der Folge nicht nachlieferbar. Hierzu haben etwa das LG Hildesheim 2007 und das OLG Zweibrücken 2009 in ähnlichen Urteilen jeweils ausgeführt, dass eine Nachlieferungsaufforderung beim Pferdekauf grundsätzlich immer erfolgen muss, wenn kein **Anhalt für eine** besondere Bindung des Käufers an das zunächst gelieferte Pferd erkennbar ist. In beiden Entscheidungen war dies jedoch gerade umgekehrt, denn im Fall des LG Hildesheim handelte es sich um ein ruhiges Kinderpony und im Fall des OLG Zweibrücken um ein Turnierpony, zu deren Kauf es jeweils gerade wegen der emotionalen Bindung zum Pferd gekommen war.

Wurde ein Pferd auf emotionaler Bindung basierend gekauft, ist in der Regel kein Raum für ein Nachlieferungsrecht des Verkäufers. [Foto: shutterstock.com/auremar]

Ablauf der Nacherfüllung

Die **Kosten der Nacherfüllung** hat grundsätzlich der Verkäufer zu tragen. Schwieriger gestaltet sich dagegen die Frage nach dem Ort der Nacherfüllung, weil dieser im Kaufrecht nicht explizit geregelt ist.

Der BGH hat in den Jahren 2010 und 2011 entschieden, dass maßgeblicher Erfüllungsort, an dem der Verkäufer die geschuldete Nacherfüllung zu erbringen hat, zwar grundsätzlich sein Wohnsitz ist, solange nichts anderes vereinbart ist oder Umstände des Einzelfalls dem entgegenstehen. Angelehnt an die Vorgaben der EU-Verbrauchsgüterkaufrichtlinie schlussfolgerte der BGH darüber hinausgehend aber richtig, dass dennoch die Nacherfüllung ohne erhebliche Unannehmlichkeiten für den Verbraucher erfolgen muss. Deshalb muss nach Ansicht des BGH dann, wenn **Erfüllungsort der Nacherfüllung** der Sitz des Verkäufers ist, der Käufer das Pferd dorthin zum Zwecke der Nacherfüllung anliefern, wenn der Verkäufer dies wünscht – allerdings auf Kosten des Verkäufers.

Verweigern Sie als Käufer die Anlieferung, riskieren Sie, dass Ihr späterer Anspruch auf Vertragsrücktritt oder Kaufpreisminderung von den Gerichten zurückgewiesen wird.

Sachmängelrechte nach gescheiterter Nacherfüllung

Die Nacherfüllung ist gescheitert oder war von vornherein unmöglich, und was nun? Nach § 437 BGB kommt dreierlei infrage: der Rücktritt vom Vertrag, die Minderung des Kaufpreises sowie Schadensersatzansprüche.

Der Rücktritt und die Minderung sind Gestaltungsrechte und schließen sich grundsätzlich gegenseitig aus. Das bedeutet für Sie als Käufer, dass in dem Moment, wo Sie sich für eines dieser beiden Rechte entschieden und Ihre Wahl dem Verkäufer angezeigt haben, ein Wechsel vom Rücktritt zur Minderung oder umgekehrt nicht mehr möglich ist, so entschieden auch vom Kammergericht in Berlin 2009.

Rückabwicklung durch Rücktritt vom Kaufvertrag

Beim Rücktritt handelt es sich um ein Rückgewährschuldverhältnis. Das heißt nach den §§ 437 Nr. 2, 323, 326 Abs. 5 BGB, dass jede Partei **alle zuvor erbrachten Leistungen zurückzugewähren** hat, Sie als Verkäufer also den Kaufpreis, Sie als Käufer das Pferd. Liegt ein Tausch vor, sind entsprechend die beiderseits erhaltenen Pferde zurückzugewähren und zusätzlich die möglicherweise von einer Seite erbrachte Zuzahlung zurückzuzahlen, soweit durch sie ein Wertunterschied der Pferde ausgeglichen werden sollte. Ist eines der getauschten Pferde nicht mehr vorhanden, muss für dieses Ersatz des tatsächlichen Werts geleistet werden. Beide Vertragsparteien sind also im Wesentlichen so zu stellen wie vor dem Kauf.

Übersteigt der zur Mängelbeseitigung erforderliche Betrag nicht 5 Prozent vom Kaufpreis, kann deswegen das Rücktrittsrecht insgesamt wegen Unverhältnismäßigkeit ausgeschlossen sein, so der BGH 2014 zum Fahrzeugkauf.

Für den Fall eines Rechtsstreits dürfen Sie als Käufer das Pferd während der Dauer des Prozesses nicht weiterverkaufen. Die laufenden Kosten während dieser Zeit trägt der Verlierer des Rechtsstreits zusätzlich.

RECHTSPFAD-TIPP

Ist im Kaufvertrag geregelt, dass der Käufer eine Ankaufsuntersuchung durchführen lassen soll, die der Verkäufer für den Fall des Auffindens von Befunden bezahlen soll, kann dies möglicherweise als vertragliches Rücktrittsrecht zugunsten des Käufers ausgelegt werden. Das OLG Hamm urteilte dazu in 2010, dass dann aber der Rücktritt von einem bereits geschlossenen Pferdekaufvertrag „unverzüglich" nach Kenntnis der Befunde auszuüben ist. Das bedeutet in aller Regel binnen zwei Wochen.

Minderung des Kaufpreises: ein Rechenexempel

Anstelle des Rücktritts können Sie als Käufer nach den §§ 437 Nr. 3, 441 BGB alternativ die Minderung des Pferdekaufpreises erklären und das Pferd behalten. Aber Vorsicht, gemindert wird nicht etwa die Differenz zwischen dem gezahlten Kaufpreis für das vermeintlich mangelfreie Pferd zum Wert des Pferdes in mangelhaftem Zustand. Stattdessen errechnet sich nach § 441 Abs. 3 BGB der Minderungsbetrag aus dem gezahlten Kaufpreis abzüglich des geminderten Kaufpreises, der sich wiederum aus dem **Verhältnis des tatsächlichen Wertes des hypothetisch mangelfreien Pferdes** zum Wert des mangelhaften Pferdes ergibt. Denn der Wert des Pferdes ohne Mangel ist in aller Regel mit dem Kaufpreis nicht identisch, sondern kann erheblich darüber oder darunter liegen.

In der Praxis bedeutet das, dass der Minderungsbetrag beim „Schnäppchenkauf" für den Käufer niedriger liegt als bei einem für ihn ungünstigen Kaufpreis oberhalb des Pferdewertes. Die beteiligten Juristen müssen deswegen genau rechnen. Denn alternativ zur Minderung kann der Käufer, der das Pferd behält, auch „Schadensersatz statt der Leistung" nach § 281 BGB vom Verkäufer verlangen. Für die Berechnung dieses sogenannten „kleinen Schadensersatzes" ist die Höhe des Kaufpreises nämlich unerheblich, weil er sich ausschließlich am objektiven Wert der Kaufsache mit und ohne Mangel orientiert. Für Sie als Käufer wird daher bei einem **ungünstigen Kauf** die Minderung wirtschaftlicher sein, bei einem **günstigen Kauf** der „kleine Schadensersatz". Umgekehrt sollten Sie es als Verkäufer einem Minderungsbegehren immer entgegenhalten, wenn der vereinbarte Kaufpreis unterhalb des hypothetischen mangelfreien Pferdewerts lag.

Schadensersatz, Aufwendungsersatz und Nutzungsausfallschaden

Zusätzlich zu Rücktritt oder Minderung können Sie entsprechend § 325 BGB als Käufer eines mangelhaften Pferdes vom Pferdeverkäufer Schadensersatz oder Ersatz vergeblicher Aufwendungen auf das gegenständliche Pferd nach § 437 Nr. 3 BGB verlangen. Dazu zählen in aller Regel **Unterbringungskosten, tierärztliche Kosten, Transportkosten, Hufschmied, Wurmkuren, Beritt** und sonstige Aufwendungen speziell für das gegenständliche Pferd, all dies jedoch nur, soweit die Aufwendungen erforderlich waren. Wurde das Pferd über ein Darlehen finanziert, gehören auch die Darlehenszinsen dazu, ansonsten werden üblicherweise fünf Prozentpunkte über dem Basiszinssatz geltend gemacht.

Grundsätzlich kann ein Käufer im Rahmen des Schadensersatzes des Weiteren einen mangelbedingten Nutzungsausfallschaden geltend machen. Dies ist ständige Rechtsprechung in

Kfz-Fällen und zuletzt vom BGH in den Jahren 2007 und 2010 so bestätigt worden. Den Nutzungsausfall bei einem Pferd, gerade wenn es sich um ein privat und nicht gewerblich genutztes Pferd handelt, beurteilt die Rechtsprechung jedoch zumeist anders. Denn die **entgangene Freizeitnutzung** als solche ist nach wohl überwiegender Rechtsprechung nicht auszugleichen. Anders sieht es jedoch aus, wenn Sie sich als Käufer eines mangelhaften Pferdes ein anderes Pferd mieten und die dafür **aufgewandten Mietkosten** nachweisen können, denn dies ist monetärer Schaden ähnlich der Inanspruchnahme eines Mietwagens.

Umgekehrt muss sich der Käufer bezogen auf die (eingeschränkte) Nutzung des mangelhaften Pferdes aber **eigene gezogene Nutzungen eventuell gegenrechnen** lassen, so das LG Limburg 2010.

Mängelhaftung im Verbrauchsgüterkauf

Ein sogenannter Verbrauchsgüterkauf liegt nach § 474 BGB vor, wenn der Pferdeverkäufer tatsächlich oder auch nur im Rechtssinn Unternehmer ist, und ein privater Käufer von ihm erwirbt. Dann gelten umfangreiche Sonderregelungen zugunsten des Verbrauchers. Der Verbraucher kann sich nach einem Urteil des LG Bochum aus 2011 aber nach Treu und Glauben nicht auf die Vorteile seiner Verbrauchereigenschaft berufen, wenn er sich einem Unternehmer gegenüber selbst als Unternehmer ausgegeben hat.

Verbraucher oder Unternehmer?

In der Gerichtspraxis werden steuerlich nicht geführte und weder gewerblich noch landwirtschaftlich erfasste Pferdeverkäufer oder -züchter viel schneller als Unternehmer im Sinne des § 14 BGB angesehen, als sie denken – und müssen sich dann alle für sie nachteiligen Folgen des Verbrauchsgüterkaufs anrechnen lassen. Mit der gängigen Aussage, „das ist doch alles nur privat, die **Pferde sind bloß Hobby**, mein Geld verdiene ich woanders", reiten Sie dabei schnell auf dem Holzweg, und zwar parallel auf dem steuerrechtlichen (› Seite 193 ff.) und auf dem zivilrechtlichen.

Zivilrechtlich sind Sie nämlich nach Auffassung der Rechtsprechung schon dann als Unternehmer anzusehen, wenn Sie im Zusammenhang mit den Pferden selbstständig und **planmäßig, auf eine gewisse Dauer angelegt entgeltliche Leistungen auf dem Markt anbieten**. Nach einer Entscheidung des LG Düsseldorf aus 2007 kommt es bei einem Pferdezüchter deshalb ausdrücklich auch nicht darauf an, ob er seine Zucht als Gewerbe **angemeldet hat oder nicht**. Der BGH stellte 2006 fest, dass es dabei noch nicht einmal erforderlich ist, dass Sie mit Ihrer Tätigkeit auch nur die Absicht verfolgen, überhaupt Gewinn zu erzielen. Nach einer Entscheidung des OLG Köln im Jahr 2014 reicht zur Einordnung als Unternehmer sogar ein regelmäßiger Verkauf/Weiterverkauf von Pferden, wodurch „dauernde Einnahmen" erzielt werden, die dazu dienen, die Verluste und Kosten einer hobbymäßig betriebenen Pferdehaltung zu verringern.

Weitergehende Beispiele, woran die Rechtsprechung eine Gewerblichkeit im Sinne des Verbrauchsgüterkaufs festmacht, sind zahlreich:

OLG Köln 2007: „Unternehmer ist, wer am Markt nach seinem gesamten Erscheinungsbild als Unternehmer auftritt."

OLG Düsseldorf 2004: „Unternehmer ist, wer als Käufer ausweislich des Kaufvertrages die Stute zu Zuchtzwecken erwirbt, nicht näher darlegt, für welche privaten Zwecke er das Pferd als Zuchtstute gekauft haben will, und unmittelbar nach dem Erwerb der Stute mit den intensiven und kostenträchtigen Zuchtversuchen begonnen hat."

OLG Karlsruhe 2011: „Bei der Frage, ob Verbraucher oder Unternehmer, kommt es darauf an, welchem Zweck der Kaufvertrag dienen soll."

OLG Hamm 2007: „Die Unternehmereigenschaft setzt einen planmäßigen Geschäftsbetrieb voraus, der mit einem gewissen organisatorischen Mindestaufwand einhergeht."

Der Hobby-Pferdezüchter kann nach der Rechtsprechung schnell zum Unternehmer im Rechtssinn werden, wenn er regelmäßig Pferde auf dem Markt zum Verkauf anbietet. [Foto: Christiane Slawik]

Verkürzung der Mängelhaftung beim „Neupferd" und „Gebrauchtpferd"

Wenn Sie beide, Käufer und Verkäufer, Verbraucher sind oder beide Unternehmer, können Sie im Grunde vertraglich vereinbaren, was Sie wollen. Wie oben schon dargestellt, können Sie also beim Pferdekauf vor allem die Sachmängelhaftung vollständig ausschließen (› Seite 24 f.). Grenzen sind nur da gesetzt, wo das Geschäft gegen Rechtsvorschriften oder die guten Sitten verstößt oder ein Formularvertrag vorliegt (› Seite 17 f.).

Anders verhält sich das beim Verbrauchsgüterkauf. Dort wäre ein Versuch des Verkäufers, einen Haftungsausschluss für Sachmängel zu vereinbaren, ausnahmslos unwirksam. Nach § 475 Abs. 2 BGB darf der Verkäufer gegenüber dem Verbraucher die Mängelverjährung bei einer „neuen Sache" nicht unter zwei Jahre abkürzen, bei einer „gebrauchten Sache" nicht unter ein Jahr. Der Gesetzgeber macht diesen Unterschied nicht nur bei Waschmaschinen, sondern, weil Pferde nach § 90a BGB wie Sachen zu behandeln sind, ebenfalls beim Pferdekaufvertrag, sodass es gesetzlich gesehen das **„Neupferd"** und das **„Gebrauchtpferd"** gibt.

Das Urteil des BGH aus 2006 zum Thema „Neu- oder Gebrauchtpferd" ist dabei bisher allein richtungsweisend. Nach Ansicht der Richter ist ein Tier, das zum Verkaufszeitpunkt **noch jung ist und bis zum Verkauf auch noch nicht „benutzt"** worden ist, noch nicht als „gebraucht" anzusehen. Entschieden worden war über ein sechs Monate altes Hengstfohlen, das altersbedingt weder als Reittier noch zur Zucht verwendet worden war. Eine Altersgrenze, wo aus dem „neuen" Fohlen ein „gebrauchtes" Jungpferd wird, mochte der BGH aber nicht festlegen. Wäre das gleich alte Fohlen, das bereits einen eingetragenen Eigentümerwechsel hinter sich hat, nicht auch schon „gebraucht"? Spannend ist die ebenfalls offen gebliebene Frage, bei welcher Art der Nutzung die Gebrauchteigenschaft in Zukunft beginnen soll. Wie wäre etwa ein gleich altes Fohlen einzuordnen, das auf Fohlenschauwettbewerben eingesetzt worden ist? Es wäre ja, folgt man der Urteilsbegründung des BGH, dann schon einer Nutzung zugeführt worden und damit kein „Neupferd" mehr. Hier bleibt abzuwarten, bis solch ein Fall vor Gericht landet.

Für den gewerblichen Verkäufer folgt aus der BGH-Entscheidung aber jedenfalls, dass die **Bezeichnung eines „Neupferdes" im Kaufvertrag als „gebraucht"** keine wirksame Beschaffenheitsvereinbarung ist und entsprechend keine Abkürzung der Verjährung von Mängelansprüchen des Verbrauchers auf ein Jahr ermöglichen kann.

§ **RECHTSPFAD-TIPP**

Eine besondere Art der „Privatisierung" stellt die Umgehung des Verbrauchsgüterkaufs durch einen Strohmann dar: Der gewerbliche Verkäufer schiebt einen privaten Verkäufer vor, sodass er selbst kein Verkäufer ist. Beim anschließenden Geschäft unter Privaten wird dann die Möglichkeit genutzt, die Mängelhaftung auszuschließen. Ein solches Umgehungsgeschäft führt nach den Vorgaben des § 475 Abs. 1 Satz 2 BGB eigentlich dazu, dass der Haftungsausschluss unwirksam ist. Dennoch sah der BGH 2012 solch eine Vorgehensweise bei einem Fahrzeugverkauf als wirksam an, obwohl der Umgehungszweck allen Beteiligten außer dem Käufer bestens bekannt war.

Kein Sachmangel bei Kenntnis des Käufers

Als Pferdekäufer können Sie nach § 442 BGB Rechte aus der Mangelhaftigkeit eines Pferdes dann nicht mehr geltend machen, wenn Sie den **Mangel vor dem Kauf kannten oder hätten kennen müssen**, wenn er Ihnen also infolge eigener grober Fahrlässigkeit unbekannt geblieben ist.

Praxisbeispiel hierfür sind regelmäßig die anlässlich einer tierärztlichen Kaufuntersuchung erhobenen Befunde. Eindeutig ist die Rechtslage, wenn der bei der Untersuchung anwesende Käufer **vom Tierarzt vollumfänglich über die Befunde aufgeklärt** wurde und das Pferd trotzdem erwirbt, denn dann sind seine Mängelrechte wegen der festgestellten Befunde ausgeschlossen. Häufig wird dies parallel auch als negative Beschaffenheitsvereinbarung zu werten sein, sodass Folgemängel, die aus tierärztlich festgestellten Befunden resultieren, schon deshalb nicht geltend gemacht werden können (› Seite 21).

Bei der Frage des **Kennenmüssens eines Mangels** fehlt dem Käufer oft aufgrund des zeitlichen Ablaufs des Kaufs die tatsächliche Kenntnis von einem Mangel: Bei der tierärztlichen Untersuchung war er zum Beispiel nicht anwe-

send, eventuell wurden ihm festgestellte Befunde de facto erst nach dem Kauf mitgeteilt oder übergeben oder das verzögert oder „nebenbei" übergebene Untersuchungsprotokoll weicht erheblich von einer beschönigenden Darstellung des Verkäufers zum Gesundheitszustand des Pferdes ab. Auf der anderen Seite steht die Fallgruppe, in der Käufer die Möglichkeit weitergehender Informationsbeschaffung über eventuelle Mängel nicht genutzt haben. Jeder Sachverhalt ist hier jedoch anders.

Beispielhaft ist hierzu ein Urteil des OLG Düsseldorf aus 2008. Ein Pferdekäufer erhielt vor Abschluss des Kaufvertrages Röntgenaufnahmen von dem Pferd und verzichtete auf eine Auswertung dieser Aufnahmen. Damit akzeptierte er nach Ansicht des Gerichts solche Krankheiten, die sich bei einer zum Zeitpunkt der Übergabe des Pferdes durchgeführten röntgenologischen Befunderhebung gezeigt hätten. Die tatsächlichen Mängel waren ihm nach Ansicht des Gerichts **grob fahrlässig unbekannt geblieben**, weswegen er aus ihnen gegenüber dem Verkäufer keine Rechte geltend machen konnte.

Aber auch die grob fahrlässige Unkenntnis eines Sachmangels hat nach § 442 Abs. 1 Satz 2 BGB ihre Grenzen. Denn hierauf können Sie sich als Verkäufer dann nicht berufen, wenn Sie einen Mangel arglistig verschweigen oder aber eine über die Sachmängelhaftung hinausgehende explizit erklärte Garantie für die Beschaffenheit des Pferdes gemäß § 443 BGB übernommen haben.

Wer muss was beweisen?
Die sechs wichtigen Monate nach Kauf

Im Rechtsstreit gilt grundsätzlich, dass jede Partei die für sie günstigen Tatsachen beweisen muss. Wer etwas beweisen muss, trägt die sogenannte Beweislast. Bleibt am Prozessende trotz Einholung eines Sachverständigengutachtens offen, ob ein Mangel schon bei

Übergabe vorlag oder erst danach aufgetreten ist, **verliert derjenige den Prozess, der die Beweislast trägt**.

Im Grundsatz muss im Sachmängelprozess **immer der Pferdekäufer beweisen**, dass der behauptete Mangel schon bei Gefahrübergang an ihn vorlag. Gefahrübergang ist zumeist der Zeitpunkt der Übergabe des Pferdes an den Käufer, er kann aber abweichend davon vertraglich auch zu einem früheren oder späteren Zeitpunkt vereinbart werden.

Ist der Pferdekauf ein Verbrauchsgüterkauf (› Seite 30), hält der Gesetzgeber eine Ausnahme bereit und schützt den Verbraucher bei Mängeln, die sich in den ersten sechs Monaten nach Gefahrübergang bereits gezeigt haben. Nach § 476 BGB wird dann zugunsten des Verbrauchers **rückwirkend vermutet**, dass der Mangel auch schon bei Gefahrübergang vorlag. Nur für diesen Sechs-Monats-Zeitraum trägt also beim Verbrauchsgüterkauf der **Unternehmer die Beweislast** dafür, dass das Pferd bei Übergabe an den Verbraucher mangelfrei war.

RECHTSPFAD-TIPP

Bei Verbrauchsgüterkäufen geht es nach § 476 BGB um Mängel des Pferdes, die sich innerhalb von sechs Monaten nach Gefahrübergang „zeigen". Dieser Sechs-Monats-Zeitraum kann aber ausweislich eines Urteils des LG Hildesheim aus 2007 noch weiter ausgedehnt werden, wenn innerhalb der ersten sechs Monate nur Symptome einer Erkrankung auftreten, die krankhaften Befunde aber erst danach. Entschieden wurde dies für eine nach der Sechs-Monats-Frist aufgetretene Ataxie.

Das Gesetz hält aber in der gleichen Norm wiederum eine Ausnahme von der Ausnahme bereit, wenn nämlich die rückwirkende Ver

mutung der Mangelhaftigkeit „mit der Art der Sache oder des Mangels **unvereinbar**" ist. In solchen Fällen findet **keine Beweislastumkehr zulasten des Verkäufers** statt. Diese Ausnahme haben in Verbrauchsgüterfällen zum Pferderecht etliche Gerichte mit unterschiedlichster Begründung als gegeben angesehen. Argumentiert wird, dass es sich bei der „Sache Pferd" um ein Lebewesen handelt, das physiologisch ständigen Veränderungen unterworfen ist, oder dass manche gesundheitlichen Mängel nicht zwingend eine lange Vorgeschichte haben müssen, sondern erst innerhalb der ersten sechs Monate nach Übergabe akut entstanden sein können.

Keine Beweislastumkehr zugunsten des Käufers nach dem Verbrauchsgüterkaufrecht sahen unter anderen die folgenden Gerichte:

- OLG Stuttgart 2007 bei einer chronischen Bronchitis
- OLG Oldenburg 2004 beim „Weben"
- LG Verden 2005 bei einer Borrelieninfektion
- LG Kiel 2005 bei einer chronischen Darmentzündung (Gastropathie)
- LG Göttingen 2005 bei einer Unrittigkeit
- LG Aurich 2004 bei einer Stalluntugend
- AG Bad Gandersheim 2004 bei geringgradigem Spat ohne einhergehenden klinischen Befund
- AG Herne 2003 bei einer Entzündung des Kreuz-Darmbein-Gelenks

Die Beweislastumkehr zulasten des Verkäufers in der Sechs-Monats-Frist beim Verbrauchsgüterkauf sahen unter anderen die folgenden Gerichte:

- BGH 2014 bei einem Fesselträgerschenkelschaden
- BGH 2007 bei einer Hautpilzerkrankung
- BGH 2006 bei einem Sommerekzem und damit genetischer Disposition
- OLG Schleswig 2013 bei einer Osteoarthritis des Fesselgelenks

SACHMÄNGEL VON A BIS Z

Sachmängel beim Pferd kann man im Wesentlichen in tatsächliche Mängel, gesundheitliche Mängel, Mängel bezüglich der Reiteigenschaften sowie in charakterliche Mängel beziehungsweise Verhaltensauffälligkeiten einteilen. Zu diesen vier Gruppen finden Sie nachstehend eine weitreichende Aufzählung einzelner Gerichtsentscheidungen in alphabetischer Ordnung.

Sie werden feststellen, dass Entscheidungen teilweise geradezu entgegengesetzt ergangen sind. Dies kann aus einer wesentlichen Abweichung im jeweils zugrunde liegenden Sachverhalt resultieren, ebenso aber auch aus unterschiedlichen Rechtsauffassungen verschiedener Gerichte. Liegt eine BGH-Entscheidung vor, können Sie davon ausgehen, dass andere Gerichte in einem gleichen Fall mit hoher Wahrscheinlichkeit ähnlich entscheiden würden.

Tatsächliche Sachmängel

ABSTAMMUNG

OLG Celle 2007: Wenn der Verkäufer das Pferd liefert, auf das sich die Vertragsparteien bei der Besichtigung geeinigt haben, aber diesem Pferd eine Eigenschaft (hier: **väterliche Abstammung**) fehlt, die es nach den Vertragsvereinbarungen haben sollte, liegt ein **Sachmangel** vor und nicht ein Fall einer auch nur teilweisen Nichterfüllung.

OLG Saarbrücken 2007: Erwirbt ein in der Pferdezucht **erfahrener Käufer** eine Stute, die keinerlei Brandzeichen trägt und bezüglich derer keine Papiere, kein Pferdepass, keine Zuchtbescheinigung, kein Abstammungsnachweis und keine Eigentumsurkunde existiert, so ist dem Käufer die fehlende Zugehörigkeit des Pferdes zur Rasse der Moritzburger infolge grober Fahrlässigkeit unbekannt geblieben.

OLG Köln 1992: Bei Angaben des Veräußerers zu Alter und Abstammung des im Rahmen eines Pferdekaufs oder Pfer-

detauschs zu erwerbenden Pferdes kann es sich um Eigenschaftszusicherungen handeln, wenn der Erwerber **bei den Vertragshandlungen betont** hat, besonderen Wert auf eine gute Abstammung und ein junges Alter des Pferdes zu legen.

ABSTAMMUNGSNACHWEIS

› siehe auch Zuchtbescheinigung

OLG München 2003: Werden im Rahmen einer Deckgemeinschaft (Araberzucht) Abstammungsnachweise ausgestellt, nicht aber an den berechtigten Pferdehalter ausgehändigt, so hat das gezüchtete Fohlen **einen wirtschaftlich geringeren Wert**, der als Schadensersatz vom Fohlenhalter gegen den zurückhaltenden Gesellschafter der Deckgemeinschaft geltend gemacht werden kann. Der Schaden besteht dann in der Differenz des Verkehrswertes des Fohlens mit und ohne Abstammungsnachweis durch die Deckbescheinigung.

ALTER

OLG Saarbrücken 2007: Der bloße Umstand, dass das gekaufte Pferd nicht fünf, sondern erst drei Jahre alt ist, rechtfertigt mangels **Erheblichkeit der Abweichung** den Rücktritt vom Vertrag noch nicht.

OLG Stuttgart 2006: Ein Mangel des Pferdes kann vorliegen, wenn das tatsächliche Alter **erheblich** von der Altersangabe des Verkäufers abweicht.

LG Lübeck 1994: Ein Pferdehändler, der vage Altersangaben des Pferdes vom Vorbesitzer, ohne sie zu überprüfen, übernimmt und so **Altersangaben „ins Blaue hinein"** aufstellt, handelt arglistig und täuscht den Käufer über wesentliche Eigenschaften des Pferdes. Sichert der Verkäufer das Alter eines Pferdes ausdrücklich zu, dann kann der Käufer davon ausgehen, dass sich auch der Wiederverkäufer darüber genau informiert und sich die entsprechende Sachkenntnis verschafft hat.

EIGENTUMSURKUNDE

AG Lippstadt 2004: Die Übertragung des Eigentums am Pferd erfolgt immer noch **durch die Übergabe des Pferdes** und nicht durch die Übergabe der Eigentumsurkunde. Das Recht auf Aushändigung der Eigentumsurkunde folgt erst aus der erfolgten Eigentumsübertragung am Pferd.

GRÖSSE

OLG Stuttgart 2006: Ein Mangel des Pferdes kann sich ergeben, wenn dieses **erheblich** von der Größenangabe des Verkäufers abweicht.

OLG Hamm 1999: Die **Angabe im Auktionskatalog** zum Stockmaß von „ca. 1,64 Meter" stellt eine Zusicherung des Verkäufers dar. Ein etwaig aus den Auktionsbedingungen sich ergebender Gewährleistungsausschluss steht einer Haftung wegen Fehlens einer zugesicherten Eigenschaft nicht entgegen.

AG Schwedt 2007: Ein Mangel liegt vor, wenn ein zweieinhalbjähriges Pferd nach Kauf überraschend ein Fohlen bekommt und deshalb nicht das vom Käufer **erwartete Endstockmaß** erreicht.

RASSE

OLG Saarbrücken 2007: Beim Kauf einer Stute, die keinerlei Brandzeichen trägt und für die kein Pferdepass, keine Zuchtbescheinigung, kein Abstammungsnachweis und keine Eigentumsurkunde existiert, kann ein in der Pferdezucht erfahrener Käufer nicht von der Zugehörigkeit eines Pferdes zu einer bestimmten Rasse (Moritzburger) ausgehen. Kauft er **das bestimmte besichtigte Pferd**, kommt es ihm auf Rasse und Abstammung nicht an, ein Mangel liegt nicht vor.

VERSICHERUNGSFÄHIGKEIT

OLG Düsseldorf 2005: Der Verkauf eines nicht gesunden und damit nicht versicherungsfähigen Reitpferdes schließt die Vereinbarung einer Beschaffenheit als Turniersportpferd in Dressurprüfungen aus, womit ein Sachmangel vorliegt.

ZUCHTBESCHEINIGUNG

LG Augsburg 2004: Der Pferdeeigentümer hat Anspruch auf Herausgabe der dem Pferd gewidmeten Zuchtbescheinigung. Diese **gehört dem ausstellenden Pferdezuchtverband**.

AG Bremen 2006: Wird ein Pferd ohne die Zuchtbescheinigung verkauft, dann hat der Käufer des Pferdes gegen den Pferdeverkäufer einen **eigenständigen Anspruch auf Herausgabe** dieser Bescheinigung. Dabei bemisst sich der Wert des Anspruchs auf Herausgabe einer solchen Zuchtbescheinigung nach dem Kaufpreis des Pferdes, wenn dieser Herausgabeanspruch vor Gericht geltend gemacht werden muss.

Gesundheitliche Sachmängel

ALLERGIE

BGH 2006: Wenn bei einem erworbenen Pferd innerhalb von sechs Monaten nach Übergabe ein Sommerekzem auftritt, wird beim Verbrauchsgüterkauf vermutet, dass die Krankheit auch schon bei Übergabe vorlag. Der Verkäufer kann die Vermutung widerlegen, dass das Pferd bis zur Übergabe symptomfrei war. Der Käufer kann in diesem Fall den Beweis, dass die Ursache des Mangels (Sensibilisierung) schon bei Gefahrübergang vorlag, durch den von der Tierärztlichen Hochschule Hannover entwickelten FIT-Bluttest erbringen, allerdings muss der Bluttest innerhalb von vier Wochen nach Übergabe erfolgen.

OLG Hamm 2008: Wird eine Blutprobe für einen funktionellen Allergietest, bei dem eine deutliche bis hochgradige funktionelle Sensibilisierung des Pferdes gegen alle Insekten sowie gegen Gräser, Schimmelpilze und Milben festgestellt wird, **zwei Monate nach Übergabe** des Pferdes entnommen, so ist dies zeitnah genug, um zu vermuten, dass die pathologischen Symptome des Sommerekzems schon vor der Übergabe vorlagen.

Die Gerichtsentscheidungen, wann ein Sommerekzem ein Sachmangel im Rechtssinn ist, sind höchst unterschiedlich. [Foto: Christiane Slawik]

LG Detmold 2007: Das Vorliegen eines Sommerekzems stellt, **unabhängig von einer Nutzungsmöglichkeit des Pferdes**, wegen des erhöhten Aufwandes bei Haltung und Pflege einen Sachmangel dar und führt zur Rücktrittsberechtigung des Käufers.

LG Flensburg 2006: Bereits die **genetische Disposition** für eine Sensibilisierung gegen Mückenstiche stellt einen Mangel dar. Der Verkäufer haftet dafür, dass sich das Pferd bei Gefahrübergang nicht in einem Zustand befindet, aufgrund dessen die Sicherheit oder zumindest hohe Wahrscheinlichkeit bestehe, dass es alsbald erkranke. Das kann der Fall sein, wenn **am Tag der Übergabe** eine solche Disposition vorhanden ist, die bei Kontakt mit Reizstoffen bereits zu diesem Zeitpunkt zu pathologischen Erscheinungen geführt hat.

ARTHROSE

OLG Schleswig 2013: Bleibt es bei der Lahmheit eines Pferdes infolge einer Arthrose (subchondrale Veränderungen als Folge einer Osteoarthritis des Fesselgelenks vorne) offen, ob der Mangel bereits bei Übergabe vorhanden oder angelegt war, trifft den Verkäufer die Beweislast, dass das Pferd seinerzeit nicht mit dem Mangel behaftet war. Das Pferd ging bei einem der Proberitttermine vor dem Kauf bereits lahm, weswegen von einer bis zu 75-prozentigen Wahrscheinlichkeit auszugehen ist, dass die Lahmheitsursache bei Gefahrübergang bereits vorhanden war. (Verbrauchsgüterkauf)

ATAXIE

LG Dessau 2007: Die innerhalb von 16 Tagen nach Übergabe des Pferdes festgestellten Symptome einer Ataxie lassen sich auch dann nicht rückwirkend auf den Übergabezeitpunkt bewerten, wenn später eine Ataxie sachverständigenseits bestätigt wird.

LG Karlsruhe 2001: Nach Auffassung des zugezogenen Sachverständigen hätte das Krankheitsbild binnen eines Tages nur bei einer traumatisch bedingten Ataxie auftreten können. Nach Zeugenvernehmung wird das allerdings ausgeschlossen.

BEWEGUNGSABLAUF ABWEICHEND

LG Münster 2006: Für Lebewesen gibt es keine Normung, der sie entsprechen müssen. Ein Mangel liegt erst dann vor, wenn etwaige gesundheitliche Abweichungen zu einer **merklichen** **Nutzungsbeeinträchtigung** führen. Abweichungen im Bewegungsablauf eines Pferdes stellen nur dann einen Mangel dar, wenn sie dem Tier auf Dauer anhaften.

BORRELIOSE

LG Verden 2005: Behauptet ein Pferdekäufer, dass das Pferd an einer durch einen Zeckenbiss verursachten Borrelioseinfektion erkrankt sei und dass ein Tierarzt diese Erkrankung fünfeinhalb Monate nach Übergabe des Pferdes festgestellt habe, so hat der Käufer keine Gewährleistungsansprüche mehr gegen den Verkäufer, weil sich das Pferd auch erst **später infiziert haben kann**.

BRONCHITIS, COPD/COB

OLG Stuttgart 2007: Eine chronische Bronchitis (COPD) führt nicht zwangsläufig dazu, dass die Eignung zur **nach dem Vertrag vorausgesetzten Verwendung** (hier: Springpferd) fehlt.

Streitfall COPD: immer Sachmangel oder nur bei eingeschränkter Nutzbarkeit? [Foto: Christiane Slawik]

Die Krankheit eines Pferdes, die noch nicht ausgebrochen ist, aber mit Sicherheit oder wenigstens hoher Wahrscheinlichkeit alsbald ausbrechen kann, unterliegt nicht der Beweislastumkehr.

LG Limburg 2010: Das Vorliegen einer chronischen Bronchitis bei einem Pferd stellt, **unabhängig** von der Frage der Nutzungsmöglichkeit, einen Mangel dar.

AG Herborn 2004: Das Pferd war zum Zeitpunkt der Übergabe mangelhaft, wenn durch einen Sachverständigen festgestellt wird, dass das Pferd **bei Übergabe** an einer chronisch und allergisch bedingten Bronchitis litt.

CHIPS, OCD

BGH 2013: Ein Käufer hat nicht die verkehrsübliche Sorgfalt in ungewöhnlich hohem Maße verletzt, wenn er es angesichts der Kaufinformation über eine „Galle am Sprunggelenk links" unterlassen hat, dem Verdacht des Vorhandenseins und der Entfernbarkeit eines Chips an dieser Stelle nachzugehen, und keine weitere Aufklärung verlangt. Eine konkludente negative Beschaffenheitsvereinbarung hinsichtlich einer vorliegenden Osteochondrosis (OCD) ist daher nicht gegeben.

OLG München 2009: Ein Röntgenbefund OCD (Chip) ist für sich genommen kein Mangel, solange er **nicht ursächlich** für die gerügte Lahmheit ist.

OLG Sachsen-Anhalt 2009: Dass ein Pferd an einer in die Knochen- und Knorpelstruktur eingreifenden Erkrankung des rechten Vorderfußes litt, lässt keinen sicheren Rückschluss auf das Vorliegen dieser Erkrankung bereits etwa viereinhalb Monate zuvor zu, da solche Erkrankungen, insbesondere auch die Entstehung einer Osteochondrosis dissecans (OCD), nicht ausschließlich durch genetische Prädisposition ausgelöst werden, sondern zum Beispiel **auch traumatische Ursachen** haben können.

OLG Köln 2007: Ein Sachmangel beim Pferdekauf ergibt sich nicht schon daraus, dass der Zustand des Pferdes von der physiologischen Norm abweicht, solange diese Abweichung nicht zu **klinischen Befunden** führt.

OLG Hamm 2006: OCD im rechten hinteren Kniescheibengelenk stellt einen Sachmangel dar, denn sie beruht nicht etwa auf einem altersentsprechenden üblichen Verschleiß, sondern ist entweder genetisch oder traumatisch bedingt. Eine solche Erkrankung entspricht nicht dem üblichen Zustand eines zum Zeitpunkt des Vertragsschlusses vier Jahre alten, noch nicht angerittenen Pferdes und musste vom Käufer auch **nicht erwartet werden**.

ERBKRANKHEITEN

LG Lüneburg 2004: Eine erbliche Krankheitsdisposition, hier festgestellt zu Erkrankung Spat, stellt **keine Abweichung von der üblichen Beschaffenheit** dar, weil der Käufer von Lebewesen mit dem Vorliegen solcher Abweichungen vom Idealzustand rechnen muss.

FESSELTRÄGER

BGH 2014: Ein Schaden am Fesselträgerschenkel kann entweder durch ein akutes Trauma bei einem Unfall oder bei einer Überdehnung entstehen. Es ist aber auch möglich und gerade bei Sportpferden wahrscheinlich, dass der Schaden durch chronische Überbeanspruchung und allmähliche Schädigung der Sehnenfasern entstanden ist. Wenn **nicht feststellbar ist**, ob dieser Schaden bei Übergabe vorhanden war, geht dies zulasten des Käufers.

LG Limburg 2005: Ein Sachverständiger kann **nach mehr als einem Jahr** nach der Übergabe des Pferdes nicht zweifelsfrei feststellen, ob eine chronische Fesselträgerentzündung bereits am Tag der Übergabe, somit ein Mangel, vorgelegen hat oder erst einige Tage nach Übergabe aufgetreten ist.

LG Neubrandenburg 2004: Beim Auftreten einer Lahmheit eines Springpferdes infolge eines Defekts des Fesselträgerursprungs innerhalb von sechs Monaten seit dem Kauf besteht keine Vermutung dafür, dass der Mangel bereits bei Übergabe vorgelegen hat, weil ein derartiger Sehnenschaden bereits **durch einen einmaligen Fehltritt** des Pferdes entstehen kann.

GEBISSFEHLSTELLUNG

AG Burgwedel 2006: Ein Pferdekäufer, der nach tierärztlicher negativer Ankaufsuntersuchung ein Pferd erwirbt und kurze Zeit später feststellt, dass das Pferd an einer Gebissfehlstellung leidet, hat gegen den Tierarzt, der den Fehlbefund erhoben hat, dann keinen Schadensersatzanspruch wegen der Gebisssanierung, wenn er den Pferdeverkäufer selbst nicht auf Rückgabe in Anspruch nimmt, weil er das Pferd zwischenzeitlich lieb gewonnen hat. Auch ohne Gebissmangel sind die Pferdezähne regelmäßig zu sanieren, weil die Reitpferde weniger Raufutter aufnehmen und dadurch der physiologische Abrieb der ständig nachwachsenden Pferdezähne nicht gewährleistet ist. Infolgedessen ist ein jährliches Abraspeln der Zähne notwendig und dieses Erfordernis hängt nur teilweise mit der Fehlstellung des Kiefers zusammen.

GENETISCHE DISPOSITION

BGH 2005: Verkauft ein Hundezüchter einen Welpen und wird bei diesem Tier später eine Fehlstellung des Sprunggelenks tierärztlich festgestellt, so haftet hierfür der Verkäufer nicht, wenn er bei der **Auswahl der Zuchttiere** darauf geachtet hat, dass genetische Fehler bei den Elterntieren nicht vorliegen.

BGH 2006 sowie OLG Stuttgart 2007: Zwar kann ein Mangel des Tieres auch darin liegen, dass eine Krankheit noch nicht ausgebrochen ist, dass es aber für eine solche anfällig ist. Hierzu ist aber weiter erforderlich, dass Sicherheit oder wenigstens eine **hohe Wahrscheinlichkeit besteht**, dass die Erkrankung alsbald eintritt.

GLEICHBEIN

OLG Hamm 2005 sowie LG Münster 2003: Eine röntgenologisch darstellbare Normabweichung im Gleichbeinbereich, die eine Einordnung in die **Röntgenklasse II** rechtfertigt, stellt keinen erheblichen Mangel des Pferdes dar.

LG Essen 2006: Eine proximale Gleichbeinfraktur an der linken Hinterhand eines Pferdes stellt einen zum Rücktritt vom Kaufvertrag berechtigenden Mangel des Pferdes dar, wenn es sich im konkreten Fall um einen Befund der **Röntgenklasse IV** handelt.

HAHNENTRITT

› siehe Zuckfuß

HALSWIRBELSÄULE

LG München 2003: Wird ein hochwertiges Dressurpferd im Rahmen einer Pferdeauktion zu einem Preis von rund 43.000 Euro versteigert, so kann der Ersteigerer davon ausgehen, dass dieses Pferd auch für den beabsichtigten Zweck geeignet ist. Stellt sich später heraus, dass das Tier an einer chronischen degenerativen Veränderung der Halswirbelsäule leidet, die eine dauerhafte Eignung als Dressurpferd ausschließt, so handelt es sich um einen **versteckten Mangel**, wenn diese Krankheit bei Vorführung des Pferdes verborgen blieb.

HEADSHAKING

LG Zweibrücken 2008: Obwohl der Mangel Headshaking nach dem Sachverständigengutachten sowie nach Stimmen in der tiermedizinischen Literatur nicht heilbar ist, muss der Käufer den Verkäufer dennoch zur Nachlieferung eines mangelfreien vergleichbaren Pferdes auffordern.

LG Marburg 2007: Eine Erkrankung am Headshaking-Syndrom lässt sich **nicht rückwirkend** bewerten. Die Symptomtheorie ist nicht anzuwenden, weil für die Erkrankung Headshaking bisher bereits über 50 Ursachen bekannt sind. Zugunsten des Verkäufers war daher davon auszugehen, dass die Mangelhaftigkeit bei Übergabe an den Käufer noch nicht vorlag.

HENGSTIGKEIT WALLACH

OLG Hamm 2008: Minderungs- und Schadensersatzanspruch kann dem Käufer zugesprochen werden, wenn nach der Kastrationsoperation noch hormonbildendes Gewebe im Körper verblieben ist und das Pferd deshalb in der Folgezeit nicht als Wallach gehalten werden kann und für die Dressur nur eingeschränkt tauglich ist.

HERZ

BGH 2006: Bei einem **angeborenen Herzfehler** handelt es sich um einen Sachmangel.

OLG Düsseldorf 2002: Aus der Tatsache, dass bei einem Pferd rund **vier Wochen nach einer tierärztlichen Ankaufsuntersuchung** ein systolisches Herzgeräusch feststellbar ist, lässt sich nicht sicher herleiten, dass ein solches Herzgeräusch bereits bei der Ankaufsuntersuchung hätte diagnostiziert werden können.

HUFGELENKSENTZÜNDUNG

OLG Köln 2009: Davon ausgehend, dass sich die Lahmheit aufgrund einer Hufgelenksarthrose des Pferdes schon rund **sechs Wochen nach Gefahrübergang** gezeigt hat (Röntgenklasse III), greift die Vermutung, dass der Mangel bereits bei Gefahrübergang vorlag.

OLG Schleswig 2005: Das Pferd trug zwar unstreitig schon bei Übergabe an den Kläger den Grund dafür in sich, dass es später zum Ausbruch einer Hufgelenksentzündung und einer Fesselträgertendinitis im linken Vorderbein gekommen ist. Dass der **Keim für die später aufgetretenen Symptome** schon bei Übergabe an den Kläger vorlag, bedeutet aber ausnahmsweise keinen Sachmangel, weil im entschiedenen Fall die Beugeprobe am erkrankten Bein zur Kenntnis aller Parteien positiv war und deshalb eine Beschaffenheitsvereinbarung vorlag, wonach das Pferd ein linkes Vorderbein aufweist, welches zwar nicht sicher den Keim einer Krankheit in sich trägt, bei dem aber mit dieser Möglichkeit zu rechnen ist.

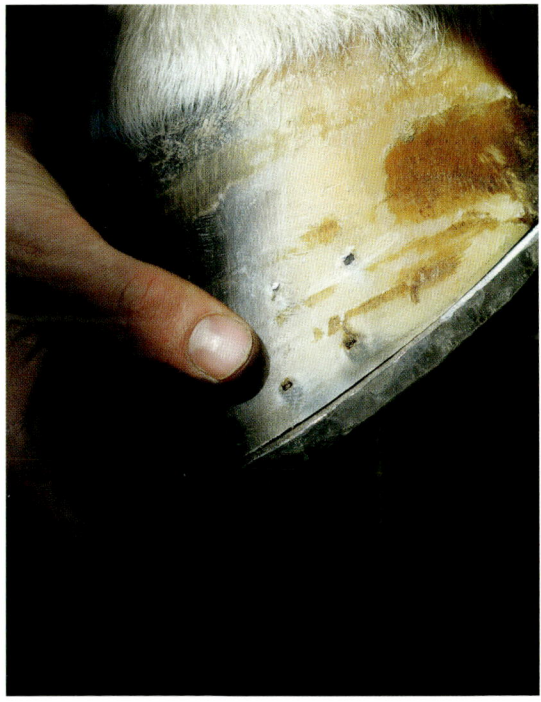

Der Huf: kleines Körperteil mit großem Verletzungspotenzial.
[Foto: shutterstock.com/Olga_i]

HUFKNORPELVERKNÖCHERUNG

OLG Frankfurt 2011: Das Pferd war bei Gefahrübergang mangelhaft, da es an diversen Osteophyten an den distalen Tarsalgelenken und an einer Hufknorpelverknöcherung litt und im Bewegungsablauf ein **zeitweises Zehenschleifen** hinten beidseitig vorlag.

LG Bielefeld 2006: Eine röntgenologisch nachweisbare Verknöcherung des Hufknorpels, die dazu führt, dass das Pferd **auf beiden Vorderbeinen lahmt**, stellt einen Mangel dar, der zum Rücktritt vom Kaufvertrag berechtigt.

HUFREHE

OLG Schleswig 1996: Eine chronische Hufrehe zum Zeitpunkt des Gefahrübergangs stellt einen Mangel dar.

HUFROLLE

OLG Köln 2007: Zeigt sich eine Hufrollenentzündung (Podotrochlose) **innerhalb von sechs Monaten** seit Gefahrübergang, begründet das die Vermutung, dass dieser Sachmangel bereits zum Zeitpunkt des Gefahrübergangs vorlag.

OLG Hamm 2006: Es liegt ein Mangel vor, wenn sich das Pferd wegen der Insertionsdesmopathie nicht für den vertraglich vorausgesetzten Gebrauch als Reitpferd eignet. Eine **feste Inkubationszeit** für die Insertionsdesmopathie gibt es nach den Erklärungen des Sachverständigen nicht. Aus der konkreten Symptomatik und den mehrfachen Untersuchungen des Pferdes ist jedoch zu schließen, dass die Krankheit bereits bei Übergabe vorlag.

OLG Hamm 2005: Röntgenologische Normabweichungen Röntgenklasse III ohne gleichzeitigen klinischen Befund sind nicht ausreichend, um die Diagnose einer Hufrollenerkrankung im Sinne der Podotrochlose zu stellen.

LG Lüneburg 2004: Der Mangel liegt bereits bei Übergabe vor, wenn Befunde sich schon wenige Tage nach der Übergabe zeigen und der Tierarzt schon damals eine Hufrollenentzündung diagnostizierte, der Mangel also schon „im Keim vorhanden" war. Das gilt auch, soweit das Pferd bis dahin beanstandungsfrei gegangen sein mag.

LG Münster 2003: Liegen Röntgenbefunde des lateralen Gleichbeins vorne rechts vor, die der Röntgenklasse IV zuzuordnen
sind, sowie ein Strahlbeinbefund (Hufrolle) der Röntgenklasse III
und kann der Sachverständige bei den „Beuge- und Provokationsproben" **keine Lahmheitssymptome** sowie auch keinen
Wendeschmerz feststellen, liegt kein Sachmangel vor.

KEHLKOPF

OLG Hamm 2010: Der bei einer Ankaufsuntersuchung festgestellte Mangel Kehlkopfpfeifen muss unverzüglich beim Verkäufer gerügt werden, das heißt in der Regel binnen zwei
Wochen. Andernfalls können Sachmängelhaftungsansprüche
wegen bei der Ankaufsuntersuchung festgestellter Mängel
nicht mehr geltend gemacht werden.

LG Verden 2011: Ein Kehlkopfbefund (angeborene Missbildung
und darauf beruhendes Atemgeräusch) stellt auch dann einen
Sachmangel dar, wenn er sich **erst unter der Belastung** als
Dressursportpferd nachteilig auswirkt. Ein Pferd, das als
„Dressurnachwuchs" angeboten wurde und wegen des Kehl-
kopfbefundes weder im Dressursport uneingeschränkt einsetzbar noch ohne Weiteres verkäuflich ist, hat einen Mangel.

AG Worbis 2005: Koppen und Kehlkopfpfeifen **lassen sich
nicht rückwirkend bewerten**. Es ist deshalb aus dem aktuellen Befund nicht ableitbar, dass das Pferd bereits zum Übergabezeitpunkt die Erkrankung des Kehlkopfpfeifens und die Verhaltensauffälligkeit des Koppens gezeigt hat.

KISSING SPINES

BGH 2007: Die Eignung eines klinisch unauffälligen Pferdes für
die vertraglich vorausgesetzte Verwendung als Reitpferd wird
nicht schon dadurch beeinträchtigt, dass aufgrund von Abweichungen (hier geringgradige Randsklerosierungen der Dornfortsätze) von der „physiologischen Norm" **eine geringe
Wahrscheinlichkeit** dafür besteht, dass das Tier zukünftig klinische Symptome entwickeln kann, die seiner Verwendung als
Reitpferd entgegenstehen.

OLG Karlsruhe 2011: Bei einer **Röntgenklasse III–IV** liegt eine
Wahrscheinlichkeit vor, dass das Pferd nicht mehr geritten
werden kann. Ein derartiger Befund begründet damit einen
Mangel bei Gefahrübergang.

Kissing Spines, immer eine Frage des Abstands.
[Foto: Archiv Appel]

OLG Frankfurt 2010: Kissing Spines bei Pferden stellen für
den Laien eine schwer zu erkennende Krankheit dar, gerade
in Hinsicht auf einen Kauf, bei dem es im Kaufvertrag heißt,
verkauft wie besichtigt und Probe geritten. Es liegt ein
Mangel bei Gefahrübergang vor.

OLG Celle 2006: Allein wegen des Vorhandenseins eines Kis-
sing-Spines-Syndroms liegt bei einem Pferd kein Mangel vor.

LG Verden 2007: Der röntgenologische Befund sich annä-
hernder Dornfortsätze ohne klinische Auswirkungen stellt
keinen Mangel dar.

LG Münster 2006: Ein Mangel liegt erst dann vor, wenn
etwaige gesundheitliche Abweichungen (Kissing Spines) zu
einer merklichen Nutzungsbeeinträchtigung führen. Abweichungen im Bewegungsablauf eines Pferdes stellen nur dann
einen Mangel dar, wenn sie dem Tier **auf Dauer anhaften**.

LG Hannover 2005: Es kann dahinstehen, ob ein Röntgenbefund (hier Kissing Spines) ohne einhergehenden klinischen Befund (Lahmheit) überhaupt einen Mangel darstellt, weil auch der lediglich röntgenologisch darstellbare
Engstand von Dornfortsätzen durch einmalige Traumatisierung entstehen kann.

LG Münster 2004: Ein Mangel liegt bereits dann vor, wenn bei dem Pferd eine Erkrankung diagnostiziert wird – sei es auch nur in einer leichten Form –, die **jederzeit dazu führen kann**, dass das Pferd in seiner Reitfähigkeit beeinträchtigt wird. Ein Pferd, das mit vorliegenden engen Abständen zwischen den Dornfortsätzen der Brustwirbelsäule von einem üblichen Reitpferd in der Beschaffenheit negativ abweicht, ist mangelbehaftet.

KLOPPHENGST/KRYPTORCHIDE
BGH 2008: Ein die sofortige Rückabwicklung des Kaufvertrags rechtfertigendes Interesse des Käufers ist im Regelfall anzunehmen, wenn der Verkäufer dem Käufer einen Mangel bei Abschluss des Kaufvertrags arglistig verschwiegen hat, hier, dass das Pferd aufgrund **nicht vollständig gelungener Kastration** zu Hengstmanieren neigte und deshalb als Dressurpferd weniger geeignet ist.

OLG Hamm 2006: Es kann bei einem Reitpferd einen Mangel darstellen, wenn es sich um einen Kryptorchiden handelt, bei dem trotz der vorangegangenen Kastration noch Hoden beziehungsweise **Hodengewebe vorhanden** ist.

KOLIK-OP
› siehe Operation, zurückliegend

LAHMHEIT
LG Saarbrücken 2011: War eine **Einschränkung der Tauglichkeit** des Pferdes bis zum Gefahrübergang aufgrund einer Lahmheit des linken Vorderbeines nicht zur Überzeugung des Gerichts festzustellen, käme eine Sachmängelhaftung nur dann noch in Betracht, wenn der Sachmangel auf eine Ursache zurückzuführen wäre, die ihrerseits eine vertragswidrige Beschaffenheit darstellte. Hierfür gilt die vorgesehene Beweislastumkehr zugunsten des Käufers nicht. (Verbrauchsgüterkauf)

MAGEN-DARM-ERKRANKUNGEN
LG Kiel 2005: Vorhandene geringgradige ulcerative Gastropathie mit leichten Schleimhautläsionen tritt bei **bis zu 50 Prozent aller Reit- und Turnierpferde** auf, ohne dass es zu äußerlich sichtbaren Anzeichen und zu Leistungsbeeinträchtigungen kommt. Solch ein Pferd ist als Reitpferd einsetzbar und leidet nicht an einer unheilbaren chronischen Darmentzündung. Die Gastropathie kann **stressbedingt kurzfristig** auftreten, also nach Übergabe, und ist deshalb mit der Beweislastumkehrregelung zugunsten des Käufers nicht vereinbar.

MUSKELFASERAUFLÖSUNG, RHABDOMYOLYSE
OLG Hamm 2007: Ursachen für das Auftreten einer equinen Rhabdomyolyse können falsche Fütterung, ein Managementwechsel und sonstige Stressfaktoren – wie ein Besitzwechsel – sein. Für die Erkrankung eines Pferdes in Form der equinen Rhabdomyolyse kann nach dem derzeitigen Forschungs- und Erkenntnisstand nicht ermittelt werden, ob diese eine **genetische Ursache** hat oder nicht. Der Käufer muss entsprechend beweisen, dass die Erkrankung bereits bei Gefahrübergang vorlag.

OCD, OSTEOCHONDROSE
› siehe Chips

OFFENE MAULWINKEL
OLG Hamm 2006: Beschaffenheit und Umfang einer festgestellten Veränderung des Lippenwinkelgewebes lassen keinen Rückschluss auf den **Zeitpunkt der Entstehung** zu.

LG Dortmund 2011: Bei einem nur optischen Mangel ist eine erhebliche Pflichtverletzung regelmäßig nur zu bejahen, wenn ein Verstoß gegen eine Beschaffenheitsvereinbarung vorliegt. Fehlt eine Beschaffenheitsvereinbarung, so ist bei einem optischen Mangel ein Rücktritt ausgeschlossen, wenn nur **äußerst geringfügige** optische Beeinträchtigungen vorliegen.

OPERATION, ZURÜCKLIEGEND
OLG Hamm 2011: Eine unstreitig zum Zeitpunkt der Übergabe bereits erfolgte Vor-Operation nebst Narbe (Kolik-OP) ist eine **negative Abweichung** von der Sollbeschaffenheit des Pferdes und stellt damit einen Mangel dar. Die Operation eines Pferdes stellt einen wertbildenden Faktor dar, mit dem der Käufer nicht rechnet. Sie beinhaltet die Gefahr weiterer Erkrankungen, wie Verwachsungen oder Verklebungen. Sie führt zu einem Minderwert des Tieres zwischen jedenfalls 10 bis 30 Prozent, was zusammengefasst eine negative und unübliche Beschaffenheit darstellt.

PERIODISCHE AUGENENTZÜNDUNG

BGH 2005: Hat ein Pferd zum Zeitpunkt der Übergabe eine Infektion mit der periodischen Augenentzündung, so muss der Käufer den Verkäufer **erst zur Nachbesserung auffordern**, bevor er Rücktritt oder Minderung geltend machen kann.

OLG Köln 2003: Festgestellte Auflagerungen auf der Linse können ein Anzeichen für eine periodische Augenentzündung sein. Diese kann positiv aber nur dann festgestellt werden (innerhalb einer Ankaufsuntersuchung), wenn ein akuter Schub vorliegt.

LG Saarbrücken 2006: Nach über sechs Monaten **lässt sich nicht mehr feststellen**, ob die periodische Augenentzündung schon bei Gefahrübergang vorlag, da diese auch in der Zeit nach Gefahrübergang aufgetreten sein kann.

AG Borken 2004: Der Käufer kann wegen eines **unbehebbaren** Mangels (hier periodische Augenentzündung) des Pferdes den Rücktritt vom Kaufvertrag erklären, ohne eine Nachfrist setzen zu müssen. Solch eine Entzündung kann schon bei Gefahrübergang, circa **vier Monate vor Mangelanzeige**, vorgelegen haben.

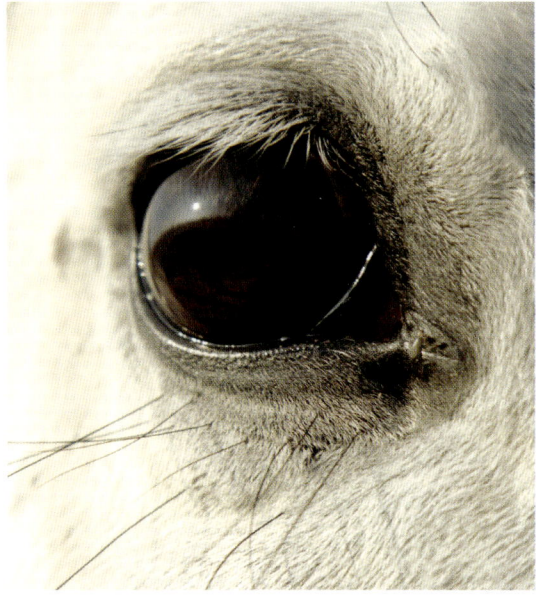

Ein Pferdeauge soll nicht nur schön, sondern vor allem funktionell sein. [Foto: shutterstock.com/aleksandr hunta]

PILZERKRANKUNG

BGH 2007: Wenn sich beim Verbrauchsgüterkauf eine Hautpilzerkrankung innerhalb von sechs Monaten nach Gefahrübergang herausstellt, ist nicht festzustellen, ob die Infektion vor oder nach der Übergabe geschah, da die Inkubationszeit zwischen sieben Tagen und eineinhalb Jahren liegt. Hier ist jedoch die Beweiserleichterung zugunsten des Käufers anwendbar.

PODOTROCHLOSE

› siehe Hufrolle

RÖNTGENOLOGISCHE BEFUNDE OHNE LAHMHEIT

Röntgenologische Befunde werden derzeit nach dem aktuell bereits in zweiter Überarbeitung vorliegenden Röntgenleitfaden 2007 beurteilt und interpretiert, der bei der Bundestierärztekammer abgerufen werden kann. Die Befundeinteilung erfolgt dabei in die Röntgenklassen I bis IV; inzwischen sind 286 Einzelbefunde standardisiert. Die klinische Befundung, die Frage also, ob ein Pferd lahmt oder nicht, hat keinen Einfluss auf die Klasseneinteilung.

BGH 2007: Bei röntgenologischen Veränderungen der Klasse II–III (Kissing Spines) weichen **die Befunde zwar von der physiologischen Idealnorm** ab, begründen aber keinen Sachmangel, wenn sich die Abweichung nicht in einer Lahmheit äußert und wenn derartige Röntgenklassen bei Pferden häufig vorkommen. Denn dann liegt die übliche Beschaffenheit vergleichbarer Pferde vor. Soweit „der Markt" wegen der Befunde beim Weiterverkauf mit **Preisabschlägen** reagiert, leitet sich daraus ebenfalls kein Sachmangel ab, denn dann wird bei der Preisfindung von einer besseren als der tatsächlich üblichen Beschaffenheit von Pferden gleicher Art ausgegangen.

OLG Stuttgart 2009: Aufgrund der Tatsache, dass es sich um ein **relativ junges Pferd mit bereits erheblichen** Veränderungen handelt (Röntgenklasse III-IV), ist davon auszugehen dass mit einer Wahrscheinlichkeit von mehr als 50 Prozent mit der Entstehung einer Spaterkrankung zu rechnen ist. Das Pferd ist daher für die vertraglich vorgesehene Verwendung als Sportpferd nicht geeignet und mangelbehaftet.

Ein röntgenologischer Befund muss nicht zwingend zu einem klinischen Befund führen. [Foto: Christiane Slawik]

OLG Celle 2008: Der Mangel liegt nicht in einer zur Lahmheit führenden, bereits zum Zeitpunkt der Übergabe angelegten Krankheit, **sondern bereits in einer von der Üblichkeit abweichenden** und auf den Röntgenaufnahmen dokumentierten – sowie je nach Einteilung in die Röntgenklasse II und III mit der Möglichkeit eines zukünftigen klinischen Befundes verbundenen – Knochenstruktur des Tieres. Aufgrund dessen liegt ein Mangel bei Übergabe vor.

OLG Köln 2007: Der Käufer muss darlegen und beweisen, dass sich das Pferd bei Gefahrübergang nicht für die gewöhnliche Verwendung geeignet oder nicht die übliche Beschaffenheit gleichartiger Pferde aufgewiesen hat, die der Käufer nach der Art der Sache erwarten kann. Röntgenbefunde (**Birkeland-Chip und 3 OCD-Chips**) der Klasse II und III bei Reitpferden, die einen von der physiologischen Norm abweichenden Zustand des Pferdes belegen, sind nur dann als Sachmangel einzuordnen, wenn diese Abweichungen von der physiologischen Norm zu **klinischen Befunden führen**.

OLG Celle 2006: Bei Warmblut-Reitpferden stellen sklerotische Veränderungen der Wirbelsäule als solche – **ohne in Erscheinung tretende Beschwerden** – keinen Sachmangel dar.

OLG Frankfurt 2006: Ein röntgenologischer Befund stellt keinen Mangel dar. Ob sich aus den im Zeitpunkt der Untersuchung vorliegenden röntgenologischen Veränderungen (Röntgenklasse III) tatsächlich ein Mangel ergeben wird, ist unsicher. Nach Auffassung des OLG reicht es nicht aus, wenn **lediglich eine Wahrscheinlichkeit** dafür besteht.

OLG Hamm 2006: Die vom Käufer beanstandete, angeblich auf dem festgestellten röntgenologischen Befund (Röntgenklasse III) beruhende eingeschränkte Springtauglichkeit des Pferdes begründet im Streitfall keinen Sachmangel. Allein die in der Konstitution des Pferdes begründete **(schadensgeneigte) Anlage** für eine negative Entwicklung mit Auswirkungen auf das Springvermögen des Pferdes begründen noch nicht die Annahme eines Sachmangels.

OLG Hamm 2005: Eine **geringfügige Abweichung** von der Norm im Gleichbeinbereich stellt keinen Sachmangel dar.

LG Stendal 2009: Die **bloße Veranlagung** eines Tieres, dass eine bestimmten Krankheit ausbrechen kann (hier: **Strahlbeinzyste der Röntgenklasse IV**), stellt für sich genommen keinen Mangel dar, solange noch keine klinischen Symptome auftreten.

LG Marburg 2007: Eine bloße röntgenologische Veränderung (hier: der Dornfortsätze des Pferdes) der **Röntgenklasse III–IV stellt keinen Sachmangel** dar. Diese Abweichung vom physiologischen Normalbild hat für sich genommen keinen Krankheitswert, sondern macht einen solchen Krankheitswert, das heißt das Auftreten von klinischen Symptomen, nur mehr oder weniger wahrscheinlich.

LG Münster 2007: Liegen bei einem Reitpferd bei Gefahrübergang Röntgenbefunde der Röntgenklasse III–IV vor (hier: Spat), so entspricht dies nicht der Sollbeschaffenheit. Ein Sachmangel ist zu bejahen, auch **wenn zunächst keine klinischen Symptome** vorliegen.

LG Düsseldorf 2006: Wird bei einem Pferd eine geringgradige Lahmheit vorne links nach längerer Bewegung festgestellt und auch Röntgenbefunde, **korreliert die Lahmheit vorne links aber nicht mit den Röntgenbefunden**, dann geht dies zulasten des Käufers.

LG Münster 2003: Liegen Röntgenbefunde des lateralen Gleichbeins vorne rechts vor, die der **Röntgenklasse IV** zuzuordnen sind, sowie ein Strahlbeinbefund (Hufrolle) der **Röntgenklasse III** und konnten bei „Beuge- und Provokationsproben" keine Lahmheitssymptome und auch kein Wendeschmerz festgestellt werden, liegt kein Mangel vor.

AG München 2003: Dem Kläger steht ein Rücktritt zu, weil das Pferd bereits zum Zeitpunkt des Gefahrübergangs an beiden Vorderbeinen Zysten am Strahlbein hatte. Die festgestellten Zysten stellen auch einen Mangel dar, weil bei sportlicher Nutzung des Pferdes das **Auftreten von Lahmheiten sehr wahrscheinlich** ist.

SARKOIDE

LG Köln 2005: Das Pferd war mangelhaft, denn es war sowohl aufgrund von Sarkoiden als auch wegen des isolierten Knochenfragments im Fesselgelenk (Chip) weder zu der **vereinbarten** Verwendung (zu Freizeitzwecken) noch zu der **gewöhnlichen** Verwendung (Reitpferd) geeignet.

SEHNEN

OLG Frankfurt 2013: Da ein Schaden am Fesselträgerschenkel entweder durch ein akutes Trauma bei einem Unfall oder bei einer Überdehnung entstehen kann, ist es auch möglich und gerade bei Sportpferden wahrscheinlich, dass der Schaden durch chronische Überbeanspruchung und allmähliche Schädigung der Sehnenfasern entstanden ist. Wenn **nicht feststellbar ist**, ob dieser Schaden bei Übergabe vorhanden war, geht dies zulasten des Käufers.

OLG Hamm 2006: Es liegt ein Mangel vor, wenn sich das Pferd wegen einer Insertionsdesmopathie (krankhafte Veränderung im Ursprungs- oder Ansatzbereich von Sehnen) **nicht für den vertraglich vorausgesetzten Gebrauch** als Reitpferd eignet.

LG Neubrandenburg 2004: Beim Auftreten einer Lahmheit eines Springpferdes infolge eines Defekts des Fesselträgerursprungs innerhalb von sechs Monaten seit dem Kauf besteht keine Vermutung dafür, dass der Mangel bereits bei Übergabe vorgelegen hat, weil ein derartiger **Sehnenschaden bereits durch einen einmaligen Fehltritt** des Pferdes entstehen kann.

SHIVERING

OLG Hamm 2008: Zeigt das Pferd **zwei Tage nach der Übergabe „klare Symptome"** im Sinne von Streukrampf/Shivering", kann hinsichtlich dieser Erkrankung mit großer Sicherheit ausgeschlossen werden, dass es sich um eine akute Problematik handelt. Aufgrund dessen kann davon ausgegangen werden, dass ein Mangel bei Übergabe vorlag.

SOMMEREKZEM

› siehe Allergie

SPAT

OLG Stuttgart 2006: Bei der Spat-Erkrankung eines Pferdes handelt es sich nach der Auffassung des Senats jedenfalls insofern um eine nachteilige Abweichung der tatsächlichen von der vertraglich vorausgesetzten Beschaffenheit, als das Tier damit **für die vertraglich vorausgesetzte Verwendung** in Dressurturnieren der Klassen M und S nicht geeignet war und ist. Ist der Erkrankungsprozess zum Zeitpunkt der Übergabe bereits im Gange, sodass nach Übergabe eine leichte bis mittelgradige Lahmheit des Pferdes jederzeit auftreten konnte und nachgewiesenermaßen auch aufgetreten ist, liegt ein Mangel vor.

OLG Hamm 2004: Spat als Röntgenbefund stellt keine Gebrauchsbeeinträchtigung und damit keinen Mangel dar, wenn eine **Ursächlichkeit für eine Lahmheit** nicht feststeht.

LG Münster 2007: Liegen bei einem Reitpferd bei Gefahrübergang Röntgenbefunde der **Röntgenklasse III–IV** vor (hier Spat), so entspricht dies nicht der Sollbeschaffenheit. Ein Sachmangel ist zu bejahen, auch wenn zunächst keine klinischen Symptome vorliegen.

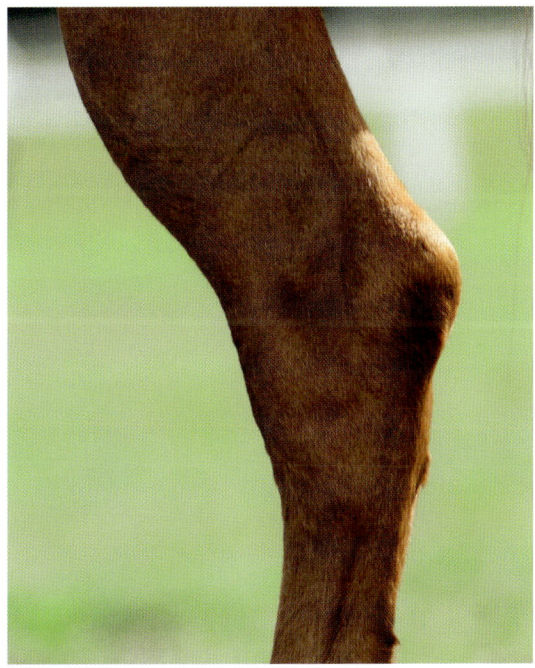

Vorsicht, wenn es im Sprunggelenk „hakt".
[Foto: shutterstock.com/mariait]

LG Lüneburg 2004: Selbst wenn Spat **erst nach Übergabe aufgetreten** sein sollte und das Pferd eine erbliche Prädisposition besitzt, liegt kein Mangel vor. Denn eine solche Veranlagung führt keineswegs sicher dazu, dass Spat als Mangel auch auftritt, sondern es müssen weitere Umstände hinzutreten. Der Käufer muss **mit dem Vorliegen solcher Abweichungen vom Idealzustand rechnen**, weil diese im Gegensatz zu anderen Waren, bei denen durch sorgfältige Herstellung eine gleiche Art und Beschaffenheit erreicht wird, nicht vermieden werden können.

AG Bad Gandersheim 2004: Röntgenbefunde im Sinne von Spat sind bei zehnjährigen Pferden häufig, sodass ein lediglich mit **geringgradigen Röntgenbefunden** behaftetes, lahmfreies zehnjähriges Reitpferd die für Reitpferde gleichen Alters übliche Beschaffenheit hat und damit keinen Mangel aufweist.

STRAHLBEIN

OLG Zweibrücken 2011: Die erhobenen Röntgenbefunde (an der rechten Vorderzehe eine circa kirschkerngroße isolierte **Verschattung proximal des Strahlbeins** und circa reiskorn- und linsengroße Verschattungen dorso proximal im Fesselgelenk) stellen die Brauchbarkeit eines Pferdes als Fahrpferd nicht infrage.

LG Stendal 2009: Die bloße Veranlagung eines Tieres, dass eine bestimmte Krankheit ausbrechen kann (hier: **Strahlbeinzyste der Röntgenklasse IV**), stellt für sich genommen keinen Mangel dar, solange noch keine klinischen Symptome auftreten.

LG Münster 2003: Liegen Röntgenbefunde des lateralen Gleichbeins vorne rechts vor, die der Röntgenklasse IV zuzuordnen sind, sowie ein Strahlbeinbefund (Hufrolle) der Röntgenklasse III und kann der Sachverständige bei den „Beuge- und Provokationsproben" **keine Lahmheitssymptome** sowie auch keinen Wendeschmerz feststellen, liegt kein Sachmangel vor.

TRÄCHTIGKEIT, UNGEWOLLT

AG Schwedt 2007: Die Trächtigkeit einer Jährlingsstute stellt sich als Sachmangel dar, weil eine Trächtigkeit im Jugendalter zum verfrühten Epiphysenfugenschluss führt und mit einem **Nichterreichen der physiologischen Körpergröße** einhergeht.

TUMOR

OLG Köln 2007: Ein bei einer Stute kurz nach Kaufvertragsabschluss aufgetretener **Ovar-Tumor ist ein Sachmangel**. Er entsteht typischerweise infolge undifferenzierter Stammzellen, die bereits embryonal vorhanden sind. Zwar wertet der Bundesgerichtshof eine genetische Disposition zur Entwicklung von Krankheiten erst dann als Mangel, wenn sich das Tier bei Gefahrübergang in einem Zustand befindet, aufgrund dessen bereits die Sicherheit oder zumindest hohe Wahrscheinlichkeit besteht, dass es alsbald erkranken wird. Das **Vorhandensein undifferenzierter Stammzellen** geht jedoch über eine genetische Disposition hinaus und stellt nach Ansicht des Senats bereits für sich betrachtet eine Abweichung von der vertraglich geschuldeten Beschaffenheit des Tieres dar, weil ein durchschnittlicher Käufer bei Kenntnis dieses Umstandes von einem Kauf des Tieres Abstand nähme oder auf einer Verringerung des Kaufpreises bestehen würde.

ÜBERBEIN

OLG Saarbrücken 2009: Bei einem diagnostizierten **Überbein für sich gesehen** handelt es sich nicht um einen Sachmangel.

ÜBERBISS

OLG Hamm 2007: Ein **unerheblicher** Überbiss ist nicht so gravierend, dass er einen Mangel darstellt.

VERRENKUNG

OLG Hamm 2005: Es liegt ein Sachmangel vor, wenn das Pferd an einer Lahmheit der hinteren rechten Gliedmaße leidet, die auf einer **Luxation des Kreuz-Darmbein-Gelenks** beruht. Lässt sich durch Beweisaufnahme (Video) feststellen, dass diese vor Übergabe vorhanden war, liegt ein Mangel vor.

AG Herne 2003: Die **Nichtaufklärbarkeit**, ob die Entzündung des Kreuz-Darmbein-Gelenks zum Begutachtungszeitpunkt bei der Übergabe bereits vorlag, geht zulasten des Käufers. Der Käufer kann sich hier nicht als Verbraucher zu seinen Gunsten auf § 476 BGB berufen.

ZUCHTUNTAUGLICHKEIT

OLG Saarbrücken 2011: Ein Hengst, der im Natursprung und über Frischspermaverwendung über 50 Fohlen gezeugt hat, allerdings bei der Herstellung von Tiefgefriersperma nicht die Mindestanforderungen des WBFSH (World Breeding Federation for Sport Horses) erfüllt, die besagen, dass 30 bis 35 Prozent der Spermien nach dem Auftauen beweglich sein müssen, ist nicht zuchtuntauglich.

OLG Düsseldorf 2004: Mit einer Vertragsklausel, mit der die Parteien hinsichtlich der Beschaffenheit des Pferdes den Zustand „nach der Besichtigung" vereinbart haben, sind nur diejenigen Eigenschaften des Pferdes als vertragliche Beschaffenheit vereinbart, die sich für den Käufer **bei Inaugenscheinnahme erkennen** ließen. Darunter fällt nicht eine Zuchtuntauglichkeit der Stute.

AG Mettmann 2005: Eine festgestellte **Veränderung des Eutergewebes** des rechten Euters einer Stute macht diese nicht zuchtuntauglich, beeinträchtigt aber die Zuchttauglichkeit etwa zu einem Viertel.
Da nicht bewiesen war, dass der Mangel bereits bei Gefahrübergang vorlag, wurde die Klage abgewiesen.

ZUCKFUSS

LG Nürnberg-Fürth 2013: Die Käuferin kann sich nicht auf einen Sachmangel wegen einer **Bewegungsauffälligkeit** (hier: Zuckfuß, gleichbedeutend mit Hahnentritt) berufen, wenn im tierärztlichen Protokoll der Ankaufsuntersuchung auf einen möglichen Zuckfuß hingewiesen wurde. Durch die damit bei Verkauf getroffene negative Beschaffenheitsvereinbarung hat die Käuferin das Risiko der hierdurch eingeschränkten Nutzbarkeit des Pferdes übernommen.

LG Trier 1999: Die Bewegungsstörung (Zuckfuß) ist entweder anlagebedingt und dann während der Verknöcherung des Skeletts bei dem Tier zum Ausbruch gekommen, oder aber sie kann durch einen Unfall des Tieres verursacht worden sein. Bestand die Bewegungsstörung bereits bei Anlieferung, ist sie **entweder angeboren oder durch ein Unfallereignis vor Übergabe** entstanden. Es liegt damit ein Sachmangel vor.

ZYSTE

AG München 2003: Dem Kläger steht ein Rücktritt zu, weil das Pferd bereits zum Zeitpunkt des Gefahrübergangs an beiden Vorderbeinen Zysten am Strahlbein hatte. Die festgestellten Zysten stellen auch einen Mangel dar, weil bei sportlicher Nutzung des Pferdes das **Auftreten von Lahmheiten sehr wahrscheinlich** ist.

Sachmängel bezüglich der Reiteigenschaften

BOCKEN

OLG Oldenburg 2004: Behauptet die Käuferin eines sechsjährigen Reitpferdewallachs, nachdem sie das Pferd in einer für sie **zufriedenstellenden Weise Probe geritten** hatte, dass dieses Pferd Tage später nur noch bockend durch die Reithalle gelaufen sei und sie auch abgeworfen habe, so liegt gleichwohl kein Mangel vor. Denn die mangelnde Rittigkeit und Beherrschbarkeit sind keine Mängel, die bei Übergabe des Pferdes bereits vorgelegen haben müssen. Denn es ist bekannt, dass zumindest ein noch recht junges Pferd unter einem neuen Reiter mit einem für das Pferd plötzlichen Wechsel im Reitstil völlig anders reagieren kann, als es bis zu diesem Zeitpunkt der Fall war.

DRESSUR- UND TURNIEREIGNUNG

OLG Köln 2007: Wer behauptet, die **„Dressurtauglichkeit"** eines Pferdes sei als Beschaffenheit beim Kaufvertrag vereinbart worden, muss dies darlegen und beweisen.

OLG Stuttgart 2006: Spat stellt eine chronisch-deformierende Entzündung dar, die zur Zerstörung der Gelenkknorpel und Knochenzubildung bis hin zu knöcherner Durchbauung der Gelenkspalten führt. Infolge Lahmheit und Muskelschwunds kann ein **derartig erkranktes Pferd** für hochklassige Dressurwettbewerbe der Klassen M oder S nicht eingesetzt werden.

OLG Düsseldorf 2005: Ein Pferd, das nicht bereit ist, reiterliche Einwirkungen hinzunehmen, und **sich auch bei einem geübten Reiter weigert**, an den Hilfen zu gehen und somit den reiterlichen Einwirkungen, die für eine Absolvierung einer Dressurprüfung der untersten Klasse verlangt werden, nur ungern folgt, hat keine Dressureignung.

OLG Düsseldorf 2005: Erweist sich ein vom Pferdehändler gekauftes Pferd als ungeeignet zur Turnierdressur, so liegt hier noch kein Sachmangel vor, wenn im Kaufvertrag keine ausdrückliche Beschaffenheitsvereinbarung im Sinne einer Turniereignung zustande gekommen ist. Alleine die **Aussage des Verkäufers**, dass das Pferd vielleicht einmal eine A-Dressur laufen könne, führt noch nicht zu einer Zusage dahingehend, dass das Pferd eine übliche Turniereignung haben muss.

LG Verden 2011: Ein Pferd, das nicht als reines Freizeitpferd, sondern als **„Dressurnachwuchs" angeboten** wurde und aufgrund eines angeborenen Kehlkopfbefunds und des darauf beruhenden Atemgeräuschs weder im Dressursport uneingeschränkt einsetzbar noch ohne Weiteres verkäuflich ist, hat einen Mangel.

LG Münster 2007: Vereinbaren die Parteien eines Kaufvertrags den Ausbildungsstand des Pferdes mit **„Dressur A"**, so orientiert sich dieser Leistungsstand an der Leistungsprüfungsordnung (LPO). Es bedeutet einen Sachmangel, wenn der vertraglich festgeschriebene Leistungsstand nur mit einem oder bestimmten Reitern erreicht werden kann. Vielmehr muss die vertraglich zugesagte Leistung eines Pferdes objektivierbar sein.

DURCHGÄNGER

OLG Koblenz 2009: Wenn Kutschpferde durchgehen, führt das im Allgemeinen zu einer die Tiere **dauerhaft prägenden Traumatisierung**, die ihre künftige Eignung infrage stellt. Der Verkäufer muss ungefragt den Käufer über einen derartigen Umstand aufklären.

KUTSCHPFERD

OLG Saarbrücken 2007: Besteht bei Pferden ein **nicht unerheblicher Ausbildungs- und Korrekturbedarf** und war dem Käufer dies angesichts des Verhaltens der Pferde anlässlich der von dem Käufer vor Kaufvertragsabschluss durchgeführten Probefahrt bekannt, so sind insoweit Mängelrechte ausgeschlossen.

REITBARKEIT

LG Hildesheim 2004: Ein Pferd, das mit der Beschaffenheitsvereinbarung „eingeritten, schmiedefromm, beißt und schlägt nicht" verkauft wird und zu dem ein Käufer behauptet, es lasse sich nicht reiten, ist nicht mangelhaft, wenn es nach sachverständigem Ausprobieren und Begutachten von einem **„Hobbyreiter mit einer gewissen reiterlichen Erfahrung"** geritten werden kann und zudem problemlos auf einen besseren Ausbildungsstand zu bringen ist.

SPORTTAUGLICHKEIT

OLG Düsseldorf 2002: Im Rahmen der tierärztlichen Ankaufsuntersuchung eines Pferdes bedarf es in jedem Fall auch einer Befunderhebung unter Belastung zur Überprüfung der Herz- und Kreislauffunktion. Die Verwendungsfähigkeit eines Pferdes **als Sportpferd setzt ein gesundes Herz-Kreislauf-System voraus**. Aus der Tatsache, dass bei einem Pferd rund vier Wochen nach einer tierärztlichen Ankaufsuntersuchung ein systolisches Herzgeräusch feststellbar ist, lässt sich nicht sicher herleiten, dass ein solches Herzgeräusch bereits bei der Ankaufsuntersuchung hätte diagnostiziert werden können.

OLG Hamm 2011: Ist dem Verkäufer bekannt, dass der Käufer den Erwerb eines Pferdes von einer tierärztlichen Ankaufsuntersuchung und deren, beiden Seiten zuvor mitgeteiltem, Ergebnis abhängig macht und nimmt der Verkäufer das Untersuchungsergebnis, wonach das Pferd in **Röntgenklasse II** einzuordnen ist, nicht lediglich zur Kenntnis, sondern bestimmt es gemeinsam mit dem Käufer zum Vertragsinhalt, so ist eine konkludente Beschaffenheitsvereinbarung gegeben, wonach das Pferd **ohne Weiteres sporttauglich** sein soll.

SPRING- UND TURNIEREIGNUNG

OLG Frankfurt 2004: Wird seitens des Verkäufers im Rahmen von Vertragsverhandlungen über den Verkauf eines Pferdes geäußert, aufgrund der Veranlagung des Pferdes **würde es bei Förderung bis Klasse M** springen, ist die Sollbeschaffenheit bei Übergabe und Übereignung gerade nicht „Springpferd der Klasse M".

LG Kassel 2006: Einem Pferd, das Stalluntugenden zeigt, bei denen es sich immer wieder verletzt, und dies nicht nur im Stall, sondern **auch auf den Transporten zum Turnier**, fehlt es an der vereinbarten Beschaffenheit „als Turnierpferd für das Springreiten geeignet".

LG Stade 2006: Beinhaltet der Kauf eines Springpferdes an einen **68-jährigen erfahrenen Reiter** die Beschaffenheitsvereinbarung, dass das Pferd als Springpferd geeignet sein muss, schuldet der Verkäufer aber nicht die Lieferung eines Pferdes, welches praktisch ohne Anleitung unabhängig vom Verhalten seines Reiters jeden Parcours springt.

STEIGEN

OLG Hamm 2012: Bestehen **keine zwingenden Rückschlüsse** auf das Vorliegen eines Steigens zum Zeitpunkt eines Pferdekaufs, kann zulasten des beweisbelasteten Käufers eine diesbezügliche Arglist des Verkäufers nicht angenommen werden.

Steigen – längst nicht immer wie hier vom Reiter gewollt. [Foto: Christiane Slawik]

UNRITTIGKEIT, UNWILLIGKEIT

OLG Oldenburg 2004: Die mangelnde Rittigkeit und Beherrschbarkeit sind keine Mängel, die bei Übergabe des Pferdes **bereits vorgelegen haben müssen**. Denn es ist bekannt, dass zumindest ein noch recht junges Pferd unter einem neuen Reiter mit einem für das Pferd plötzlichen Wechsel im Reitstil völlig anders reagieren kann, als es bis zu diesem Zeitpunkt der Fall war.

LG Göttingen 2005: **Dem Käufer eines Pferdes obliegt der Beweis**, dass das Tier bereits zum Übergabezeitpunkt unreitbar gewesen ist und dies seine Ursache im Pferd hat und ihm dauerhaft anhaftet. Die Umkehr der Beweislast gemäß § 476 BGB zugunsten des Käufers auf den hier behaupteten Mangel der Unrittigkeit greift nicht und findet keine Anwendung.

LG Essen 2004: Ein Pferd bringt bestimmte Anlagen und charakterliche Eigenschaften mit, die durch seine Ausbildung besonders gefördert oder auch nur mangelhaft ausgebildet werden können. Darüber hinaus hängt es vom Wissens- und Erfahrungsstand des jeweiligen Reiters ab, das Potenzial eines Pferdes zur vollen Entfaltung zu bringen. Diesem Ansatz folgend, **gibt es nicht die „Reitbarkeit" als solche**, sondern nur solche anlagebedingten und charakterlichen Eigenschaften eines Pferdes, die das Reiten – dem jeweiligen Ausbildungsstand von Reiter und Pferd entsprechend – einfacher oder problematischer erscheinen lassen.

AG Paderborn 2004: Aktuelle Rittigkeitsprobleme eines Pferdes zum Zeitpunkt der Begutachtung, für die keine körperlichen Ursachen feststellbar sind, **lassen sich nicht retrospektiv für den Zeitpunkt der Übergabe** des Pferdes beurteilen, zumal schon eine kurzzeitige Fehlbehandlung eines Pferdes ausreicht, ein Pferd zu einem Problempferd zu machen.

WESTERNPFERD

LG Coburg 2005: Wenn beim Abschluss eines Kaufvertrages vereinbart wird, dass ein Pferd „sehr gut ausgebildet" ist, dann muss zunächst die Bedeutung dieser Beschaffenheitsvereinbarung ermittelt werden. Lässt sich die Vereinbarung dahingehend konkretisieren, dass ein guter **Ausbildungszustand in der Westernreiterei** vereinbart war, dann ist das Pferd auch ausschließlich daran zu messen.

Charakterliche Sachmängel/ Verhaltensauffälligkeiten

BOXENKREISELN

OLG Hamm 2007: Der **Ausdruck eines psychischen Defektes** eines Pferdes stellt einen Mangel dar. Der „Defekt" kann sich auf verschiedene Weise – wie eben in Form des Koppens, des sogenannten Krippensetzens oder eines Boxenlaufens – äußern.

HENGSTMANIEREN

› siehe Klopphengst/Kryptorchide (gesundheitliche Mängel)

KOPPEN

OLG Celle 2010: Dass ein – in der Betriebsamkeit einer Auktion ersteigertes – Pferd unmittelbar nach Gefahrübergang die Verhaltensauffälligkeit des Koppens zeigt, lässt für sich genommen **noch nicht den Rückschluss** zu, dass es bereits vor dem Verkaufsgeschehen ein Kopper gewesen ist.

OLG Köln 2009: Die Untugenden des Koppens und des Barrenwetzens bei einem Pferd stellen jeweils einen Sachmangel dar. Beim Koppen handelt es sich um **eine echte Verhaltensstörung mit Krankheitswert**, wobei das Koppen Ausdruck eines psychischen Defekts des Pferdes ist, der sich auf verschiedene Weise äußern kann.

LG Oldenburg 2004: Der **Sachmangel Koppen** ist mit der Beweislastumkehrregelung des § 476 BGB zugunsten des Käufers, der Verbraucher ist, unvereinbar.

TRANSPORTFÄHIGKEIT

LG Kassel 2006: Ein Pferd, das Stalluntugenden zeigt, bei denen es sich immer wieder verletzt, und dies nicht nur im Stall, sondern **auch auf den Transporten zum Turnier**, fehlt es an der vereinbarten Beschaffenheit „als Turnierpferd für das Springreiten geeignet".

UNTUGENDEN

OLG Hamm 2007: Der **Ausdruck eines psychischen Defekts** eines Pferdes stellt einen Mangel dar. Der „Defekt" kann sich auf verschiedene Weise – wie eben in Form des Koppens, des sogenannten Krippensetzens oder eines Boxenlaufens – äußern.

LG Aurich 2004: Wenn der Mangel in einer Verhaltensauffälligkeit des Tieres liegt, die durch ein Initialtrauma hervorgerufen wurde, dessen Ursache nicht mehr feststellbar ist und die **auch nach Gefahrübergang entstanden sein kann**, ist die Vermutung des § 476 BGB zugunsten des Käufers/Verbrauchers mit der Art des Mangels unvereinbar.

WEBEN

OLG Oldenburg 2004: Die Anwendung der gesetzlichen Vermutung gemäß § 476 BGB (Beweislastumkehr zugunsten des Käufers, der Verbraucher ist) ist **aufgrund der Besonderheit des Mangels** Weben bei Pferden ausgeschlossen.

AG Schleswig 2010: Bei der Verhaltensstereotypie Weben handelt es sich um eine echte Verhaltensstörung, die aus einer Unterdrückung des Bewegungstriebes des Pferdes resultiert. Grundsätzlich gehen mit dem Vorhandensein dieser Stereotypie keine gesundheitlichen Risiken einher. Auch eine Leistungsbeeinträchtigung ist damit in der Regel nicht verbunden. Folglich stellt das Weben **zumindest bei einem Freizeitpferd** keinen Sachmangel dar.

ERWERB ANLÄSSLICH ÖFFENTLICHER VERSTEIGERUNG UND AUKTION

Dass Versteigerungen und Auktionen einen besonderen Reiz auf manche Menschen ausüben, wird einem spätestens dann klar, wenn man einer solchen Veranstaltung und den fast spürbaren Adrenalinausschüttungen einmal beigewohnt hat. Rechtlich zu unterscheiden sind die öffentlichen Versteigerungen im Rahmen einer Zwangsvollstreckung oder Insolvenz oder anlässlich eines Pfandverkaufs von öffentlichen Auktionen, die zumeist von privaten Anbietern oder Zuchtverbänden veranstaltet werden. Gemein ist all diesen Versteigerungen, dass der Erwerb des Pferdes nach § 156 BGB erst **durch den Zuschlag des Auktionators** zustande kommt. Ein Gebot erlischt, wenn ein Übergebot abgegeben ist oder wenn die Versteigerung ohne Erteilung des Zuschlags geschlossen wird.

Öffentliche Versteigerungen bei Zwangsvollstreckung und Insolvenz

Vollstreckt ein Gläubiger gegen einen Schuldner **im Rahmen einer Zwangsvollstreckung** oder löst ein Insolvenzverwalter vorhandenes Vermögen auf, kommt es zur öffentlichen Versteigerung. Bei einer solchen versteigert ein Gerichtsvollzieher, ein zur Versteigerung befugter anderer Beamter, ein angestellter Versteigerer oder ein öffentlich bestellter Auktionator.

Im Verhältnis zu anderen Wirtschaftsgütern ist die Pfändung und anschließende Versteigerung von Pferden sicher der seltenere Fall, aber Ihnen wird auf Anhieb die eine oder andere durchgeführte oder anstehende Pferdeversteigerung einfallen, wenn Sie darüber nachdenken.

Die Haftungsnorm des § 806 ZPO ist hierbei einfach: Ersteigern oder erwerben Sie ein Pferd aufgrund einer Pfändung, können Sie **wegen Sachmängeln keinerlei Ansprüche** geltend machen. Hintergrund dieser Vorschrift ist in der Tat, dass weder Gerichtsvollzieher oder Auktionator, die ja frühestens mit der Pfändung überhaupt eine Einflussmöglichkeit auf das Pferd erlangt haben, noch der ursprüngliche Schuldner, der ohnehin schon überschuldet ist, in die Haftung genommen werden sollen.

Öffentliche Versteigerung beim Pfandverkauf

Öffentliche Versteigerungen sind aber auch beim Pfandverkauf durch den Gerichtsvollzieher außerhalb von Zwangsvollstreckungen das Mittel der Wahl. Im Pferdebereich betrifft dies in aller Regel das in Pferdeeinstellverträgen häufig **vereinbarte Pfandrecht respektive Vermieter-**

pfandrecht (› Seite 93 ff.), falls ein solches bezogen auf ein Pferd oder das Pferdezubehör bestand. Neben dem Pferd sind dann insbesondere Sättel oder Pferdeanhänger praxisrelevant.

Hat etwa ein Pensionsbetreiber eine fällige offene Forderung gegen einen Einsteller und steht ihm ein Pfandrecht aus Vertrag oder als Vermieterpfandrecht zu, kann er Pferd und Zubehör nach vorheriger Verkaufsandrohung unter bestimmten Voraussetzungen (› Seite 93 ff.) durch einen Gerichtsvollzieher oder Auktionator im Wege der öffentlichen Versteigerung nach § 1235 BGB verwerten lassen – ohne dass es zuvor eines Gerichtsverfahrens bedarf. Ein hieraus resultierender Kauf wird als Pfandkauf bezeichnet; aus dem Erlös kann sich der pfändungsberechtigte Gläubiger befriedigen.

Für einen **Pfandverkauf in einer öffentlichen Versteigerung regelt** § 445 BGB eine ebenfalls nur äußerst beschränkte Haftung: Der Käufer kann Sachmängelrechte nur dann geltend machen, wenn sie ihm gegenüber **arglistig verschwiegen** wurden oder wenn anlässlich des Verkaufs eine **Garantie für die Beschaffenheit des Pferdes** übernommen wurde. Für „normale" Sachmängel gibt es also keinerlei Rückgriffsmöglichkeiten auf den ursprünglichen Eigentümer oder den Versteigerer. Interessant ist in diesem Zusammenhang ein Urteil des AG Lemgo aus 2006 zum Mangel einer fehlenden Zuchtbescheinigung: Es bescheinigte einem Versteigerer für ein Pferd, das dieser auf einer öffentlichen Pfandversteigerung erworben hatte, einen Anspruch gegen den Pfandschuldner auf Herausgabe der Zuchtbescheinigung.

Auktionen

Wer kennt sie nicht, die Vollblutauktionen, die Auktionen der Warmblutzuchtverbände, diejenigen großer Sportställe und größerer Züchter bis hin zu den Wildpferdeauktionen. Die rechtlichen Vorgaben hierfür sind in den wenigsten Fällen gleich. Denn alle haben ihre **eigenen**

schriftlichen Auktionsbedingungen, die, wenn sie zuvor veröffentlicht wurden, beim Zuschlag auch Geltung bekommen – jedenfalls in dem Umfang, in dem sie nicht unwirksam sind. Aber im Wesentlichen müssen Sie zwischen zwei Geschäftsmodellen unterscheiden, wenn die Frage im Raum steht, ob das versteigerte Pferd eventuell schon beim Zuschlag Sachmängel hatte und gegen wen sich eventuelle Mängelrechte richten: **das Kommissionsgeschäft und das Vermittlungsgeschäft**.

Größere Verbände wählen häufig das Kommissionsmodell. Sie versteigern für fremde Rechnung (für den Einlieferer), aber in eigenem Namen. Dadurch wird hinsichtlich des Kaufvertrags beim Zuschlag **der Versteigerer selbst Vertragspartner des Käufers**, rechtlich gesehen ist er Kommissionär (› Seite 86 f.). Er ist im Übrigen gewerblich, weswegen bei solchen Auktionen auf den Zuschlagspreis häufig noch die Mehrwertsteuer hinzuzuzahlen ist. Wollen Sie als Käufer Ansprüche aus der kaufrechtlichen Sachmängelhaftung geltend machen, müssen Sie dies gegenüber dem Versteigerer tun. Gemeint ist damit in aller Regel der veranstaltende Kommissionär, nicht die – zumeist nur beauftragte – Person des Auktionators.

Sehr viele Auktionen finden hingegen für fremde Rechnung (wiederum für den Einlieferer) und auch im Namen des Einlieferers statt. Der Versteigerer wird hierbei nicht Kommissionär, sondern ganz im Gegenteil **Vermittler (Makler) zwischen Einlieferer und Käufer**. Der Pferdekauf kommt daher nicht mit dem Auktionator zustande, sondern direkt zwischen Käufer und Einlieferer. Entsprechend können Sachmängelrechte nur gegenüber dem Einlieferer entstehen. Gegenüber dem Auktionator könnten allenfalls Schäden geltend gemacht werden, die auf einer schuldhaften Verletzung seiner Sorgfaltspflichten als ordentlichem Kaufmann beruhen.

Von zentraler Bedeutung sind bei der Auktion die für sie eigens veröffentlichten Auktionsbedingungen. Diese werden nämlich in aller Regel die Sachmängelhaftung vollumfänglich auszuschließen versuchen. Das ist grundsätzlich erst einmal zulässig, wenn der Erwerber im Rechtssinne als Unternehmer einzuordnen ist – was nach der Rechtsprechung ja bereits mit einem zu Zuchtzwecken erworbenen Pferd der Fall sein kann (› Seite 30). Bei solchen Verträgen „auf Augenhöhe" ist ein vertraglicher Ausschluss der Mängelhaftung also wirksam.

Sind Sie beim Erwerb durch den Zuschlag des öffentlichen Auktionators aber Verbraucher, gilt die Sondervorschrift des § 474 Abs. 2 BGB: Bei einer Auktion, die öffentlich zugänglich ist und an der Sie persönlich teilnehmen oder hätten teilnehmen können, ist ein Haftungsausschluss für Sachmängel danach **vollumfänglich zulässig nur für „gebrauchte Sachen"**. Die bereits besprochene Abgrenzung zwischen „Neupferd" und „Gebrauchtpferd" (› Seite 31) bestimmt dann, ob Sie als Ersteigerer überhaupt noch Rechte geltend machen können, wenn sich ein Sachmangel des Pferdes herausstellt.

Im Fall vorhandener Sachmängel müssen Sie also die Auktionsbestimmungen erst einmal auf etwaige Haftungsausschlüsse und deren Wirksamkeit im Lichte der AGB-Inhaltskontrolle (› Seite 17 f.) überprüfen lassen und, falls ein zulässiger Haftungsausschluss vorliegt, die Möglichkeit der Einordnung des Pferdes als „Neupferd" einschätzen lassen. Kommen Sie danach zum Ergebnis, dass Sie Verbraucher sind und Sachmängelrechte noch geltend machen können, stehen Ihnen sämtliche günstigen Vorschriften des Verbrauchsgüterkaufs (› Seite 30), möglicherweise einschließlich einer für Sie günstigen Beweislastumkehr (› Seite 32 f.), zur Seite.

Der Spannung einer Auktion kann sich fast keiner entziehen, den Auktionsbedingungen dagegen manchmal schon. [Foto: Fotoservice Maik Wallrafen]

Wie bereits dargestellt, sah der BGH 2006 ein **sechs Monate altes Absatzfohlen als „neues" Pferd** an, weil es nach Ansicht des Gerichts noch nicht „benutzt" worden war, also weder als Reitpferd noch zur Zucht verwendet worden war (› Seite 31). Folgerichtig stellte das OLG Oldenburg im gleichen Jahr fest, dass ein bereits gerittenes Pferd, das über eine Auktion mit einem öffentlich bestellten Versteigerer versteigert wird, im Rechtssinne als „gebrauchtes" Pferd anzusehen ist, mit der Folge, dass die Schutzvorschriften zugunsten des erwerbenden Verbrauches nicht griffen.

Aber nach der Rechtsprechung stehen Sie dennoch als Verbraucher nicht immer ohne Schutz da. So verurteilte das LG München 2002 den Versteigerer trotz des Haftungsausschlusses in den Versteigerungsbedingungen zur Rücknahme des Pferdes – und zwar, weil es sich bei dem Mangel um einen **versteckten Mangel** handelte. Dieser war bei der Auktion weder aufseiten des Versteigerers noch aufseiten des Ersteigerers bekannt oder zu erkennen gewesen.

Auch das sogenannte „Buddha-Urteil" des BGH aus 2013 über eine durch einen öffentlich bestellten Auktionator versteigerte gebrauchte Buddha-Figur zeigt die Grenzen der Zulässigkeit von Versteigerungsbedingungen. Der darin formulierte Haftungsausschluss für Sachmängel war nach Ansicht des BGH eine **unzulässige Klausel nach der AGB-Inhaltskontrolle** (› Seite 17 f.). Denn nach § 309 Nr. 7a BGB durfte der Haftungsausschluss nicht vollumfänglich formuliert werden, sondern hätte „Schäden aus der Verletzung des Lebens, des Körpers oder der Gesundheit, die auf einer fahrlässigen Pflichtverletzung des Verwenders beruhen" davon ausnehmen müssen. Die Folge des fehlerhaft formulierten Haftungsausschlusses war seine Unwirksamkeit – und die volle Geltung der Sachmängelrechte für den Erwerber.

SEIT JEHER THEMA: DIE ARGLISTIGE TÄUSCHUNG BEIM PFERDEKAUF

Warum gab es gerade beim Pferdekauf schon immer die Arglist, warum ist der alte Begriff des „Rosstäuschers" aus dem Sprachgebrauch nicht verschwunden? Ganz einfach: Das Lebewesen Pferd kann nicht erzählen, was es schon erlebt hat, und man kann es durch die Auswahl von Ort und Art der Verkaufspräsentation und der vorführenden Personen für einen bestimmten Zeitraum „beeinflussen", bestimmte Beschaffungsmerkmale zu zeigen oder nicht zu zeigen. Gerade beim Verbrauchsgüterkauf (› Seite 30) besteht zudem häufig ein erhebliches Wissensgefälle zwischen dem Verkäufer und dem weniger erfahrenen Käufer.

Wenngleich nicht jede optimale Präsentation eines Pferdes oder jede nicht mitgeteilte Information zu einem Pferd gleich Arglist bedeuten muss, existiert doch im Pferdekauf eine Vielzahl von Urteilen, in denen Verkäufer bei der Anpreisung wissentlich wichtige Informationen unterschlagen haben (zum Beispiel „Reitpferd", obwohl tatsächlich unreitbar) oder Beschaffungsmerkmale erfunden haben, die das Pferd nicht hat (zum Beispiel „turnierfertig", obwohl nur angeritten). Den Tatbestand der Arglist

Kenntnis vom Mangel? Da heißt es oft: Nichts gehört, nichts gesehen, nichts gesagt. [Foto: shutterstock.com/Photo Love]

erfüllt dies dann, wenn der Verkäufer den Kaufentschluss des Käufers mit seinen unrichtigen Erklärungen beeinflusst hat, diese also dazu geführt haben, dass aus einem Interessenten ein Käufer geworden ist.

Aufgepasst: Beim Vorwurf der Arglist müssen im Rechtsstreit immer Sie als Käufer beweisen, dass der Verkäufer schuldhaft Unwahres behauptet hat. Eine Beweislastumkehr wie bei Sachmängeln im Verbrauchsgüterkauf findet nicht statt. In der Gerichtspraxis hört sich das dann an, wie es das OLG Hamm 2012 formulierte: „Bestehen keine zwingenden Rückschlüsse auf das Vorliegen eines Steigens zum Zeitpunkt eines Pferdekaufs, kann zulasten des beweisbelasteten Käufers eine diesbezügliche Arglist des Verkäufers nicht angenommen werden."

Dass Sie als Verkäufer viel schneller im Dunstkreis der Arglist sein können, als Sie denken, und nicht ungeprüft Vermutungen oder von einem Vorbesitzer übernommene Erklärungen an einen Kaufinteressenten als richtig weitergeben dürfen, zeigt ein Urteil des OLG München aus 1998. Danach ist Arglist schon dann anzunehmen, wenn der Verkäufer ohne tatsächliche Grundlagen unrichtige Angaben über Mangelfreiheit oder über wesentliche Eigenschaften der Kaufsache macht, die geeignet sind, den Kaufentschluss des Käufers zu beeinflussen, das heißt, wenn er **„ins Blaue hinein" objektiv unrichtige Erklärungen** abgibt. Bei Angaben des Verkäufers über die Beschaffenheit eines Pferdes, so das Gericht, darf der Käufer im redlichen Pferdehandel ohne weitere Überprüfung darauf vertrauen, dass der Verkäufer solche für den Kaufentschluss wesentlichen Erklärungen nicht ohne reale Grundlage abgibt.

Liegt Arglist vor, können Sie als Käufer grundsätzlich **sofort vom Kaufvertrag zurücktreten**, was auch bedeutet, dass Sie nicht erst wegen eines Mangels zur Nacherfül-

lung auffordern müssen (› Seite 25 ff.). So grundlegend entschieden auch vom BGH 2008: Der Verkäufer hatte arglistig verschwiegen, dass das Pferd aufgrund einer nicht vollständig gelungenen Kastration zu Hengstmanieren neigte und deshalb als Dressurpferd weniger geeignet war. Die Käuferin musste sich nicht auf eine Nacherfüllungsaufforderung verweisen lassen, sondern durfte sofort den Kaufvertragsrücktritt erklären.

Für Sie im Folgenden eine Aufzählung von gerichtlichen Entscheidungen, die eine Arglist beim Verkäufer gesehen haben:

OLG München 1992: Es kann den Vorwurf der Arglist begründen, wenn der Verkäufer eines Pferdes verschweigt, dass vorher „das Gangbild" des Pferdes zu einem **Ausschluss vom Turnier geführt** und mehrere Personen das Lahmgehen bestätigt hatten. Eine vorsätzliche arglistige Täuschung beim Verkauf begeht, wer einen Fehler der Kaufsache (hier: Hufrollenerkrankung) **kennt oder zumindest für möglich hält** und gleichzeitig weiß oder damit rechnet und billigend in Kauf nimmt, dass der Vertragspartner den Fehler nicht kennt und bei Offenbarung den Vertrag nicht oder nicht mit dem vereinbarten Inhalt geschlossen hätte.

OLG Düsseldorf 2004: Ein arglistiges Verschweigen eines Mangels (hier: Zuchtuntauglichkeit und Gelenkerkrankung des Pferdes) setzt voraus, dass der Verschweigende **den Mangel kennt oder zumindest bedingter Vorsatz** vorliegt.

LG Kassel 2006 (nicht rechtskräftig, in 2. Instanz Vergleich): Wenn der Verkäufer eines Pferdes dem Käufer verschweigt, dass er das Pferd **kurz zuvor zum Schlachtpreis erworben** hat, weil der Vorbesitzer mit dem Pferd nicht zurechtkam und ein Chip diagnostiziert wurde, ist dies arglistig.

LG Kleve 2002: Der Verkäufer eines Pferdes hat über eine **durchgeführte Chip-Operation** aufzuklären, auch wenn der Fremdkörper erfolgreich entfernt worden ist. Ansonsten liegt eine arglistige Täuschung vor, da eine Verpflichtung zur Aufklärung besteht.

LG Darmstadt 1998: Der Verkäufer eines Pferdes muss einen Kaufinteressenten, der nach dem Grund für eine Beinverdickung des Tieres fragt, richtig und vollständig **über eine erfolgte Beinoperation bei dem Tier aufklären**. Dies gilt erst recht, wenn der Verkäufer weiß, dass ein vorliegendes tierärztliches Gutachten insoweit unrichtig ist.

LG Lübeck 1994: Ein Pferdehändler, der vage Angaben über das Alter des Pferdes vom Vorbesitzer übernimmt, ohne diese zu überprüfen, und so **Altersangaben „ins Blaue hinein" aufstellt**, handelt arglistig und täuscht den Käufer über wesentliche Eigenschaften des Pferdes. Sichert der Verkäufer das Alter eines Pferdes ausdrücklich zu, dann kann der Käufer davon ausgehen, dass sich auch der Wiederverkäufer darüber genau informiert und sich die entsprechende Sachkenntnis verschafft hat.

AG Neuss 1986: Das Verschweigen einer **vorangegangenen Kehlkopfoperation** (Operation nach Hopdale und Einsetzen einer Kehlkopfplastik nach Smith) durch den Verkäufer berechtigt den Käufer zur Anfechtung des Kaufvertrages wegen arglistiger Täuschung.

Aber nicht immer ist es arglistig, wenn man einen Mangel kennt und dem Käufer nicht offenbart, wie das LG Dortmund 2011 in einem Wohnwagenfall ausführte: Keine Arglist liegt demnach vor, wenn der Verkäufer plausibel bekundet, er habe Risse nicht angegeben, weil sie für ihn keine Beschädigungen (im Sinne der Vorgaben des Kaufvertragsformulars) gewesen seien und es sich seiner subjektiven Meinung nach um einen reparierten Bagatellschaden gehandelt habe, der bei Offenbarung den Käufer nicht in seiner Kaufentscheidung beeinflusst hätte.

Fazit: Verfügen Sie als Verkäufer über Wissen, welches den Käufer zum Nichtkauf veranlassen könnte, und **offenbaren Sie dieses Wissen nicht**, sind Sie schon arglistig unterwegs. Und andersherum: Erzählen Sie Dinge über das Pferd, mit denen der Käufer **zum Kauf animiert** wird, die aber so nicht stimmen, steht ebenfalls Arglist auf dem Plan.

SITTENWIDRIGKEIT: AUCH DAS GIBT'S BEIM PFERDEKAUF

Ein enger „Verwandter" der Arglist ist die Sittenwidrigkeit. Sicherlich kennen Sie den Begriff aus den Medien eher in anderen Zusammenhängen und können sich im ersten Moment nicht vorstellen, was er mit dem Pferdekauf zu tun hat. Wird aber beispielsweise ein Pferd zu einem weit überhöhten Preis verkauft, der **in einem auffälligen Missverhältnis** zum tatsächlichen Wert des Pferdes steht, so kann dies sittenwidrig im Sinne des § 138 BGB sein, so entschieden vom BGH 2003 für ein zum Kaufpreis von 150.000 D-Mark erworbenes Turnierpferd, das nach dem Gutachten des gerichtlich bestellten Sachverständigen aber nur 37.000 D-Mark wert gewesen war.

Obwohl man der Rechtsprechung vielleicht eine Sittenwidrigkeitsgrenze von einer mindestens hundertprozentigen Differenz zwischen Wert und Kaufpreis entnehmen kann, gibt es keine feste Grenze in den ergangenen Entscheidungen und jeder Einzelfall ist erneut und gesondert zu beurteilen. Dies leuchtet vor allem im Pferdekauf ein, nachdem Pferde nach Ausbildung, Gesundheitszustand und auch Umfeld eines Anbieters erheblichen Wert- und Preisschwankungen unterliegen können.

Aber Achtung: Bei der Frage, ob ein Missverhältnis vorliegt, geht es nur um den Vergleich von Wert und Preis des „vertragsgerechten" Pferdes. Der BGH stellte dazu 2013 klar, dass ein Kauf nicht sittenwidrig ist, wenn sich das Missverhältnis erst aus einem Sachmangel ergibt. Argumentiert worden war vom Käufer, dass das Pferd entgegen den vertraglichen Vereinbarungen wegen des Mangels nicht als Turnierpferd für die Dressur Klasse M verwendet werden könne und deshalb nur einen Bruchteil des vereinbarten Kaufpreises wert gewesen wäre.

Bei der Sittenwidrigkeit kommt es aber nicht nur darauf an, dass zwischen Leistung und Gegenleistung ein objektiv auffälliges Missverhältnis besteht, sondern die Begleitumstände und vor allem die subjektive Frage nach einer **verwerflichen Gesinnung des Begünstigten** sind ebenfalls zu berücksichtigen. Das Gesetz nennt als zusätzlich erforderliches Tatbestandsmerkmal bezogen auf den Käufer die Ausbeutung einer persönlichen Zwangslage, die Unerfahrenheit, den Mangel an Urteilsvermögen oder eine erhebliche Willensschwäche desselben. Mindestens einer dieser Umstände muss gegeben sein, damit ein Rechtsgeschäft sittenwidrig ist.

Das KG Berlin stellte in diesem Zusammenhang in einer Entscheidung 1999 fest, dass eine Sittenwidrigkeit nicht bei jedem auffälligen Missverhältnis vorliegt, sondern dass der Begünstigte „als wirtschaftlich oder intellektuell Überlegener" die schwächere Lage, also die Unkenntnis oder Unerfahrenheit seines Vertragspartners, zu seinem Vorteil ausgenutzt haben muss. Entschieden wurde

§ **RECHTSPFAD-TIPP**

Beim Pferdeverkauf ist die Grenze von geschicktem kaufmännischen Verhalten zur Sittenwidrigkeit fließend und sicherlich subjektiv sehr unterschiedlich. Wann ein auffälliges Missverhältnis zwischen Kaufpreis und Pferdewert und wann ein bewusstes Ausnutzen etwa der Unerfahrenheit eines Pferdekäufers vorliegt, kommt auf den Einzelfall an. Richtschnur: Wenn Sie sich über einen Verkauf oder Kauf im wahrsten Sinne des Wortes „diebisch" freuen, stehen Sie höchstwahrscheinlich mit einem Bein in der Sittenwidrigkeit.

über einen Fall, in dem der Käufer ein Pferd weit unterhalb seines tatsächlichen Wertes erwarb. Dieser Umstand war dem Käufer aber gar nicht bewusst, weswegen der Verkäufer sich nicht auf eine Sittenwidrigkeit des für ihn ungünstigen Verkaufs berufen konnte.

Aus der Sittenwidrigkeit eines Pferdekaufs **resultiert dessen Nichtigkeit** und der Anspruch des Käufers auf Herausgabe all desjenigen, um das der Verkäufer ungerechtfertigt bereichert ist.

VERTRÄGE MIT MINDERJÄHRIGEN UND GESCHÄFTSUNFÄHIGEN

Sicherlich kommt es häufig zu der spontanen Äußerung von Minderjährigen: „Ich kauf mir ein Pferd!" Doch wird aus Spaß dann Ernst, sollten Sie als Verkäufer hellwach sein. Geschäftsunfähig ist ein Minderjähriger vor seinem siebten Geburtstag, ein Kaufvertrag mit ihm ist unwirksam. Vom **siebten Geburtstag bis zum Tag vor dem 18. Geburtstag** ist der Minderjährige beschränkt geschäftsfähig. In dieser Zeit können Sie mit ihm einen Kaufvertrag über ein Pferd wirksam abschließen, wenn die gesetzlichen Vertreter, zumeist die Eltern, zuvor ihre Einwilligung erteilt haben. War dies nicht der Fall, ist der **Vertrag schwebend unwirksam**. Er kommt erst dann zustande, wenn die gesetzlichen Vertreter den Vertrag im Nachhinein genehmigen oder wenn der Minderjährige 18 Jahre alt geworden ist und ihn quasi nachträglich selbst genehmigt.

Vorsicht: Schließen Sie den Vertag mit dem Minderjährigen mit Zustimmung der Eltern ab, heißt das **nicht, dass die Eltern dafür haften müssen**. Zahlt der Minderjährige nicht, ist vermögenslos und es wurde auch kein Eigentumsvorbehalt vereinbart, schauen Sie als Verkäufer in die Röhre.

Vertragsabschluss mit Minderjährigen: Nicht selten Träumerei auf Käufer- und Verkäuferseite. [Foto: Jost Appel]

Im Zusammenhang mit Käufen durch Minderjährige kommt man unweigerlich zum **Taschengeldparagrafen**, § 110 BGB. Danach ist ein Kaufvertrag mit einem beschränkt geschäftsfähigen Minderjährigen von Anfang an wirksam, wenn dieser den Kauf mit eigenen Mitteln vollzieht, „die ihm zu diesem Zweck oder zu freier Verfügung von dem Vertreter oder mit dessen Zustimmung von einem Dritten überlassen worden sind". Das AG Freiburg sah 1997 den Kauf einer Spielzeugpistole mit Munition durch einen 14-Jährigen beispielsweise als unwirksam an. Denn der Minderjährige wusste, dass seine Eltern mit der Verwendung des ihm grundsätzlich zur freien Verfügung überlassenen Taschengeldes für einen derartigen Kauf nicht einverstanden waren.

Auch ein Pferd ist kein Spielzeug, und es entspricht nicht dem normalen Lebensstandard, dass Minderjährige Taschengeld oder anderweitige Gelder zur Verfügung haben, mit denen sie trotz fehlender Zustimmung der Eltern ein Pferd kaufen können. Wie sieht es denn aus, wenn der Jugendliche den Pferdekaufpreis im Rahmen seines **Taschengeldbudgets und/oder durch Abarbeiten abstottert**? Das AG Pinneberg sah in einem ähnlichen Fall 2003, bei dem die Minderjährige anlässlich eines Reisevertrags mit circa 100 Euro eine 22-prozentige Anzahlung auf den Reisepreis bewirkt hatte, ein sogenanntes Kreditgeschäft. Deshalb, befand das Gericht, bedürfe es zur Wirksamkeit des Reisevertrags auch der Zustimmung der Eltern.

Zum Abschluss noch einmal zurück zum Vertrag mit dem Geschäftsunfähigen. Unter diesen Begriff fallen nicht nur Minderjährige unter sieben Jahren, sondern auch Personen, die – dauerhaft oder vorübergehend – unfähig sind, ein Geschäft abzuschließen. Hierzu zählt auch ein Zustand der Bewusstlosigkeit oder eine **vorübergehende Störung der Geistestätigkeit**. Wenn also der Käufer „auf Droge" ist, ob durch Alkohol oder Rauschgift, sollten Sie als Verkäufer den Käufer erst wieder nüchtern werden lassen, bevor Sie den Vertrag mit ihm abschließen.

Typische Gegenleistungen für Kaufpreisnachlass

Es gibt wahrscheinlich kaum einen Vertrag, bei dem anstelle der eigentlichen Kaufpreiszahlung oder Teilen davon so oft Gegenleistungen vereinbart werden wie beim Pferdekaufvertrag. Sei es, dass Sie als Käufer aufgrund fehlender Liquidität eine alternative Leistung anbieten, sei es, dass Sie als Verkäufer durch das Angebot anderer als Geldleistungen erst eine Situation herstellen, die

für den Käufer so interessant ist, dass es überhaupt zum Verkaufsabschluss kommt: Die Gründe sind so vielfältig wie die Gegenleistungen.

Grundsätzlich sind Vereinbarungen wie Inzahlungnahme, Tausch, Stundung, Zucht- und Nutzungsrechte oder „Abarbeitensklauseln" erst einmal rechtlich unproblematisch möglich. Diese Gegenleistungen sollten Sie aber auch exakt im Kaufvertrag fixieren, und zwar schriftlich. Denn aufgepasst: Jede einem Kaufpreiserlass dienende **Gegenleistung stellt einen Gegenwert dar**, und zwar in Euro. Wird diese Gegenleistung nicht erbracht, führt dies unweigerlich zu den rechtlichen Folgen einer nicht erbrachten Kaufpreiszahlung (› Seite 15).

BELIEBT WIE EH UND JE: INZAHLUNGNAHME/TAUSCHVERTRAG

Ein Tauschvertrag liegt vor, wenn beide Vertragsparteien **einen Gegenstand zu leisten** haben. Die Vorschriften gelten genauso für den Pferdetausch, weil Pferde nach § 90a BGB wie Sachen anzusehen sind. An die Stelle der Pflicht zur Zahlung eines Kaufpreises tritt also die Pflicht, dem Vertragspartner das individuell vereinbarte Tauschpferd zu verschaffen.

Oftmals herrscht noch der Irrglaube vor, dass bei einem Tauschvertrag nicht die gesetzlichen Regeln des Kaufrechts, speziell die der **Sachmängelhaftung, greifen**. Das ist jedoch schon gesetzlich nicht so und wurde in Bezug auf Pferde vom BGH 2005 bestätigt: Verlangt der Erwerber beim Kauf oder Tausch eines Reitpferdes Schadensersatz wegen eines behebbaren Mangels des Pferdes, muss er die gesetzlich vorgeschriebene Reihenfolge der Sachmängelhaftung einhalten (› Seite 25 ff.) und erhält Schadensersatz nur dann, wenn er dem Veräußerer zuvor erfolglos eine angemessene Frist zur Nacherfüllung gesetzt hat.

Dies verhält sich ebenso bei einer Inzahlungnahme, bei der ein Teil des Kaufpreises durch die Übergabe einer Sache beziehungsweise eines Pferdes ersetzt wird. Bei Kauf und **Inzahlungnahme geht man dabei grundsätzlich von einem einheitlichen Vertrag** aus. Ist also eines der Pferde mangelbehaftet, muss im Fall der Rückabwicklung der gesamte Vertrag rückabgewickelt werden. Ein isolierter Streit nur über das in Zahlung gegebene Pferd und seinen anteiligen Kaufpreisteil ist nicht möglich. Zur Gebrauchtwageninzahlungnahme schon 1983 vom BGH entschieden ist umgekehrt bei Rückabwicklungsverlangen bezogen auf den Neuwagen als Gegenleistung nicht nur der in bar geleistete Kaufpreisteil zu fordern, sondern auch der in Zahlung gegebene Altwagen selbst – und nicht etwa der für den Altwagen auf den Kaufpreis angerechnete Geldbetrag.

Auf den Pferdekauf gemünzt heißt das, bei einer Rückabwicklung bekommen Sie neben der Geldzahlung Ihr in Zahlung gegebenes Pferd zurück, und nicht den Geldbetrag, der dem Pferd entspricht. Nur wenn der Verkäufer das in Zahlung gegebene Pferd tatsächlich nicht mehr zurückgeben kann, etwa weil er es weiterverkauft hat oder es verstorben ist, kann der Käufer den Geldwert verlangen – und zwar den Wert am Tag des seinerzeitigen Kaufvertragsabschlusses.

Bei Inzahlungnahme und Tausch müssen im Fall der Rückabwicklung tatsächlich beide Pferde zurückgetauscht werden.
[Foto: shutterstock.com/Meewezen Photography]

HOFFEN AUF DIE ZUKUNFT: PARTIZIPIEREN AM WEITERVERKAUF

Die typische begünstigende Weiterverkaufs-vereinbarung: Ihr „Rohdiamant" wechselt den Eigentümer und der Käufer verpflichtet sich, Sie beim weiteren Verkauf des Pferdes antei-lig partizipieren zu lassen. Hier gilt wie immer: „Wer schreibt, der bleibt." Bis ins kleinste Detail sollt Sie schriftlich festhalten, **wann, wie und zu welchen Konditionen** Sie am Weiterverkauf genau partizipieren. Münd-liche Vereinbarungen sind in der Regel schwer beweisbar, die Erinnerung des zah-lungspflichtigen Käufers ist oft gegenteilig zu Ihrer eigenen und im Prozess taucht dann auch schon mal ein Gegenzeuge auf, von dem Sie noch nie zuvor gehört haben.

Die Konsequenzen einer fehlenden schrift-lichen Vereinbarung bekam ein Kläger 2007 vor dem LG Memmingen zu spüren. Er konn-te laut Gericht nicht den Beweis erbringen, dass er an einem Weiterverkauf zu 50 Prozent partizipieren sollte. Ein Anteil an dem sechs-stelligen Weiterverkaufspreis des ursprüng-lich für 10.000 Euro verkauften Pferdes blieb deshalb ein Wunschtraum.

INTERESSANT FÜR BEIDE SEITEN: ZUCHT- UND DECKRECHTE, STUTENNUTZUNG, FOHLENRÜCKGABE

Eine weitere Möglichkeit, einen Pferdekauf-preis für Sie als Käufer oder Verkäufer han-delbarer beziehungsweise interessanter zu machen, ist das Einräumen von Rechten im Rahmen einer zukünftigen züchterischen Nutzung des vertragsgegenständlichen oder eines anderen Pferdes. Sie können beispiels-weise vereinbaren, dass das verkaufte Pferd vom Verkäufer noch ein- oder mehrmals züchterisch genutzt werden kann, mit einer Stute also gezüchtet werden oder mit einem Hengst gedeckt oder besamt werden kann. **Deckrechte** etwa bezogen auf einen Hengst des Verkäufers können umgekehrt auch für den Käufer einer Stute als zusätzlicher Kauf-vertragsbestandteil vereinbart werden. Sehr häufig ist die Vereinbarung der **Rückgabe eines oder mehrerer Fohlen** aus der ver-kauften Stute.

Auch hier gilt: bitte nur schriftlich, und zwar nicht nur wegen der Beweisbarkeit. Denn gerade Zuchtrechte sind häufig sehr komplex, da mit ihnen auch die Frage des Standorts des gegenständlichen Pferdes bei der geplanten züchterischen Nutzung ver-bunden ist, womit sich die **Frage der Haftung** für das Pferd während dieser Zeit stellt. Natürlich muss außerdem geklärt sein, wer das Pferd auf wessen Kosten wohin **transpor-tieren** muss und wem etwaig entstehende **Tierarztkosten** zur Last fallen. Sie sollten bei derartigen Zuchtrechten auch immer überle-gen, ob im Vertrag nicht zusätzlich vereinbart werden sollte, für das gegenständliche Pferd eine **Tierlebensversicherung** abzuschließen (› Seite 177 f.).

Achtung: Wird das verbriefte Zuchtrecht nicht im Vertrag in einem Wert, sprich: in Zahlen, festgehalten, wird es bei einem Streit darauf hinauslaufen, dass die **Wertigkeit des Zuchtrechts gerichtlich in Euro** festgestellt wird. So entschied etwa das OLG Frankfurt 2013 einen Käufer betreffend, der sich beim Kauf von drei Deckrüden verpflichtet hatte, diese dem Verkäufer zukünftig zum Decken seiner Hündinnen zur Verfügung zu stellen: Wenn der Käufer diese Deckrechte durch grundlose Sterilisation gleich aller Deckrüden selbst verhindert, ist er dem Verkäufer zum Schadensersatz verpflichtet, und das nicht nur einmalig, sondern solange die „Nicht-mehrdeckrüden" noch leben, sprich: jedes Jahr auf Antrag des Verkäufers neu.

SPORTLICHE NUTZUNGSRECHTE FÜR DEN VERKÄUFER

Wollen Sie das Pferd trotz seines Verkaufs noch weiter für sich selbst nutzen? Oder ist es gerade Ihre Absicht als Käufer, vielleicht sogar im Rahmen eines Sponsorenvertrags, dass das Pferd weiter sportlich genutzt wird und Sie dafür möglicherweise sogar noch einen Preisnachlass bekommen? Dann können Sie ein solches Recht weiterer Nutzung durch den Verkäufer vereinbaren. Rechtlich wirksam geht das zwar auch mündlich, aber wie bei den eben besprochenen Zuchtrechten sollten Sie aus Gründen der Beweisbarkeit und der Komplexität, etwa was Haftung oder Kosten angeht, **alles bis ins letzte Detail schriftlich niederlegen** – und möglicherweise auch den Abschluss einer Tierlebensversicherung erwägen (› Seite 177 f.).

Rechtlich wird ein solches schuldrechtliches Nutzungsrecht je nach Einzelfall und je nach Gericht ähnlich einer Miete (› Seite 125 ff.), einer Pacht (› Seite 128 f.) oder einer Leihe (› Seite 130 f.) gesehen und deswegen oft völlig unterschiedlich behandelt.

ARBEITSLEISTUNGEN – NICHT OHNE SCHRIFT- LICHKEIT UND OFFIZIELLE ANMELDUNG

Als ganz und gar nicht untypische Gegenleistung zur Anrechnung auf den Kaufpreis werden immer wieder einmal Arbeitsleistungen durch den Käufer angeboten beziehungsweise akzeptiert: Der Pferdekaufpreis ist niedriger und wird über Arbeit „abgestottert". Wie alles hat auch eine Arbeitsleistung ihren Preis. Wird nicht explizit schriftlich vereinbart, zu welchem Stundensatz die Arbeitsleistung erbracht wird, wie oft, wann und nötigenfalls in welcher Qualität, können Sie, falls es zum Streit kommt, den Inhalt der Vereinbarung oft nicht beweisen.

Gerichte können sich dabei **am gesetzlichen Mindestlohn orientieren** oder am Tariflohn, Problem ist jedenfalls in aller Regel, dass die Erwartungshaltung des anderen anders war als die eigene. Was die Lohnhöhe betrifft, hat im Pferdebereich das ArbG Frankfurt 2000 geurteilt, dass ein Praktikant auf einem Pferdebetrieb, dem nur ein Auszubildendenlohn gezahlt worden war, Anspruch auf den vollen regulären Lohn für ungelernte Arbeitskräfte hat.

Vorsicht: Für Sie als Verkäufer hört dann der Spaß auf, wenn Sie die Arbeitsleistung nicht schriftlich fixiert haben, und diese damit auch nicht „offiziell" Bestandteil des Kaufpreises geworden ist. Sind Sie gewerblicher Verkäufer im Rechtssinne (Achtung, das können auch kleine Hobbybetriebe sein, › Seite 24 ff.), werden Sie dann nämlich mit dem **Vorwurf der Steuerhinterziehung** konfrontiert, durch wen auch immer. Denn faktisch haben Sie die Arbeitsleistung als Teil des Kaufpreises nicht der Umsatzsteuer unterworfen. Wenn es ganz schlimm kommt und, wie nahezu immer, eine offizielle Anmeldung des Arbeitsverhältnisses nicht erfolgte, bekommen Sie noch Besuch vom Zoll wegen Schwarzbeschäftigung. Dann heißt es im Nachhinein „mit Zitronen gehandelt".

Typische Nebenvereinbarungen im Pferdekaufvertrag

Grundsätzlich können Sie jede Art von Nebenvereinbarungen im Kaufvertrag treffen, denn im Schuldrecht herrscht grundsätzlich Vertragsfreiheit. Grenzen sind nur da gesetzt, wo gesetzliche Vorschriften entgegenstehen. Dies ist oftmals dann der Fall, wenn es sich um einen Verbrauchsgüterkauf handelt (› Seite 30) oder der Vertrag gegen die guten Sitten (› Seite 56 f.) verstößt.

TIERÄRZTLICHE KAUFUNTERSUCHUNG

Nebenvereinbarungen im Pferdekaufvertrag hinsichtlich der tierärztlichen Kaufuntersuchung (› Seite 112 ff.) sind mittlerweile nahezu fester Bestandteil eines jeden Pferdekaufvertrages.

Meistens wird der Kaufvertrag bezogen auf die Kaufuntersuchung unter einer Bedingung geschlossen, für die rechtlich gesehen zwei Konstruktionen in Betracht kommen: Der Kaufvertrag kann unter einer **auflösenden Bedingung** geschlossen werden, besteht also schon vor der Kaufuntersuchung und wird nur aufgelöst, wenn der Käufer deren Ergebnis nicht akzeptiert beziehungsweise es nicht vertragsgemäß ist. Alternativ kann der Kaufvertrag unter einer **aufschiebenden Bedingung** geschlossen werden, womit der Kaufvertrag erst nach Genehmigung des Untersuchungsergebnisses durch den Käufer beziehungsweise dann, wenn das Ergebnis vertragsgemäß ist, überhaupt erst zustande kommt und bis dahin schwebend unwirksam bleibt.

Die Bedingung hat in aller Regel zum Inhalt, dass der Käufer mit dem Ergebnis der Untersuchung einverstanden ist, die Kaufuntersuchung also keine Mängel zutage bringt, mit denen der Käufer nicht leben kann beziehungsweise die vertragswidrig sind. Wie genau die Bedingung formuliert wird, ist Vereinbarungssache. In der Praxis finden sich zahlreiche Varianten, die von „gesund" oder „sporttauglich" über „ohne schwerwiegende Mängel" oder „keine berechtigten Zweifel an der Reitpferdeignung" bis zur freien Genehmigung durch den Käufer reichen, der damit selbst bei einem falsch liegenden Haar vom Kauf Abstand nehmen könnte.

Sie sollten, wenn Sie nicht ohnehin die freie Genehmigung des Untersuchungsergebnisses durch den Käufer vereinbart haben, die **Bedingung im Kaufvertrag äußerst genau formulieren**, damit nicht später Streit darüber entsteht, was mit „gesund" tatsächlich gemeint war: Sollte nur das Pferd mit Röntgenklasse I–II vertrags-

gerecht sein oder auch noch dasjenige mit einer Röntgenklasse III–IV, das aber keinerlei klinische Befunde hat? Dies müssen viel zu oft die Gericht entscheiden, so etwa das OLG Köln 1994 in einem Sachverhalt, bei dem gleich zwei Untersuchungen existierten: „Hat der Verkäufer sich ausbedungen, die Ankaufsuntersuchung von einem Tierarzt seines Vertrauens durchführen zu lassen, und ergeben sich aufgrund des Untersuchungsergebnisses berechtigte Zweifel an der Eignung des Tieres für den vertraglich vorausgesetzten Gebrauch, kann die Billigung des Käufers auch dann nicht erwartet werden, wenn das Ergebnis unrichtig sein sollte und der Verkäufer dem Käufer dieses unter Vorlage eines anderen tierärztlichen Untersuchungsberichtes mitteilt."

In der Praxis ist das Ergebnis der Ankaufsuntersuchung rechtlich gesehen zumeist verbindliche Beschaffenheitsvereinbarung über das Pferd (› Seite 19 ff.), auch wenn sich diese Formulierung nicht notwendigerweise im Kaufvertrag widergespiegelt hat. Das verdeutlicht der Leitsatz eines Urteils des LG Dortmund im Jahr 2008: „Verweist ein schriftlicher Kaufvertrag über ein Pferd auf die Ankaufsuntersuchung, ist dieser so auszulegen, dass damit der Inhalt des ärztlichen Untersuchungsprotokolls als Beschaffenheit des Pferdes vereinbart/zugesichert ist. Ist das Pferd nach den röntgenologischen Befunden bezüglich der Oxspringe und der Sprunggelenke nicht – wie die Ankaufsuntersuchung dies belegt – in die Kategorie/Klasse II, sondern lediglich in die Klasse III–IV einzuordnen, liegt eine Abweichung von der vereinbarten Beschaffenheit vor. Im Hinblick auf die Wichtigkeit der Ankaufsuntersuchung sind die hierin enthaltenen Angaben als Zusicherung bestimmter Eigenschaften zu verstehen."

Noch wichtig zu wissen: Unabhängig davon, ob Sie sich als Käufer oder als Verkäufer auf eine Bedingung berufen, trifft Sie im Streitfall die Beweislast dafür, so entschieden 1994 vor dem OLG Frankfurt: „Der Käufer eines Pferdes, der sich darauf beruft, der Kaufvertrag habe unter der Bedingung eines positiven Ergebnisses einer tierärztlichen Ankaufsuntersuchung gestanden, trägt für die Vereinbarung dieser Bedingung die Beweislast."

Wer die **Kosten für die Kaufuntersuchung** übernimmt, ist reine Verhandlungssache. Wird keine Vereinbarung getroffen, bezahlt im Zweifelsfall derjenige, der den Tierarzt beauftragt hat. Nur dem Auftraggeber stehen auch Untersuchungsprotokoll und Röntgenaufnahmen zu. Das bedeutet, dass Sie als Käufer Röntgenaufnahmen von dem Pferd nicht an den Verkäufer herausgeben müssen, wenn Sie aufgrund dieser das Pferd nicht kaufen.

PROBIEREN GEHT ÜBER STUDIEREN: KAUF AUF PROBE UND UMTAUSCHVEREINBARUNG

Beim Kauf auf Probe soll der Kauf nur dann gelten, wenn der Käufer diesen innerhalb einer gewissen Zeit billigt. Findet sich nichts Gegenteiliges im Vertrag, ist der Käufer in seiner Entscheidung, ob er den Kauf gelten lassen möchte oder nicht, völlig frei. Für eine Ablehnung muss er keine objektiven, nachvollziehbaren und nachprüfbaren Gründe vorbringen.

Für Sie als Verkäufer ist diese Art von Vereinbarung mit Vorsicht zu genießen, denn wir reden hier nicht von einem Auto, sondern von einem Lebewesen. In vielen Fällen erkennen Sie

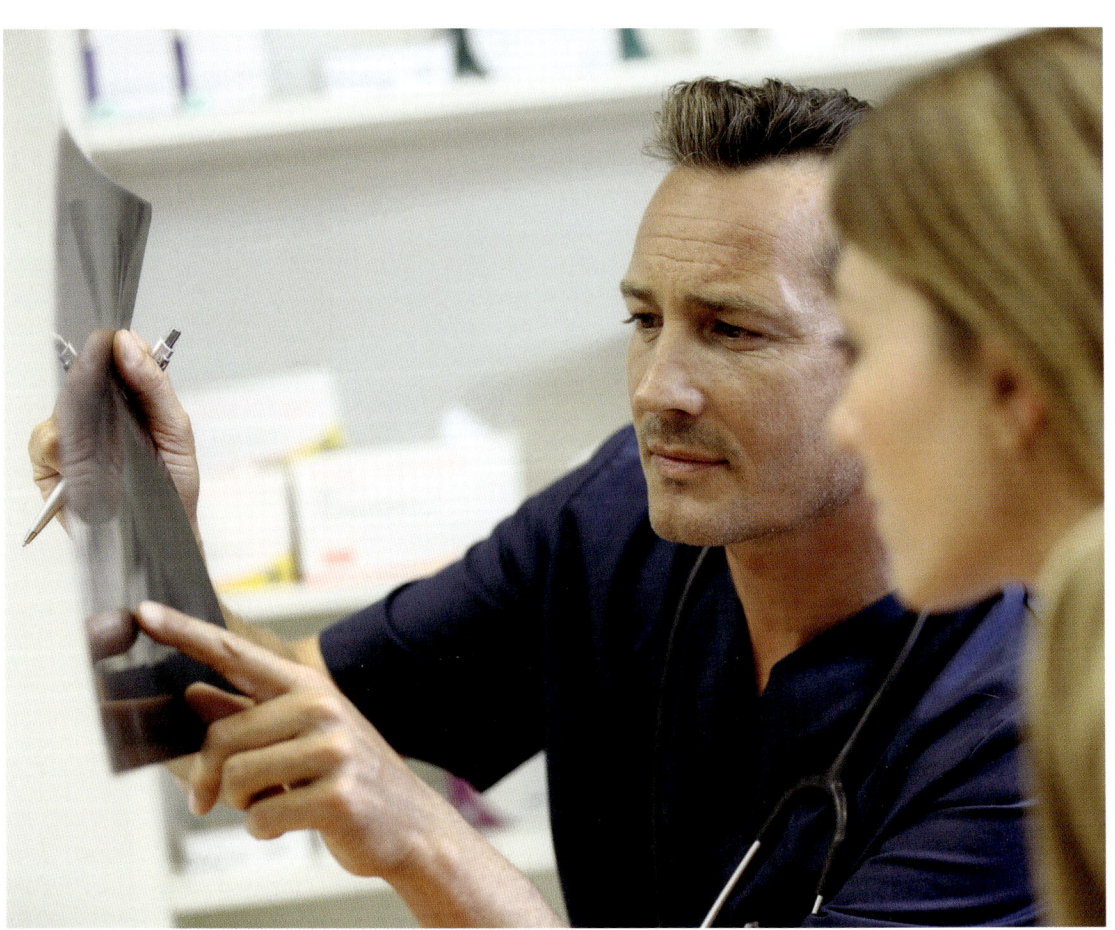

Wer den Tierarzt beauftragt, bezahlt ihn auch. [Foto: shutterstock.com/Goodluz]

Ihr Pferd bei „Nichtgefallen" nicht wieder. Sei es der Gesundheits- oder Futterzustand oder das Wesen, das Pferd bringt auf jeden Fall das wieder mit zurück, was es erlebt hat. Leider manchmal nichts Schönes.

Bei einem Kauf auf Probe geht man rechtlich von einem **aufschiebend bedingten Kaufvertrag** aus. Er kommt also erst mit Billigung durch den Käufer überhaupt zustande. Ist nichts anderes vereinbart, tritt der **Gefahrübergang somit nicht schon mit der Übergabe** ein, sondern erst mit endgültigem Kaufvertragsabschluss: Verstirbt das Pferd beim Probekäufer und trifft diesen daran keine Schuld, haben Sie als Verkäufer keinen Anspruch auf die Kaufpreiszahlung.

Die Gerichte sehen die Probezeit selbst im Übrigen **überwiegend als Leihvertrag** an (› Seite 130 f.), wie ein Urteil des OLG Düsseldorf aus 1997 plastisch darstellt. Für eine solche Wertung sprechen die beiderseitige Interessenlage und insbesondere die Dauer der unentgeltlichen Nutzung, so das Gericht. Beiden Parteien wäre an der vorübergehenden Überlassung des Tieres gelegen: Der Kläger hätte es ungestört erproben wollen, um vor einem Kauf sicherzustellen, dass es für die von ihm bevorzugte Jagdreiterei geeignet war. Der Beklagte wiederum wäre daran interessiert gewesen, die sich ihm bietende Verkaufschance wahrzunehmen. Entscheidend ist nach Ansicht des Gerichts, dass das Pferd nicht nur für einen bloßen Proberitt zur Verfügung gestellt wird, der im Allgemeinen gefälligkeitshalber und deshalb ohne verbindliche Absprache ermöglicht wird, sondern für einige Wochen.

Die Haftung aus dem Leihcharakter des Kaufs auf Probe und die daraus resultierende wichtige Frage, wer im Streit was beweisen muss, bringt das LG Dessau in einem Urteil 2006 auf den Punkt: „Der Entleiher haftet nicht bei vertragsgemäßem Gebrauch für eine Veränderung oder Verschlechterung der Leihsache. Den Verleiher trifft hingegen die Gefahr des **zufälligen Unter-**gangs**. Der Entleiher hat jedoch darzulegen und nachzuweisen, dass ihm weder vorsätzliches noch fahrlässiges Verhalten zur Last liegt."

Umgangssprachlich wird der Kauf auf Probe mit dem Kauf mit Umtauschberechtigung öfter in einen Topf geworfen. Was eigentlich von Ihnen gewollt war, muss, wenn es sich nicht eindeutig aus Ihrer schriftlichen Vereinbarung ergibt, bei Unstimmigkeiten durch Auslegung ermittelt werden. Notfalls gerichtlich.

Der **Kauf mit Umtauschberechtigung** ist nämlich ein Kaufvertrag, der nicht unter einer Bedingung steht. Er ist mit Vertragsabschluss für beide Parteien voll wirksam und bindend. Der Pferdekäufer erhält jedoch die Möglichkeit, gegen Rückgabe des (unversehrten) ursprünglichen Pferdes ein anderes zu verlangen. Verstirbt das Pferd beim Käufer oder verschlechtert es sich dort wesentlich, so ist der Umtausch ausgeschlossen; Rechtsfolge und Risiko sind also ganz anders als beim Kauf auf Probe. Den Unterschied arbeitete das OLG Stuttgart 2004 sehr deutlich zur folgenden Klausel in einem Pferdekaufvertrag heraus: „Der Verkäufer erklärt sich bereit, das Pferd innerhalb von einem Jahr nach Abschluss des Kaufvertrags zurückzunehmen und dem Käufer ein gleichwertiges Pferd bereitzustellen, wenn die Widersetzlichkeiten nicht zu beheben sind." Das Gericht stellte klar, dass hiermit sicher kein einjähriger (!) Kauf auf Probe gemeint war, sondern die Klausel als Umtauschvereinbarung auszulegen war.

Wer Recht bekommt, entscheidet sich in der Praxis oft darüber, wer etwas beweisen muss oder kann, wer also die Beweislast trägt. Zum Pferdekauf auf Probe entschied das AG Wendel dazu 1993, dass Sie als Käufer beweisen müssen, dass ein Probekauf vorliegt, also überhaupt ein Rückgaberecht vereinbart worden war. Klagen dagegen Sie als Verkäufer den Kaufpreis ein, müssen Sie beweisen, dass kein Probekauf vorliegt, den der Käufer vielleicht behauptet haben mag.

RATENZAHLUNG

Anzahlungen, Teilzahlungen und regelmäßige oder unregelmäßige Ratenzahlungen sind beim Pferdekauf heute ebenfalls keine Seltenheit mehr. Unproblematisch sind solche Ratenzahlungsverträge bei einem Vertrag zwischen Privaten oder zwischen Unternehmern, solange sie nicht gegen die Inhaltskontrolle von Formularverträgen (› Seite 17 f.) verstoßen oder wegen Wucherzinsen sittenwidrig sind (› Seite 56 f.).

Im Verbrauchsgüterkauf (› Seite 30), wenn also ein Unternehmer im Rechtssinn das Pferd an einen Verbraucher verkauft, kann eine Ratenzahlung Konsequenzen mit sich bringen. Wenn nämlich die Raten für einen Zeitraum von mehr als drei Monaten vereinbart worden sind, kann ein sogenannter **Verbraucherdarlehensvertrag im Sinne des § 491 BGB vorliegen**. Das ist dann der Fall, wenn die Gewährung der Ratenzahlung entgeltlich war. Typischerweise bedeutet das, dass Zinsen vereinbart wurden; unter die Vorschrift fällt jedoch ein Ratenkauf auch dann, wenn sich der ursprünglich angedachte Pferdekaufpreis als Gegenleistung für die Gewährung einer Ratenzahlung erhöht hat.

Wichtigste Rechtsfolge: die **Widerrufbarkeit – ohne dass es dabei überhaupt auf die Frage von Mängeln des Pferdes ankommt**. Wenn Sie Verbraucher sind, dürfen Sie den Verbraucherdarlehensvertrag binnen zwei Wochen nach Abschluss schriftlich widerrufen, so lange ist er nur schwebend wirksam. Wurden Sie vom Verkäufer, der Unternehmer ist, über diese zweiwöchige Widerrufmöglichkeit nicht belehrt, wird die Widerruffrist erst gar nicht in Gang gesetzt. Solange dieser Zustand anhält, können Sie den Darlehensvertrag **unbefristet, also jederzeit widerrufen**. Dazu entschied der BGH 2009, dass ein Verbraucher bei wirksamem Widerruf auch nicht mehr an den zugrunde liegenden Kaufvertrag gebunden ist. Mit dem Widerruf der Ratenvereinbarung fällt also auch der Pferdekaufvertrag weg.

EIGENTUMSVORBEHALT

Auch in Pferdekaufverträgen ist die Vereinbarung eines Eigentumsvorbehalts nicht selten. Er muss aber **ausdrücklich vertraglich festgehalten** werden. Denken Sie also als Verkäufer nicht etwa, dass Sie bei Raten- oder Teilzahlung automatisch Eigentümer bleiben.

Beim Eigentumsvorbehalt wird das Eigentum am Pferd unter der aufschiebenden Bedingung vollständiger Kaufpreiszahlung auf den Käufer übertragen. Bis zum Eintritt der Bedingung bleiben Sie als Verkäufer Eigentümer, und der Käufer hat mit der Inbesitznahme des Pferdes ein Anwartschaftsrecht auf die Eigentumsverschaffung.

Deshalb können Sie als Verkäufer, weil Sie ja noch immer Eigentümer des Pferdes sind, vom Kaufvertrag zurücktreten und das **Pferd zurückverlangen**, wenn der Käufer die noch ausstehende restliche Kaufpreisforderung nicht wie vereinbart bezahlt. Wichtig ist der Eigentumsvorbehalt vor allem dann, w**enn Dritte beim Käufer vollstrecken**. Eine Pfändung des Pferdes ist nämlich nicht wirksam, solange es noch Ihnen gehört.

Nicht verhindern kann man mit dem Eigentumsvorbehalt allerdings, dass im Falle eines unzulässigen Weiterverkaufs ein Dritter wirksam Eigentum an dem Pferd erlangt. Denn weiß der Dritte vom Eigentumsvorbehalt nichts, **erwirbt er gutgläubig**. Sie als Verkäufer können dann von ihm nicht die Herausgabe des Pferdes verlangen, sondern müssen sich wegen des Restkaufpreises oder weitergehenden Schadensersatzes weiterhin an Ihren Käufer halten.

Mit der Inbesitznahme durch den Käufer ist auch gleichzeitig der Haftungs- und Gefahrübergang vollzogen. Als Käufer stehen Sie jetzt für das Pferd gerade, auch wenn Sie es noch nicht bezahlt haben und noch nicht endgültiger Eigentümer geworden sind.

HAFTUNGS- UND GEFAHRÜBERGANG, TRANSPORT

Von besonderer Bedeutung ist beim Kauf eines Pferdes der Haftungs- und Gefahrübergang, sprich: ob der Verkäufer noch oder der Käufer schon für das Pferd „geradesteht", wenn es zu Schaden kommt oder Dritte schädigt.

Normalerweise geht nach § 446 BGB die Gefahr des zufälligen Untergangs und der zufälligen Schädigung, gemeint sind damit Schäden, an denen niemand die Schuld trägt, **mit der Übergabe des Pferdes** auf den Käufer über. Aber wann ist denn eigentlich der Zeitpunkt der Übergabe, zumal in Konstellationen, wo das Pferd vielleicht zunächst im Stall des Verkäufers verbleibt oder über einen Spediteur zum Käufer gelangt?

1996 urteilte der BGH dazu: „Die Übergabe einer Sache liegt nur vor, wenn der Veräußerer den unmittelbaren Besitz und damit jede eigene Einwirkungsmöglichkeit restlos aufgibt." Gemeint ist, dass Sie als **Käufer die tatsächliche Gewalt über das Pferd** erhalten und es tatsächlich und wirtschaftlich nutzen können – unabhängig von der Eigentumsfrage.

Das heißt aber nicht, dass das Pferd unbedingt von Ihnen als Verkäufer im wahrsten Sinne des Wortes von Hand zu Hand an den Käufer übergeben werden muss. Denkbar ist genauso die Vereinbarung, dass das Pferd in die alleinige Verfügungsgewalt des Käufers übergeht, obwohl es im Stall des Verkäufers verbleibt. Das müssen Sie aber konkret formulieren.

In der Praxis häufig sind Fälle, in denen das frisch verkaufte Pferd auf dem Transport zum Käufer Schaden erleidet. Jeder Einzelfall ist hier rechtlich für sich zu bewerten, weil die Vereinbarungen zwischen Kaufvertragsparteien zum Thema Transport gravierende Unterschiede aufweisen. Vor der Frage nach den Rechtsfolgen aus dem damit zwischen Ihnen oder mit einem transportierenden Drit-

ten bestehenden **Pferdetransportvertrag** (› Seite 232 f.) kommt es vorrangig erst einmal darauf an, was zur Gefahrtragung zwischen Ihnen vereinbart worden war.

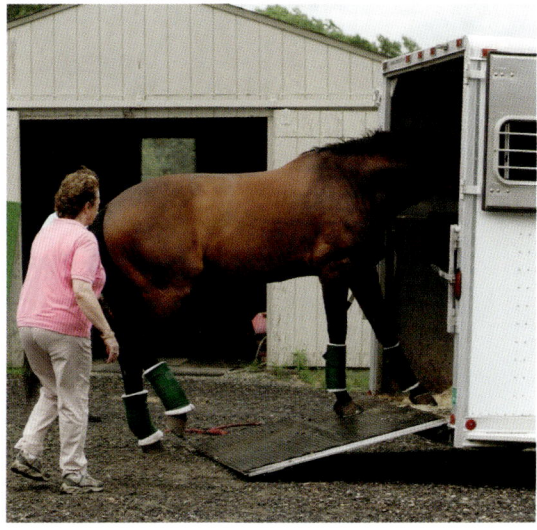

Ganz wichtig beim Transport vom Käufer zum Verkäufer: der Zeitpunkt des Gefahrübergangs. [Foto: shutterstock.com/Joy Brown]

Nicht selten wird ein sogenannter Versendungskauf im Sinne des § 447 BGB vereinbart. Versenden Sie als Verkäufer auf Verlangen des Käufers das Pferd „an einen anderen Ort als den Erfüllungsort", so geht die Gefahr auf den Käufer über, sobald Sie das Pferd dem Transporteur oder der für den Transport bestimmten Person ausgeliefert haben. Haben Sie dagegen den Transport als Verkäufer selbst in Auftrag gegeben oder führen Sie ihn selbst auf eigene Kosten durch, geht die Gefahr erst mit dem Abladen des Pferdes beim Käufer auf diesen über.

Im Rahmen der Vertragsfreiheit können Sie miteinander aber genauso gut vereinbaren, dass die Gefahr zu einem anderen Zeitpunkt übergehen soll, beispielsweise bereits vor der Übergabe **schon mit dem Vertragsschluss oder erst zu einem späteren Zeitpunkt** nach dem eigentlichen Verkauf, beispielsweise nach erfolgreicher Kaufuntersuchung, nach einer noch in Rede stehenden Turnierteilnahme oder nach Beendigung einer Aufzuchtphase. Schließen Sie als Käufer für das Pferd im Übrigen eine Lebensversicherung ab, haben Sie damit nach Ansicht des OLG Frankfurt aus 2013 ebenfalls Ihren Willen zur Übernahme der Gefahr dokumentiert.

VERTRAGSSTRAFE UND REUEGELD

Den Kaufvertrag können Sie, um den Vertragspartner dazu anzuhalten, Vereinbartes auch einzuhalten, mit einer sogenannten Vertragsstrafe ergänzen. Dieses **Druckmittel muss aber in einem angemessenen Verhältnis** zum Gewicht der Vertragsverletzung stehen. Zusätzlich zur Druckausübung ist die Vertragsstrafe gleichzeitig **von vornherein beziffertes Schadensersatz** für die Nichteinhaltung von Vereinbarungen, weil Sie auf die Erfüllung des Vertrags vertraut haben und auch vertrauen durften.

Vertragsstrafen finden sich häufig, zumeist als festgesetzter Geldbetrag, in Pferdekaufverträgen, die als Schutzvertrag ausgestaltet sind (› Seite 71 f.) oder Weiterverkaufsverbote (› Seite 69 f.) haben, oder in Nutzungsverträgen über Pferde (› Seite 61 f.). Denkbar sind aber auch Vertragsstrafen für den Fall, dass der Käufer das Pferd nicht bezahlt oder der Verkäufer das Pferd nicht liefert.

Wie gesagt, grundsätzlich sind Sie in Ihrer Vertragsgestaltung frei und können Vertragsstrafen vereinbaren, wie Sie wollen. Grenzen werden Ihnen nur gesetzt, wenn eine Vertragsklausel sittenwidrig ist (› Seite 56 f.) oder wenn es sich bei Ihrem Vertrag um einen Formularvertrag handelt (› Seite 17 f.). Das gilt für Käufer und Verkäufer. In der Praxis wird aber regelmäßig die zulässige Höhe einer Vertragsstrafe überschätzt. Vereinbaren Sie eine Vertragsstrafe, sollten Sie die Höhe maßvoll halten. Dazu

der BGH 1993: „Bei der Bemessung der Vertragsstrafe kommt es in erster Linie auf den Sanktionscharakter der Vertragsstrafe und deren Funktion, weitere Zuwiderhandlungen zu verhüten, auf Schwere und Ausmaß der Zuwiderhandlung und ihre Gefährlichkeit für den Gläubiger, auf das Verschulden des Verletzers und auf die Funktion der Vertragsstrafe als pauschaliertem Schadensersatz an."

In dem Sinn urteilte auch das LG Coburg 2000 und stellte heraus, dass sich die Höhe einer Vertragsstrafe letztlich am Gewicht des Verstoßes und den möglichen daraus resultierenden Folgen orientieren muss. Eine festgelegte Vertragsstrafe dürfe dabei nur so hoch bemessen sein, dass sie für die geringste der denkbaren Pflichtverletzungen noch angemessen sei. Stellt ein Gericht fest, dass eine vereinbarte Vertragsstrafe unzulässig hoch ist, kann es sie durch Urteil herabsetzen, falls nicht der Schuldner Kaufmann ist.

Eine besondere Form der Vertragsstrafe ist das gesetzlich eigens fixierte Reuegeld, das, wie der Name schon sagt, den Fall der Kaufreue trifft. In der Praxis ist es im Pferdekauf beispielsweise nicht ganz so selten, dass der Käufer ein Pferd per Kaufvertrag reserviert und der Verkäufer deshalb einem anderen Interessenten absagt. Springt der Käufer dann vom Kauf wieder ab, bedeutet das für den Verkäufer erneute finanzielle Aufwendungen für die Vermarktung. Ist den Beteiligten klar, dass es nur eine Reservierung sein soll und kein unbedingter endgültiger Kauf, bietet sich Ihnen als Verkäufer die Möglichkeit, im Kaufvertrag ein Reuegeld zu vereinbaren, welches der Käufer für den Fall zu zahlen hat, dass er das Pferd doch nicht haben möchte. Aber auch hier muss die Höhe des Reuegelds angemessen sein, wie das AG Pinneberg 2008 in einem Fall entschied, in dem es um einen Rücktritt von einem Welpenkauf ging. Danach war die Vereinbarung eines Reuegelds von 500,00 € in einem Formularvertrag eine unangemessene Benachteiligung des Käufers, da es mehr als die Hälfte des Kaufpreises ausmachte, und damit unwirksam.

VORKAUFSRECHT, WEITERVERKAUFS- UND BLEIBEKLAUSELN

Nicht selten werden bei Pferdekäufen auch Regelungen für den Fall getroffen, wenn der Käufer sich von dem erworbenen Pferd wieder trennen will. Häufig ist in diesem Zusammenhang ein Vorkaufsrecht zugunsten des Verkäufers, typischerweise etwa beim Erwerb vom Züchter.

Im Rahmen der allgemeinen Vertragsfreiheit können Sie als Verkäufer dabei vereinbaren, dass Ihnen das Pferd, bevor es an einen Dritten verkauft wird, zuvor angeboten werden muss. Gängige vertragliche Formulierung ist hier, dass das Pferd zu einem Preis erworben werden kann, den ein Dritter zum Weiterverkaufszeitpunkt zu zahlen bereit ist. Es ist aber auch möglich, von vornherein einen festen „Rückkaufspreis" zu vereinbaren. Ein solcher darf aber nicht gänzlich unverhältnismäßig zum Pferdewert sein, da sonst Unwirksamkeit wegen Sittenwidrigkeit (› Seite 56 f.) droht. Formulieren Sie im Vertrag zum Beispiel nur ohne weitere Konkretisierung „dem Verkäufer steht das Vorkaufsrecht zu", ist der Streit vorprogrammiert.

Große praktische Bedeutung bekommt das Vorkaufsrecht nämlich dann, wenn Sie es als Käufer beim Weiterverkauf übergehen. Der ursprüngliche Verkäufer kann dann zwar nicht vom nächsten Eigentümer Herausgabe verlangen, jedoch vom weiterverkaufenden Käufer Schadensersatz – und das oft in nicht unerheblicher Höhe. Denn in aller Regel wird unterstellt, dass der Vorkaufsberechtigte das Pferd zum Verkehrswert hatte erwerben dürfen. Erlöst der Weiterverkäufer unter Umgehung des vereinbarten Vorkaufsrechts einen höheren Kaufpreis als den Verkehrswert, wird der Erstverkäufer, wenn er davon erfährt, in den meisten Fällen die Differenz gerichtlich mit Erfolg geltend machen können.

So auch entschieden vom BGH 2014 zu einer Mietwohnung, an der ein Mieter das Vorkaufsrecht hatte, welches der Eigentümer beim Weiterverkauf der Wohnung an einen Dritten übergangen hatte. Das Gericht urteilte, dass der ursprüngliche Eigentümer dem Mieter als Schadensersatz die Differenz von Verkehrswert und Kaufpreis schuldete, immerhin 80.000 Euro.

In vielen Pferdekaufverträgen findet sich die Formulierung, dass ein Weiterverkauf dem Erstverkäufer mitzuteilen ist. Hierbei handelt es sich nicht um ein Vorkaufsrecht, sondern um eine bloße Anzeigepflicht, deren Missachtung zwar vertragswidrig ist, aber in aller Regel keinen Schadensersatz nach sich zieht. Zur tatsächlichen Absicherung einer solchen Anzeigepflicht empfiehlt sich daher die Vereinbarung einer Vertragsstrafe (› Seite 68 f.).

Eine weitere Möglichkeit, die Zukunft des Pferdes auch nach dem Erstverkauf abzusichern, sind anderweitige Weiterverkaufsklauseln. Neben der bereits dargestellten finanziellen Beteiligung des Erstverkäufers für den Fall eines Weiterverkaufs sind auch andere individuelle Absprachen nicht selten, wie etwa das grundsätzliche Verbot eines Weiterverkaufs an einen Händler oder eine Reitschule oder die Zulässigkeit eines Weiterverkaufs nur, nachdem der Erstverkäufer diesen genehmigt hat.

Und was, wenn Sie sich als Käufer daran nicht halten, das Pferd also doch beim Händler landet oder ohne Genehmigung an irgendwen verkauft wird? Sie merken schon: Ohne eine konkrete Formulierung der Rechtsfolge im Vertrag selbst, falls sich der weitere Verkauf nicht so gestaltet, wie Sie sich das als Verkäufer vorgestellt haben, ist entweder der Streit vorprogrammiert oder die Durchsetzung der Zukunftsabsicherung für das

Pferd nur schwer möglich. Denn da ein erwerbender Händler von der Weiterverkaufsklausel in der Regel nichts gewusst haben wird, hat er das Pferd gutgläubig erworben. Der Erstverkäufer kann es also nicht etwa zurückfordern.

Derartige Weiterverkaufsklauseln sollten Sie also ebenfalls durch Vertragsstrafen (› Seite 68 f.) absichern. Nur dann, wenn Ihnen durch den verbotenen Weiterverkauf ein berechenbarer finanzieller Schaden entstanden ist, können Sie ihn sonst beim Weiterverkäufer geltend machen, wie eben zum Vorkaufsrecht dargestellt.

Nicht selten finden sich in Pferdekaufverträgen auch Bleibeklauseln, wenn Sie sich als Käufer beispielsweise verpflichten, das Pferd bis an sein Lebensende zu behalten und insbesondere auch zu unterhalten. Weil damit erhebliche finanzielle Aufwendungen verbunden sind, ist regelmäßig die Wirksamkeit solcher Bleibeklauseln im Lichte der Sittenwidrigkeit (› Seite 56 f.) zu überprüfen. Grundsätzlich ist eine Vertragsvereinbarung, wonach ein Pferd bis zu seinem Lebensende an einem bestimmten Ort zu verbleiben hat, zwar nicht sittenwidrig, wie das LG Osnabrück 2013 urteilte. Dies muss aber bezogen auf die Ausgestaltung der weiteren vertraglichen Vereinbarungen dahingehend überprüft werden, ob Leistung und Gegenleistung nicht in einem auffälligen Missverhältnis zueinander standen, eine Partei also bewusst übervorteilt wurde. Bei Bleibeklauseln wird das wohl dann nicht der Fall sein, wenn der Zukunftsabsicherung des Pferdes ein nur geringer Kaufpreis oder eine Schenkung und umfangreiche Nutzungsrechte gegenüberstanden.

GARANTIEÜBERNAHME/HALTBARKEITSGARANTIE

Ein Pferd wird nach § 90a BGB rechtlich wie jede andere Sache auch eingeordnet. Eine Garantievereinbarung, wie etwa im Autokauf, findet man beim Pferd jedoch sehr selten, denn wer kann und will schon für die Haltbarkeit eines Pferdes garantieren. Sollten Sie als Verkäufer eine Garantie geben wollen oder sollte im Vertrag das Wort „garantiert" formuliert worden sein, hat dies für Sie harsche Rechtsfolgen, wie ein Urteil des OLG Koblenz aus 2005 zeigt:

Nach dem Wortlaut des Vertrags ging das Gericht davon aus, dass der Verkäufer für ein Turnierpferd eine Haltbarkeitsgarantie übernommen hatte. Die Garantieübernahme dafür, dass die Sache für eine bestimmte Dauer eine bestimmte Beschaffenheit behält, dehnte das Gericht für das Pferd darauf aus, dass eine **Spätlahmheit als Garantiefall eingeschlossen** wäre. Zwar war eine Rechtsfolge im Kaufvertrag gerade nicht genannt, das Gericht befand aber, dass der Verkäufer dem Käufer im Zweifel alle gesetzlichen Mängelrechte für den Garantiefall einräumen wollte. Deshalb durfte der Käufer vom Pferdekaufvertrag zurücktreten, nachdem eine Lahmheit aufgetreten war.

SCHRIFTFORMKLAUSEL UND WEITERE TYPISCHE VEREINBARUNGEN

In der Praxis sind viele andere Nebenvereinbarungen Vertragsgegenstand, die so unterschiedlich sind wie die verkauften Pferde. Sie sind im Rahmen der allgemeinen Vertragsfreiheit grundsätzlich zulässig, allen voran die Schriftformklausel. Nebenvereinbarungen sind nur dann nicht wirksam, wenn sie über einen Formularvertrag vereinbart werden und der damit verbundenen AGB-Inhaltskontrolle nicht standhalten (› Seite 17 f.), insbesondere also als für eine der Kaufvertragsparteien „überraschende Klauseln", und damit unwirksam sind, oder wenn sie die Grenze zur Sittenwidrigkeit überschreiten (› Seite 56 f.).

Üblich sind beispielsweise finanzielle Erfolgsbeteiligungen für den Fall von erzielten Preisgeldern beim zukünftigen sportlichen Einsatz oder, ganz im Gegenteil, Nutzungseinschränkungen wie verbotener Reit- oder Turniereinsatz oder die Versagung einer Zuchtverwendung. Nicht selten ist auch ein Verbot einer Änderung des Namens des bereits züchterisch oder sportlich registrierten Pferdes oder das Gebot einer speziellen Haltungsform Vertragsinhalt, ebenso manchmal auch das Verbot einer Schlachtung für den Fall einer eventuell notwendig werdenden Nottötung.

Zu empfehlen ist für Sie die Vereinbarung einer Schriftformklausel, wonach nur dasjenige, was auch schriftlich niedergelegt ist, Geltung haben soll. Keine der Kaufvertragsparteien kann danach behaupten, es wäre ja alles ganz anders abgesprochen gewesen.

Abschließend noch eine Anmerkung zu den häufig in Formular-Vordrucken enthaltenen Vereinbarungen über den Gerichtsstand oder den Erfüllungsort: Derartige sind nur zulässig, wenn beide Vertragsparteien Kaufleute sind.

RECHTSPFAD-TIPP

Schriftliche Pferdekaufverträge enthalten häufig, zumeist ziemlich am Ende, eine sogenannte Schriftformklausel. Sie beide als Vertragspartner können dann zwar alles Mögliche mündlich besprechen. Aber diese nicht unbeachtliche Klausel führt dazu, dass nur das gilt, was schriftlich vereinbart war. Beschaffenheiten des Pferdes, die nur mündlich besprochen wurden, werden dann nicht Vertragsinhalt.

„Schutzvertrag" und Pferdeschenkung

Ein „Schutzvertrag" soll in erster Linie dem Pferd dienen, sprich: es schützen. Sei es vor dem

Schlachter, vor sportlichem Einsatz, vor falschem Futter oder einfach, weil es alt ist. Gründe, warum ein Pferd schützenswert ist, gibt es zuhauf. Aber: Einen „Schutzvertrag" findet man nirgendwo im Gesetz. Jegliche Definition, was darunter zu verstehen ist, fehlt.

„SCHUTZVERTRAG" – KAUFVERTRAG, SCHENKUNG ODER NOCH ETWAS ANDERES?

Was für einen Vertrag hat man denn dann eigentlich geschlossen? Die juristisch korrekte Antwort ist: „Das kommt darauf an." Nämlich darauf, was genau man eigentlich vereinbart hat.

Fließt ein Kaufpreis, liegt die Vermutung nahe, dass es sich um einen Kaufvertrag handelt, **der unter einer oder mehreren Bedingungen steht**. Anwendbar sind dann die Kaufvertragsvorschriften (› Seite 15 ff.) mit den schon dargestellten Möglichkeiten, zusätzliche Bedingungen betreffs der Zukunft des Pferdes zu vereinbaren (› Seite 62 ff.).

Übergeben oder übernehmen Sie das Pferd unentgeltlich, kann eine **Schenkung vorliegen, zumeist mit Auflagen**, die sich auf den zukünftigen Umgang mit dem Pferd beziehen (› Seite 73 f.). Je nach Ausgestaltung Ihrer Vertragsvereinbarungen kann es aber genauso gut sein, dass ein Leihvertrag gegeben ist, für den das BGB ebenfalls eigene Normen bereithält (› Seite 130 f.).

Diese drei gesetzlich geregelten Verträge sind so unterschiedlich, dass Ihr „Schutzvertrag" jedenfalls immer einer Auslegung bedarf – zur Not einer gerichtlichen.

Gerichtliche Entscheidungen über „Schutzverträge" sind zahlreich und je nachdem, welchen Vertragstyp ein Gericht für Ihren speziellen „Schutzvertrag" für anwendbar hält, führt dies zu unterschiedlichsten Rechtsfolgen für die beteiligten Zwei- und Vierbeiner. Beispiel: **Im Gegensatz zum Verkauf oder zur Schen-**

kung ändert ein Leihvertrag nichts an den **Eigentumsverhältnissen**: Das Pferd gehört weiter dem ursprünglichen Eigentümer, er behält daher die Verfügungsgewalt und kann es zurückfordern.

Manche „Schutzverträge" lassen sich jedoch nicht in einen im Gesetz vorhandenen Vertragstyp einordnen und bleiben einfach speziell. Die Gerichte sprechen dann, wie etwa das LG Krefeld im Jahr 2007, von einem Vertrag „sui generis", also einer einzigartigen Vereinbarung. Sie bedarf im Streitfall erst recht gerichtlicher Auslegung dessen, was von den Parteien eigentlich gewollt war.

Was immer Sie in einem „Schutzvertrag" regeln: Beachten Sie für den Fall, dass Sie hierfür einen Vordruck verwenden, dass sämtliche Klauseln dann der AGB-Inhaltskontrolle unterliegen (› Seite 17 f.) und möglicherweise in Teilen unwirksam sind.

EINEM GESCHENKTEN GAUL SCHAUT MAN NICHT INS MAUL

Nicht nur Weihnachten ist Geschenkezeit. Geschenkt wird das ganze Jahr hindurch, auch wenn das Pferd eine seltene Ausnahme ist. Eine Schenkung ist rechtlich gesehen ein Vertrag, bei dem sich Schenker und Beschenkter darüber einig sind, dass der Vertragsgegenstand, hier also das Pferd, eine unentgeltliche Zuwendung vom einen an den anderen sein soll. Was viele nicht wissen: Grundsätzlich ist nach § 518 Abs. 1 BGB jede Schenkung formbedürftig und **bedarf einer notariellen Beurkundung**. Ohne Einschaltung des Notars ist also das bloße Versprechen, jemandem in der Zukunft etwas zu schenken, vollständig unwirksam.

Dies ändert sich erst in dem Moment, wenn der Schenker dem Beschenkten das Geschenk tatsächlich übergibt. Man spricht dann von einer sogenannten **„Handschenkung"**, geregelt in § 518 Abs. 2 BGB. Wird Ihnen also das geschenkte Pferd übergeben, bedarf es keiner notariellen Beurkundung mehr und der Schenkungsvertrag ist wirksam. Dass also Vorsicht geboten ist, solange Ihnen Schenkungen bloß (mündlich wie schriftlich) versprochen, Ihnen aber weder übergeben noch notariell beurkundet wurden, zeigt die durchgängige Rechtsprechung: Ohne Beurkundung kein Geschenk.

Selbst die Klage eines Reiters, dem für die Förderung und das Training eines Pferdes im Hinblick auf eine Wertsteigerung ein Anteil am zukünftigen Verkaufserlös versprochen worden war, schmetterte das OLG Hamm 1994 deshalb ab, weil es diese Vereinbarung als Schenkungsversprechen einordnete, dem die erforderliche notarielle Beurkundung fehlen würde. Dass es aber gerade in dem bei Berufsreitern typischen Fall einer Erlösbeteiligung rechtlich tatsächlich gar nicht um eine Schenkung geht, korrigierte das OLG Frankfurt 2012. Das Gericht hielt fest, dass es an der typischen Unentgeltlichkeit einer Schenkung fehlt und dass die **Erlösbeteiligung** ja erst wegen des als Gegenleistung erbrachten Trainings überhaupt erfolgt war. Die Ausbilderin erhielt deshalb gerade wegen der Entgeltlichkeit solch einer Vereinbarung einen Anteil am Verkaufserlös.

Umgekehrt entschied das AG Lippstadt 2004 zu einer seines Erachtens schon vollzogenen und damit wirksamen Schenkung. Hintergrund des Falls war die falsche Vorstellung über die Bedeutung der Eigentumsurkunde der Klägerin. Die Beklagte ging von einer wirksamen Schenkung des Pferdes durch Übergabe an sie aus, die Klägerin dagegen von einer bloßen Gebrauchsüberlassung oder Leihe an die Beklagte, weil sie sich ihrer Meinung nach die Rückforderung des Pferdes durch das Einbehalten der Eigentumsurkunde vorbehalten habe. Das Amtsgericht führte jedoch aus, dass die Eigentumsurkunde eines Pferdes nicht etwa das Eigentum an dem Tier verbrieft, sondern dass umgekehrt das Recht zum Besitz der Eigentumsurkunde gerade aus dem Eigentum am wirksam übereigneten Pferd resultiert. Demnach war die Schenkung durch Übergabe vollzogen und nicht mehr durch Vorlage der Eigentumsurkunde rückgängig zu machen.

Ansonsten darf ein geschenktes Pferd ruhig auch „mangelhaft" sein. Es liegt in der Natur der Sache, dass Sie als Schenker „zum Dank" für Ihre Schenkung **nicht auch noch für Rechts- oder Sachmängel haften** sollen. Ausnahmefälle hierzu regelt aber das Gesetz in den §§ 521, 524 BGB: Täuscht der Schenker über Eigenschaften des Pferdes arglistig oder verschweigt er dem Beschenkten Mängel vorsätzlich oder grob fahrlässig, kann dieser Rückabwicklung des Schenkungsvertrags und Schadensersatz verlangen. Praxisrelevant sind hier in der Regel Fälle, bei denen sich ein Schenker darüber bewusst war, dass das von ihm verschenkte Pferd krank war, er dies aber dem Beschenkten nicht mitgeteilt hat.

SCHENKUNG MIT GEGENLEISTUNGEN ODER UNTER AUFLAGEN

Im Rahmen eines „Schutzvertrags" wird die Schenkung aber zumeist mit weiteren Bedingungen verbunden, typischerweise Vorgaben über den künftigen Verbleibeort des Pferdes, oft

Schenkungen erfolgen oft unter bestimmten Auflagen, die dann vom Beschenkten aber auch erfüllt werden müssen.
[Foto: shutterstock.com/Rita Kochmarjova]

geregelt bis zu dessen Lebensende, über eine spezielle Haltungsform, über den Ausschluss sportlicher, reiterlicher oder züchterischer Verwendung oder über Erfordernisse/Zustimmungen zu tierärztlichen Behandlungen oder Euthanasie. All solche zusätzlichen Bestimmungen sind grundsätzlich zulässig. Schwierig ist jedoch oft die Abgrenzung, ob es sich um eine Schenkung unter Auflagen oder eine solche mit Gegenleistungen handelt – mit weitreichenden unterschiedlichen Rechtsfolgen, wenn die vereinbarten zusätzlichen Bedingungen nicht erfüllt werden.

Handelt es sich um eine echte Auflage im Rechtssinn, können Sie als Schenker verlangen, dass der Beschenkte die Auflage auch vollzieht. Tut er dies nicht, dürfen Sie die **Herausgabe des geschenkten Pferdes** nach den §§ 525 ff. BGB verlangen und haben eventuell sogar darüber hinausgehende Ansprüche, soweit der Beschenkte noch anderweitig bereichert war.

Das betrifft aber nur Auflagen, die nicht als eigene Gegenleistung des Beschenkten einzuordnen sind. Anders als etwa bei der Schenkung eines Schmuckstücks erbringt der Beschenkte beim Pferd in der Regel ab der Übernahme eine erhebliche Gegenleistung, nämlich den zukünftigen Unterhalt. Zur Erfüllung von Auflagen im Rechtssinne gehört es aber, dass der Beschenkte zur Erfüllung der Auflage gerade kein eigenes Vermögen oder anderes Vermögen aufwenden muss. Er muss die **Auflage „aus dem Geschenkten heraus"** erbringen. Erhalten Sie also ein Pferd als Geschenk und verpflichten sich „im Gegenzug" etwa zur regelmäßigen Vorstellung beim Zahnarzt oder Osteopathen auf Ihre Kosten, ist dies **keine Auflage, sondern eine Gegenleistung**. Halten Sie sich nicht an die Vereinbarung, kann der Schenker Sie zwar darauf verklagen, die Vereinbarungen durchzuführen, kann aber das Pferd nicht von Ihnen zurückfordern.

RECHTSPFAD-TIPP

Wollen Sie ein Pferd per „Schutzvertrag" mit Bedingungen oder Auflagen verschenken, empfiehlt es sich, eine rechtliche Beratung in Anspruch zu nehmen beziehungsweise eine erst geplante Schenkung gegebenenfalls notariell beurkunden zu lassen.

RÜCKFORDERUNG VON GESCHENKEN

Ist der glückliche Augenblick oder der Grund der Schenkung beim Beschenkten in Vergessenheit geraten, will der Schenker von der Schenkung oft nichts mehr wissen. Zurückfordern können Sie ein geschenktes Pferd – oder falls es nicht mehr vorhanden sein sollte seinen Gegenwert – aber nur in eigens gesetzlich geregelten Fällen, soweit es nicht um die eben schon dargestellte nicht erfüllte Auflage geht.

Sind Sie inzwischen **verarmt** und können Ihren eigenen Unterhalt nicht mehr bestreiten, haben Sie das Recht zur Rückforderung, § 528 BGB. Achtung: Auch ohne Ihre Zustimmung dürfen Sozialhilfeträger in einem solchen Fall das zugewendete Pferd in Ihrem Namen beim Beschenkten einfordern. Widerrufen dürfen Sie die Schenkung, wenn sich der Beschenkte Ihnen gegenüber **„groben Undanks"** oder erheblicher Verfehlungen schuldig gemacht hat, § 530 BGB. Ferner darf die Schenkung wegen der **Auflösung der gemeinsamen Verlobung oder Ehe** zurückgefordert werden, wenn das Geschenk nicht eine der Lebensgemeinschaft dienende ehebedingte Zuwendung war.

Und schließlich gibt es noch die sogenannte Zweckschenkung. Nach § 812 Abs. 1 Satz 2, 2. Alt. BGB kann eine Leistung zurückgefordert werden, wenn der **Zweck eines Rechtsgeschäfts verfehlt** wird. Der BGH qualifizierte 2010 Zuwendungen von Eltern, die um der Ehe ihres Kindes willen an das Schwiegerkind erfolgt waren, als Zweck-schenkung. Für derartige Schenkungen seien die Grundsätze des Wegfalls der Geschäftsgrundlage anzuwenden. Im Ergebnis bedeutete damit der „Wegfall der Ehe" auch gleichzeitig die Rückgabe des Geschenks, gegebenenfalls des Pferdes.

Haben Sie also ein Pferd geschenkt bekommen, sollten Sie sich der Möglichkeit bewusst sein, dass die Schenkung aus den verschiedensten Gründen rückabgewickelt werden muss. Es gibt jedoch Gründe, die dazu führen, dass eine Rückforderung der Schenkung ausgeschlossen ist. Das ist insbesondere dann der Fall, wenn Sie als Beschenkter nicht mehr bereichert sind, also nicht mehr in der Lage, das Geschenkte zurückgeben zu können, oder wenn mindestens zehn Jahre seit der Schenkung verstrichen sind und es sich um eine echte Schenkung ohne Gegenleistungen handelte.

Auch typische **„Pflicht- und Anstands-schenkungen"**, wie etwa Geburtstags- und Weihnachtsgeschenke, können grundsätzlich nicht mehr rückgängig gemacht werden, es sei denn, es bestünde ein erhebliches Ungleichgewicht zwischen dem Wert des Geschenks und den Vermögensverhältnissen des Schenkers. Es macht also einen Unterschied, ob etwa „wohlsituierte" Großeltern ein Pferd an den Enkel verschenken oder ob das gleiche Pferd einen erheblichen Teil des Vermögens der Großeltern darstellt. Wann ein Ungleichgewicht vorliegt, wird im Einzelfall immer von einem Gericht ausgelegt werden müssen.

Pferdepapiere und Identifikationspflicht

Rund ums Pferd gibt es viele Papiere und ebenso viele Vorschriften, von der Zuchtbuchordnung einzelner Verbände über landesrechtliche Ermächtigungen und bundesstaatliche Verordnungen bis hin zur Kennzeichnungspflicht nach EU-Richtlinie.

PFERDEPASS/EQUIDENPASS

Unter den Papieren ist der Pferdepass, auch Equidenpass genannt, elementar wichtig, weil behördlich erforderlich. Er ist das öffentlich-rechtliche Begleitdokument eines jeden in der EU gehaltenen Pferdes, in Deutschland **geregelt in der Viehverkehrsverordnung**.

Ausgestellt wird er in aller Regel durch einen der 37 deutschen oder einen anderen der in der EU anerkannten Zuchtverbände, und zwar dort, wo die Mutterstute zum Zeitpunkt der Identifizierung des Fohlens registriert wurde. Pferdepässe können auch aus Drittländern stammen, müssen dann aber inhaltlich die konkreten EU-rechtlichen Vorgaben erfüllen. Ist das nicht der Fall oder wurde ein Pferd nicht über einen Zuchtverband bei Geburt registriert, stellt einer der 17 Landesverbände, normalerweise der für den Wohnort des Pferdehalters zuständige, den Pferdepass aus. Alternativ ist für Sportpferde, die an Wettkämpfen gemäß der LPO teilnehmen, ein Equidenpass über die Deutsche Reiterliche Vereinigung (FN) möglich.

Der Pferdepass ist **kein Eigentumsnachweis**. Sinn und Zweck besteht im Hinblick auf den Seuchenschutz darin, dass **jedes Pferd jederzeit identifiziert** werden kann. Darüber hinaus beinhaltet der Pass neben weiteren Pflichtvorgaben die Nutzungsdeklaration (Schlachtpferd oder Nichtschlachtpferd) und die Auflistung verabreichter Medikamente, falls das Pferd einmal zum „Lebensmittel" werden sollte.

Entsprechend verbleibt das **Eigentum am Pass selbst immer bei dem Verband**, der ihn ausgestellt hat. Nur erhält der Pferdebesitzer das Recht und die Pflicht, auch Besitzer des Passes zu sein. Zur Klarstellung noch einmal der Unterschied zwischen Eigentum und Besitz: Dem Eigentümer „gehört" das Pferd, beim „Besitzer" befindet es sich, er hat die tatsächliche Sachherrschaft. Beim Einstellvertrag wird also der Pensionsbetreiber in aller Regel Besitzer des Pferdes.

Eigentlich sagt der Name Pass schon alles: Wie Sie selbst auf Verlangen Ihren Personalausweis vorzeigen müssen, ist es Pflicht, dass der Equidenpass das Pferd immer „begleitet". Das heißt zwar nicht, dass Sie ihn beim heimischen Ausreiten bei sich tragen müssen, beim Wanderritt über mehrere Tage aber schon. Eindeutig ist geregelt, dass der **Equidenpass bei jeglichem Transport des Pferdes dabei sein muss**, sonst drohen Strafen bis zu 25.000 Euro.

RECHTSPFAD-TIPP

Der Equidenpass begleitet das Pferd nahezu immer und überall. Deshalb muss der Pferdepensionsbetreiber auf behördliches Verlangen für alle aufgestallten Pferde, ob eigene oder fremde, die Equidenpässe jederzeit vorlegen können. Aus diesem Grund darf weder der Pferdeeigentümer die Passübergabe an den Pensionsbetrieb verweigern: noch der Pensionsbetreiber den Pferdepass im Falle von finanziellen Streitigkeiten zurückhalten.

Das OLG Hamm fasste 2006 alles kompakt in einem Urteil zusammen: „Der Equidenpass ist zwar für den Transport und die Identifikation des Pferdes sowie Dokumentation von Impfungen und verabreichten Medikamenten notwendig, aber nicht zum Nachweis des Eigentums am Pferd oder als Zuchtbescheinigung bestimmt." Genauso stellte 2008 das AG Bad Iburg in einem Urteil fest, dass der Equidenpass zum Pferd gehöre „wie der Kfz-Brief zum Auto" und deshalb zwingend beim Besitzwechsel und nicht erst beim Eigentumswechsel mitgegeben werden muss. Deshalb musste ein Reitstallbetreiber den Equidenpass an den Eigentümer des

Pferdes herausgeben. Dass er noch **offene Forderungen** hatte, tangiert allenfalls das Recht zum Besitz am Pferd selbst, nicht aber am Equidenpass, so das Gericht.

ZUCHTBESCHEINIGUNG

Die Zuchtbescheinigung wird heute in aller Regel vom Zuchtverband ausgestellt und wird dann Teil des Equidenpasses. Bei älteren Pferden existiert teilweise noch der isolierte Abstammungsnachweis, der in der Folge zur Zuchtbescheinigung erklärt wurde oder als solche in einen später ausgestellten Equidenpass eingenietet wurde.

Wichtig für Sie als Verkäufer: Grundsätzlich muss die **Zuchtbescheinigung dem Käufer mit dem Pferd ausgehändigt** werden. Dazu das LG Flensburg 2007: „Der Anspruch des Käufers eines Pferdes auf Lieferung der Kaufsache umfasst auch die Zuchtbescheinigung." Ähnlich das AG Bremen 2006: „Wird ein Pferd ohne die Zuchtbescheinigung verkauft, dann hat der Käufer des Pferdes gegen den Pferdeverkäufer einen eigenständigen Anspruch auf Herausgabe dieser Bescheinigung." Die Wichtigkeit der Zuchtbescheinigung zeigt sich auch daran, dass beide Gerichte den Wert des Anspruchs auf Herausgabe der Zuchtbescheinigung am Kaufpreis des Pferdes festmachen, das Papier also genauso wichtig war wie das Pferd selbst.

Auch das LG Augsburg 2004 kam zum gleichen Ergebnis, begründete aber anders, nämlich aus der Sicht und Stellung des Zuchtverbandes als ausstellende Institution: Der Pferdeeigentümer habe Anspruch auf Herausgabe der dem Pferd gewidmeten Zuchtbescheinigung, weil diese dem ausstellenden Pferdezuchtverband gehört. Deshalb kann ein Pferdepensionsbetreiber an solchen Dokumenten, die ihm der Vorbesitzer ausgehändigt hat, **kein Pfandrecht ausüben, wenn Pensionsentgelt nicht bezahlt** ist.

EIGENTUMSURKUNDE

Eigentum und Besitz ist nicht dasselbe. Vom Eigentum, wem also das Pferd gehört, zu unterscheiden ist der **Besitz, der sich nur auf die tatsächliche Herrschaft über eine Sache** bezieht. Gut zu sehen am Beispiel einer Miete: Der Vermieter wird zumeist der Eigentümer sein, der Mieter ist aber jedenfalls Besitzer.

In diesem Licht ist der **Begriff der Eigentumsurkunde sehr irreführend**. Die Eigentumsurkunde selbst wird parallel zum Pferdepass von den Zuchtverbänden ausgestellt. Das handhaben die meisten Landesverbände genauso. Genau wie die Zuchtverbände stellen sie bei Verlust entsprechend auch Zweitschriften aus. Manche Landesverbände verzichten jedoch gänzlich auf die Erstellung einer Eigentumsurkunde neben dem Pferdepass.

Warum? Weil rechtlich gesehen die Übertragung des Eigentums am Pferd für Sie als Käufer immer noch durch die Übergabe des Pferdes erfolgt, und nicht etwa durch die Übergabe der Eigentumsurkunde. Das Recht auf Aushändigung des Eigentumspapieres folgt deshalb erst aus der erfolgten Eigentumsübertragung am Pferd. Die Pferde-Eigentumsurkunde ist damit gerade **nicht, wie etwa der Kfz-Brief beim Auto**, verbriefter Eigentumsnachweis. Sie ist lediglich gängige Praxis der deutschen und einiger ausländischer Zuchtverbände. Tatsächlich existiert **nicht eine einzige gesetzliche Vorschrift, die begründet, warum es die deutsche „Eigentumsurkunde" überhaupt gibt**.

Weil das so ist, kommt die Eigentumsurkunde auch in der Rechtsprechung nicht annähernd zu der Bedeutung, die ihr oft unterstellt wird. Das AG Lippstadt entschied 2004 im Fall einer langandauernden Überlassung eines Pferdes an einen Reiter, dass sich der Eigentümer, der die Eigentumsurkunde zum Nachweis seines Eigentums einbehält, gerade nicht auf den Besitz der Urkunde

berufen kann. Er hätte sich seine Eigentümerstellung stattdessen schriftlich bestätigen lassen müssen. Nur dass er die Urkunde in der Hand hielt, reichte also nicht aus, die Vermutung der Eigentumsübertragung durch die seinerzeitige Übergabe des Pferdes an den Reiter zu entkräften.

Umgekehrt folgt aber nach einem Urteil des AG Pforzheim aus 2010 das Recht auf Aushändigung der Eigentumsurkunde aus dem Eigentum. Hier hatte die Klägerin ein gepfändetes Pferd über den Gerichtsvollzieher erworben. Der vormalige Eigentümer wollte die zum Pferd gehörende Eigentumsurkunde an die Klägerin aber nur gegen Zahlung einer vierstelligen Summe herausgeben. Das Gericht sah den Fall ganz pragmatisch, stufte die Eigentumsurkunde wie einen Schuldschein im Sinne des § 952 BGB ein und „konstruierte" daraus nachvollziehbar, dass der Eigentümer eines Pferdes gleichzeitig Eigentümer der dazugehörenden Eigentumsurkunde wird.

RECHTSPFAD–TIPP

Mangels eigener gesetzlicher Regelung kommt der Tatsache, dass Sie die Eigentumsurkunde für ein Pferd in den Händen halten, nur eine gewisse Indizwirkung zu. Deshalb sollte in Verträgen, bei denen es um Besitz und Eigentum an einem Pferd geht, grundsätzlich die Existenz einer Eigentumsurkunde festgehalten werden und geregelt werden, wer sie aus welchem Grund behält oder erhält.

DECKSCHEIN

Der Deckschein ist zwar unscheinbar, aber im Grunde genommen elementar wichtig. Denn ohne Deckschein kann der Zuchtverband nicht die Abstammung feststellen und somit keinen **Equidenpass mit korrekter Zuchtbescheini-**

Das Brandzeichen: als Qualitätsmerkmal immer noch geschätzt. [Foto: shutterstock.com/DmitriMaruta]

gung ausstellen. Auf dem Deckschein ist festgehalten, mit welchem Hengst und wann die darin aufgeführte Stute gedeckt worden ist, also die wesentliche Information hinsichtlich des Wertes des zu erwartenden Fohlens.

Immer wieder einmal gibt es die Situation, dass der Hengsthalter den Deckschein nicht ausstellt oder nicht aushändigt. Dazu ist er aber dem Stutenbesitzer gegenüber nach der letzten Bedeckung verpflichtet, so der BGH 2003: Angesichts von Sinn und Zweck des Deckscheins sei dies eine sich aus dem Deckvertrag ohne Weiteres ergebende selbstverständliche Nebenpflicht – wie auch die Eintragung der Daten der Decksprünge in eine Deckliste.

Verletzt der Hengsthalter diese Pflicht, erhält das Fohlen keine der Abstammung entsprechende Zuchtbescheinigung, ist folglich ein Pferd ohne Abstammungsnachweis und damit ein Pferd von vielleicht zwar ideellem, aber nicht von tatsächlichem Wert. Den daraus entstehenden Schaden können Sie als Stutenbesitzer beim Hengsthalter einklagen, so entschieden 2003 vom OLG München: „Der durch die Nichtausstellung der Deckbescheinigung verursachte Schaden besteht in der **Differenz des Verkehrswertes des Fohlens mit und ohne Abstammungsnachweis** durch die Deckbescheinigung."

MIKROCHIP/TRANSPONDER

Wer denkt, dass sich das Pferd inkognito bewegen kann, hat die Rechnung ohne die EU gemacht. Seit 2009 soll der für seither geborene Pferde (selbst für die frei lebenden Dülmener Wildpferde) oder seither im Sport eingesetzte Pferde pflichtige Mikrochip alles bisher Dagewesene für die Identifizierung von Pferden ersetzen. **„Big Brother is watching you"** ist also auch beim Pferd nun Tatsache, einschließlich des Ländercodes, den der in der Regel linksseitig am Hals implantierte Mikrochip preisgibt.

War oder ist das Brandzeichen Identifikationsmerkmal eines Pferdes auf den ersten Blick, benötigt man für das Einlesen des Mikrochips ein spezielles Lesegerät – und wer hat das schon? Die Klage vieler Züchter, dass das „Chippen" den Fohlen viel mehr Leid und Schmerz zufüge als der Schenkelbrand und zudem, mit einem tierärztlichen Gutachten belegt, erheblich komplikationsträchtiger ist, stieß beim VG Münster 2014 auf taube Ohren: Die EU-Richtlinien und -Verordnungen und die Viehverkehrsordnung müssten nun einmal alle befolgen, so entschied es lapidar. Bleibt abzuwarten, wann die erste EU-Richtlinie erlassen wird, nach der auch jeder Reiter bei einem Turnierstart mit einem Mikrochip zu kennzeichnen ist – jetzt noch Fiktion, aber wer weiß ...?

Internationaler Pferdekauf

Alle sprechen von der Globalisierung, und auch im Pferdebereich wird im wahrsten Sinne grenzenlos gekauft. Doch was ist zu tun, wenn der Kauf des Traumpferds im Ausland schiefgeht oder umgekehrt, wenn der ausländische Käufer nicht bezahlt?

Die internationale Gerichtsbarkeit gibt Ihnen als Käufer wie als Verkäufer mittlerweile weitreichende Möglichkeiten, Ihr Recht zu bekommen und durchzusetzen, auch wenn das mitunter ein steiniger und langwieriger Weg ist. In allen Fällen stellen sich immer die beiden grundlegenden Fragen:

- **Vor welchem Gericht** in welchem Staat muss der Anspruch geltend gemacht werden?

- **Welches Recht** ist anwendbar?

Es liegt in der Natur der Dinge, dass es für Sie als Deutscher erstrebenswert ist, einen Rechtsstreit in Deutschland mit einem deutschen Anwalt in deutscher Sprache und auf der Grundlage der deutschen Rechtsordnung führen zu können. Denn es ist um ein Vielfaches kostenintensiver und allein aufgrund der Sprachhindernisse erheblich schwerer durchführbar, einen spanischen oder portugiesischen Anwalt zu finden, mit dem man auf Deutsch oder Englisch kommunizieren kann, der beim Gericht des Wohnsitzes des ausländischen Vertragspartners zugelassen ist und der zudem Ahnung vom Pferderecht hat. Wenn es bei derartigen Prozessen dann auch noch um die sachverständige Begutachtung des oft Tausende von Kilometern entfernt stehenden Pferdes geht, explodieren die Kosten umso mehr.

EU-RECHT MIT EUROPÄISCHEM VERBRAUCHERSCHUTZ

Kommt Ihr Vertragspartner aus einem EU-Mitgliedsstaat, hält die europäische Rechtsordnung Regelungen bereit. Danach kommt es grundsätzlich darauf an, ob Sie Rechte als Verbraucher geltend machen oder als Unternehmer. Denn für den Verbrauchsgüterkauf (› Seite 30), also denjenigen des privaten Erwerbers von einem gewerblichen Verkäufer, gelten europaweit die verbraucherschützenden Vorschriften, sodass man große Chancen hat, im eigenen Land auf der Basis der eigenen Rechtsordnung seine Rechte durchsetzen zu können.

Ist man beim Erwerb **Unternehmer**, so kommt zunächst einmal die Grundsatzregel des Art. 4 der deutschen Zuständigkeitsverordnung EuGVVO zum Tragen, wonach ein Vertragspartner, also beispielsweise der spanische Verkäufer eines Pferdes, **an dessen Wohnsitz**, also in Spanien, zu verklagen ist. Dies ist dann anders, wenn der zwischen den Parteien **vereinbarte Lieferort** in Deutschland liegt, denn dann gilt Art. 7 Nr. 1b) EuGVVO und die **deutschen Gerichte sind zuständig**. Im Klartext: Wird das Pferd auf Kosten und Auftrag des gewerblichen Käufers nach Deutschland transportiert, liegt der Erfüllungsort im Ausland und es muss im Ausland geklagt werden. Wird dagegen vereinbart, dass der ausländische Verkäufer das Pferd selbst auf seine Kosten zum deutschen Käufer bringt, darf ein Rechtsstreit vor dem deutschen Gericht geführt werden. Wie gesagt, dies gilt für den erwerbenden Unternehmer, als der man allerdings viel schneller angesehen wird, als einem lieb ist (› Seite 30).

Völlig anders sieht die Rechtslage dagegen aus, wenn es um den **Pferdekauf eines Verbrauchers** beim unternehmerisch tätigen Züchter oder Händler im EU-Ausland geht und sich dabei etwa das gekaufte Pferd als mangelbehaftet herausstellt. Da der Verbraucher nach der EU-Gesetzgebung grundsätzlich schützenswert ist, darf der deutsche Verbrauchsgüterkäufer nach Art. 18 EuGVVO grundsätzlich Klage bei seinem deutschen Wohnsitzgericht erheben, wenn bestimmte Voraussetzungen erfüllt sind.

Das ist nach Art. 17 Abs. 1 a) EuGVVO unproblematisch immer so, wenn es um Pferdekäufe geht, bei denen **Teilzahlung vereinbart** worden war. Dabei ist zu beachten, dass auch die Anzahlung mit späterer Zahlung des Restkaufpreises bereits eine Teilzahlung im Rechtssinne darstellt. Ansonsten ist gängigster, aber auch umstrittenster Fall des deutschen Verbrauchergerichtsstands derjenige des Art. 17 Abs. 1 c) EuGVVO, wonach das deutsche Gericht dann zuständig ist, wenn der EU-ausländische, unternehmerisch tätige Züchter oder Pferdeverkäufer seine berufliche oder **gewerbliche Tätigkeit auf Deutschland ausgerichtet** hat. Aber was bedeutet dieses „Ausrichten" genau?

Mehrere Entscheidungen des EuGH zeigen, dass die Schwelle hierfür nicht hoch ist und entsprechend ein geschützter Verbraucherkauf viel häufiger vorkommt, als man zunächst denken mag. Hierzu hat der EuGH im Jahr 2012 zunächst einmal klargestellt, dass jede Art der „Ausrichtung" auf einen anderen Mitgliedsstaat ausreicht und damit auch solche Käufe unter die Schutzvorschriften fallen, die nur „anlässlich" irgendeiner Werbung des ausländischen Verkäufers in Deutschland getätigt wurden. Tendenziell wird man also davon ausgehen können, dass etwa das in Urlaubslaune im Ausland anlässlich einer pauschalen Reiterreise erworbene Pferd schon den Tatbestand des „Ausrichtens" des ausländischen Verkäufers auf Deutschland erfüllen könnte. Das Gleiche ist denkbar für deutsche Pferdevermittler, über die ausländische Gestüte oftmals im Wege der Kooperation und Provisionsbeteiligung Verkäufe generieren.

Aus der genannten EuGH-Entscheidung und auch aus früheren lassen sich Indizien herauslösen, die für Ausrichtung und Tätigwerden eines EU-ausländischen Pferdeverkäufers auf Deutschland sprechen. Danach muss das unternehmerische Tätigwerden erst einmal **grundsätzlich internationalen Charakter** haben, wofür zum Beispiel spricht, dass auf der Internetseite oder in Druckwerbung eine internationale Kundschaft erwähnt wird oder dass auf der Internetseite eine andere Sprache oder Domainendung als diejenige des Wohnsitzes des Verkäufers verwendet wird. Erst recht, wenn Kaufpreise in der Währung des Käufers ausgewiesen sind, wenn bei einer Anfahrtsbeschreibung auch das Wohnsitzland des Verbrauchers berücksichtigt wird oder wenn die angegebenen Telefonnummern die internationale Vorwahl enthalten, wird nach dem EuGH eine Ausrichtung auf ein anderes EU-Land anzunehmen sein.

Grenzüberschreitender Pferdekauf und -verkauf ist mittlerweile normal. [Foto: shutterstock.com/Elnur]

Nicht ausreichend ist dagegen die bloße Zugänglichkeit der Website des Gewerbetreibenden oder seines Vermittlers in dem Mitgliedstaat, in dem der Verbraucher seinen Wohnsitz hat.

Welches Recht anwendbar ist, regeln die Verordnungen Rom I und Rom II. Liegt kein Verbrauchsgüterkauf vor, sieht Art. 3 Rom I-VO **grundsätzlich die freie Rechtswahl** vor, dies allerdings mit zahlreichen Einschränkungen. Ist keine Rechtswahl getroffen, gilt nach Art. 4 Abs. 1a) Rom I-VO bei Kaufverträgen das Länderrecht am Aufenthaltsort des Verkäufers. Das ist allerdings nicht so bei Verbraucherverträgen, bei denen ganz im Gegensatz grundsätzlich das Recht am gewöhnlichen Aufenthaltsort des Verbrauchers Anwendung findet, Art. 6 Abs. 1 Rom I-VO. Zwar darf man auch eine andere Rechtswahl treffen, nach Art. 6 Abs. 2 Rom I-VO gelten aber zugunsten des Verbrauchers immer zusätzlich auch die verbraucherschützenden Mindeststandards seines Heimatrechts.

Haben Sie dann endlich ein Urteil zu Ihren Gunsten in der Hand, stellt sich die Frage, wie dies im Ausland vollstreckt werden kann, da häufig Ihr ehemaliger Vertragspartner dennoch nicht wird zahlen wollen. Haben Sie als Verkäufer das nicht bezahlte Pferd zurückgehalten oder sitzen Sie als Käufer nun weiterhin auf dem mangelhaften Pferd in Ihrem Stall, können Sie zunächst einmal in dieses Pferd vollstrecken, sprich: es **durch den Gerichtsvollzieher versteigern** lassen.

In aller Regel wird dies aber nur einen Bruchteil des eigenen Zahlungsanspruchs decken können. Ziel ist es also in der Regel, im Wohnortland des Urteilsgegners zu vollstrecken und

Ein Streit zwischen Verkäufer und Käufer geht meist zulasten des Pferdes. [Foto: shutterstock.com/George W. Bailey]

dort gegebenenfalls zu pfänden. Ihr deutsches Urteil müssen Sie dafür als „Europäischen Vollstreckungstitel" in Deutschland bestätigen lassen, wodurch es in allen EU-Staaten (außer Dänemark, dort sogenanntes Exequaturverfahren) Geltung erlangt (Art. 6 EuVTVO).

UN-KAUFRECHT FÜR INTERNATIONALE PFERDEKÄUFE

Für EU-Geschäfte parallel zum dargestellten europäischen Recht sowie **für Geschäfte mit Nicht-EU-Ländern (Drittländer)** gilt in den meisten Fällen das UN-Kaufrecht (UNK), soweit Sie dieses bei Vertragsschluss nicht explizit im Vertrag ausgeschlossen haben. Zwar gilt das UNK dem Grunde nach nur für den Warenkauf zwischen Unternehmern aus verschiedenen Vertragsstaaten, aber auch hier ist der Unternehmerbegriff weit zu fassen (▸ Seite 30) und kann demzufolge auch den Pferdezüchter treffen. Anwendbar ist das UNK aber nur für Verkäufe und nicht für Pferdeversteigerungen oder für Dienstleistungsverträge wie etwa Beritt oder Transport.

Trotz der zumeist gegebenen Zuständigkeit des ausländischen Gerichts bei Geltendmachung von Ansprüchen gegen den ausländischen Vertragspartner findet aber im Anwendungsbereich des UNK nicht das Recht des Staates des Verkäufers Anwendung, sondern allein die **eigenen rechtlichen Regelungen des UNK**.

Ähnlich wie im deutschen Recht können Sie als Käufer bei Mangelhaftigkeit des Pferdes, nachdem Sie eine Nachfrist gesetzt haben, zunächst Nacherfüllung verlangen, und wenn diese nicht gelingt, Vertragsaufhebung oder Minderung (Art. 45 bis 50 UNK) sowie parallel dazu Schadensersatz fordern. Sie als Verkäufer können dagegen, ebenfalls nach einer Fristsetzung, Zahlung und Abholung des Pferdes verlangen, desgleichen, falls der Gesamtkaufpreis noch nicht gezahlt ist, Vertragsaufhebung, damit Sie das Pferd anderweitig verkaufen können, sowie ebenfalls parallel dazu Schadensersatz (Art. 61 bis 64 UNK). Anders als im deutschen Recht ist jedoch im UNK der Schadensersatzanspruch (Art. 74 bis 77 UNK) immer gegeben, und zwar unabhängig vom Verschulden einer Vertragspartei, wobei allerdings nur der Schaden berücksichtigt wird, der zum Zeitpunkt des Pferdekaufs schon voraussehbar war.

VERKÄUFERFREUNDLICHES INTERNATIONALES PRIVATRECHT

Gilt das UNK nicht, weil es die Vertragsparteien ausgeschlossen haben oder das Pferdegeschäft mit einem Vertragspartner aus einem Nicht-Vertragsstaat des UNK erfolgte oder weil beide Vertragsparteien nur privat tätig sind, so gilt stattdessen das sogenannte Internationale Privatrecht (IPR). Dies ist das **nationale Recht, das jeder Staat selbst regelt**. Die Internationalen Privatrechte beispielsweise von Deutschland, Spanien und Portugal weichen stark voneinander ab. Das IPR regelt, welches Recht auf einen Vertrag Anwendung findet.

Nach deutschem IPR gilt dabei grundsätzlich, dass sich das anwendbare Recht nach dem Sitz des Verkäufers bestimmt, also nach seiner Hauptniederlassung beziehungsweise dem tatsächlichen Verkaufsort, soweit es sich bei diesem um eine Zweigniederlassung handelt. Kommt es also zur Anwendung des deutschen IPR, so ist dies in aller Regel nachteilig für Sie als deutschen Pferdekäufer, denn dann ist nach deutschem Recht das Recht des ausländischen Verkäufers anwendbar, beziehungsweise vorteilhaft für Sie als deutschen Pferdeverkäufer, weil Sie sich dann auf deutsches Recht berufen können.

Pferdepflege ist nur eine von vielen möglichen Dienstleistungen rund ums Pferd. [Foto: shutterstock.com/Olga_i]

KAPITEL II: DIENSTLEISTUNGEN RUND UMS PFERD

Pferdevermittlung, Provision und Kommission

Um ein Pferd zu verkaufen, wird zur Beschleunigung des Verkaufs dem Vermittler schon mal eine Provision versprochen oder das Pferd in Kommission gegeben. Das ist legal und im Pferdebereich nicht unüblich.

PFERDEVERMITTLUNG UND PROVISION: VORSICHT BEIM „HANDAUFHALTEN"

Provisionen sind immer dann angenehm, wenn man sie bekommt, nicht aber, wenn man sie bezahlen muss. Der häufigste Fall beim Pferdekauf sind verdeckt vereinbarte Provisionen: Der Käufer zahlt den Kaufpreis an den Verkäufer des Pferdes, und der wiederum zahlt einen Anteil an den - beiden Seiten bekannten – Vermittler. Davon hat der Käufer manchmal Kenntnis, öfter ahnt er aber gar nichts und hat vielleicht, weil die Provision „draufgeschlagen" wurde, sogar mehr als den ursprünglich angesetzten Kaufpreis bezahlt.

Was die Wenigsten wissen, ist, dass im Moment der Vereinbarung einer Provision oder einer Vermittlungsgebühr ein **Maklervertrag entstanden ist**. Bei einem in § 652 BGB geregelten Maklervertrag verpflichtet sich der Auftraggeber, dem Vermittler (Makler) für die Vertragsvermittlung oder möglicherweise auch nur für den Nachweis zur Gelegenheit dazu eine Vergütung zu zahlen, den Maklerlohn. Eine besondere Form ist nicht erforderlich, der Maklervertrag kann auch mündlich oder bereits **durch schlüssiges Verhalten** zustande kommen.

Wird keine bestimmte Vergütung vereinbart, wird eine Provision aber auch nicht ausdrücklich ausgeschlossen, greift die Fiktion des § 653 BGB ein. Danach kann der Vermittler die **in der Branche übliche Vermittlungsprovision verlangen**. Ob dies bei einem Pferdekauf 3 Prozent, 5 Prozent, 10 Prozent oder 20 Prozent sind, wird man für jeden Einzelfall herausfinden müssen. Nach Ansicht des OLG München aus 2009, entschieden zu einem Kfz-Erwerb in sechsstelliger Höhe, kommt es dabei auch auf den Umfang der Vermittlungstätigkeit und Recherche an. Sei dieser nicht hoch, könne man 3 Prozent als übliche Provision ansehen.

Aber zurück zur im Pferdekauf nicht unüblichen verdeckten Provision. Oft ist es eine vermeintlich vertraute Person, wie Reitlehrer, Bereiter oder Pferdepensionsbetreiber, die Ihnen das Pferd nicht nur, wie es erscheinen mag, „empfiehlt", sondern ohne Ihr Wissen im Hintergrund tätig geworden ist und vom Verkäufer des Pferdes eine Provisionszahlung erhält. Aber gerade die Vertrauensstellung führt zu einer gewaltigen rechtlichen Brisanz – und sehr oft zur Haftung des Vermittlers.

Geregelt ist dies seit der Schuldrechtsreform in § 311 Abs. 3 BGB. Die Vorschrift fingiert ein vertragliches Verhältnis zwischen dem Käufer und dem Vermittler dann, wenn der Vermittler, eigentlich ja Vertragspartner des Verkäufers, dabei dem Käufer gegenüber ein **besonderes persönliches Vertrauen in Anspruch genommen** und dadurch den Vertragsschluss erheblich beeinflusst hat **oder am Vertragsschluss ein unmittelbares eigenes wirtschaftliches Interesse** hat.

Liegt dies vor, muss der Vermittler für Schäden des Käufers aus dem Pferdekauf haften, und zwar bereits für fahrlässig verursachte. Typischer Fall: Versicherungen über die angebliche Beschaffenheit des Pferdes „ins Blaue hinein" ohne vorherige eigene Überprüfung. Noch weiter ging der BGH in einer Entscheidung 1987: Er sah es als pflichtwidrig an, dass ein „Berater" seinem Kunden eine Provisionszahlung verschwiegen hatte, die er für den von ihm veranlassten Vertragsabschluss mit einem Dritten erhalten hatte. Für den Schaden des Kunden musste der „Berater" haften, obwohl ihm darüber hinaus kein weiteres Verschulden wie eine fahrlässig falsche Beratung zum Vorwurf zu machen war.

Abzugrenzen sind die Fälle einer Vermittlung unter Provision in der Pferdepraxis aber noch häufiger vom lukrativen **Weiterverkauf auf eigene Rechnung**. Da tritt jemand, den Sie gut kennen, als Vermittler eines Pferdes auf, alles läuft mündlich, Sie zahlen den Kaufpreis an den „Vermittler", und dieser leitet ihn (oder einen Teil davon) an den „Verkäufer" weiter. Viel öfter als man denkt, wird bei einem derartigen Fall aber kein Vermittlungsgeschäft vorliegen, sondern tatsächlich ein doppelter Verkauf: Der ursprüngliche Verkäufer hat das Pferd an den Vermittler verkauft, und der verkauft es Ihnen dann mit Gewinn weiter. Gerade weil beim Pferdekauf noch immer so vieles mündlich vereinbart wird, muss in einem solchen Fall erst im Rahmen eines Rechtsstreits ausgelegt werden, mit wem Sie eigentlich ein Vertragsverhältnis hatten.

RECHTSPFAD-TIPP

Maklervertrag:
Bitten Sie als Kaufinteressent einen „Pferdefachmann" darum, sich doch einmal nach einem Pferd Ihrer Vorstellung umzuhören und Ihnen Bescheid zu geben, falls er eines findet, kann dies schon ein Maklervertrag mit der Folge sein, dass Sie dem Vermittler Provision schulden. Es empfiehlt sich daher, die Frage ob und in welcher Höhe Provision anfallen soll, von vornherein schriftlich oder zumindest unter Zeugen abzuklären.

Vermittlerhaftung:
Als Vermittler müssen Sie sich bewusst sein, dass der Käufer Sie auf Haftung aus dem Vermittlungsgeschäft in Anspruch nehmen kann – und beim verdeckten Provisionserhalt möglicherweise sogar dann, wenn Sie am Schaden des Käufers gar keine Schuld trifft.

KOMMISSION UND UMGEHUNGSGESCHÄFT

Bei einem Kommissionsgeschäft ist von Anfang an klar, dass es drei Beteiligte gibt: Der Eigentümer übergibt das Pferd an den Kommissionär. Der Kommissionär verkauft es – exakt nach den Weisungen des Eigentümers – im eigenen Namen an den Käufer und bekommt von diesem den Kaufpreis. Nach erfolgtem Verkauf bezahlt der Kommissionär den Kaufpreis an den ursprünglichen Eigentümer – abzüglich der mit dem Eigentümer vereinbarten Provision, die er vom weiterzuleitenden Kaufpreis abziehen darf. Der Kommissionär handelt also gewerbsmäßig, weswegen der Kommissionsvertrag auch nicht im BGB, sondern in § 383 HGB geregelt ist. Typischer Fall: die Auktionen der großen Zuchtverbände.

Der wesentliche Unterschied für Sie als Käufer liegt darin, dass Sie sich **für den Fall von**

Mängelansprüchen direkt an den Kommissionär halten können und müssen, denn dieser ist Ihr Vertragspartner.

Schwierig wird das aber oft, wenn unseriöse gewerbliche Pferdeverkäufer das **Kommissionsgeschäft für sich als Umgehungsgeschäft** entdeckt haben, um die Mängelhaftung ausschließen zu können. Das Vorgehen: Der gewerbliche Verkäufer tritt gegenüber dem Pferdekäufer nur als Kommissionär auf und gaukelt dem Käufer vor, das Pferd gehöre einem Privaten. Deshalb schließt er in dem Kaufvertrag über das Pferd jegliche Sachmängelhaftung aus. Dies wäre zulässig, wenn der Kommissionär tatsächlich für einen privaten Pferdeeigentümer verkaufen würde.

Zum Gebrauchtwagenhandel, der rechtlich nicht wesentlich anders als der gewerbliche Pferdeverkauf einzuordnen sein dürfte, äußerte sich der BGH 2005 dazu: Ein Umgehungsgeschäft liegt dann vor, „wenn bei wirtschaftlicher Betrachtungsweise der Gebrauchtwagenhändler als der Verkäufer des Fahrzeugs anzusehen ist". Entscheidende Bedeutung kommt hierbei der Frage zu, ob der Händler oder der als Privatverkäufer in Erscheinung tretende Fahrzeugeigentümer das wirtschaftliche Risiko des Verkaufs zu tragen hat. Dass ein Umgehungsgeschäft vorliegt, müssen für den Fall eines Rechtsstreits aber Sie als Käufer beweisen.

Pensionspferdevertrag/ Einstellvertrag

Spätestens wenn Sie für Ihr Pferd über keine eigene Haltungsmöglichkeit verfügen oder sich entschlossen haben, Pensionspferde aufzunehmen, kommt das Thema Pensionspferdevertrag bei Ihnen auf den Tisch. Mit diesem auch Einstellvertrag genannten Papier zur Regelung des täglichen Miteinanders gehen Einsteller und Pensionsbetreiber zwangsläufig eine gefühlte „Ehe auf Zeit" ein. Wie in einer echten Ehe sind die gegenseitigen Erwartungshaltungen nicht immer kompatibel.

Man kann es kaum glauben, aber eine Vielzahl der Pensionspferdeverträge wird immer noch mündlich abgeschlossen. Das ist zulässig, wenngleich sich über denjenigen Vertragsinhalt, der über den Pensionspreis und den Standort des Pferdes hinausgeht, in solchen Fällen meistens niemand klar ist. Denn der richtet sich dann nach dem Gesetz.

GEMISCHTTYPISCHER VERTRAG: VERWAHRUNG, MIETE ODER DIENSTLEISTUNG?

Im Gesetz selbst ist der Einstellvertrag aber gar nicht geregelt. Im Streitfall versuchen Gerichte deshalb, ihn einem gesetzlich geregelten Vertragstyp zuzuordnen. In den meisten Einstellverträgen sind Elemente der Vermietung, der Verwahrung und der verschiedensten Dienstleistungen enthalten. Der BGH hat 2005 dazu festgestellt, dass der Einstellvertrag als gemischttypischer Vertrag anzusehen ist und dass auf ihn dasjenige Vertragsrecht anzuwenden ist, „in dessen Bereich der Schwerpunkt des Vertrags liegt".

Während dies bei der Zurverfügungstellung einer blanken Pferdebox ohne jedes weitere Zusatzangebot das Mietrecht sein dürfte, sieht die mehrheitliche Rechtsprechung den üblichen Pferdepensionsvertrag, bei dem zusätzlich auch Futter und weitere Dienstleistungen angeboten werden, als **entgeltlichen Verwahrungsvertrag** an, so etwa die Oberlandesgerichte Brandenburg, Schleswig und Hamburg, das OLG Karlsruhe und das LG Ulm. Obwohl es natürlich immer eine Entscheidung über einen konkret vorliegenden Einstellvertrag im Einzelfall ist, sahen in der Vergangenheit das OLG Celle, das LG Detmold und die AGs Lemgo und Essen tendenziell eher das Mietrecht als anwendbar an.

Aber warum ist das überhaupt wichtig? Ganz einfach, weil Rechte und Pflichten aus dem Einstellvertrag sich dann genau nach dem Recht richten, in das er eingeordnet wird – mit unterschiedlichsten Rechtsfolgen, wie Sie sehen werden.

PFLICHT DES PENSIONSBETREIBERS

Unversehrte Herausgabe des Pferdes

Anders als beim Mietvertrag, bei dem der Stallbetreiber zunächst einmal nur die bloße Gebrauchsüberlassung des Stalls schulden würde, muss der Pensionsbetreiber beim Verwahrungsvertrag als Hauptpflicht nach § 688 BGB erheblich mehr leisten, nämlich die Obhut über die „hinterlegte Sache" und die damit einhergehende **unversehrte Herausgabe des Pferdes**. Bedeutet: Jeder Schaden am Pferd oder gar sein ganzer Verlust ist Verstoß gegen die Hauptpflicht der Verwahrung.

Das hört sich vielleicht nicht spektakulär an, birgt aber bei genauem Hinsehen sehr viel Streitpotenzial in sich. Weil es nun mal die Hauptpflicht ist, das Pferd „unversehrt aufzubewahren", stehen Sie nach den Grundsätzen des Verwahrungsvertrags **als Stallbetreiber in voller Beweislast, dass Sie am Pferdeschaden kein Verschulden trifft**. Denn die mit dem Schaden einhergehende Unmöglichkeit, das Pferd „unversehrt" an seinen Besitzer herauszugeben, gilt als Pflichtverletzung und führt nach § 280 BGB zum Schadensersatz. Den Beweis Ihrer „Unschuld" zu führen gelingt Ihnen aber nur, wenn Sie nachweisen können, dass Sie fachlich alles richtig gemacht haben.

In der überwiegenden Zahl der Fälle ist dies erfahrungsgemäß kaum möglich, weil Sie als Pensionsstallbetreiber beim eigentlichen Schadensereignis meist gar nicht zugegen waren. Die Entscheidung der Gerichte, ob der Pensionsstallbetreiber haften muss, hängt daher oftmals im Gerichtsverfahren davon ab, wie ein hinzugezogener Sachverständiger den Schadenshergang beurteilt beziehungsweise rekonstruiert. Dabei haben sich typische Fallgruppen gebildet:

Verletzungen im Stall und auf der Weide sowie durch Ausbruch

Als vom Stallbetreiber verschuldet sah das OLG Düsseldorf 1994 eine schwere Verletzung eines Pferdes mit der Folge seines Todes an, als sich dieses beim vertraglich vereinbarten Hereinführen von der Weide in den Stall im Übereifer an einem hervorstehenden Flacheisen der Torverriegelung schwer verletzt hatte. Das Gericht befand die Torkonstruktion für fehlerhaft. Der Pensionsbetreiber musste auf Schadensersatz haften. Der Pferdebesitzer musste sich allerdings ein „Mitverschulden" aus der Tiergefahr seines eigenen Pferdes (› Seite 138 f.) von 20 Prozent anrechnen lassen.

In einer anderen typischen Konstellation eines Schadens stellte das LG Frankenthal 1998 dagegen fest, dass den Pensionsbetrieb keine Schuld und damit keine Schadensersatzpflicht trifft: Eine Herde von insgesamt 15 eingestellten Pferden war wie immer und der Pferdebesitzerin bekannt in der Gruppe von der Weide frei laufend zum Stall geholt worden. Das besagte Pferd war dann beim Abbiegen in den Stalltrakt gestürzt und hatte sich schwere Verletzungen zugezogen. Das Gericht entschied, dass die Art des Hereinlaufenlassens nicht nachweisbar Grund für den Sturz des Pferdes gewesen sei. Ein etwaiges zu schnelles Laufen und das damit einhergehende Verletzungsrisiko könne dem Pensionsbetrieb nicht angelastet werden.

Ähnlich urteilte das LG Heilbronn 1984 in einem Fall, bei dem der Pensionsstallbetreiber vertraglich die Aufgabe übernommen hatte, das Pferd zu bewegen. Das Pferd brach sich beim Laufenlassen in der Halle ein Bein. Das Gericht sah dies als schicksalhaften Unfall an, sodass es nicht zur Haftung durch den Stallbesitzer kam.

Eine Vielzahl verschiedenartigster Gerichtsentscheidungen rankt sich um Verletzungen, die sich Pferde in der Folge eines **Ausbruchs aus Stall oder Weide** zugezogen haben. Immer ist dann die Frage, ob die Stall- oder Zaunkonstruktion Anlass für einen Fahrlässigkeitsvorwurf zulasten des Stallbetreibers gibt. Verbindliche Vorgaben betreffend Zaunhöhe und -konstruktionen gibt es nicht, dafür aber jede Menge Empfehlungen, allen voran die Leitlinien der Landwirtschaftsministerien. Diese sind jedoch nicht verbindlich, sondern es kommt immer auf den Einzelfall an, Bestandsdichte, Größe und Geschlecht der Pferde, ganzjährige oder Wechselbeweidung, Lage und Größe der Weide, Verkehrsnähe und auch verwendetes Zaunmaterial.

Sicher hieran ist nur, dass es früher oder später zu einem Ausbruch und/oder Verletzungen kommen wird. [Foto: Jost Appel]

Tendenziell wird man beispielsweise sagen können, dass Zäune für gut ausgebildete warmblütige Springpferde dreireihig in Richtung 1,50 Meter Höhe tendieren sollten, während für untrainierte Ponys oder eine Absetzergruppe ein zweireihiger Zaun von 1,20 Metern Höhe ausreichend erscheint, wobei gerade für die Jungpferdegruppe die Stabilitätsvorgaben deutlich erhöht sein dürften. Zentrum des Streits ist ansonsten bei Ausbrüchen auch immer wieder die Frage, wie stark Sie Tore und Ausgänge der Weiden zusätzlich gegen missbräuchliches Öffnen durch Dritte sichern müssen.

Zum „Tatort Box" urteilte etwa das AG Stuttgart 1991, dass ein Pensionsstallbetreiber für Schäden an einem Pferd aufgrund eines Ausbruchs aus der fachlich ordnungsgemäß gesicherten Box nicht haftet, wohl aber für Schäden, die dieses Pferd nach seinem Ausbruch aufgrund **anderer Gefahrenquellen auf dem Hofgelände** erleidet. Springt ein Pferd beim Ausmisten über die im **Boxenausgang quergestellte Schubkarre** und verletzt sich dabei schwer, so haftet der Pensionsbetrieb nach Ansicht des OLG Stuttgart im Jahr 1993 dafür nicht: Denn diese Art des Ausmistens sei aufgrund Sachverständigenmeinung üblich und korrekt.

Viele Einzelfälle zu all diesen Fragen sind im Bereich der Tierhüterhaftung entschieden worden, bei der es ja auch immer um die schuldhafte Verletzung von Aufsichtspflichten geht (› Seite 162 ff.).

Fehlfütterung und Kolikerkrankungen

Auch das Thema Füttern gibt immer wieder Anlass zur Auseinandersetzung. So klagte ein Pferdebesitzer auf Kostenersatz einer Kolikoperation, da seiner Meinung nach **verschimmeltes Heu** gefüttert worden war. Das LG Frankenthal wies 1994 die Klage ab, da andere Pferde gesund geblieben waren und es sich bei dem Heu nur um qualitativ geringwertigeres Heu gehandelt habe.

Anders lag der Sachverhalt in einem 2002 vom LG Bielefeld entschiedenen Fall: Dort konnte die

Pferdehalterin beweisen, dass ihr Pferd an **Botulismus** eingegangen war und dass mit an Sicherheit grenzender Wahrscheinlichkeit kontaminiertes Futter (verunreinigte Silage) des Stallbetreibers dafür ursächlich war. Nachweislich waren auch weitere Pferde erkrankt.

Ein anderer Fall wiederum drehte sich um eine Stute, bei der eine Kolik auftrat und die durch Reißen der Magenwände aufgrund **übermäßiger Futtermassen** sodann verstarb. Das OLG Frankfurt urteilte 1995 zugunsten des Stutenbesitzers. Denn der beklagte Pferdepensionsbetrieb konnte keinen Nachweis erbringen, dass ein anderer Grund vorläge, aufgrund dessen die Stute verstorben war. Selbst dann, wenn die Ursache des Todes der Stute gänzlich unaufgeklärt geblieben wäre, so das Gericht, hätte den Pensionsbetreiber die Beweislast getroffen. Auch dann hätte er, weil er einen Nachweis über sein Nichtverschulden nicht hätte erbringen können, haften müssen.

Ganz anders sah dies dagegen das OLG München 2008 in einem Fall, in dem das verwahrte Pferd an einer Darmruptur verstarb, deren Ursache ebenfalls nicht geklärt werden konnte. Nach Ansicht des Gerichts kann beim Tod eines Pferdes nicht die gleiche ungünstige Beweislastregel des Verwahrungsvertrags zulasten des Pensionsbetreibers angewandt werden wie bei einer beschädigten oder zerstörten Sache. Denn das Pferd sei nun mal **nach § 90a Satz 1 BGB keine Sache.**

RECHTSPFAD-TIPP

Um von vorneherein Streitigkeiten aus dem Weg zu gehen, sollten Einsteller und Pensionsbetrieb alle Rechte und Pflichten möglichst genau vertraglich festhalten. Ratsam ist es auch, als Bestandteil des Einstellvertrags in regelmäßigen Abständen eine gemeinsame Begehung der Örtlichkeiten wie Stallungen, Reitbahnen und Weiden vorzunehmen und zu protokollieren.

Aufklärungspflicht, Pflicht zur tierärztlichen Beauftragung: jede Minute zählt

Auch wenn sich die Gerichte einig sind, dass Sie als Stallbetreiber eine über die Obhut hinausgehende **Pflicht zur bloßen Schadensvorbeugung grundsätzlich nicht** haben, ist das in rechtlicher Hinsicht kein Freibrief. Denn die Obhutspflicht aus dem Verwahrungsvertrag beinhaltet natürlich auch eine Aufklärungspflicht, entschied der BGH 1989. Im besagten Fall ging es darum, dass es in einem Stall vermehrt zu **Aborten und Infektionen** kam. Der Stallbetreiber unterließ es, die Einsteller darüber zu informieren. Für die aus den weiteren Infektionen entstandenen Schäden musste nach Ansicht des BGH der Stallbetreiber haften, da er seine **Fürsorge- und Aufklärungspflicht** als vertragliche Nebenpflicht verletzt habe.

In diesem Zusammenhang haben Sie als Verwahrer/Stallbetreiber jedenfalls dann eine Rettungspflicht für das Pferd, wenn **dem Pferd unmittelbare Gefahr droht**, typischerweise entschieden zur Frage, wann Sie sich selbst um tierärztliche Hilfe für das Einstellpferd kümmern müssen. In diesem Zusammenhang ging es 1999 vor dem OLG Karlsruhe auch einmal wieder um eine Kolik. Der Tierhalter unterstellte dem Pensionsbetrieb, dieser hätte verspätet den Tierarzt herbeigerufen. Das Gericht sah jedoch keinen Zusammenhang zwischen dieser Behauptung und dem Versterben des Pferdes. Nur wenn durch ein schnelleres Hinzurufen des Tierarztes der Tod des Pferdes mit Sicherheit hätte verhindert werden können, würde ein Schadensersatzanspruch gegenüber dem Pensionsbetrieb greifen, so das Gericht.

Dies ändert aber nichts daran: Als Pensionsbetreiber stehen Sie aufgrund der für Sie ungünstigen Regelungen des Verwahrungsvertrages, wonach Sie das Pferd grundsätzlich und immer „unversehrt" zu erhalten haben, rechtlich gesehen mit einem Bein oft schon im Gefängnis.

PFLICHT DES EINSTELLERS: ZAHLUNG DES PENSIONSENTGELTS

Auch als Einsteller haben Sie Pflichten – egal, ob Sie nur die „blanke Box" mieten oder ob mit dem Stallbetreiber ein Verwahrungsvertrag besteht. Ihre **Hauptpflicht ist die Zahlung des Pensionsentgelts**, jedoch haben Sie zusätzlich diverse – gesetzliche oder vertraglich vereinbarte – Nebenpflichten. So müssen Sie beispielsweise nach Kündigung des Vertrags Ihr Pferd auch tatsächlich zurücknehmen und müssen dem Stallbetreiber nach § 693 BGB erforderliche Aufwendungen ersetzen, typischerweise vom Stallbetreiber bei Gefahr in Verzug für Ihr Pferd aufgewandte Tierarztkosten. Das Gleiche gilt für den Ersatz von Schäden, die Ihr Pferd beim Stallbetreiber verursacht hat, § 694 BGB.

Der häufigste Grund, warum das Pensionsentgelt nicht mehr oder nur noch zum Teil gezahlt wird, ist meist darin zu finden, dass der Einsteller mit der Leistung des Pensionsbetriebes nicht mehr zufrieden ist. Ob dem Einsteller dafür ein rechtlicher Grund zur Seite steht, muss dann oft gerichtlich geklärt werden. Ein langes Prozedere und in Anbetracht der Verfahrens- und insbesondere Sachverständigenkosten zumeist für beide Parteien wirtschaftlich sinnlos.

Leerboxenmiete:
Abzug für nicht erbrachte Aufwendungen?
Sollten Sie als Einsteller den Stall früher verlassen als vertraglich vereinbart, wird zumeist darüber gestritten, ob und wie viel Pensionsentgelt Sie noch für die Zeit zu zahlen haben, während die Box leer steht. Das hängt zum einen von den vereinbarten Kündigungsfristen ab (▸ Seite 92 f.). Zum anderen setzt das voraus, dass die **Box nach Ihrem Auszug tatsächlich leer stehen bleibt** beziehungsweise, wenn nicht eine spezielle Box vertraglich vereinbart worden war, irgendeine vergleichbare Box auf dem Pensionsbetrieb.

Als Stallbetreiber sparen Sie ja nach dem Auszug des Pferdes in der Tat diverse **Aufwendungen ein wie Futter, Einstreu, Entmistung**, jeweils verbunden mit geldwerter Arbeitszeit. Da die gesetzlichen Regelungen über die Verwahrung aber nicht nur von der Vergütung für die „Pferdeaufbewahrung" reden, sondern auch konkret in § 693 BGB den Ersatz von Aufwendungen bestimmen, führt das im Umkehrschluss dazu, dass der Einsteller das Pensionsentgelt zumindest um die vom Pensionsbetrieb nicht erbrachten Aufwendungen kürzen darf – notfalls bis zur tatsächlichen Leerboxenmiete, wie beispielsweise 2010 vom AG Grünstadt entschieden.

Dies hängt jedoch vorrangig von Ihrem Einstellvertrag ab, in dem sich häufig entsprechende Regelungen über Leistungen für den Fall vorzeitigen Auszugs finden oder gegenteilige Klauseln, wonach bei vorübergehenden Abwesenheiten wie Urlaub, Turnier oder Klinikaufenthalt Kürzungen des Pensionsentgelts nicht zulässig sind.

Aufrechnung von Gegenforderungen
Oftmals stehen Gegenforderungen im Raum beziehungsweise Stall. Gerade weil so vieles im Pferdebereich nicht schriftlich fixiert ist, sind tatsächliche oder etwaige Gegenforderungen des Einstellers in der Praxis zahlreich; typischerweise geht es um erbrachte Arbeitsleistungen oder in den Pensionsbetrieb eingebrachte Materialien.

Solche Gegenforderungen aufzurechnen bedeutet, vom vereinbarten Pensionsentgelt die eigene Forderung abzuziehen, also nur die Differenz zu zahlen. Das geht im Prinzip, aber: Eine solche Aufrechnung muss die gesetzlichen Vorgaben des § 387 BGB erfüllen. Und zwar die vier Merkmale Gegenseitigkeit, Gleichartigkeit, Durchsetzbarkeit der Gegenforderung und Erfüllbarkeit.

Gegenseitigkeit bedeutet, dass Sie nur eigene Forderungen aufrechnen dürfen, also nicht etwa die Ihres Ehepartners oder Kindes. **Gleichartigkeit** heißt, dass es sich bei Ihrer Gegenforderung ebenfalls um eine Geldforderung handeln muss. Aufrechenbar wäre also etwa nicht eine Forderung auf Herausgabe von Ihrem eigenen Zaunmaterial, solange sich diese nicht in einen geldwerten Schadensersatzanspruch gegen den Stallbetreiber verwandelt hat. **Durchsetzbarkeit und Erfüllbarkeit** Ihrer Gegenforderung meint, dass sie auch schon fällig sein muss und nicht unter einer Bedingung stehen darf, die ihre Durchsetzbarkeit in einem Gerichtsverfahren ausschließen würde. Typischer Fall: Sie haben Ihrem Stallbetreiber ein Darlehen gewährt, dessen Rückzahlung Sie vertraglich für einen späteren Zeitpunkt vereinbart haben oder das Sie noch gar nicht gekündigt haben und deswegen erst drei Monate später überhaupt einfordern dürften.

Häufig findet sich in schriftlichen Einstellverträgen die Formulierung, dass die Aufrechnung von Gegenforderungen ausgeschlossen sein soll. Handelt es sich beim Einstellvertrag um einen Formularvertrag (› Seite 17 f.), also um ein mehrfach verwendetes Vertragsformular, in das typischerweise nur noch Namen und einzelne Details eingefügt werden, unterliegt diese Formulierung der AGB-Inhaltskontrolle der §§ 307, 309 BGB. Ein **umfassendes Aufrechnungsverbot ist durch § 309 Nr. 3 BGB verboten** und deshalb unwirksam. Gültig ist ein Aufrechnungsverbot nur dann, wenn davon unbestrittene und rechtskräftig festgestellte Forderungen ausgenommen sind. Auch die oft anzutreffende Formulierung eines Aufrechnungsverbots für Forderungen, die „nicht ausdrücklich vom Stallbetreiber anerkannt sind", ist nichtig.

Gegenforderungen aus vereinbartem Arbeitsentgelt für die Mithilfe im Stall dürfen gegen das Pensionsentgelt aufgerechnet werden. [Foto: Jost Appel]

KÜNDIGUNG UND KÜNDIGUNGSFRISTEN

Ohne schriftlichen Einstellvertrag – oder anderweitige beweisbare mündliche Absprachen – gilt die gesetzlich geregelte Kündigungsfrist. Beim Verwahrungsvertrag, der der Pferdepensionsvertrag in den meisten Fällen sein wird (› Seite 87 f.), können Sie als Einsteller Ihr Pferd nach § 695 Satz 1 BGB „jederzeit" zurückfordern. Eine **Kündigungsfrist brauchen Sie nicht einzuhalten** und können von heute auf morgen gehen. Entsprechend endet die Pflicht zur Zahlung von Pensionsentgelt auch mit der Räumung des Stalls, so 2004 sowohl das AG Düsseldorf als auch das LG Ulm.

Die **„jederzeitige" Beendigungsmöglichkeit des Verwahrungsvertrags** gilt nach § 696 BGB auch für Sie als Stallbetreiber, wenn Sie nicht gerade eine genau bestimmte Pensionszeit vereinbart hatten oder etwa „die gesamte Weidesaison".

Nur wenn Ihr Einstellvertrag als Mietvertrag zu sehen ist, also nur die blanke Box ohne Versorgung und Dienstleistung vermietet wurde, muss die **mietvertragliche Kündigungsfrist des § 573c Abs. 1 BGB** eingehalten werden: Danach ist für Einsteller wie Stallbetreiber die Kündigung spätestens am dritten Werktag eines Monats zum Ablauf des übernächsten Monats zulässig.

Haben Sie einen schriftlichen Einstellvertrag, wird darin häufig eine Kündigungsfrist vereinbart sein. Grundsätzlich ist solch eine vertraglich festgelegte Kündigungsfrist verbindlich. Jedenfalls, wenn es sich um eine individuelle, insbesondere handschriftliche, Vereinbarung zwischen Ihnen handelt. Haben Sie allerdings einen Vertragsvordruck ausgefüllt, liegt ein Formularvertrag vor (⊳ Seite 17 f.). Und weil für solche Formulare die AGB-Inhaltskontrolle der §§ 305 ff. BGB gilt, wird von etlichen Gerichten die Auffassung vertreten, dass beim **formularmäßigen Pferdeeinstellvertrag Kündigungsfristen nicht oder nur in einer bestimmten Größenordnung überhaupt wirksam** vereinbart werden können.

Das AG Lehrte befand deshalb 2010, dass eine vorformulierte **zweimonatige Kündigungsfrist** angesichts der Abweichung von der jederzeitigen Kündbarkeit des Verwahrungsvertrages eine überraschende Klausel nach den §§ 305, 307 BGB sei, die den Einsteller unangemessen benachteilige und deshalb unwirksam sei, wenn sie nicht individuell handschriftlich vereinbart wurde.

Bei einer formularmäßig vereinbarten dreimonatigen Kündigungsfrist befanden dagegen das AG Osnabrück 2009 und das AG Grünstadt 2010 wegen der fehlenden gesetzlichen Regelung des Pensionspferdevertrags nur die Notwendigkeit, die Kündigungsfrist auf ein zulässiges Maß von zwei Monaten zu verkürzen. Die Urteilsbegründung: Die Parteien hätten einen typengemischten Vertrag, unter anderen mit mietvertraglichen, verwahrungsvertraglichen und dienstvertraglichen Elementen geschlossen. Hinsichtlich dieser Verträge gelten unterschiedliche Kündigungsfristen: Da ein Vertragsschwerpunkt nicht auszumachen sei, sei diejenige Vorschrift anzuwenden, die dem Vertragszweck am besten entspricht, und bei der Länge der Kündigungsfrist eine „mittlere Lösung" abzuleiten. Hierbei ergäbe sich eine Kündigungsfrist von zwei Monaten zum darauffolgenden Monatsende.

Sind zwischen Ihnen vereinbarte Kündigungsfristen wirksam, bedeutet das aber nicht, dass Sie nicht **aus wichtigem Grund außerordentlich fristlos kündigen** können. Für Sie als Einsteller denkbar, wenn grundlegende Pflichten des Einstellvertrags außer Acht gelassen werden, etwa vereinbartes regelmäßiges Füttern oder Tränken unterbleibt, erkennbar verdorbenes Futter verabreicht wird, Zaunkonstruktionen so unzureichend sind, dass es regelmäßig zu Ausbrüchen kommt. Für Sie als Pensionsbetreiber denkbar, wenn Einstellerpferd oder Einsteller selbst den Stallablauf massiv stören, das Pferd etwa ein unsozialisierter Schläger ist oder der Einsteller massiv gegen vereinbarte Regeln verstößt und andere Einsteller deshalb mit der Kündigung drohen. Ein wichtiger Kündigungsgrund liegt insgesamt dann vor, wenn es für Sie unter Abwägung der beiderseitigen Interessen nicht länger zumutbar ist, am Einstellvertrag festzuhalten.

PFANDRECHT UND ZURÜCKBEHALTUNGS-RECHT AN PFERD UND ZUBEHÖR

Zumeist läuft es darauf hinaus, dass Sie als Pferdepensionsinhaber nach Ausbleiben von Zahlungen versuchen, auf das zuzugreifen, worauf Sie Zugriff haben, nämlich auf Pferd, Zubehör, Pferdeanhänger oder auch Pferdepapiere. Aber ist das rechtens?

Gegen ausgebliebene Zahlungen helfen Pfandrecht und Zurückbehaltungsrecht. [Foto: Jost Appel]

Hinsichtlich des Pferdeeinstellvertrags ist von grundlegender Bedeutung, ob ein Pfandrecht am Pferd entstanden ist. Besteht nämlich ein **Pfandrecht, können Sie als Stallbetreiber das Pferd verwerten lassen**, um Ihre Forderungen gegen den Einsteller zu befriedigen. Ohne Pfandrecht haben Sie dagegen lediglich ein sogenanntes **Zurückbehaltungsrecht am Pferd und Zubehör. Dann dürfen Sie nur die Herausgabe verweigern**, müssen aber mit der Verwertung des Pferdes abwarten, bis Sie ein Urteil oder anderen vollstreckbaren Titel gegen den Einsteller erwirkt haben – und müssen das Pferd solange, möglicherweise über Jahre, durchfüttern.

Wie bekommt man so ein Pfandrecht? Dies kann einerseits gesetzlich, also automatisch geschehen, und zwar in Form des sogenannten **Vermieterpfandrechts**. Das ist aber nur dann der Fall, wenn es sich bei Ihrem Einstellvertrag um einen Mietvertrag handelt, Sie also nur die „blanke Box" ohne jegliche Zusatzleistung vermietet haben (› Seite 87 f.).

Das wird jedoch in den meisten Fällen nicht zutreffen, weswegen nach der überwiegenden Rechtsprechung der Pferdeinstellvertrag gerade nicht als Mietvertrag über die Pferdebox anzusehen ist, sondern als eigens im Gesetz geregelter Verwahrungsvertrag, weil zusätzliche Dienstleistungselemente wie Füttern, Misten und Koppelverbringung in aller Regel hinzukommen und überwiegen (› Seite 87 f.). Anders sahen dies in der Vergangenheit im Übrigen das OLG Celle, das LG Detmold und die AGs Lemgo und Essen, die trotz Versorgungsleistungen des Stallbetreibers im konkreten Fall von einem Mietvertrag ausgingen.

Warum ist der Unterschied so wichtig? Wie der Name schon sagt, gilt das Vermieterpfandrecht nur beim Mietvertrag. **Auf Verwahrungsverträge ist es nicht anwendbar** – und damit in der überwiegenden Zahl der Fälle auch nicht auf den Pferdepensionsvertrag. Anders ist das nur, wenn im Einstellvertrag ausdrücklich trotzdem das **Pfandrecht vereinbart** ist. Das ist zulässig, auch wenn es sich um einen Formularvertrag (› Seite 17 f.) handelt.

Unabhängig davon, ob ein Vermieterpfandrecht oder ein vertraglich vereinbartes Pfandrecht besteht, dürfen Sie als Pensionsbetreiber dann, wenn Sie fällige, offene Forderungen gegen einen Einsteller haben, nach § 1235 BGB dessen Pferd und Zubehör aufgrund Ihres Pfandrechts durch einen Gerichtsvollzieher oder Auktionator im Wege der öffentlichen Versteigerung verwerten lassen. Dabei müssen Sie nach § 1234 BGB dem Einsteller die Verwertung **zuvor androhen** und dürfen das Pferd frühestens einen Monat danach versteigern lassen.

Sie haben jedoch kein Pfandrecht am Equidenpass des Pferdes, da dieser als Begleitpapier zwingend zum Pferd gehört und im Eigentum des ausstellenden Verbandes verbleibt (› Seite 75 f.). Anders verhält es sich mit der Eigentumsurkunde: Sie eignet sich durchaus als Pfand, hat aber nicht die weitreichende Bedeutung als Eigentumsnachweis, die man ihr vielfach zuschreibt (› Seite 77).

---

§ **RECHTSPFAD-TIPP**

Der Gesetzgeber sieht ein Pfandrecht **nur für schon fällige Forderungen vor, nicht aber für zukünftige.** Wenn der Einstellvertrag eine Kündigungsfrist von mehreren Monaten beinhaltet und der Einsteller sein Pferd und sein Zubehör schon vorher aus dem Stall entfernen will, darf er dies tun – solange er alle bisher offenen Forderungen des Pensionsbetreibers beglichen hat. Denn damit erlischt das Pfandrecht. Künftige Forderungen aus Pensionsentgelt der Folgemonate müssen nicht im Voraus bezahlt werden!

Die in der überwiegenden Mehrzahl als Formularvertrag daherkommenden Einstellverträge besitzen häufig, zumeist ziemlich am Ende, eine sogenannte Schriftformklausel. Beide Vertragspartner können dann zwar alles Mögliche mündlich besprechen. Aber diese nicht unbeachtliche Klausel führt dazu, dass **nur das gilt, was schriftlich vereinbart war.** Konkrete mündliche Zusagen wie das Vorhalten einer ganz bestimmten Pferdebox oder eine speziell vereinbarte Art der Fütterung werden dann nicht Vertragsbestandteil.

Streit um die Klausel entsteht oft auch bei der Beendigung des Einstellvertrags: Nach ordentlicher Kündigung durch den anderen Vertragspartner verlangen Sie als Stallbetreiber Zahlung beziehungsweise Sie als Einsteller Pferdeunterbringung bis zum Ende der Kündigungsfrist. Gleichzeitig behauptet der andere Vertragspartner, man hätte sich mündlich geeinigt und den Vertrag einvernehmlich mit sofortiger Wirkung aufgehoben. Hierzu hat der BGH 2005 entschieden, dass man grundsätzlich eine zuvor vereinbarte Schriftform auch durch mündliche Vereinbarung aufheben kann – dies muss man aber beweisen.

Berittvertrag – Dienstvertrag ohne Erfolgsgarantie

Geben Sie Ihr Pferd in Beritt oder in Ausbildung, erwarten Sie aus Ihrer Sicht nachvollziehbar ein Ergebnis, und zwar ein positives. Dass sich das in der Praxis unter rechtlichen Aspekten etwas anders darstellt, wird einem erst bewusst, wenn sich das erwartete Ergebnis nicht einstellt und/oder es zu einem Schaden am Pferd, einem Dritten oder dem Bereiter kommt.

Schließen Sie einen Berittvertrag, so haben Sie damit einen Dienstvertrag abgeschlossen. Schon aus dem Wortlaut kann man entnehmen, dass hieraus **ein Dienst geschuldet ist, nicht aber zwingend ein Erfolg.** Das ist der entscheidende Unterschied zum Werkvertrag, bei dem im Gegensatz dazu ein Werk, also ein Erfolg beziehungsweise ein bestimmtes Arbeitsergebnis, geschuldet ist.

Anders ist dies nur dann, wenn ausnahmsweise zwischen Pferdebesitzer und Bereiter/Trainer das Erreichen eines ganz speziellen Ausbildungsziels explizit vereinbart wurde. Unter juristischen Aspekten ist diese Thematik jedoch höchst komplex, denn Begriffe wie „angeritten", „geländesicher", „Ausbildung Klasse M", „turnierfertig", „verladesicher" und so weiter werden von den beiden Vertragsparteien ganz häufig unterschiedlichst interpretiert, was sich allein daran zeigt, dass zum Beispiel das gleiche Pferd unter dem Profireiter problemlos geländesicher sein mag, nicht aber unter dem Pferdebesitzer, der vielleicht kaum Reiterfahrung hat.

Sinnvollerweise sollten Sie als Parteien eines Berittvertrags alle Einzelheiten schriftlich vereinbaren, eventuell auch ein sogenanntes Pflichtenprogramm erstellen. Es sollte vereinbart werden, wie lange eine Reiteinheit minimal/maximal dauern soll und wie viele Einheiten pro Abrechnungszeitraum geschuldet sind, mit welchen Hilfsmitteln gearbeitet werden darf und ob die Ausbildung nur persönlich durch den Bereiter oder auch durch dessen Hilfspersonen erledigt werden darf. Ohne besondere vertragliche Vereinbarung darf nämlich nur der **Bereiter persönlich den Beritt vornehmen**.

Egal, wie es läuft mit dem Berittvertrag: Sie sollten nicht vergessen, jedes Pferd entwickelt sich auch unabhängig von Beritt und Bereiter individuell. Unzählige Einflüsse, seien sie beispielsweise genetischer und/oder gesundheitlicher Natur, wirken sich auf die Entwicklung aus und man sollte deshalb nicht grundsätzlich die Schuld beim Bereiter suchen. Das ist zwar einfach, aber oftmals nicht fair.

VERGÜTUNG UND KÜNDIGUNG

Ebenfalls schriftlich vereinbaren sollten Sie die **Höhe der Vergütung**, also des Berittgelds. Nach § 612 BGB gilt eine Vergütung bei Berittverträgen als stillschweigend vereinbart, weil in aller Regel die Berittleistung den Umständen nach nur gegen eine Vergütung zu erwarten ist. Fehlt eine Ver-

einbarung über die Höhe der Zahlungspflicht, fällt die **branchenübliche Vergütung** an.

Parteien eines Berittvertrags streiten nicht selten darüber, wann dieser gekündigt werden kann. Wenn eine feste mündliche Absprache fehlt – oder nicht bewiesen werden kann – oder wenn eine Kündigungsfrist nicht explizit schriftlich vereinbart war, gilt die klare Vorgabe des § 621 BGB für Dienstverträge: Danach hängt das Vertragsende davon ab, wonach sich die Vergütung bemisst.

Wird also nach Tagen abgerechnet, kann für den nächsten Tag gekündigt werden, erfolgt wochenweise Abrechnung ist die Kündigung am ersten Wochenwerktag für den Ablauf des Folgesamstags möglich, bei Monatsabrechnung muss spätestens am 15. eines Monats für den Schluss des Monats gekündigt werden. Gibt es keine Vereinbarung der Abrechnung nach speziellen Zeitabschnitten, gilt grundsätzlich ein **Kündigungsrecht „jederzeit", also von heute auf morgen**.

BEREITERHAFTUNG FÜR SCHÄDEN AM PFERD UND DURCH DAS PFERD

Als Bereiter haften Sie bei einer Pflichtverletzung aus dem Vertrag für vorsätzlich oder fahrlässig verursachte Schäden am Pferd gegenüber dem Pferdebesitzer. Das ergibt sich aus § 280 Abs. 1 BGB. Eine Pflichtverletzung bedeutet letztendlich ein schädigendes Verhalten, das üblichem sorgfältigen und fachgerechten Handeln widerspricht. Um beim Pferd zu bleiben, wird durch diese Vorschrift das Verschulden des Bereiters, gemeint ist damit **Vorsatz und Fahrlässigkeit, erst einmal grundsätzlich vermutet**. Als Bereiter können Sie sich dann zwar „entlasten"; das bedeutet aber in der Praxis, dass Sie den vollen **Beweis erbringen müssen, dass Sie kein Verschulden** trifft, Sie also alles richtig gemacht haben.

So konnte sich beispielsweise eine Bereiterin 2005 vor dem LG Darmstadt entlasten, weil sie beweisen konnte, dass sie nicht fahrlässig gehan-

Solch eine Knebelung durch den Bereiter kann (nicht nur) bei Jungpferden fahrlässig sein. [Foto: shutterstock.com/Patrycja Zadros]

delt hatte. Das im Anreiten befindliche Jungpferd hatte sich beim Longieren durch die Bereiterin unverhofft aufgebäumt, war umgefallen und hatte sich dabei das Genick gebrochen. Der Vorwurf des Klägers einer Verwendung zu kurzer Dreieckszügel bestätigte sich jedoch nicht.

Die schuldhafte Verletzung einer Pflicht aus dem Berittvertrag hat zur Folge, dass Sie als **Pferdebesitzer vom Bereiter Schadensersatz verlangen** können. Für Sie als Bereiter kann das unter Umständen teuer werden, weswegen Sie Ihr Risiko über eine Versicherung absichern sollten (› Seite 178 f.).

Und wie sieht es aus, wenn während der Berittzeit das Pferd einem Dritten einen Schaden zufügt? Dann gilt erst einmal grundsätzlich, dass der **Pferdehalter aus Tierhalterhaftung** in Anspruch genommen werden kann. Denn der Tierhalter haftet, ohne dass es auf irgendein Verschulden ankommt, für Schäden, die aus der typischen Tiergefahr resultieren (› Seite 138 f.).

Daneben können gegenüber dem Dritten aber zusätzlich auch Sie als Bereiter haften. Denn im Moment des Bereitens übernehmen Sie die Obhut über das Pferde und werden zum Tierhüter/Tieraufseher des Pferdes. Daraus resultiert die **gesetzliche Tierhüterhaftung**, § 834 BGB, aus der Sie, neben dem Tierhalter, gegenüber dem geschädigten Dritten haften (› Seite 162 f.). Diese Vorschrift ist so ausgestaltet, dass Sie für jeden eingetretenen Schaden dann einstehen müssen, wenn Sie nicht beweisen können, dass Sie die verkehrsübliche Sorgfalt beachtet haben, oder wenn Sie nicht beweisen können, dass der Schaden auch eingetreten wäre, wenn Sie die verkehrsübliche Sorgfalt beachtet hätten.

Der Bereiter steht also, genau wie bei Schäden am Pferd, auch bei Schäden durch das Pferd in einer ähnlich schwierigen Situation: Er muss jeweils **beweisen, dass ihn kein Verschulden trifft**.

SCHÄDIGUNG DES BEREITERS DURCH DAS PFERD

Was ist aber, wenn Sie als Bereiter während des Beritts durch das Pferd zu Schaden kommen? Grundsätzlich greift hier zwar ebenfalls die verschuldensunabhängige Tierhalterhaftung des Pferdehalters aus § 833 BGB, weil das Pferd als solches eine Tiergefahr hat (› Seite 138 f.). Diverse Urteile zeigen jedoch, dass es zahlreiche Ausnahmetatbestände gibt.

Zunächst einmal ist die Haftung des Pferdehalters ausgeschlossen, wenn Ihnen als Bereiter ein sogenanntes **„Handeln auf eigene Gefahr"** zugeschrieben wird. Damit ist eine bewusste Eigengefährdung gemeint, in die sich jemand begibt, obwohl er die besondere Gefährlichkeit seines Handelns kennt oder kennen musste. So entschieden auch vor dem OLG Koblenz 2012: Es ging um einen Tritt, den der Bereiter beim Verladen des fremden Berittpferds erlitten hatte. Das Gericht war der Ansicht, dass eine Haftung des Tierhalters nicht gegeben war, weil der Bereiter die besondere Gefährlichkeit der Situation kennen musste und die damit verbundene, über das normale Risiko hinausgehende Gefährdung billigend in Kauf nahm.

Anders hatte dies der BGH unter Abkehr seiner vorangegangenen Rechtsauffassung 2009 gesehen: Ein Tierarzt war beim rektalen Fiebermessen durch einen Pferdetritt schwer verletzt worden. Der BGH stellte fest, dass das „Handeln auf eigene Gefahr" für denjenigen nicht gilt, der sich beruflich der Tiergefahr aussetzt, also aufgrund seines Vertrags mit dem Tierhalter die typische Pferdegefahr auf sich nehmen muss. Der BGH stellte heraus, dass die Tierhalterhaftung zugunsten des Tierarztes insbesondere deshalb greift, weil die gefährliche Handlung erforderlich ist, damit der Tierarzt seine Behandlung überhaupt erst fachgerecht durchführen kann. Ähnliches dürfte dann in paralleler Wertung auch für den Bereiter gelten.

Andere Gerichte sehen die Tierhalterhaftung zugunsten des Bereiters bei Schädigungen durch das Berittpferd deshalb als nicht gegeben an, weil es sich bei derartigen Schäden in aller Regel um einen **Arbeitsunfall** handeln soll, für den aber vorrangig die Berufsgenossenschaft zuständig ist. So entschied das LG Limburg 2009, dass die Schädigung des Bereiters wegen §§ 104 ff. SGB VII allein das Verhältnis des Bereiters zu seiner Berufsgenossenschaft (› Seite 181 f.) betrifft, nicht aber den Tierhalter.

Achtung: Wenn der Bereiter gegen Sie als Tierhalter einen Anspruch aus der Schädigung durch das Pferd hat, muss er sich häufig eigene Fehler unter dem **Gesichtspunkt eines Mitverschuldens** anrechnen lassen. Je nach Situation kann in derartigen Fällen der Anspruch des Bereiters aufgrund seines Verschuldensanteils erheblich gemindert sein.

Reitunterricht

Beim Reitunterricht liegt es in der Natur der Dinge, dass bei Beteiligung von mehreren zwei- und vierbeinigen Lebewesen auch mal nicht alles glattläuft. Deshalb stellte schon das OLG Celle 1996 fest, dass der Reitlehrer grundsätzlich bei der Durchführung von Reitunterricht mit Reitübungen eine Gefahrenlage schafft, die „mit der naheliegenden Möglichkeit einer Schädigung verbunden ist". Wo aber Gefahren bestehen, da lauert auch Haftung.

UNTERRICHTSVERTRAG IST DIENSTVERTRAG

Wer die Verantwortung für Schäden trägt, hängt zunächst davon ab, wie der Reitunterricht rechtlich einzustufen ist. Dazu hat sich das OLG Düsseldorf 2004 anschaulich geäußert und stellt fest: „Bei dem Vertrag auf Erteilung von Reitunterricht handelt es sich um einen Dienstvertrag, da in der Regel kein bestimmter Erfolg geschuldet ist. Zwar ist Unterrichtsverträgen eigen, dass sie auf ein bestimmtes Leistungsziel gerichtet und damit erfolgsorientiert sind. Da ihnen aber auch das Risiko innewohnt, dass das Subjekt ihrer Bemühungen keine ausreichende physische und/oder intellektuelle Begabung mitbringt, die zur Erreichung des gewünschten Ziels erforderlich ist, schulden Ausbilder, Lehrer oder Trainer keinen Erfolg."

Aus der rechtlichen Einordnung des Reitunterrichts als Dienstvertrag folgt anders als bei Werkverträgen, dass man keine Mängelhaftung geltend machen kann: Für den Fall des bloß „schlechten" Reitunterrichts haben Sie als Reitschüler also weder Nacherfüllungsrecht noch Anspruch auf Minderung des Unterrichtsentgelts. Nur dann, wenn der Unterricht überhaupt nicht erteilt wurde – was auch der Fall sein kann, wenn die Leistung gänzlich unbrauchbar war, liegt Nichterfüllung vor. Folge ist dann, dass Sie als Reitschüler nicht bezahlen müssen oder bereits entrichtetes Unterrichtsentgelt zurückverlangen können.

HINREICHENDE FÄHIGKEITEN VON REITLEHRER UND SCHULPFERD

Reitunterricht wird in verschiedensten Konstellationen erteilt, am häufigsten dadurch, dass ein Reitverein mithilfe eines Reitlehrers Reitunterricht anbietet. Nicht untypisch ist aber auch, dass ein „privater" Reitlehrer auf seinem eigenen Pferd oder demjenigen eines Dritten Unterricht erteilt oder den Reitschüler auf dessen eigenem Pferd unterrichtet, ohne dass dabei ein Verein beteiligt ist.

Als Reitschüler dürfen Sie erwarten, dass der Reitlehrer hinreichende Fähigkeiten besitzt. Wird zusätzlich ein Schulpferd gestellt, gehört dazu auch, dass Ihnen ein passendes und sicheres Pferd zur Verfügung gestellt wird. Bei Gruppenunterricht ist ferner eine passende Zusammenstellung hinsichtlich Anzahl und Ausbildungsstand der Reitschüler geschuldet. Und bezüglich der Örtlichkeiten gilt, dass der Reitunterricht dort durchzuführen ist, wo dies den Ausbildungsniveaus der Reitschüler und auch der Pferde entsprechend möglich ist.

Oftmals wird vom Reitverein oder vom angestellten Reitlehrer eine weitere, dritte Person mit dem Reitunterricht betraut, sei es nur für eine Aushilfsstunde oder auch für längere Zeit. Geht das rechtlich? Ja, denn die Berufsbezeichnung „Reitlehrer" ist gesetzlich nicht geschützt. In der logischen Folge kann daher jeder als „Reitlehrer" Reitunterricht erteilen.

Gerade im Schadensfall wird häufig argumentiert, dass der beteiligte „Reitlehrer" über keine wirkliche Ausbildung verfügte. Gesetzlich ist eine solche aber nicht vorgeschrieben. Nach bisheriger Rechtsprechung ist es wohl deshalb im Rahmen der Verkehrssicherungspflichten Tendenz, dass eine spezielle Ausbildung nicht erforderlich sein muss. So reicht für die zu organisierende Beaufsichtigung des Reitunterrichts der Einsatz einer „pferdeerfahrenen" Aufsichtsperson regelmäßig aus, selbst wenn diese

„noch jugendlich ist", so das OLG Celle 1996 und das OLG Hamm 2013. Die Rechtsprechungstendenz verdeutlicht ein weiteres Urteil des OLG Celle aus 2007: „Die Führung einer 13-köpfigen in ihren reiterlichen Fähigkeiten nicht bekannten Reitschülergruppe durch eine nicht als Reitlehrerin ausgebildete, aber langjährig geübte und erfahrene Hobbyreiterin, stellt danach nichts Ungewöhnliches dar und ist rechtlich nicht zu beanstanden."

Fachkompetenz im Rechtssinn ist weder Frage des Alters noch eines Ausbildungsabschlusses. [Foto: Christiane Slawik]

Die Grenze zog hier das LG Gießen 1994. Das Gericht stellte nämlich fest, dass der Inhaber eines Reitinstituts seiner Verkehrssicherungspflicht nicht genügt, wenn er bei der Durchführung von Voltigierübungen eine minderjährige Reitschülerin mit dem Führen der Voltigierlonge betraut hat.

VERSCHULDENSHAFTUNG DES REITLEHRERS

Anschaulich ist die Haftungssituation beim Reitverein, der in der Regel Reitlehrer, Pferd und örtliche Gegebenheiten stellt. In dieser Konstellation haftet der Verein als Tierhalter

zunächst einmal für tiertypisch schädigendes Verhalten des Pferdes gegenüber Reitschüler oder Drittem aus verschuldensunabhängiger Tierhalterhaftung nach § 833 Satz 1 BGB (› Seite 137 ff.). Die **Tierhalterhaftung** greift ebenso in solchen Fällen, wo der Reitlehrer sein eigenes Pferd zum Unterricht einsetzt oder dasjenige eines Dritten benutzt und es dabei zum Schaden kommt.

Kann der Pferdehalter, sei es Verein oder Reitlehrer, nachweisen, dass das Pferd dem Erwerb dient und es sich um ein sogenanntes „Nutztier" handelt, und dass ihn am entstandenen Schaden kein Verschulden trifft, entfällt die **Tierhalterhaftung** nach § 833 Satz 2 BGB (› Seite 137 ff.).

Urteile zur Reitlehrerhaftung finden sich in der Rechtsprechung auch im Bereich der Tierhüterhaftung nach § 834 BGB. Auch diese Haftung, wenn Sie als Reitlehrer nämlich die Aufsicht über ein Tier übernommen haben, ist letztlich verschuldensabhängig und tritt nur dann nicht ein, wenn Sie als Reitlehrer nachweisen können, dass Sie die verkehrsübliche Sorgfalt beachtet haben oder dass der Schaden auch bei verkehrsüblicher Sorgfalt entstanden wäre (› Seite 162 ff.).

Dass Sie aber als Reitlehrer Tierhüter sind, sehen die Gerichte gerade dann, wenn Sie angestellt für einen Verein oder im Auftrag des Vereins Unterricht erteilen, meistens nicht so. Für einen **angestellten oder beauftragten Reitlehrer** stellte etwa das OLG Hamm 2000 fest, dass der Reitlehrer keine Aufsicht als Tierhüter über das vereinseigene Pferd übernommen hatte. Denn Aufsichtsführung im Sinne der Tierhüterhaftung bedeutet Übertragung der selbstständigen allgemeinen Gewalt und Aufsicht über das Tier. Diese Voraussetzung ist bei Bediensteten und Beauftragten, die nur auf Anweisung handeln, nicht erfüllt. Genauso hatte dies zuvor bereits 1981 das OLG Düsseldorf entschieden.

In solchen Fällen wird häufig der „Dienstherr", zumeist der Reitverein oder Reitstallbetreiber, allein oder mit verklagt und ihm die schon besprochene fehlerhafte Auswahl des „Reitlehrers" (› Seite 99 f.) vorgeworfen oder eine Haftung für ein Verschulden des als Erfüllungsgehilfen oder Verrichtungsgehilfen tätig gewordenen Reitlehrers geltend gemacht.

Das befreit Sie als Reitlehrer aber insgesamt nicht von der eigenen Haftung. Sei es, dass Ihnen nach § 823 Abs. 1 BGB Fahrlässigkeit im deliktischen Bereich vorzuwerfen ist, wodurch „das Leben, der Körper, die Gesundheit oder das Eigentum" Ihres Reitschülers oder eines Dritten verletzt wurden, sei es, dass Sie gar nicht beauftragt, sondern anlässlich der Unterrichtserteilung für eigene unternehmerische Zwecke selbstständig tätig geworden sind: Immer geht es um die Frage, ob Ihnen ein Verschulden vorzuwerfen ist.

Die gute Nachricht: Ein Verschulden Ihrerseits, also Vorsatz und jede Form der Fahrlässigkeit, muss der Geschädigte beweisen. Es liegt dann vor, wenn Ihnen während der Unterrichtserteilung die Nichtbeachtung der erforderlichen Sorgfalt vorzuwerfen ist. Ist Ihnen hierbei ein schuldhafter Fehler nachzuweisen, müssen Sie für einen dadurch eingetretenen Schaden haften. Anschaulichster und zugleich typischster Fall ist die Überforderung des Reitschülers.

Das OLG Hamm stellte 2002 klar heraus, dass es keine „allgemeine Reitlehrerhaftung" gibt, sondern dass sich eine schuldhafte Verletzung von Verkehrssicherungspflichten bei einem Reitunfall aus der Art der Übung, dem Alter und der Erfahrenheit von Reitschüler und Pferd, aus Warnzeichen in der konkreten Situation sowie aus einem falschen Eingriff des Reitlehrers oder unterlassenen Maßnahmen ergeben kann, also immer aus den konkreten Umständen des Einzelfalls.

Das OLG Karlsruhe entschied 2008, dass der Reitlehrer einem minderjährigen und unerfahrenen Reiter gegenüber verpflichtet ist, dessen Können abzuschätzen, und ihn vor den für einen unerfahrenen Reiter mit einem Ausritt verbundenen erheblichen Gefahren zu bewahren hat. Aufgabe des Reitlehrers sei es dabei, den Reiter nicht in für einen unerfahrenen Reiter schwer beherrschbare Situationen zu bringen. Nicht in den Verantwortungsbereich des Reitlehrers fällt dagegen, so das OLG Hamm 2013, dass ein generell für den Reitunterricht vorbereiteter weicher Untergrund zu verlangen ist.

Das OLG Frankfurt stellte 2013 zur Reitlehrerhaftung ebenfalls fest, dass es immer auf die genauen Einzelfallursachen ankommt. Der Reitlehrer müsse nur dann haften, wenn ihn nicht nur eine haftungsrelevante Schuld trifft, sondern der Schaden auch aus dem fehlerhaften Verhalten des Reitlehrers resultiert.

RECHTSPFAD-TIPP

Reitvereine sind gegen Inanspruchnahme im Schadensfall in der Regel über einen Haftpflichtversicherer abgesichert. Häufig enthalten die Versicherungsbedingungen aber einen Haftungsausschluss für den Fall, dass der Geschädigte „Angehöriger" des Reitvereins ist. Gemeint sind damit Angehörige der Vereinsorgane, also Ehepartner, Verwandte und Verschwägerte von Vorstandsmitgliedern. Weil dies unter Umständen für eine Vielzahl von Personen im Verein im Schadensfall keine Versicherungsleistung bedeutet, sollte hier unbedingt zusatzversichert werden.

Sattelkauf

Die Sattelanbieter setzen sich grob gesagt zusammen aus dem traditionellen Sattlermeisterbetrieb, dem regionalen Reitsportgeschäft, den direkt vermarktenden Sattelherstellern mit mehr oder weniger organisierten Vertriebsstrukturen, dem Gewerbe von mobilen Sattelverkäufern und dem Online-Versender. Aufgrund dieser Marktlage ist es oftmals nicht nur schwer, die Qualität der Arbeit einzuschätzen, sondern auch deren rechtliche Hintergründe.

DER SATTEL VON DER STANGE

Wenn Sie im Reitsportladen Ihres Vertrauens einen „Sattel von der Stange" kaufen oder im Internet einen Sattel unangepasst bestellen, dann ist das wie ein Schuhkauf im Laden: Zustande kommt ein **Kaufvertrag**. Sie können den Sattel demzufolge „bei Nichtgefallen" nicht einfach zurückgeben. Ob er Ihrem Pferd passt oder nicht, ist Ihr Risiko. Liegt jedoch ein Mangel am Sattel selbst vor, weicht er also von der vereinbarten Beschaffenheit ab und hatte diesen Fehler auch schon bei Gefahrübergang, stehen dem Käufer die gleichen gesetzlichen Sachmängelhaftungsansprüche zur Seite, die schon beim Pferdekauf dargestellt sind (› Seite 23 ff.).

Haben Sie den Sattel über das Internet bestellt, ohne dass es zu einem persönlichen Kontakt vor Ort kam, besteht auch die Möglichkeit des Widerrufs, wenn es sich um einen Verbrauchsgüterkauf (› Seite 30) handelt, der Käufer also Verbraucher ist und der Verkäufer Unternehmer. Auf die Frage von Mängeln kommt es dabei gar nicht an. Ihre Rechte sind dieselben wie bei einem bereits besprochenen Ratenzahlungskauf (› Seite 66).

WERKVERTRAG MASSSATTEL

Anders verhält es sich, wenn der Verkäufer einen Maßsattel verkauft. Von einem Maßsattel spricht man, wenn der Sattel direkt beim Hersteller in Auftrag gegeben wird und **für ein spezielles Pferde- und Reiterpaar hergestellt** und angepasst wird. Der Sattler oder vom Hersteller betraute Fachmann nimmt dabei die exakten Körper- und Rückenmaße des Pferdes und bezieht in die Sattelkonzeption auch die Körpergröße, das Gewicht und die Statur des Reiters ein. Nach diesen individuellen Maßen wird der Sattel dann angefertigt und direkt an das Pferd angepasst, zumeist ist im Vertrag noch eine Nachkontrolle für das „Feintuning" enthalten.

Bei der Anfertigung eines echten Maßsattels handelt es sich um einen **Werkvertrag**. Pflicht des Sattlerunternehmens ist die Herstellung des versprochenen mangelfreien Sattels, Pflicht des Bestellers die Entrichtung der vereinbarten Vergütung. Das ganz wesentliche Merkmal ist jedoch, dass mit dem Werkvertrag ein mangelfreies Werk, also ein konkreter Erfolg geschuldet ist. Auf den Sattel bezogen heißt das auf den Punkt gebracht: Der angepasste Maßsattel muss passen, im Stand, in der Bewegung und unter dem Reiter. Hört sich unspektakulär an, ist aber in der Praxis wohl gar nicht so einfach.

Was bedeutet das rechtlich für Sie, wenn es sich nun um einen Werkvertrag handelt? Verlangen Sie als der Auftraggeber Nacherfüllung, so kann (anders als beim Kaufvertrag, [› Seite 25 ff.]) **der Sattelhersteller nach seiner Wahl** den Mangel entweder beseitigen oder ein gänzlich neues Werk herstellen. Setzen Sie als Auftraggeber dem Hersteller wegen eines Mangels des Sattels berechtigt eine Frist zur Nacherfüllung, so dürfen Sie nach deren erfolglosem Ablauf den Mangel selbst beseitigen lassen und Ersatz für die dafür erforderlichen Aufwendungen verlangen. Bedeutet: Sie können einen anderen Sattler(meister) mit der „Reparatur" oder korrekten Anpassung des Sattels beauftragen und, falls dies unmöglich sein sollte und der Sattel auch durch Umarbeitung nicht passend gemacht werden könnte, eine Neuanfertigung auf Kosten des ursprünglichen Herstellers vornehmen lassen.

Ein Werkvertrag liegt im Übrigen auch vor, wenn Sie Ihren vorhandenen, **gebrauchten Sattel bei einem Sattler umarbeiten** lassen. Geben Sie die konkrete Anpassung an ein bestimmtes Pferd in Auftrag, wird dieser Erfolg auch tatsächlich geschuldet. Lautet der Auftrag dagegen nur auf „Aufpolstern", muss dieses korrekt und symmetrisch ausgeführt sein.

WERKLIEFERUNGSVERTRAG KONFEKTIONSSATTEL

Zurück zum Sattelkauf. Die meisten Sättel werden heute aufgrund der hohen Kosten für die Herstellung eines Maßsattels als sogenannte Konfektionssättel verkauft und angepasst. Beim Konfektionssattel bieten viele Sattelhersteller „Baukastensysteme" an, bei denen die **Sättel standardisiert individualisierbar** sind, also etwa von vorneherein in verschiedenen Sitzgrößen, Widerristbreiten und -höhen, Sattelblattlängen, Kissen- sowie Pauschenvarianten und Farben bestellt werden können. Vertragsinhalt **kann dann zusätzlich die korrekte Passform** sein, wenn sich Ihr Lieferant verpflichtet hat, den Sattel individuell an ein Pferd anzupassen. Denkbar ist aber genauso, dass Sie den Sattel mit seinen individuellen Varianten einfach nur bestellt haben, weil Sie davon ausgehen, dass er so passen müsste – dann schuldet der Verkäufer natürlich keine Anpassung.

In beiden Fällen kommt es aber über § 651 BGB zur Anwendung von **Kaufrecht, denn es liegt ein sogenannter Werklieferungsvertrag vor**, da erst noch herzustellende Sachen geliefert werden. Hat der Sattel also Mängel oder passt er nicht, falls die Anpassung Vertragsinhalt war, haben Sie als Käufer deshalb die schon zum Pferdekauf dargestellten Sachmängelrechte (› Seite 23 ff.), können also vom Verkäufer nach Ihrer Wahl Nachbesserung des Sattels oder Nachlieferung eines neuen, mangelfreien Sattels verlangen und, falls er dies ablehnt oder falls die Nachbesserung zweimal fehlschlägt, vom Vertrag zurücktreten oder den Kaufpreis mindern und Schadensersatz für nutzlose Aufwendungen fordern.

So entschieden vor dem AG Kaiserslautern 2011: Zwar war vertraglich ein „Maßsattel" verkauft worden, tatsächlich ging es jedoch um einen Konfektionssattel mit dem Vertragsinhalt der korrekten Passform für das Pferd der Klägerin eigens zum Zwecke des Distanzreitens. Der Sattel musste sich also für stundenlanges Galoppieren in unebenem Gelände eignen. Laut dem vom Gericht beigezogenen sachverständigen Sattlermeister drückte der Sattel dem Pferd auch noch nach zwei Nachbesserungen im Rücken. Es kam zur Rückabwicklung des Sattelkaufvertrags und zum Schadensersatz für entstandene Tierarzt- und Begutachtungskosten.

Pferdetransport

Ein Pferdetransport birgt immer Gefährdungspotenzial. Viele Pferde sind sichtlich oder verdeckt vor, während und nach dem Transport gestresst. Diese Grundsituation kombiniert mit der Unwissenheit anderer Verkehrsteilnehmer um die Probleme eines Transports von Lebendtieren sowie eventuell hinzukommenden Defiziten des Fahrzeugführers, falls es sich nicht um einen erfahrenen Transporteur oder Fahrer handelt, führt in der Praxis unweigerlich zu vielerlei Schadensituationen, sei es am Pferd, am Anhänger oder am Transportfahrzeug.

Sehr gut gab dies das OLG Düsseldorf wieder, das 1992 in seinem Leitsatz festhielt: „Wer in einem Anhänger an seinem Pkw Pferde transportiert, muss damit rechnen, dass die Pferde unruhig werden können, und seine Fahrgeschwindigkeit darauf einstellen sowie gegebenenfalls auf die Benutzung der Autobahn verzichten."

Unabhängig vom Transporteur und vom Transportmittel ist der Pferdetransport grund-

Ein Konfektionssattel muss Reiter und Pferd insbesondere auch in der Bewegung passen, wenn die Anpassung Vertragsinhalt war. [Foto: Jost Appel]

sätzlich nur erlaubt, wenn für das transportierte Pferd der zu ihm gehörende **Equidenpass mitgeführt** wird, mit dem das Pferd jederzeit identifizierbar ist (› Seite 75 f.). Dies ist EU-Recht, in Deutschland geregelt in der Viehverkehrsverordnung. Kommt es beim Transport innerhalb der EU zu einer Grenzüberschreitung, muss zusätzlich das Zeugnis des Heimat-Amtstierarztes mitgeführt werden, der den Transport in das **TRACES-System** (TRAde Control and Expert System) eingibt, mit dem der gesamte Tierverkehr innerhalb der EU erfasst wird.

PRIVATE TRANSPORTE

Gängigster Transportfall ist wahrscheinlich der, dass Sie als Privatleute untereinander einen Pferdetransport „organisieren". Kommt es in solch einem Fall zu einem Schaden durch das Pferd am Anhänger oder an der transportierenden Person, haftet in der Regel der Tierhalter aufgrund der gesetzlichen **Tierhalterhaftung** (› Seite 138 ff.).

Erleidet das Pferd einen Schaden beim privaten Transport, haften Sie als Fahrer dafür nur, wenn Sie ein Verschulden trifft, beispielsweise wenn eine zu rasante Kurvenfahrt zu einem Sturz des Pferdes führt. Aber Vorsicht: Da Pferde im Anhänger als Ladung zählen und diese über die Kfz-Haftpflichtversicherung des Zugfahrzeugs nicht versichert ist, müssen Sie als Fahrer einen verschuldeten Schaden **aus der eigenen Tasche bezahlen**! Hier hilft nur eine zuvor für den Fahrer abgeschlossene Transportversicherung. Einfacher und kostenfrei ist demgegenüber die Möglichkeit einer **Haftungsfreistellung** durch den Pferdehalter für den Schadensfall. Ein Formulierungsbeispiel finden Sie am Ende des Buchs unter den Musterverträgen (› Seite 232 f.).

GEWERBLICHE TRANSPORTVERTRÄGE

Mit einem gewerblichen Transporteur/Frachtführer schließen Sie einen Transportvertrag ab. Dies wird in aller Regel ein sogenannter Werkvertrag im Sinne der §§ 631 ff. BGB sein (› Seite 95), denn geschuldet ist nicht nur der bloße Dienst eines Transports, sondern der konkrete Erfolg einer **sicheren und pünktlichen Beförderung und Ablieferung des Pferdes** beim Empfänger. Das Transportrecht umfasst die Regelungen über die Beförderung von Gütern, also auch von Pferden. Es ist Teilgebiet des Handelsrechts und im Handelsgesetzbuch (HGB) geregelt. Weil das **HGB grundsätzlich alle Frachtgeschäfte regelt**, gilt es selbst dann, wenn Sie als Versender Verbraucher sind.

Unter bestimmten Voraussetzungen haften Sie als Versender neben der normalen Tierhalterhaftung aus Gefährdungshaftung auch nach HGB gegenüber dem Transporteur. Aus § 414 HGB kann sich eine Haftung für Schäden ergeben, die aus „ungenügender Verpackung" resultieren, wie etwa ein defektes Halfter. Auch schuldhaft falsche Begleitpapiere oder das Fehlen eines im Equidenpass eingetragenen Chips sind denkbare Gründe für Schadensersatzforderungen des Frachtführers, wenn beispielsweise deshalb ein Transport an der Grenze festhängt. Verschweigen Sie ansonsten etwa Ihre Kenntnis, dass es sich um ein gefährliches Pferd handelt, kann der Transporteur nach § 410 HGB das Pferd ausladen, unterbringen oder zurückbefördern. Die Aufwendungen hierfür müssen Sie dann tragen.

Aber auch der **Frachtführer hat erhebliche Pflichten**, die ihn bei Nichtbeachtung in die Haftung gegenüber dem Pferdehalter bringen. Sobald das Pferd nämlich in die Obhut des Frachtführers gelangt, ist dieser grundsätzlich für das Pferd bis zur Ablieferung verantwortlich. Der Gesetzgeber hält jedoch in § 427 Abs. 1 Nr. 6 HGB einen besonderen **Haftungsbefreiungsgrund für den Transport lebender Tiere** bereit. Für Schäden, die gerade wegen der typischen mit der Beförderung lebender Tiere verbundenen Gefahren entstanden sind, haftet der Transporteur danach nicht. Er kann sich auf diese Haftungsbefreiung aber nur berufen, wenn er alle ihm nach den Umständen obliegenden Maßnahmen getroffen und besondere Weisungen beachtet hat. Gelingt ihm der Beweis dafür nicht, muss er haften.

Die dann zu leistende Entschädigung wegen Verlust oder Beschädigung regelt sich nach § 431 AGB und ist grundsätzlich auf **8,33 „Sonderziehungsrechte" pro Kilogramm** des Rohgewichts (Pferd) der Sendung begrenzt. Das Sonderziehungsrecht, abgekürzt SZR, ist eine Recheneinheit des Internationalen Währungsfonds. Es enthält feste Beträge der vier wichtigsten Weltwährungen US-Dollar, Euro, Yen und Britisches Pfund; der Kurs wird täglich neu festgesetzt, ist also immer leicht schwankend.

Ein Sonderziehungsrecht entsprach beispielsweise am 25.3.2015 einem Betrag von 1,26687 Euro. Bei 8,33 SZR entspricht dies einem Entschädigungsbetrag von circa 10,55 Euro pro Kilogramm Schaden. Für den Verlust eines durchschnittlichen Warmblüters von 600 Kilogramm wären also zu diesem Zeitpunkt maximal 6.331,82 Euro ersetzt worden. Neben dem emotionalen Verlust kann diese Haftungsbeschränkung also einen herben finanziellen Verlust bedeuten.

Beispielhaft dazu ein Urteil des LG Krefeld aus 2011. Die wertvollen Flugtauben eines Versenders waren bei einem Transport von einem Frettchen im gleichen Transporter totgebissen worden. Der Frachtführer musste mit dem 8,33 SZR pro Kilogramm Lebendgewicht haften, weil das Gericht es als erwiesen ansah, dass er nicht alle ihm nach den Umständen obliegenden Maßnahmen getroffen und Weisungen befolgt hatte. Der Taubenbesitzer bekam zwar recht, musste aber hinnehmen, dass seine Tiere wie Brathähnchen nach einem Kilopreis bewertet wurden. Für die 16 wertvollen Tauben erhielt er damit lediglich 81,29 Euro.

BEFÄHIGUNGSNACHWEIS NACH TIERSCHUTZTRANSPORTVERORDNUNG

Einladen und losfahren – so einfach ist das nicht. Zwar benötigt man beim rein privaten Transport keine zusätzlichen Papiere nach Tierschutzrecht, anders sieht das jedoch bei einem Transport aus, der **in Verbindung mit einer wirtschaftlichen Tätigkeit** durchgeführt wird. Denn dann gilt die Tierschutztransportverordnung (TSchTrV). Sie umfasst aber nicht nur alle Pferdetransporte, die gegen Entgelt durchgeführt werden, sondern schließt auch Fälle ein, in denen direkt oder indirekt ein Gewinn entsteht beziehungsweise angestrebt wird. Als Kriterium für eine „wirtschaftliche Tätigkeit" kann laut Kommission beispielsweise die steuerliche Veranlagung herangezogen werden oder im Einzelfall auch das Vorliegen einer behördlichen Erlaubnis, eine Pferdezucht betreiben zu können, nach § 11 TierSchG.

Für diese Transporte mit wirtschaftlichem Zusammenhang gilt, dass grundsätzlich nur mit einem entsprechenden **behördlichen Befähigungsnachweis transportiert** werden darf. Der Befähigungsnachweis wird nach den Maßgaben des Anhangs IV der Verordnung (EG) Nr. 1/2005 und des § 4 TSchTrV erworben, entweder durch Ablegen einer Prüfung oder durch Nachweis bestimmter Vor- oder Ausbildungen. Eine Ausnahme gilt nur für **Pferdetransporte bis 65 Kilometer Länge** sowie für **Pferdetransporte in eine Klinik** und von dort zurück in den Heimatstall. Ab acht Stunden Fahrtzeit beziehungsweise, wenn nur innerhalb Deutschlands transportiert wird, ab zwölf Stunden, ist noch zusätzlich die Zulassung des Anhängers oder Transporters als Langstreckenfahrzeug bei der zuständigen Veterinärbehörde erforderlich.

Verfügt der Transporteur beziehungsweise die von ihm beauftragten Personen nicht über den Befähigungsnachweis, ist dies eine **Ordnungswidrigkeit** und zieht eine empfindliche Geldstrafe nach sich. Dass der Befähigungs- nachweis sowohl für den Fahrer als auch für den mitfahrenden Betreuer vorliegen muss, zeigt ein Urteil des OLG Stuttgart 2012. Bei einem Transport von Schweinen verfügte nur einer der Fahrer über den Befähigungsnachweis. Das Gericht machte im Urteil deutlich, dass das Transportunternehmen im Sinne von § 21 Abs. 3 Nr. 10 TierSchTrV ordnungswidrig handelt, wenn die von ihm beauftragten Personen, sprich: der oder die Fahrer **und/oder mitfahrenden Betreuer** nicht über einen Befähigungsnachweis verfügen und diesen mitführen.

Tierarztvertrag

Die Rechte und Pflichten aus dem tierärztlichen Behandlungsvertrag sind zahlreich. Unabhängig von der rechtlichen Einordnung eines konkreten Behandlungsverhältnisses schuldet der Auftraggeber einer tierärztlichen Leistung Zahlung des vereinbarten tierärztlichen Honorars. Dies kann eine ausdrückliche Vereinbarung sein, etwa auf der Basis eines Kostenvoranschlags, wie dies häufiger bei Operationen der Fall ist. Im Regelfall richtet sich das Honorar aber nach der **Gebührenordnung für Tierärzte (GOT)**.

DIENSTVERTRAG NACH LEGE ARTIS

Die Rechtsprechung zum Tiermedizinrecht lehnt sich häufig an diejenige zur Humanmedizin an. Der seit 2013 neu gesetzlich geregelte ärztliche Behandlungsvertrag der §§ 630a ff. BGB gilt allerdings nicht für den Bereich Tiermedizin. Tiermedizinische Sachverhalte sind daher weiterhin rechtlich nur anhand einer umfangreichen Einzelfallrechtsprechung zu beurteilen.

In der Regel handelt es sich beim tierärztlichen Behandlungsvertrag um einen Dienstvertrag. Der Tierarzt schuldet nach § 611 BGB die Leistung der versprochenen Dienste. Das ist beim Tierarzt aber nicht etwa ein Behandlungserfolg, wie das bei einem Werkvertrag der Fall wäre, sondern eine **fachgerechte Behandlung nach den anerkannten Regeln der tierärztlichen Kunst.**

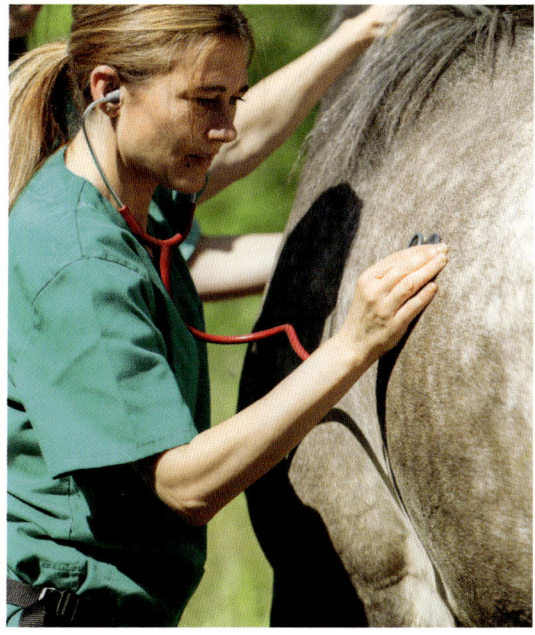

Der Tierarzt schuldet eine fachgerechte Behandlung des Pferdes, aber keinen Behandlungserfolg. [Foto: shutterstock.com/135pixels]

Die tierärztliche Behandlung muss damit lege artis erfolgen, also nach den zum Zeitpunkt der Behandlung aktuellen wissenschaftlichen Standards. Liegt die tiermedizinische Indikation nicht vor, wird sie falsch eingeschätzt oder wird nicht nach aktuellem Standard behandelt, ist dies nicht lege artis und führt zur Haftung (› Seite 107 f.). Auch wenn der Misserfolg einer Operation nicht auf einem tierärztlichen Kunstfehler als solchem beruht, sondern auf der Auswahl einer Operationsmethode außerhalb des fachlichen Standards, folgt daraus eine tierärztliche Haftung, so das LG Hamburg bereits 1985.

Lege artis bezieht sich immer auf den konkreten Einzelfall. Der „einfache" Tierarzt schuldet keinen Facharztstandard, während die Missach-

tung einfacher Standardregeln beim Fachtierarzt schon aus einem einfachen einen groben Behandlungsfehler machen kann.

WERKVERTRAG BEI GESCHULDETEM BEHANDLUNGSERFOLG

Ausnahmsweise haben Sie mit dem Tierarzt keinen Dienstvertrag abgeschlossen, sondern einen konkreten Behandlungserfolg vereinbart. Das ist etwa bei der tierärztlichen **Ankaufsuntersuchung** der Fall (› Seite 112 ff.), denn geschuldet wird dabei ein konkretes und vor allem fachgerechtes Gutachten. Das Gleiche gilt für die **Kastration**. Bei ihr ist ebenfalls ein konkreter Erfolg im Sinne eines Werkvertrags geschuldet. Konsequenz daraus: Tritt der geschuldete Erfolg nicht ein, haftet der Tierarzt dafür (› Seite 107 f.).

Uneinheitlich ist die Rechtsprechung zur **Besamung** einer Stute. Sahen das OLG München 1983 und das LG Aachen 1991 hierin einen Dienstvertrag, qualifizierte das OLG Breslau 1996 die Besamung dagegen als Werkvertrag. Dass allerdings der Tierarzt für den Besamungserfolg, sprich die Trächtigkeit der Stute, haften will und soll, wird in der Praxis eher der Ausnahmefall sein.

TIERÄRZTLICHE HAFTUNG

Erleidet das Pferd einen Schaden, sind teure Nachfolgebehandlungen erforderlich oder verstirbt das Pferd im Rahmen einer tierärztlichen Behandlung, wird der noch eben hochgelobte Tierarzt des Vertrauens schnell Zielscheibe von Schadensersatzforderungen. Ist ihm ein fachlicher Fehler entgegen lege artis zur Last zu legen, haftet er dafür. Unterschieden wird dabei grob in Diagnosefehler, die auch Befunderhebungsfehler mit einschließen, und in Behandlungsfehler. Die Haftung kann aber auch aus einer Verletzung von Aufklärungs- und Beratungspflichten resultieren.

Diagnosefehler

Im Rahmen der tierärztlichen Rechtsprechung steht fest, dass jedenfalls ein bloßer **Diagnoseirrtum nicht zur Haftung** führt, ein Diagnosefehler aber schon. Bereits diese Abgrenzung führt zu einer umfangreichen Einzelfallrechtsprechung. Grob gesagt, darf ein Tierarzt sich irren, wenn dies anhand der erhobenen Befunde eine noch nachvollziehbare Fehlinterpretation ist.

Beim Diagnosefehler unterscheidet man zwischen einfachem und grobem Diagnosefehler. Ein **einfacher Diagnosefehler** liegt bei einer nicht mehr vertretbaren Diagnose vor. In diesem Fall müssen Sie als Auftraggeber den vollen Beweis dafür erbringen, dass ein Diagnosefehler vorlag und der eingetretene Schaden darauf auch beruht.

Anders ist dies beim **groben Diagnosefehler**, der dann vorliegt, wenn aus sachverständiger Sicht eine unverständliche, schlechterdings nicht mehr nachvollziehbare, fundamental fehlerhafte Diagnose gestellt wurde. In diesem Fall müssen Sie als Tierarzt im Streitfall beweisen, dass der eingetretene Schaden **nicht auf Ihrem Diagnosefehler beruht**, Sie tragen also die sogenannte Beweislast.

Die Frage nach der Beweislast ist deshalb so wichtig, weil in tierärztlichen Haftungsprozesses häufig der gerichtlich hinzugezogene Sachverständige im Rückblick gar nicht mehr wird sagen können, ob der Schaden am Pferd tatsächlich auf den festgestellten Diagnosefehler zurückzuführen ist. Bleibt diese Frage wie so oft unbeantwortet, **verliert derjenige den Prozess, den die Beweislast trifft**.

Einer der häufigsten Fälle des Diagnosefehlers ist der Sonderfall der **unterlassenen Befunderhebung, Befundsicherung und Verlaufskont-**

rolle einer Krankheit. Ein solcher Befunderhebungsfehler ist gegeben, wenn die Erhebung medizinisch gebotener Befunde unterlassen wurde. Die Rechtsprechung geht bei Befunderhebungsfehlern in aller Regel davon aus, dass auch hier der Tierarzt beweisen muss, dass ein eingetretener Schaden **nicht auf einer unterbliebenen Befunderhebung** beruht, die ja hypothetisch im Rückblick dazu geführt hätte, dass der Tierarzt vielleicht andere Maßnahmen getroffen hätte.

Wer den Schaden hat, wird also zumeist versuchen, einen Befunderhebungsfehler zu behaupten. Typische Fälle sind unterbliebene Untersuchungen im Rahmen des Krankheitsverlaufs. So sah etwa das Brandenburgische OLG 2012 eine nicht durchgeführte rektale Kontrolluntersuchung nach einer Kolikoperation als groben Befunderhebungsfehler an.

Zum gleichen Themenbereich zog aber das OLG München 2013 eine klare Grenze: Wenn ein bloßer haftungsfreier Diagnoseirrtum vorliegt und weitere Befunde nur bei objektiv zutreffender Diagnosestellung zu erheben gewesen wären, wird der Diagnoseirrtum dadurch nicht zum haftungsbegründenden Befunderhebungsfehler. Ähnlich sah dies 2008 das LG Kassel bei einem Tierarzt, der ein Pferd bei Lahmheit auf eine Hufrehe behandelt, jedoch eine Beckenfraktur nicht erkannt hatte. Laut dem gerichtlichen Gutachter hätte der vom Tierarzt dokumentierte seinerzeitige Zustand des Pferdes keinen Verdacht auf einen Beckenbruch nahegelegt. Eine Beckenuntersuchung sei deshalb nicht indiziert gewesen; einen Befunderhebungsfehler verneinte das Gericht deshalb.

Behandlungsfehler

Auch eine Schadensverursachung anlässlich der eigentlichen tierärztlichen Behandlungen außerhalb der Vorgaben nach lege artis führen zur Haftung des Tierarztes. Grundsätzlich müssen Sie als Auftraggeber den **vollen Beweis für eine objektive Pflichtverletzung des Tierarztes** aus einem Behandlungsfehler erbringen sowie ebenso für die Schadensursächlichkeit aus dieser Fehlbehandlung.

Jedoch sind grundsätzlich im tierärztlichen Haftungsprozess nur „maßvolle" Anforderungen zu stellen, was den Vortrag des Klägers betrifft. Der Kläger als medizinischer Laie muss erheblich weniger vortragen als im „normalen" Zivilprozess. Seine Darstellung der tiermedizinischen Hintergründe muss weder vollumfänglich sein noch tiermedizinisch aufs Genaueste fachlich richtig. Ausreichend ist es, so das Thüringer OLG 2009, „wenn sich dem Sachvortrag der der Behandlungsseite im Wissen unterlegenen Patientenseite im Kern der Vorwurf entnehmen lässt, der Tierarzt habe nicht kunstgerecht gehandelt. Ob und in welchem Umfang dies tatsächlich der Fall ist, ist dann im Prozess durch Sachverständigengutachten festzustellen." Man spricht auch von einer **Amtsermittlungspflicht**.

Klassische Behandlungsfehler sind Anwendungen überholter Methoden, die Durchführung medizinisch nicht indizierter Maßnahmen, die Auswahl einer risikoreichen Behandlung, wenn eine risikoarme Alternative vorhanden ist, die fehlende Vorratshaltung von dringend benötigten Medikamenten und Medizinprodukten oder falsche Dosierung und falsche Arzneimittel aufgrund von Schreib- oder Übertragungsfehlern. Auch die verschuldete Verabreichung von Arzneien, die als Doping einzuordnen sind und deshalb zur Sperrung eines Rennpferdes führen, ist nach einem Urteil des OLG Düsseldorf aus 1985 ein Behandlungsfehler, wenngleich eine Klage mit der Begründung, auf das Pferd wäre der Siegpreis entfallen, wenn es an den in der Sperrzeit angesetzten Rennen teilgenommen hätte, erfolglos blieb.

Auch bei Behandlungsfehlern werden in rechtlicher Hinsicht einfache von groben Behandlungsfehlern unterschieden. Die Abgrenzung ist hierbei die gleiche wie bereits beim Diagnosefehler dargestellt (› Seite 108). Auch die im

Rechtsstreit zumeist alles entscheidende Beweislastverteilung ist nach überwiegender Rechtsprechung gleich: Beim **einfachen Behandlungsfehler** müssen Sie als Pferdebesitzer beweisen, dass der Schaden am Pferd auf einem Fehler des Tierarztes beruht.

Kommt der gerichtliche Sachverständige zu einem **groben Behandlungsfehler**, geht die überwiegende Rechtsprechung davon aus, dass Sie als **Tierarzt beweisen** müssen, dass der Schaden auch ohne Ihren Fehler eingetreten wäre. Von dieser Beweislastumkehr gingen jedenfalls 2011 das OLG Frankfurt bei einem grob fehlbehandelten Pferd und 2003 das OLG Hamm im Fall eines wahrscheinlich durch einen Tierarzt in andere Betriebe übertragenen Schweinepestvirus aus. Anders sahen dies nur das OLG Koblenz 2008 bei einem groben Behandlungsfehler an einer Katze, bei dem sich allerdings die Besitzerin gegen eine Obduktion zur Abklärung der Todesursache entschieden hatte, und das OLG München 2003 bei einer Kastration eines Pferdes, die zu einer Folgeerkrankung führte, die nach Ansicht des Gerichts wegen ihrer extremen Seltenheit aber nicht aufklärungsbedürftig gewesen war.

Zu beachten ist aber immer, dass die Ursächlichkeit eines Fehlers **des erstbehandelnden Tierarztes** bei Weiterbehandlung durch einen hinzugezogenen anderen Tierarzt entfällt, wenn feststeht, dass sich der Fehler des Erstbehandelnden auf den weiteren Krankheitsverlauf nicht mehr auswirkt.

Aufklärungs- und Beratungspflicht sowie Dokumentation

Weiterer typischer Haftungsgrund sind Verletzungen von Aufklärungs- und Beratungspflichten über Untersuchungs- und Behandlungsmethoden und über deren Gefahren. Wer nicht weiß, worauf er sich einlässt, wer Risiken nicht kennt, **kann nicht rechtswirksam in eine tierärztliche Heilmaßnahme einwilligen**. Die tierärztliche

Maßnahme selbst ist dann ein rechtswidriger Eingriff in die körperliche Unversehrtheit des Tieres und führt zur Haftung – egal, ob sie lege artis durchgeführt wurde oder nicht.

Stehen zwei Behandlungsmethoden zur Wahl, so muss der Tierarzt vor Anwendung der wesentlich risikoreicheren Methode das Einverständnis von Ihnen als Pferdebesitzer einholen. Dazu stellte das OLG Celle 1988 fest, dass der Aufklärungsumfang in der Tiermedizin nicht aus den dazu entwickelten Grundsätzen der humanmedizinischen Aufklärungspflicht übernommen werden kann. Aber die **Intensität der vertraglich geschuldeten Beratung** ergäbe sich aus dem wirtschaftlichen Interesse des Auftraggebers an der Erhaltung des Pferdes, die jedoch „durch die ideellen Vorstellungen des Tierhalters erweitert und durch das Gebot des Tierschutzes begrenzt" werden. Heißt im Klartext: Art und Umfang der tierärztlichen Aufklärungspflicht müssen in jedem Schadensfall neu überprüft und dargelegt werden.

Ein Beispiel aus der Rechtsprechung, entschieden vom OLG Frankfurt 2013: Ein Tierarzt hatte eine nicht indizierte, also nach sachverständiger Meinung nicht unbedingt notwendige, operative Teilentfernung des medialen Griffelbeins vorgenommen und hatte über alternative Behandlungsmethoden nicht aufgeklärt. Aufgrund seiner Operation musste das Pferd erneut operiert werden – und verstarb dabei. Der Tierarzt musste wegen der fehlerhaften Aufklärung auf Schadensersatz in Höhe des Verkehrswerts des Springpferdes haften.

Zum gleichen Ergebnis kam das OLG Hamm 2014: Ein Tierarzt führte bei einem wertvollen Dressurpferd eine komplizierte Operation durch. Das Gericht sah es als grob fehlerhaftes Handeln an, weil die Erfolgsquote der Operation bei nur 50 Prozent lag und der Tierarzt den Eigentümer auf dieses hohe Risiko zuvor nicht hingewiesen hatte. Ebenfalls zu einer Haftung des Tierarztes kam das gleiche Gericht 2008, als ein Tierarzt über die Risiken und Chancen eines Medikaments nicht umfassend aufgeklärt hatte. Dies sei, so das Gericht, grob fehlerhaft.

Der Tierarzt ist verpflichtet, den Pferdebesitzer umfassend über Chancen und Risiken einer Behandlung aufzuklären.
[Foto: shutterstock.com/Monkey Business Images]

Auch in Rechtsfällen rund um die Aufklärungspflicht geht es primär um die Frage, wer was beweisen muss. Denn bleiben, wie so häufig bei medizinischen Sachverhalten, am Ende viele Fragezeichen, **unterliegt derjenige im Rechtsstreit, den die Beweislast trifft**. Grundsätzlich muss der Tierarzt beweisen, dass er eine Einwilligung beim Pferdebesitzer eingeholt hat und diesen umfassend aufgeklärt hat.

In diesem Zusammenhang kommt es zumeist darauf an, ob die Aufklärung vom Tierarzt dokumentiert wurde. Denn Sie als Tierarzt haben eine **umfangreiche Dokumentationspflicht**. Wie der Humanmediziner müssen Sie über Ihre Feststellungen, Maßnahmen und Aufklärungen Aufzeichnungen anfertigen. Dies dient der **Therapiesicherung und der Rechenschaftslegung**. Dazu das OLG Hamm 2001: „Auch im tierärztlichen Bereich ergibt sich aus dem Tierarztvertrag die Nebenpflicht, eine Dokumentation über die wesentlichen medizinischen Aspekte der Behandlung zu führen. Dabei genügt die Aufzeichnung in Stichworten, sodass sie ein Nachbehandler aufnehmen und die Behandlung weiterführen kann, ohne Irrtümern zu erliegen."

Liegt der Beweis für eine erfolgte Aufklärung beim Tierarzt, muss für tierärztliche Maßnahmen und Behandlungen hingegen der Pferdebesitzer beweisen, welche davon der Tierarzt durchgeführt hat oder auch nicht. In beiden Fällen ist Beweismittel dafür in aller Regel die gefertigte Dokumentation. Ihre Richtigkeit wird vermutet. Hat der Tierarzt aber ungenügend oder gar nicht dokumentiert, kommt es in aller Regel zu **Beweiserleichterungen zugunsten des Pferdebesitzers**: Denn dann wird vermutet, dass der Tierarzt die nicht dokumentierte Maßnahme tatsächlich auch gar nicht durchgeführt hat.

Ist ein Aufklärungsgespräch also nicht dokumentiert, hat es rechtlich gesehen zunächst einmal nicht stattgefunden. Sie als Tierarzt müssen den Gegenbeweis erbringen, was in aller Regel nur möglich ist, wenn Zeugen anwesend waren, die sich noch konkret erinnern können. Diese Situation entscheidet in der Praxis oft darüber, ob ein Rechtsstreit gewonnen oder verloren wird. Ein insoweit typisches Urteil des OLG Stuttgart aus 1995: „Ist aus den Behandlungsunterlagen nicht ersichtlich, dass der Tierarzt seiner Pflicht zur sorgfältigen Beobachtung der Krankheitsentwicklung nachgekommen ist, muss er sich diese Dokumentationsversäumnisse anlasten lassen."

Verlust des Honoraranspruchs

Liegt eine misslungene tierärztliche Behandlung vor, stellt sich immer wieder die Frage, ob der Tierarzt trotzdem sein Honorar einfordern darf. Wie dargestellt schuldet der Tierarzt im Rahmen des Dienstvertrags aber gerade keinen Behandlungserfolg, sondern nur eine regelgerechte Behandlung (› Seite 106 f.), die Sie als Auftraggeber zu vergüten haben.

Aber auch wenn eine tierärztliche Schlechtleistung vorliegt, müssen Sie nach dem Gesetzeswortlaut zahlen, denn der Dienstvertrag sieht eine Kürzung der Vergütung schlichtweg nicht vor. Dennoch haben einzelne Gerichte, etwa das LG Verden 2003 und das OLG Saarbrücken 2000, bei tierärztlicher Fehlleistung einen Schadensersatzanspruch auf Honorarfreistellung konstruiert und einen Honoraranspruch dadurch entfallen lassen.

Durchgängig durchgesetzt hat sich ein solch umfassendes Entfallen der Vergütung in der Rechtsprechung seither aber nicht. Etliche Gerichte, etwa das OLG Celle 2004, nehmen bei bloßer Schlechterfüllung des Tierarztvertrags infolge einer tierärztlichen Pflichtverletzung keinen Wegfall des Honoraranspruchs mehr an, sondern nur dann, wenn zusätzlich beim Pferdeeigentümer ein Schaden entstanden ist. Nach Ansicht des Gerichts entfällt der Honoraranspruch deshalb nicht „automatisch" mit der Schlechtleistung, sondern ein etwaiger Schadensersatzanspruch kann gegenüber dem Honorar nur aufgerechnet werden.

Mitverschulden des Pferdehalters

Nehmen Sie als Auftraggeber den Tierarzt wegen fehlerhafter Diagnose, Behandlung oder Aufklärung in Haftung, kann es passieren, dass Ihnen vom Tierarzt ein Mitverschulden vorgeworfen wird. In der Praxis steht dann häufig im Raum, dass Sie als Auftraggeber etwaige Kenntnisse über anderweitige Erkrankungen des Pferdes nicht an den Tierarzt weitergegeben hätten.

Doch darlegungs- und beweisbelastet für ein Mitverschulden ist stets der Tierarzt. Dies bestätigte das OLG Hamm 2008. Das Gericht sah keine Mitschuld beim Pferdebesitzer, nachdem dieser die Frage des Tierarztes vor Behandlungsbeginn nach unmittelbaren Vorbehandlungen verneint hatte. Eine fünf bis sechs Jahre zurückliegende Behandlung sei nicht mehr „unmittelbar", so das Gericht.

Haftungsfrist

Anlass zum Streit bietet oft die Frage, bis wann ein tierärztlicher Haftungsanspruch geltend gemacht sein muss, bevor er verjährt. Grundsätzlich gilt eine **dreijährige Verjährungsfrist** ab Kenntnis des tierärztlichen Fehlers zum darauf folgenden Jahresende, §§ 195, 199 BGB.

Sie als Tierarzt können aber vertraglich die Verjährungsfrist verkürzen, sei es durch ausgehängte AGB, von denen der Pferdebesitzer tatsächlich auch Kenntnis erlangen konnte, oder durch einen vom Pferdebesitzer unterschriebenen Vordruck, der die Haftungsbegrenzung enthält. Nach gängiger Rechtsprechung ist eine **Haftungsverkürzung bis auf ein Jahr** möglich, jedoch nicht auf sechs Monate, so zuletzt entschieden vom OLG Hamm 2013. Es kommt dabei nicht darauf an, ob Sie als Pferdebesitzer Verbraucher oder gewerblicher Kunde des Tierarztes sind. Vereinbart der Tierarzt allerdings mit Ihnen als gewerblichem Kunden außerhalb seiner AGB individuell eine Haftungsfrist von unter einem Jahr, so ist dies statthaft.

DIE TIERÄRZTLICHE ANKAUFSUNTERSUCHUNG

Die tierärztliche Ankaufsuntersuchung, kurz: AKU, ist meist das wichtigste Entscheidungskriterium für den Käufer. Ihr kommt deshalb große Bedeutung zu. Man unterscheidet grundsätzlich zwischen der klinischen und den weiterführenden Untersuchungen wie Röntgen, Ultraschall, Endoskopie, Szintigrafie. Bei der AKU handelt es sich zum Unterschied zu den meisten anderen Tätigkeiten des Tierarztes um einen Werkvertrag (› Seite 107).

Umfang der AKU

Den Umfang einer AKU bestimmt grundsätzlich der Auftraggeber. Bekommt der Tierarzt vom Verkäufer oder vom Käufer jedoch lediglich den Auftrag für eine „einfache" klinische AKU, so ist der Tierarzt auch nur gehalten, eine durchschnittliche Allgemeinuntersuchung durchzuführen, so entschieden etwa vom AG Arensburg 2001.

Spezielle, weiterführende Untersuchungen muss der Tierarzt nur dann durchführen, wenn sie **ausdrücklich in Auftrag gegeben** worden sind und/oder wenn **Anhaltspunkte für weitere Nachforschungen** vorliegen. So ist der Tierarzt regelmäßig bei Verdachtsmomenten, dass ein Befund vorliegen könnte, verpflichtet, weiterführende Untersuchungen zu empfehlen, so das LG Bielefeld 2006. Das Gericht weiter: „Falls der Käufer keine weiteren Untersuchungen wünscht, ist diesem regelmäßig anzuraten, mit dem Kauf so lange zu warten, bis die erkennbaren Befunde verschwunden sind." Ansonsten sei der Tierarzt regelmäßig schadensersatzpflichtig.

Der Tierarzt soll ansonsten bei der AKU nicht vorrangig nur nach den Aspekten Gesundheit oder Krankheit beurteilen, sondern die körperliche Funktion in Bezug zum vereinbarten oder vorausgesetzten **Verwendungszweck zum Zeitpunkt seiner Unter-**

suchung setzen. Ähnliche Befunde können deshalb bei verschiedenartiger Verwendung unterschiedliche Bewertung finden beziehungsweise sich auf eine mögliche Pflicht, weitergehende Untersuchungen anzuraten oder durchzuführen, massiv auswirken. Es ist eben ein Unterschied, ob eine Zuchtstute oder ein einsatzfähiges Rennpferd verkauft wird. Eine Zuchtstute kann ihren Zweck auch mit einem Sehnenschaden erfüllen, ein Rennpferd nicht, während sich gleichzeitig bei einem Rennpferd eine etwaige Unfruchtbarkeit nicht auswirken würde.

Im Rahmen der Ankaufsuntersuchung können Sie nicht nur erwarten, dass der Tierarzt die **Ergebnisse der AKU dokumentiert**, es ist sogar dessen Pflicht. Das entschied beispielsweise das OLG Frankfurt 2000. Die schriftlich festgehaltenen Untersuchungsergebnisse könnten jedoch ergänzend „ausreichend" mündlich erläutert und erörtert werden, so das Gericht.

Prognostische Bewertung und Röntgenauswertung

Verletzt ein Tierarzt seine Pflichten aus einem Vertrag über die AKU eines Pferdes und erstellt dabei einen unzutreffenden Befund, haftet er seinem Vertragspartner auf Ersatz des Schadens, der diesem dadurch entstanden ist, dass er das Pferd aufgrund des fehlerhaften Befundes erworben hat. So eindeutig entschieden vom BGH 2011.

Grundsätzlich schuldet der Tierarzt bei der AKU aber **nur die Feststellung des aktuellen Zustands** des Pferdes, nicht aber eine prognostische Bewertung über konkrete zukünftige Entwicklungen und Auswirkungen seiner getroffenen Feststellungen, so entschieden auch vor dem LG Lüneburg 2006. Bei der AKU wird also letztlich nur aufgezeigt, ob das Pferd bereits zum Zeitpunkt des Kaufs mit klinischen Befunden behaftet ist, die im Rahmen

einer groben Schätzung der medizinischen Entwicklung Bedeutung erlangen können.

Haben Sie schon eine röntgenologische Untersuchung in Auftrag gegeben oder zeigt das Pferd bei der klinischen AKU Befunde, wodurch ein Röntgen erforderlich wird, ist Knackpunkt immer die Auswertung der Röntgenbilder. Hier hat sich der Tierarzt an dem von der Bundestierärztekammer herausgegebenen **Röntgenleitfaden 2007** in aktueller Fassung zu orientieren. Mit dem Leitfaden werden 286 typische Befunde standardisiert und in die Röntgenklassen I bis IV eingeteilt, die Sie in der nebenstehenden Tabelle beschrieben finden.

Zulässig ist auch die Unterteilung in die Zwischenklassen I–II, II–III und III–IV. Eine solche Beurteilung soll zum Ausdruck bringen, dass verschiedene Untersucher möglicherweise nach der Deutlichkeit der Befunde und der eigenen Erfahrungen zu unterschiedlichen Ergebnissen kämen. Die Befunde der Klasse II können, die der Klassen II–III, III, III–IV und IV müssen bei der Befunderhebung vom Tierarzt genau beschrieben werden. Ein Befund, der den Klassen II–III und III–IV gemäß Röntgenleitfaden zugeordnet wird, aber vom Untersucher in die Klasse II oder III eingeteilt wird, muss zwingend beschrieben werden.

Die gegebenen Spielräume können je nach Qualität des gefertigten Röntgenbilds oder der Fachkompetenz des Tierarztes schon mal zu unterschiedlichen Bewertungen führen. Dies ist immer wieder Anlass für Rechtsstreitigkeiten. Eindeutig sind dabei Entscheidungen, wenn tatsächlich Befunde übersehen werden. Das LG Itzehoe verurteilte 2010 etwa einen Tierarzt zum Schadensersatz, der nach dem Röntgen der Kniescheibe zum Ergebnis „o. b. B." (ohne besonderen Befund) gelangt war, jedoch nachweislich vorliegende Chips im Gelenk (OCD) übersehen hatte.

Meistens geht es aber im Streitfall um die Einordnung der Befunde in die Röntgenklassen und die entsprechenden tierärztlichen Erläuterungen. Etliche unterschiedlichste Einzelfallentscheidungen liegen hierzu vor, als Beispiel ein Urteil des OLG Stuttgart aus 2005: Ein Tierarzt hatte bei der AKU einen Befund des Pferdes in die Zwischenklasse II–III eingeordnet. Der gerichtlich bestellte Sachverständige kam zum Ergebnis, dass er nach den Empfehlungen des Röntgenleitfadens mit Röntgenklasse III hätte bewertet werden müssen. Das Gericht war der Ansicht, dass der Käufer hieraus keine Schadensersatzansprüche herleiten könne, weil er ja mit Befunden der Röntgenklasse III hätte rechnen müssen. Im gleichen Rechtsstreit war dem Tierarzt zu Recht vorgeworfen worden, einen Befund der Röntgenklasse-II völlig übersehen zu haben. Auch hieran knüpfte das Gericht aber keinen Schadensersatzanspruch, weil die Erwähnung eines Klasse II-Befunds nach dem Röntgenleitfaden dem Tierarzt ohnehin freigestellt sei.

Haftung gegenüber anderen als dem Auftraggeber

Bei der AKU kommt der Tierarztvertrag immer zwischen dem Auftraggeber und dem Tierarzt zustande. Auftraggeber kann der Verkäufer oder der Käufer sein, teilweise geben auch beide die AKU gemeinsam in Auftrag oder der Verkäufer eine klinische und der Käufer weitergehende Untersuchungen. Für die Richtigkeit der AKU haftet der Tierarzt gegenüber seinem jeweiligen Vertragspartner.

Aber es kommt eine zusätzliche Haftung gegenüber dem Nichtvertragspartner in Betracht, nämlich nach dem Rechtsinstitut des sogenannten **Vertrags mit Schutzwirkungen für Dritte** entsprechend § 328 BGB. Das kann bei einer AKU der Fall sein, wenn Sie als Verkäufer dem Tierarzt den Auftrag erteilen. Denn hier ist der Käufer ein möglicherweise schutzwürdiger Nichtvertragspartner: Er soll am Ende nicht „die Zeche zahlen", falls die AKU fehlerhaft ist, bloß weil er kein Vertragspartner geworden ist.

Eine Schutzwirkung zugunsten Dritter kommt allerdings nicht in Betracht, wenn die Untersuchung aufgrund ihrer Zweckbestimmung **nur der Information eines bestimmten Auftraggebers dienen** sollte, so das LG Verden 2006 und das OLG Hamm 2014. Bedeutet: Der Tierarzt haftet gegenüber dem Käufer nicht, wenn seine Untersuchung vor dem Kauf nur dem Verkäufer als Information dienen sollte.

In den allermeisten Fällen wird die AKU jedoch **im Zusammenhang mit einem beabsichtigten oder geschlossenen Kaufvertrag** in Auftrag gegeben. Und dass in einem solchen Fall bei einer objektiv fehlerhaften AKU nicht nur dem Vertragspartner des Tierarztes, sondern dem schutzwürdigen Käufer ebenfalls Ansprüche gegen den Tierarzt zustehen, ist die überwiegende Rechtsmeinung. Grundlegend entschieden hat dies der BGH 2011. Das Gericht stellte fest, dass bei pflichtwidrigem Übersehen eines Befundes anlässlich einer AKU der Tierarzt auch dem Käufer gegenüber haften muss, und zwar gemeinsam mit dem Pferdeverkäufer als Gesamtschuldner auf Schadensersatz oder Rückgewähr. Nach Ansicht des Gerichts darf der durch die fehlerhafte AKU geschädigte Käufer sogar auch nur den Tierarzt in Anspruch nehmen, etwa wenn ihm der Verkäufer nicht zahlungskräftig erscheint.

Anders hatte dies noch ein halbes Jahr zuvor das LG Flensburg gesehen, als ein Tierarzt bei einer AKU eine Erkrankung eines Pferdes übersehen hatte. Das Gericht war der Ansicht, dass der Käufer zunächst kaufrechtliche Ansprüche wegen dieses Mangels gegenüber dem Verkäufer geltend machen müsste und erst dann, wenn er diese nicht realisieren könne, den Tierarzt in Anspruch nehmen dürfte. Ebenso hatte das AG Burgwedel 2006 entschieden, als ein Tierarzt anlässlich einer AKU eine Gebissfehlstellung übersehen hatte. Die Klage des Käufers auf Schadensersatz wegen der erforderlichen Gebisssanierung gegen den Tierarzt wies das Gericht ab, weil der Käufer den Pferdeverkäufer selbst nicht in Anspruch genommen hatte, da er das Pferd zwischenzeitlich lieb gewonnen hatte. Tendenziell dürften diese beiden Entscheidungen mit dem geschilderten Urteil des BGH überholt sein.

Manche Tierärzte lassen sich inzwischen eine **Haftungsfreistellung vom Pferdeverkäufer** dafür geben, dass sie aus dem AKU-Vertrag nicht auch Dritten gegenüber haften. Solch eine Freistellung ist laut zwei im Jahr 2013 durch das OLG Karlsruhe und durch den 12. Zivilsenat am OLG Hamm ergangenen Entscheidungen auch wirksam. Die Folge: Der nicht Vertragspartner gewordene Pferdekäufer darf den Tierarzt nicht in Anspruch nehmen.

Kurioserweise, und daran erkennen Sie, wie unterschiedlich geurteilt wird, hat wenige Monate später im gleichen Jahr der 21. Senat am OLG Hamm bewusst das genaue Gegenteil entschieden: Grundsätzlich seien zwar tierärztliche Haftungsfreistellungen gegenüber Dritten wirksam, jedoch nach dem Grundsatz von Treu und Glauben nicht bei AKU-Verträgen. Denn typischerweise habe hier der Nichtvertragspartner des Tierarztes (Käufer) ja alleine den Schaden, weswegen eine Begrenzung der Haftung lediglich auf den Auftrag gebenden Verkäufer einem vollständigen Haftungsausschluss nahekäme.

Wie im nächsten Streitfall ein weiteres Gericht die Wirksamkeit eines Haftungsausschlusses beurteilen wird, ist damit also offen.

 RECHTSPFAD–TIPP

Für Sie als Tierarzt empfiehlt sich bei Beauftragung einer AKU durch den Verkäufer die Formulierung einer Haftungsfreistellung gegenüber dem Käufer.
Für Sie als Käufer empfiehlt sich die direkte Beauftragung des Tierarztes, damit Sie für den Fall einer fehlerhaften AKU gegen ihn Ansprüche geltend machen können. Sie können mit dem Verkäufer dabei jede Art von Kostenerstattung für die AKU vereinbaren.

TIERÄRZTLICHE SCHWEIGEPFLICHT UND DOKUMENTENEINSICHT

Dass Tierärzte auch der Schweigepflicht unterliegen, werden Sie wahrscheinlich vermuten.

Die Verletzung der Schweigepflicht ist durch § 203 StGB unter Strafe gestellt, dies allerdings nur bei der „unbefugten" Offenbarung „fremder Geheimnisse". Daraus folgt, dass die Weitergabe von Erkenntnissen im Rahmen des **Tierschutzes und des Seuchenrechts jederzeit zulässig** ist. Anders als in der Humanmedizin sind beim Tierarzt zudem nur solche fremden Geheimnisse **vom Schutz umfasst, die zum persönlichen Lebensbereich des Menschen** gehören. Die Tatsache der Erkrankung und Behandlung des Tieres ist kein schützenswertes Geheimnis.

Das erklärt auch, dass bei Abtretung **tierärztlicher Honorarforderungen an eine Verrechnungsstelle** im Gegensatz zur Humanmedizin keine schriftliche Einverständniserklärung des Pferdehalters erforderlich ist. Einzige Einschränkung der Weitergabe von Daten an die Verrechnungsstelle: Aus der Behandlung des Tieres dürfen keine Rückschlüsse auf die Gesundheit des Tierhalters selbst, etwa durch vom Tier übertragene Krankheiten, möglich sein, so das LG Dortmund 2006.

Ihrem Auftraggeber gegenüber sind Sie als Tierarzt jederzeit zur **Herausgabe Ihrer vollständigen Dokumentation** und Befunderhebung einschließlich aller Röntgenbilder verpflichtet. Die Übersendung nur von Teilen Ihrer Patientenakte oder einer bloßen Übersicht reicht nicht. Das LG Hildesheim konkretisierte dies 1991 dahingehend, dass die Übersendung einer Kopie der Abrechnung der Tierärztlichen Verrechnungsstelle nicht zur Erfüllung des Einsichtsanspruchs ausreicht, wenn der Auftraggeber dieser nicht entnehmen kann, ob es sich dabei um die einzige, ausschließliche Dokumentation im Zusammenhang mit der Behandlung handelt.

Als Tierarzt müssen Sie Dritten gegenüber im Grundsatz alle zu einem Pferd erhobenen Befunde geheim halten. Das resultiert aus Ihrer vertraglichen Nebenpflicht, die **wirt**schaftlichen Interessen Ihres Auftraggebers Dritten gegenüber zu schützen**. Aber keine Regel ohne Ausnahme: § 810 BGB regelt das Einsichtsrecht in Urkunden, damit auch in tierärztliche Dokumentationen – und zwar für denjenigen, der ein „rechtliches Interesse" an der Einsicht hat. Fallen Auftraggeber und Eigentümer auseinander, wird deshalb in aller Regel auch der Pferdeeigentümer einen Anspruch auf Vorlage der vollständigen Behandlungsdokumentation haben.

VERLETZUNG DES TIERARZTES ODER BESCHÄDIGUNG SEINES EQUIPMENTS DURCH DAS PFERD

Wollte Ihr Pferd nicht „nur spielen", sondern verletzt es den Tierarzt oder beschädigt es sein Equipment, dann haften Sie als Pferdehalter dafür grundsätzlich **ohne jegliches Verschulden aus Ihrer Tierhalterhaftung** nach § 833 BGB (› Seite 137 ff.). Das betrifft jedenfalls **Sachschäden**, wie etwa das AG Rotenburg 2003 betreffs eines durch ein Pferd während eines stationären Aufenthalts in der Tierklinik beschädigten Röntgengeräts entschied.

Was **Personenschäden** von Tierärzten angeht, urteilten Gerichte jedoch über lange Jahre, dass ein Tierarzt sich berufsbedingt bei der Behandlung von Pferden in eine bewusste Selbstgefährdung begibt, weswegen die Tierhalterhaftung unter dem Gesichtspunkt des sogenannten „Handelns auf eigene Gefahr" ausgeschlossen sein sollte. Berufsbedingt ging der Tierarzt beim Eigenschaden also oft leer aus. Argument: Der Tierarzt kennt die mit der Tiergefahr verbundenen **Risiken der Situation, denen er sich freiwillig und bewusst aussetzt,** so das OLG Nürnberg in einem Urteil aus 1997. Etwas günstiger für den Tierarzt sah dies das OLG Zweibrücken 1996, das dem Tierarzt wenigstens dann einen Schmerzensgeldanspruch wegen einer durch das von ihm behandelte Pferd verursachten Verletzung gegen den Tierhalter zusprach, wenn der Tierarzt beweisen kann, dass er zur Vermeidung von Verletzungen alle zumutbare Sorgfalt aufgewandt hat.

Diese strenge Rechtsprechung zulasten des Tierarztes hat sich seit einem richtungsweisenden Urteil des BGH aus 2009 geändert. Im entschiedenen Fall war der Tierarzt bei einer rektalen Fiebermessung durch einen Huftritt des Pferdes schwer verletzt worden. Der BGH stellte klar, dass es einen Unterschied macht, ob ein Geschädigter sich bewusst einer **Gefahr aussetze oder ob er diese Gefahr berufsbedingt zwangsläufig im Rahmen des Tierarztvertrags hinnehmen** müsse. In letzterem Fall haften Sie seither als Pferdehalter für Schäden wieder voll, es sei denn, dass sich der Tierarzt wiederum eine eigene Mitverschuldensquote anrechnen lassen müsste, weil er bei der Behandlung die im Verkehr erforderliche Sorgfalt außer Acht gelassen hat.

Hufschmiedevertrag, ein heißes Eisen

Das Verhältnis, das Sie mit dem Hufschmied verbindet, nennt sich rechtlich Werkvertrag und ist in den §§ 631 ff. BGB geregelt. Sie müssen die vereinbarte Vergütung bezahlen und der Hufschmied schuldet Ihnen „die Herstellung des versprochenen Werks", sprich: einen Erfolg in Form eines **ordnungsgemäßen Beschlags oder einer ordnungsgemäßen Hufbearbeitung**. Dass sich in den letzten Jahren vermehrt artverwandte Berufe wie Hufpfleger und Huftechniker etabliert haben, ändert am Vertragstyp nichts: Auch sie haben bei der Hufbearbeitung den gleichen Erfolg wie der Hufschmied zu erbringen, also ebenso nach Werkvertragsrecht.

WERKVERTRAG UND MÄNGELANSPRÜCHE

Ist dies nicht der Fall, läuft das Pferd also aufgrund der Hufbearbeitung etwa taktunrein oder lahmt schlimmstenfalls nach dem Hufbeschlag, liegt ein Mangel vor, für den Ihr Hufschmied Ihnen haftet – dies gesetzlich zwei Jahre lang, wobei er dies, wenn Sie selbst gewerblicher Pferdebetrieb sind, auf ein Jahr durch AGB begrenzen kann.

Bevor Sie vom Hufschmied jedoch Schadensersatz oder Minderung verlangen oder nachträglich vom Vertrag zurücktreten, müssen Sie ihm **zwingend erst einmal Gelegenheit zur Nacherfüllung geben**, denn sonst verlieren Sie sämtliche Gewährleistungsansprüche gegenüber dem Schmied. So muss etwa im Wege der Nacherfüllung ein schlecht sitzendes Eisen abgenommen und auf Kosten des Schmiedes neu aufgenagelt werden, und zwar innerhalb einer von Ihnen gesetzten zumutbaren Frist. Sie haben gegen einen Schaden verursachenden Schmied kaum noch Rechte, wenn Sie den Schmied einfach ohne eine derartige Nacherfüllungsaufforderung wechseln.

Doch was ist, wenn Sie das **Vertrauen in den Schmied gänzlich verloren** haben? In solch einem Fall können Sie sich nach § 636 BGB darauf berufen, dass Ihnen eine Nacherfüllung durch den Schmied unzumutbar ist. Das geht dann, wenn aus Sicht des Pferdebesitzers aufgrund objektiver Umstände das Vertrauen auf eine ordnungsgemäße Durchführung der Nacherfüllung erschüttert ist und diese insbesondere nicht zu erwarten ist. Für die Ablehnung der Nacherfüllung reicht es also nicht, dass der Schmied lediglich einen Fehler gemacht hat, sondern die Unzumutbarkeit muss sich in zusätzlichem grobem Fehlverhalten oder Wiederholungsgefahr des Fehlers manifestiert haben.

Nach fruchtloser, unzumutbar gewordener oder vom Schmied innerhalb einer von Ihnen ausdrücklich gesetzten Frist nicht vorgenommener oder verweigerter Nacherfüllung dürfen Sie **einen anderen Schmied mit der Mangelbesei-**

tigung beauftragen und vom schadensverursachenden Schmied Ersatz dieser Kosten verlangen. Sie können alternativ vom Vertrag zurücktreten oder das Beschlagsentgelt mindern.

Wichtigster Anspruch in der Praxis ist jedoch der Schadensersatz, wenn nämlich durch eine mangelhafte Hufbearbeitungsleistung am Pferd Folgeschäden entstehen, etwa Überlastungsrehen ausgelöst werden oder durch massive Stellungsveränderungen Gelenksentzündungen entstehen. Hat solches seine Ursache tatsächlich in der ursprünglichen fehlerhaften Schmiedeleistung, kann der Hufschmied sogar für den vollständigen Verlust des Pferdes haften müssen.

FEHLERHAFTE HUFBEARBEITUNG

Sie als Auftraggeber sind jedoch grundsätzlich nach Beendigung der Hufbeschlagsarbeiten in der **Beweislast**, dass eine Lahmheit oder ein anderweitiger Schaden ursächlich auf eine mangelhafte Hufbearbeitung oder Beschlag zurückzuführen ist und nicht, wie von Schmiedeseite in aller Regel behauptet werden wird, auf eine andere Ursache, denn schließlich gibt es tatsächlich Tausende von Gründen für eine Lahmheit.

Genau hierüber hatte das LG Freiburg 1995 zu urteilen, als für eine chronische Lahmheit eines Pferdes zwei Ursachen in Betracht kamen, eine davon ein Vernageln durch den Schmied. Welche der beiden Ursachen letztendlich für den Dauerschaden am Pferd verantwortlich war, konnte der Pferdehalter nicht beweisen und verlor den Prozess. Anders hatte 1989 das OLG Köln zum Thema Vernageln entschieden. Es war der Ansicht, dass der Schmied ein Vernageln grundsätzlich **immer** zu vertreten hat. Ein Verschulden des Schmieds kann aber ausscheiden, so das Gericht, wenn der Hufnagel einen Materialfehler hatte oder der Huf Besonderheiten aufwies. Dies müsse dann allerdings der Hufschmied beweisen.

In Schmiedehaftungsprozessen geht es immer wieder darum, ob eingetretene Schäden tatsächlich auf der festgestellten Fehlleistung eines Schmiedes beruhen. Das LG Koblenz entschied 2006 zu einem unstreitig schadensbegründenden indirekten Vernageln nach Anhörung eines Sachverständigen, dass, wenn das Pferd nach einer Nachbesserung zunächst wieder geritten werden konnte, eine später aufgetretene Hufrehe damit nichts zu tun hat.

Die Beweislast ist immer wieder zentral für das Siegen oder Unterliegen im Prozess. Das AG Homburg urteilte 1997, dass die Haftung des Schmiedes dort beginnt, wo er **die im Verkehr erforderliche Sorgfalt außer Acht lässt**. Auch hier ging es um ein Vernageln, das vonseiten des Schmiedes auf das unruhig tänzelnde Pferd zurückgeführt wurde. Denn der Schmied haftet natürlich nicht, wenn er fehlerfrei und ordnungsgemäß gearbeitet hat, es aber trotzdem zum Schaden gekommen ist. Der Pferdehalter meinte daraufhin, dass das Pferd nicht bloß von einer Hilfsperson hätte aufgehalten werden dürfen, sondern zusätzliche Maßnahmen wie Nasenbremse oder Sedierung zur Ruhigstellung hätten getroffen werden müssen. Das sah aber das Gericht nicht so und stellte fest, dass ein Aufhalten in 95 Prozent aller Fälle ausreichend sei, um ein ordnungsgemäßes Nageln vorzunehmen.

VERLETZUNGEN ANLÄSSLICH DER HUFBEARBEITUNG

Häufige Haftungsfälle sind Vorgänge außerhalb der eigentlichen Hufbearbeitung. Typisch sind Vorwürfe einer Sorgfaltspflichtverletzung beim Anbinden oder die Schaffung von Gefahrenlagen, etwa durch fehlerhaftes Aufhalten oder das Liegenlassen von Werkzeugen. Auch das „Abstrafen" von Pferden durch den Schmied ist gängiges Haftungsthema. Im Einzelfall ist dann immer zu prüfen, ob der Schmied die im Verkehr erforderliche Sorgfalt verletzt und damit seine vertraglichen Nebenpflichten nicht erfüllt hat.

Das OLG Köln hatte 1999 einen Fall zu entscheiden, als sich ein scheuender Vollblüter unmittelbar nach Beendigung des **Hufbeschlags am Amboss verletzte**. Das Gericht sah kein Verschulden beim Schmied, weil dieser laut Sachverständigem alles getan hatte, um derartige Verletzungen zu vermeiden. Ähnlich entschied das LG Saarbrücken 1997: Es sei dem Hufschmied nicht anzulasten, wenn ein Pferd **beim Beschlagen steigt** und sich hierdurch selbst eine Verletzung zufügt. Derartiges sei ein beim Schmiedehandwerk nicht unüblicher Unfall.

Zu den Sorgfaltspflichten des Schmiedes hat sich das OLG Köln 1999 weitreichend geäußert: Danach muss der Hufschmied **immer einen Gehilfen oder den Pferdehalter hinzuziehen**. Macht er das nicht und kommt es zu einer Verletzung des Pferdes, ist dies Außerachtlassung der im Verkehr erforderlichen Sorgfalt. Das Gericht war der Ansicht, dass auch der Beschlagort vom Hufschmied hinreichend groß und geeignet zu wählen ist. Es sei als grob fahrlässig zu qualifizieren, wenn der Hufschmied am Beschlagort **Werkzeug herumliegen** lässt, welches das Ausmaß der Verletzung noch vergrößert. Weiter muss nach Ansicht des Gerichts der Hufschmied bei einem unruhigen Pferd ein geeignetes **Mittel zur Ruhigstellung einsetzen**. Der Hufschmied haftet für den eingetretenen Schaden, wenn er auf den Einsatz einer Nasenbremse verzichtet und auch keinen Tierarzt zum Verabreichen eines Beruhigungsmittels hinzuzieht.

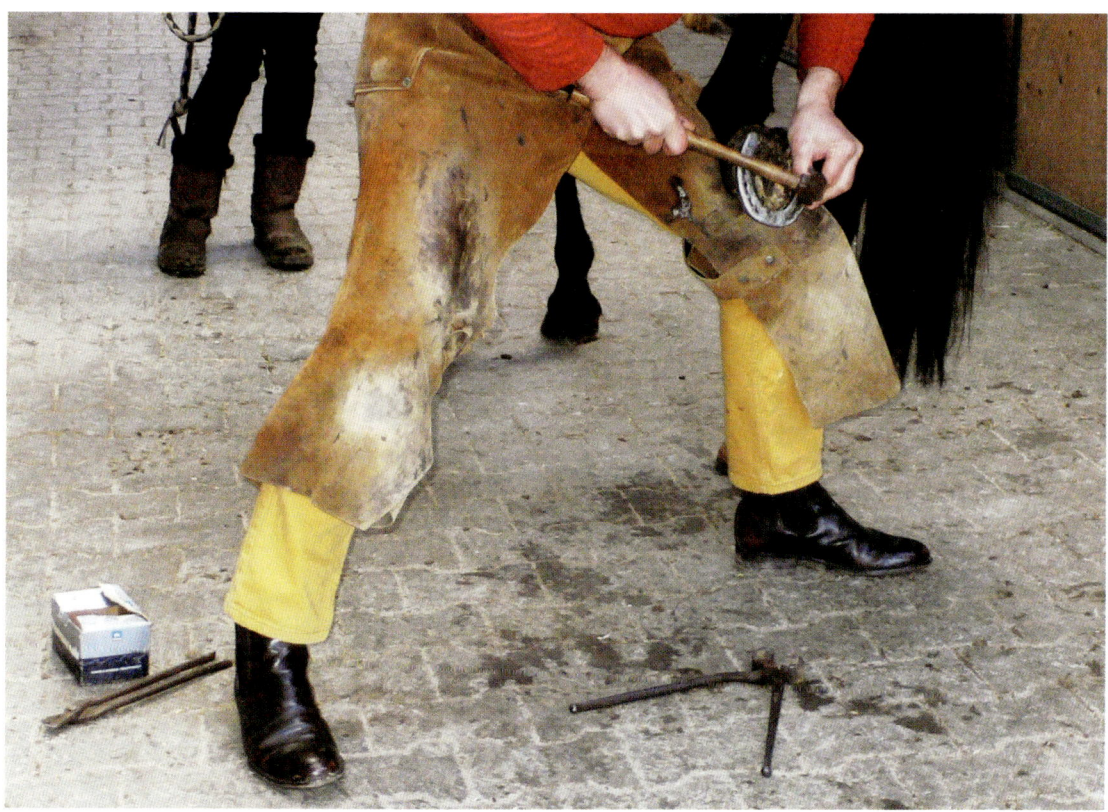

In einem solchen Umfeld ist eine Verletzung des Pferdes vorprogrammiert. [Foto: Jost Appel]

HINWEISPFLICHTEN DES HUFSCHMIEDS

Zu den vertraglichen Nebenpflichten, die immer wieder prozessträchtig sind, gehört beim Hufschmied ganz besonders die Nichtbeachtung seiner **Aufklärungs- und Hinweispflicht**. Diese Pflicht zeigt klar ein Urteil des OLG Frankfurt aus 2007 auf: „Ein Hufschmied, dem anlässlich des Beschlagens auffällt, dass bei einem Pferd an einem der Hufe eine sogenannte hohle/lose Wand von zwei bis drei Zentimetern vorliegt, die eine tierärztliche Behandlung erfordert, ist verpflichtet, hierauf hinzuweisen." Unterlässt er den Hinweis und das Pferd verstirbt, wie in diesem Fall, haftet er wegen der Verletzung seiner Aufklärungspflicht – obwohl der Tod gar nicht auf seinem Hufbeschlag beruhte.

Die Aufklärungspflicht des Schmiedes geht jedoch nicht im Ansatz so weit wie die des Tierarztes (› Seite 109 ff.), wie das AG Seesen 2005 entschied: Einem Hufschmied muss danach **nicht bekannt sein, dass nach neuen tiermedizinischen Erkenntnissen** eine Lahmheit des Pferdes in bestimmten Fällen durch Anbringung eines orthopädischen Beschlags nach einer tierärztlichen Indikation und Anweisung verhindert werden kann.

DREIERBEZIEHUNG HUFSCHMIED – TIERARZT – PFERDEBESITZER

Wenn Tierarzt und Hufschmied ein Pferd mehr oder weniger zusammen „behandeln", hängt eine Haftungsfrage bei Fehlern von den vertraglichen Hintergründen ab. Beispiel: Der Tierarzt diagnostiziert ein Hufgeschwür. Er gibt Anweisung, der Hufschmied solle das Hufgeschwür aufschneiden. Die gleiche Situation gilt bei einem genau vorgegebenen Orthopädie-Beschlag.

Beauftragt der Tierarzt den Hufschmied, wird dieser nach § 278 BGB Erfüllungsgehilfe des Tierarztes, denn er wird quasi als Helfer des Tier-

arztes tätig. Bei Fehlleistungen des Hufschmieds ist dann Haftungsgegner der Tierarzt. Anders ist das, wenn der Tierarzt dem Pferdehalter mitteilt, er solle selbst einen Hufschmied beauftragen und dem **Pferdehalter dabei eine konkrete Arbeitsanweisung** für den Hufschmied mitgibt. Der Tierarzt haftet dann nur für die Richtigkeit seiner Arbeitsanweisung, der Hufschmied für die korrekte Erfüllung der Anweisung.

VERLETZUNG DES HUFSCHMIEDS DURCH DAS PFERD

Dass der Hufschmied bei seiner Arbeit oft im wahrsten Sinne des Wortes die Knochen hinhält, dürfte jedem klar sein, der schon einmal mit fremden Pferden umgegangen ist. Wird der Hufschmied durch das Pferd verletzt, müssen grundsätzlich Sie als **Pferdehalter nach § 833 BGB aus Tierhalterhaftung** (› Seite 181 f.) den Schaden ersetzen, ohne dass es dabei auf Ihr „Verschulden" oder das des Pferdes ankommt. 1995 urteilte das LG Aachen nach diesem Grundsatz, als ein Pferd während des Ausschneidens bei angelegter Nasenbremse nach vorne sprang und dabei den Gehilfen des Hufschmieds schwer am Knie verletzte. Der Tierhalter musste auf Schmerzensgeld haften. Es kam nicht darauf an, dass sich der Hufschmiedehelfer bewusst in den Gefahrenbereich begeben hatte.

Andere Gerichte lehnten in der Folgezeit jedoch eine Tierhalterhaftung ab, weil sich nämlich der Hufschmied bei seiner Arbeit in eine bewusste Selbstgefährdung begebe und der Tierhalter sich deshalb auf den Haftungsausschluss des **„Handelns auf eigene Gefahr"** berufen könne. Diese Rechtsprechung dürfte jedoch seit einem Urteil des BGH aus 2009 überholt sein, das einem Tierarzt bei einer Trittverletzung durch ein von ihm behandeltes Pferd einen Anspruch aus Tierhalterhaftung zubilligte (› Seite 137 ff.). Argument des Gerichts: Wer sich **berufsbedingt selbst gefährdet**, um seinen Lebensunterhalt zu bestreiten, darf von der Tierhalterhaftung nicht ausgeschlossen sein.

Wie immer bei Haftungsfällen kommt aber eine Minderung der Schadensersatzpflicht in Betracht, wenn dem geschädigten Hufschmied ein **Mitverschulden** anzulasten ist. Das ist immer dann der Fall, wenn er eine Selbstschädigung bei Beachtung der erforderlichen Sorgfalt möglicherweise hätte vermeiden können. Dazu das OLG München 1990: Der Schmiedegehilfe trägt eine Mitverschuldensquote in Höhe von 25 Prozent, wenn er beim Beschlagen um das Pferd herumgegangen ist, obwohl er mit einem Ausschlagen eigentlich immer rechnen muss.

Bedeckung und Besamung

Ob Sie zu den Anhängern des konservativen Natursprungs gehören oder ob Sie die „unpersönliche" Besamung bevorzugen, in beiden Fällen wünscht man sich ein gesundes Fohlen. Rechtlich ist die Gretchenfrage immer die genaue Vertragsgestaltung.

NATURSPRUNG

Vereinbaren Sie mit dem Hengsthalter einen Natursprung, sprechen wir von einem Werkvertrag gemäß § 631 BGB (› Seite 95). Sie zahlen als Vergütung die vereinbarte Decktaxe und eventuell zusätzlich vereinbarte Leistungen wie etwa Pensionsentgelt (› Seite 91). Der Hengsthalter schuldet Ihnen ein erfolgreiches Werk, sprich: einen **erfolgreichen Deckakt**. Er schuldet Ihnen grundsätzlich aber **nicht den Erfolg der Bedeckung**, also keine Trächtigkeit der Stute.

Das ist anders, wenn Sie mit dem Hengsthalter ausdrücklich einen Erfolg vereinbaren, etwa, dass eine Trächtigkeit oder sogar ein lebendes Fohlen geschuldet ist. Sie können vereinbaren, dass eine Decktaxe nur für einen dieser Erfolgsfälle gezahlt wird, dann liegt ein Werkvertrag vor.

In der Praxis wesentlich häufiger wird eine **„Lebendfohlengarantie"** aber nicht decktaxenabhängig vereinbart, sondern quasi als Gutschein für eine Folgebedeckung, falls aus der Ursprungsbedeckung nicht das erwünschte Fohlen resultierte. In diesem Fall können Sie die Decktaxe bei Nichterfolg nicht zurückfordern, sondern allenfalls die Dienste des Hengstes im Folgejahr erneut in Anspruch nehmen, und zwar je nach Vertragsgestaltung kostenlos oder für eine ermäßigte Decktaxe.

BESAMUNGSVERTRAG

Komplizierter sind die Rechtsbeziehungen bei der Besamung. Das reine Verbringen des zur Verfügung gestellten Hengstspermas in die Stute durch den Tierarzt, die Besamungsstation oder den zugelassenen Besamungswart ist nach der überwiegenden Rechtsprechung ein **Dienstvertrag** gemäß § 611 BGB. Wie schon dargestellt (› Seite 95), folgt daraus haftungstechnisch, dass eine ordnungsgemäße Verbringung des Hengstsamens in die Stute geschuldet ist, und zwar **zum richtigen Zeitpunkt**, der in aller Regel auch von Ultraschallkontrollen zu begleiten sein wird, und in der richtigen Art und Weise, was **Hygiene und Sperma erhaltende Handhabung** betrifft. Als Gegenleistung schulden Sie die vereinbarte Vergütung.

Der eigentliche Erwerb des Spermas vom Hengsthalter regelt sich, wenn nicht dort auch die Besamung selbst stattfindet, nach **Kaufvertragsrecht**. Gegenüber der Zahlung des Kaufpreises schuldet der Hengsthalter die **Lieferung von mangelfreiem Sperma**. Mangelhaftes Spermas löst für Sie als Käufer die schon dargestellten Sachmängelrechte aus (› Seite 23 ff.), also Nacherfüllung, falls dies scheitert, Rücktritt oder Minderung, und zusätzlich Schadensersatz.

Zwar regelt das Tierzuchtgesetz auf der Basis von EU-Vorgaben detaillierte Einzelheiten über die Art und Weise von Spermaproduktion und -versand, eine gesetzliche Vorgabe über eine Mindestqualität von Sperma gibt es aber nicht. Sachverständige orientieren sich allerdings zumeist an den **Empfehlungen der World Breeding Federation for Sports Horses** (www.wbfsh.com) für Spermastandards, wonach bei der Spermaübertragung vor Ort mindestens 300 Millionen vorwärtsbewegliche Spermien vorhanden sein sollen, bei versendetem Frischsperma mindestens 600 Millionen pro Besamungsdosis und bei Tiefgefriersperma eine Vorwärtsbeweglichkeit von mindestens 35 Prozent der Spermien nach dem Auftauen bei mindestens 250 Millionen Spermien pro Besamungsdosis, wobei drei Besamungsdosen für die Besamung einer Stute zu rechnen sind.

Auch bei der Besamung gilt, wie schon beim Natursprung dargestellt (› Seite 121), dass der Hengsthalter eine **Erfolgsgarantie in Form von Trächtigkeit oder lebendem Fohlen nicht schuldet**, es sei denn, dass dies explizit vereinbart wurde.

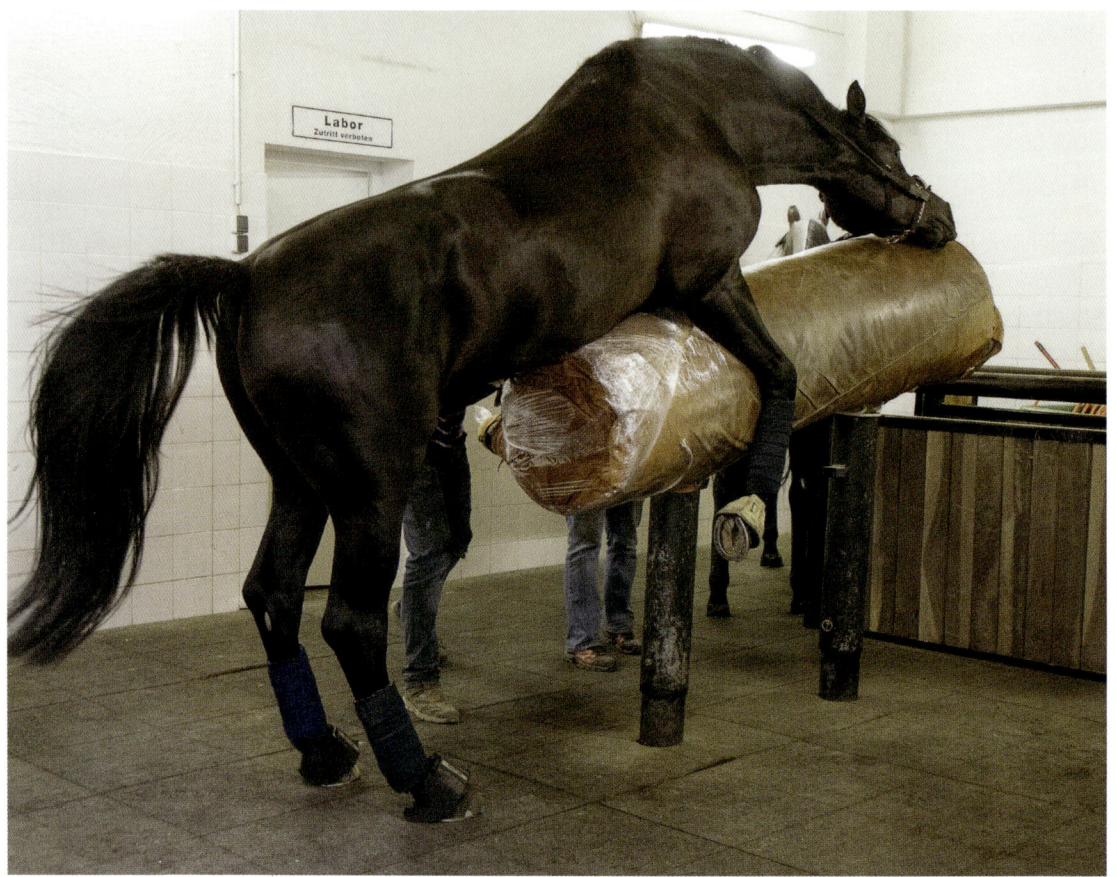

Für den Mindeststandard der Spermaqualität existieren keine Gesetze, aber Empfehlungen. [Foto: Christiane Slawik]

HAFTUNG FÜR ERBKRANKHEITEN, FEHLERHAFTEN UND FALSCHEN HENGSTSAMEN

In der Pferdezucht hat in den vergangenen Jahrzehnten zunehmend die Labortechnik an Bedeutung gewonnen. Seither sind eine Vielzahl von **genetischen Defekten beim Pferd** nachweisbar, etwa SCID (Immunschwäche bei Arabern), HYPP (Stoffwechselerkrankung der Muskulatur bei Westernpferden), LWO (Letalfaktor bei American-Paint-Horse-Overo-Schecken), CA und LFS (neurologische Erkrankungen beim Araber) oder HERDA (degenerative Hauterkrankung beim Westernpferd).

Auch hier gilt das **Sachmängelrecht** (› Seite 23 ff.): Stellt sich heraus, dass der genutzte Hengst Anlageträger einer Erbkrankheit ist und hat das Fohlen von ihm die Anlage geerbt, hat der Züchter des Fohlens Anspruch auf Schadensersatz. Das gilt natürlich nicht, wenn dem Züchter die Anlageträgereigenschaft bekannt war, denn dann liegt eine **negative Beschaffenheitsvereinbarung** vor (› Seite 21 f.). Wusste der Hengsthalter vom genetischen Mangel und hat er ihn verschwiegen, kommen zusätzlich die Rechte aus der Vertragsanfechtung wegen **arglistiger Täuschung** hinzu (› Seite 54).

Rein rechtlich handelt es sich bei dem vom Hengsthalter gekauften Sperma um ein landwirtschaftliches Produkt. Weil Sperma mit seiner Aufbereitung schon eine Verarbeitungsstufe hinter sich hat, unterfällt es auch dem **Produkthaftungsgesetz** (ProdHaftG) (› Seite 167 f.). Folglich führen beispielsweise Erbdefekte dazu, dass es sich bei dem Sperma zugleich um ein fehlerhaftes Produkt im Sinne von § 3 Abs. 1 ProdHaftG handelt. Daraus resultiert zwar kein Anspruch wegen des fehlerhaften Spermas selbst, jedoch für **Folgeschäden**, die daraus entstanden sind.

Über einen Fall, als Hengstsperma irrtümlich vertauscht wurde und sich im Nachhinein herausstellte, dass das geborene Fohlen nicht vom „bestellten" Hengst abstammt, hat das OLG Hamm 2010 entschieden: Der Vertrag über die Lieferung von Frischsperma zum Zwecke der Besamung einer Stute durch einen vom Stutenhalter beauftragten Tierarzt in den Stallgebäuden des Hengsthalters sei ein **Gattungskauf** (› Seite 27), weswegen es auf den individualisierten Hengst nicht ankäme, solange das Fohlen durch die „ungewollte" Abstammung nicht weniger wert sei. Für einen Stutenbesitzer ist das Urteil zwar schwer nachvollziehbar, spiegelt aber die Rechtslage wider: Nur wenn durch die Hengstverwechslung der **Marktwert des Fohlens geringer** ist, liegt auch ein Schaden vor, und den können Sie als Züchter natürlich einklagen.

Für den Marktwert des Fohlens nicht unerheblich: die Frage nach den Erfolgen des Deckhengstes. [Foto: Jost Appel]

Einsatz und Verwendung, zum Beispiel im Sport, müssen bei der Überlassung eines Pferdes klar geregelt sein. [Foto: Christiane Slawik]

KAPITEL III: ÜBERLASSUNGSVERTRÄGE RUND UMS PFERD

Man muss nicht unbedingt Eigentümer eines Pferdes sein, um sich an einem Pferd zu erfreuen. Im Zeitalter der Abkehr vom Eigentum bieten sich als Alternative Pacht, Miete und Leihe an. Damit es aber auch bei der Freude bleibt, sollte eine Überlassung klar geregelt sein, egal ob entgeltlich oder unentgeltlich.

Der entgeltliche Pachtvertrag

Pacht und Miete werden oft in einen Topf geworfen. Aber der wesentliche Unterschied besteht darin, dass bei der Pacht zusätzlich zur Nutzung selbst das Recht auf sogenannte „Fruchtziehung" hinzukommt. Eine Frucht kann etwa ein Fohlen, ein Gewinngeld oder die Einnahme aus Reitunterricht sein. Ein Beispiel: Möchten Sie sich eine Stute schlichtweg in den Garten stellen, um sich an deren Anblick zu erfreuen, liegt ein Mietvertrag vor. Möchten Sie aus ihr ein Fohlen ziehen oder einen Embryo gewinnen, liegt ein Pachtvertrag vor. Grundsätzlich finden für den in den §§ 581 ff. BGB geregelten Pachtvertrag die Vorschriften über den Mietvertrag jedoch entsprechend Anwendung. Das bedeutet, dass durch den Pachtvertrag der Verpächter verpflichtet wird, dem Pächter den Gebrauch des verpachteten Gegenstands und den Genuss der Früchte während der Pachtzeit zu gewähren.

HAFTUNG FÜR DAS PFERD UND GEGENÜBER DRITTEN

Erleidet das gepachtete Pferd in der Pachtzeit Schaden, stehen schnell Schadensersatzansprüche im Raum. Beruht der Schaden auf einem Verschulden des Pächters, haftet er dafür. Oft entstehen jedoch Schäden am Pferd, ohne dass hieran jemandem die Schuld zuzuweisen ist.

Das OLG Köln entschied 2010 zu einem Fall, bei dem ein gepachtetes Rennpferd nach einem Trainingsunfall eingeschläfert werden musste, dass Veränderungen oder Verschlechterungen der Pachtsache, die **durch den vertragsgemäßen Gebrauch** herbeigeführt werden, nicht vom Pächter ersetzt werden müssen. Das Gericht hob hervor, dass der Pächter, solange sich das Pferd in seinem Obhutsbereich befindet, allerdings die **Beweislast** dafür trägt, dass der Schaden am Pferd eben nur auf vertragsgemäßen Gebrauch zurückzuführen ist. Als Verpächter sollte Ihnen deshalb von vornherein klar sein, dass Sie den Pächter nicht für alles und jedes verantwortlich machen können.

Bei Schäden, die das Pferd Dritten zufügt, haftet immer der Pferdehalter aus der **Tierhalterhaftung nach § 833 BGB** (› Seite 137 ff.). Aber wer ist beim Pachtpferd Tierhalter? Das stellt ein BGH-Urteil aus 2014 zum Thema Hund klar und verweist dabei auf die inhaltsgleiche Entscheidung des BGH aus 1988 zum Thema Pferd: Grundsätzlich ist derjenige Tierhalter, der aktuell für die Kosten der Tierhaltung aufkommt, den allgemeinen Wert und Nutzen des Tieres für sich in Anspruch nimmt und das Risiko seines Verlustes trägt. Selbst wenn Verpächter und Pächter das Pferd letztlich beide „nutzen" – der eine zur Fruchtziehung, der andere zur Einnahme des Pachtpreises oder zum Ersparen von eigenen Aufwendungen –, kommt es darauf an, wohin sich der **Schwerpunkt der Nutzung** verlagert hat. Da ein Pachtvertrag explizit die Nutzung in den Vordergrund stellt, wird in den meisten Fällen faktisch und juristisch der Pächter Tierhalter.

§ RECHTSPFAD-TIPP

Pächter und Verpächter sollten von vornherein eine genaue Haftungsverteilung vereinbaren und idealerweise eine Tierlebensversicherung über das Pferd abschließen.

Fehlen Regelungen, wer für einen etwaigen Pferdeverlust haften soll, dokumentiert nach einer Entscheidung des OLG Frankfurt aus 2013 ansonsten derjenige, der eine Lebensversicherung für das Pferd abgeschlossen hat, auch den Willen zur Haftung.

KÜNDIGUNG DES PACHTVERHÄLTNISSES

Und was ist, wenn die Pacht beendet werden soll? Haben Sie eine Pachtzeit fest vereinbart, ist eine vorzeitige beziehungsweise ordentliche Kündigung nicht möglich. Sie können dann nur außerordentlich kündigen, wozu jedoch ein **„wichtiger Grund"** **vorliegen** muss. Die Anforderungen für das Vorliegen eines wichtigen Grundes sind nach den Vorgaben der Rechtsprechung allerdings sehr hoch.

Ein wichtiger Kündigungsgrund könnte seitens des Verpächters etwa dann vorliegen, wenn die Zuchtstute beim Pächter unter tierschutzwidrigen Umständen gehalten wird, der vereinbarte Pachtzins auch nach Mahnung nicht gezahlt wird oder, so ein Urteil des OLG Karls-

ruhe aus 1986, vertragswidrig anders gebraucht wird, als dies vereinbart war.

Ein wichtiger Grund seitens des Pächters könnte andererseits gegeben sein, wenn sich nach Beginn des Pachtverhältnisses über ein Zuchtpferd beispielsweise herausstellt, dass dieses zuchtuntauglich ist. Gleiches gilt für ein verpachtetes Sportpferd, bei dem gesundheitliche Mängel einem Einsatz im Sport entgegenstehen.

ZUCHTSTUTENPACHT

Bei der Zuchtstutenverpachtung sind vielfältige Kombinationen denkbar, sei es, dass der Pächter ein Fohlen ziehen oder aus der Zuchtstute Embryonen gewinnen möchte, sei es, dass er dabei die Stute beim Verpächter belässt oder sie zu sich holt. Abhängig von der jeweiligen Konstellation und vom Wert des zu erwartenden Fohlens wird in aller Regel der Pachtzins verhandelt, denn feste Pachtwerte gibt es nicht. Häufig wird der Pachtzins nur in der Übernahme aller Kosten und der Arbeit für die Zuchtstute bestehen.

Auch wenn dies nicht ausdrücklich vereinbart ist, wird Bestandteil einer Zuchtstutenpacht immer deren **Zuchttauglichkeit** sein. Dieser Begriff birgt jedoch großes Streitpotenzial in sich, denn aus sachverständig-tiermedizinischer Sicht werden Zuchtstuten in die **Gruppen I bis V** eingeordnet, wobei Gruppe I für eine Nachkommen-Wahrscheinlichkeit von 70 bis 100 Prozent steht und Gruppe V keiner oder nahezu keiner Aussicht auf Nachkommen entspricht. Ob aber etwa eine in die Gruppe III einzuordnende Stute noch als zuchttauglich anzusehen ist oder nicht, ist nur bezogen auf jeden Einzelfall zu beurteilen und erheblich davon abhängig, ob das Stutenmanagement in tiermedizinischer Hinsicht optimal war oder ganz im Gegenteil fehlerhaft.

Als Pächter ist Ihnen zu empfehlen, bei der Pacht ausdrücklich zu vereinbaren, dass die Stute weder eine **genetische Disposition** für Verhaltensauffälligkeiten (Koppen, Weben et cetera), Erkrankungen (Hufrolle et cetera) oder Allergien (Sommerekzem et cetera) in sich trägt noch nachweisbare Gendefekte, wie sie zum Thema Besamung dargestellt sind (› Seite 121 ff.). Umgekehrt sollten Sie als Verpächter eine vollständige Beschreibung der Stute nach Ihrem Wissensstand einschließlich etwaiger negativer Merkmale zum Vertragsgegenstand machen und wegen möglicher nicht untersuchter Erbkrankheiten ausdrücklich auf diesen Umstand hinweisen.

Stellen sich beim Fohlen ererbte Mängel heraus, sei es die bloße Anlageträgerschaft oder ein tatsächlicher Ausbruch der Erkrankung, führt das zur Schadensersatzpflicht des Verpächters, es sei denn, dem Pächter war die unerwünschte Erbanlage bekannt oder es wurde ausdrücklich die Unbekanntheit derartiger Mängel vereinbart.

Mit das Wichtigste und deshalb klärungsbedürftig ist die Frage, wer für das Fohlen aus einer Pachtstute als Eigentümer und wer als **Züchter in die Fohlenpapiere eingetragen** wird. Zur Unterscheidung von Besitz und Eigentum im Pachtverhältnis: Dem Eigentümer „gehört" das Pferd, das ist in aller Regel der Verpächter. Beim „Besitzer" befindet es sich, er hat die tatsächliche Sachherrschaft, das ist also in den meisten Fällen der Pächter.

Als Züchter ist nach der überwiegenden Definition der Zuchtverbände, so entschieden auch vor dem OLG Düsseldorf 2000, derjenige einzutragen, der zum Zeitpunkt der Bedeckung Besitzer der Stute war. Manche Zuchtverbände sehen in diesem Zusammenhang die Möglichkeit vor, durch Anzeige dem Verband gegenüber ein bestehendes Pachtverhältnis vermerken zu lassen. Sie können miteinander aber auch abweichend vereinbaren, wer als Züchter eingetragen werden soll. **Eigentümer des Fohlens** wird beim Pachtverhältnis nach § 101 BGB mit Geburt der Pächter.

DECKHENGSTPACHT

Was für die Zuchtstute gilt, gilt in leicht veränderter Form auch für den Zuchthengst und ebenso vielfältig sind die Vertragsgestaltungen. Der **Pachtzins für den Hengst** kann beispielsweise durch die Zahlung einer Einmalsumme erbracht werden oder aber durch anteilige Übergabe der Decktaxe pro jeweiliger Fremd- und/oder Eigenbedeckung an den Verpächter. Häufig als Pachtzins vereinbart wird auch die Herausgabe von noch zu produzierenden Nachkommen oder noch zu produzierendem Tiefgefriersperma des Pachthengstes.

Umgekehrt ist Anlass zu Streitigkeiten nicht selten, dass der Pächter den Hengst über die vereinbarte „normale" Bedeckungstätigkeit hinaus nutzt, indem er Tiefgefriersperma produziert oder produzieren lässt. Hier wird es in der Regel auf die getroffenen Vereinbarungen ankommen. Grundsätzlich gehören die gezogenen Nutzungen dem Pächter, also auch produziertes Tiefgefriersperma. War diese Produktion aber gerade nicht vom Pachtzins erfasst und damit vertragswidrig, wird man möglicherweise zu einem Schadensersatz- oder Herausgabeanspruch des Verpächters kommen.

Auch ein zur Zucht verpachteter Hengst muss selbstverständlich zuchttauglich sein, ohne dass dies speziell vereinbart werden muss. Hilfreich für alle Beteiligten ist sicherlich die Anfertigung eines Spermiogramms vor Pachtbeginn. Die Zuchttauglichkeit bemisst sich aber nicht nur nach der Spermaqualität, sondern am Ende auch, ordnungsgemäßes Stutenmanagement vorausgesetzt, nach der Anzahl der tatsächlich trächtig gewordenen Stuten. Liegt diese weit unter dem Durchschnitt, steht möglicherweise eine Haftung an. Soll ein Pachthengst nach dem Vertragszweck ausdrücklich im Spermaversand oder für die Tiefgefrierspermaproduktion eingesetzt werden, ist die Versandfähigkeit beziehungsweise Gefriertauglichkeit Vertragsgegenstand.

Zu vererblichen Krankheiten oder Gendefekten gilt auch beim Pachthengst das bereits zur Zuchtstute Festgestellte (› Seite 126 f.).

PACHT EINES SPORTPFERDES

Bei der Pacht eines Sportpferdes sollten Sie speziell noch beachten, dass es hier nicht nur auf Abstammung und bisherige Erfolge ankommt, sondern primär auf den Gesundheitszustand zum Zeitpunkt des Pachtbeginns. Im Prinzip ist gerade bei der Sportpferdepacht für beide Vertragspartner ein ähnliches Prozedere anzuraten wie bei einem Pferdekauf (Seite 15 ff.). Das heißt: Sie sollten unbedingt eine Beschaffenheitsvereinbarung im Pachtvertrag verankern, die den tierärztlich festgestellten Gesundheitszustand zum Zeitpunkt der Übergabe an den Pächter erfasst.

Ebenso wichtig sind individuelle schriftliche Regelungen über die Vertragsdauer und Kündigungsmöglichkeiten sowie über Haftung und Prozedere im Falle einer vorübergehenden oder dauernden Unbrauchbarkeit oder gar dem gänzlichen Verlust des Pferdes. Wird nichts schriftlich geregelt, gelten die dargestellten allgemeinen Vorschriften über den Pachtvertrag (› Seite 125 ff.), während in aller Regel gleichzeitig heftiger Streit darüber entbrennt, welche Vereinbarungen gerade zum Thema Haftung mündlich getroffen worden waren.

Der entgeltliche Mietvertrag

Mieten Sie sich ein Pferd, ist das, wie bereits zum Pachtvertrag dargestellt (› Seite 125 ff.), eine **Gebrauchsgewährung gegen Entgelt**, geregelt in den §§ 535 ff. BGB. Ein solcher Vertrag liegt in der Praxis vor, wenn man sich ein Pferd zum Beispiel stundenweise für einen Ausritt oder für den Zweck der Reitunterrichtsteilnahme entgeltlich mietet. Der Begriff des „Pferdeverleihs" auf Vermieterseite ist daher genauso falsch wie der „Leihwagen", der nämlich tatsächlich ein Mietwagen ist. Denn die Leihe unterscheidet sich von der Miete gerade dadurch, dass sie unentgeltlich ist.

Verletzt sich das Pferd durch Ihr Verschulden während der Mietdauer, haften Sie dafür. Liegt aber kein Verschulden Ihrerseits vor, haben Sie als Mieter **Veränderungen oder Verschlechterungen Ihres gemieteten Pferdes** nach § 538 BGB nur dann nicht zu vertreten, wenn diese durch den **vertragsgemäßen Gebrauch** herbeigeführt wurden. Beispiel: Sie mieten ein Dressurpferd, um auf dem vom Vermieter hierfür vorgesehenen Turniersandplatz zu reiten. Wegen des schönen Wetters machen Sie noch einen Schlenker auf die Vielseitigkeitsstrecke. Hier streift das Pferd sein Fesselgelenk an einem Naturhindernis und alles endet in einer kostspieligen Tierarztbehandlung. Da das Reiten im Gelände nicht mehr vom vertragsgemäßen Gebrauch umfasst ist, haften Sie und müssen den eingetretenen Schaden ersetzen.

Der Mietvertrag endet gemäß § 542 BGB mit dem Ablauf der vereinbarten Zeit. Das wird im Regelfall das Ende des Ausritts oder der Reitstunde sein, aber auch langfristige Mietverträge sind denkbar. Geben Sie das Pferd aber verspätet zurück, ist dies nicht mehr vertragsgemäßer Gebrauch. Die Folge: Für Schäden haften Sie dann als Mieter.

Verursacht das Pferd während der Mietdauer einen Schaden an einem Dritten oder dem Mieter selbst, führt dies in aller Regel zur **Haftung des Vermieters aus Tierhalterhaftung** nach § 833 BGB, ohne dass ihn überhaupt ein Verschulden treffen muss (› Seite 137 ff.). Das ist jedenfalls so, wenn Sie sich als Mieter an den vereinbarten vertragsgemäßen Gebrauch halten. Denn dann, so ein Urteil des OLG Koblenz aus 1981, kann sich der Vermieter nicht darauf berufen, dass Sie sich mit dem Reiten ja

Vorsicht, wenn der mietvertragsgemäße Gebrauch nur auf den Reitplatz beschränkt ist und Reithelmpflicht besteht. [Foto: Christiane Slawik]

bekanntermaßen selbst gefährden und deshalb ein Haftungsausschluss unter dem Gesichtspunkt des „Handelns auf eigene Gefahr" (› Seite 144) gegeben sei.

Folgerichtig stellte das AG Eutin 1993 zu einem mit dem Pferd verunglückten Mieter fest, der vom Vermieter Schadensersatz verlangte: Der Mieter reitet auf eigene Gefahr, wenn er nicht auf den vorgeschriebenen und ausgeschilderten Wegen reitet. Der Vermieter als Pferdehalter musste also nicht haften.

Aber Sie als Vermieter treffen nach der Rechtsprechung dennoch erhebliche **Sorgfaltspflichten aus dem Mietvertrag**. 1995 hatte das OLG Düsseldorf über einen Fall zu entscheiden, bei dem der Vermieter seine Pferde ihm unbekannten Reitern zum selbstständigen Ausreiten überlassen hatte. Von diesen kam einer während des Austritts zu Schaden. Das Gericht urteilte, dass der Vermieter sich Gewissheit darüber verschaffen muss, dass die Reiter die erforderliche Erfahrung im Umgang mit Pferden besitzen, um die bei einem Ausritt im Gelände auftretenden Gefahren meistern zu können.

Noch weiter ging das LG Arnsberg 2000. Eine Reiterin war nach 20 Minuten Reiten vom Pferd gerutscht, da der Sattelgurt sich gelockert hatte. Das Gericht verurteilte den Vermieter zur Haftung. Der Vermieter habe sicherzustellen, dass das Pferd ordnungsgemäß gesattelt ist. Im Zweifelsfall müsse er dem Mieter den Hinweis geben, den Sitz des Sattels unterwegs nochmals zu prüfen.

Die unentgeltliche Leihe

Die unentgeltliche Überlassung eines Pferdes ist ein Leihvertrag, geregelt in den §§ 598 BGB. In der Praxis oft „nur mal eben" mündlich vereinbart, sollte Ihnen jedoch bewusst sein, dass mit dem Leihvertrag Rechte und Pflichten im Raum stehen. Ein Urteil des BGH aus 2012

fasst das zusammen: Anders als der Vermieter ist der Verleiher nicht zur Gebrauchsüberlassung, also einem aktiven Tun, sondern nur zur **Gestattung des Gebrauchs verpflichtet**. Die Leihe berechtigt zur Benutzung des Pferdes, nicht aber auch zur Ziehung und zum Behaltendürfen von Früchten. Soll der Entleiher auch zu Letzterem befugt sein, so bedarf es einer dahingehenden Vereinbarung der Vertragsparteien. Ohne eine solche stehen Preisgelder eines entliehenen Turnierpferdes deshalb dem Eigentümer zu.

HAFTUNG UND SCHADENSERSATZ

Dass auch bei der Leihe die Gefahr einer Beschädigung des Pferdes besteht, liegt in der Natur der Dinge. Solange der Entleiher das Pferd aber **vertragsgemäß nutzt**, hat er nach § 602 BGB Veränderungen oder Verschlechterungen am geliehenen Pferd nicht zu vertreten. Das sollte Ihnen als Verleiher immer klar sein. Darüber hinaus trifft Sie als Verleiher die Gefahr des zufälligen Untergangs. Der Entleiher hat also im Fall von Schäden am Pferd oder gar dessen Verlust lediglich darzulegen und nachzuweisen, dass ihm weder vorsätzliches noch fahrlässiges Verhalten zur Last zu legen ist. Umgekehrt haftet er natürlich, wenn er den Schaden schuldhaft verursacht oder das Pferd anders nutzt, als dies vertraglich vereinbart war.

Aber auch Sie als Verleiher können im Falle grober Fahrlässigkeit nach § 599 BGB in Anspruch genommen werden: Vergessen Sie etwa zu erwähnen, dass das Pferd ein Durchgänger ist, und es kommt aufgrund dessen zu einem Schaden, haften Sie dafür. Auch wenn Sie arglistig einen Fehler des verliehenen Pferdes verschweigen, können Sie in Haftung kommen, etwa wenn das Ihnen bekanntermaßen mit einer ansteckenden Krankheit behaftete Pferd weitere Pferde ansteckt.

Kommt es durch das verliehene Pferd zu Schäden an Dritten, kommt auch hier wieder gemäß § 833 BGB die verschuldensunabhängige Tierhalterhaftung zum Tragen (› Seite 137 ff.). Als Verleiher bleiben Sie grundsätzlich Pferdehalter und haften dementsprechend. Die Begründung: Sie trifft das wirtschaftliche Risiko des Verlustes des Pferdes. Der BGH formulierte das sehr passend 1988: So ist Tierhalter „wer faktisch für das Schicksal des Tieres zuständig ist".

BEENDIGUNG

Das Pferd muss zurückgegeben werden, wenn die Dauer der Leihe vereinbarungsgemäß beendet ist. Gab es keine Vereinbarung über die Dauer, ist die Leihe beendet, wenn der Entleiher den gewollten Gebrauch gemacht hat oder wenn so viel Zeit verstrichen ist, dass er den Gebrauch hätte machen können, § 604 BGB. Gibt es weder eine Vereinbarung über die Dauer noch über den Gebrauch, können Sie das Pferd als Verleiher „jederzeit" zurückfordern, sprich: sofort.

Ist eine feste Vertragslaufzeit vereinbart, kommt bis zu deren vereinbartem Ende nur eine Kündigung durch den Verleiher in den in § 605 BGB geregelten wenigen Ausnahmefällen in Betracht, nämlich wenn der Verleiher infolge eines nicht vorhergesehenen Umstands Eigenbedarf am verliehenen Pferd hat, wenn der Entleiher einen vertragswidrigen Gebrauch des Pferdes macht, insbesondere den Gebrauch unbefugt einem Dritten überlässt, wenn er das Pferd durch Vernachlässigung der ihm obliegenden Sorgfalt erheblich gefährdet oder wenn der Entleiher stirbt.

Weitere Kündigungsgründe während der Laufzeit der Leihe sind gesetzlich nicht vorgesehen. Deswegen zog der Verleiher eines Pferdes 2013 vor das LG Lübeck. Er war der Ansicht, die vereinbarte lang andauernde,

aber tatsächlich zeitlich unbestimmte Verleihverpflichtung sei sittenwidrig. Die Parteien hatten nämlich abgemacht, dass der Verleiher das Pferd zurückerhalten sollte, wenn es nicht mehr als Turnierpferd würde genutzt werden können. Das Gericht stellte fest, dass dieser Zeitpunkt in wenigen Jahren (circa vier Jahre) erreicht wäre und dass der Verleiher an den Leihvertrag bis dahin gebunden sei.

Der Reitbeteiligungsvertrag

Reitbeteiligungsverträge sind in Mode gekommen, bringen sie doch allen Beteiligten auf den ersten Blick überwiegend Vorteile. Von einer Reitbeteiligung spricht man, wenn der Pferdehalter einem Dritten ein Mitnutzungsrecht an seinem Pferd einräumt. Das kann gegen Bezahlung, gegen eine gewisse Arbeitsleistung (› Seite 62) oder auch unentgeltlich vereinbart werden. Motiviert sind solche Verträge in der Regel von Zeit- und Geldmangel.

Erstaunlicherweise werden in der Praxis noch immer die wenigsten Reitbeteiligungsverträge schriftlich abgeschlossen. Entsprechend häufig kommt es zum Streit, weil die Erinnerungen an das mündlich Vereinbarte auseinanderfallen, insbesondere, wenn Schäden entstanden sind.

 RECHTSPFAD-TIPP

Fixieren Sie für einen Reitbeteiligungsvertrag gegenseitige Rechte und Pflichten gemeinsam schriftlich. Gehen Sie dabei den typischen Tages- und Wochenablauf rund um das gegenständliche Pferd durch und überlegen Sie, was sich im Fall von krankheits- oder urlaubsbedingten Abwesenheiten ändern soll. Denken Sie dabei immer an Folgendes: Wer muss wann was erledigen und wer darf wann was tun?

SCHÄDEN AN DRITTEN

Verursacht das Pferd während der Nutzung durch die Reitbeteiligung einen Schaden an anderen Personen oder Sachen, haften dafür nach gängiger Rechtsprechung grundsätzlich Sie als **Pferdeeigentümer**. Rechtsgrund ist die **Tierhalterhaftung** des § 833 BGB (› Seite 137 ff.), die den Pferdehalter trifft, ohne dass diesen oder die Reitbeteiligung überhaupt ein Verschulden treffen müsste.

Gemeinsam mit Ihnen als Pferdeeigentümer und Tierhalter haftet die **Reitbeteiligung** dann, wenn sie während der Schadensverursachung Tierhüter im Sinne des § 834 BGB (› Seite 162 ff.) war. Der Tierhüter haftet aber nur, wenn ihn selbst ein Verschulden trifft. Das Verschulden wird aber gesetzlich vermutet, wenn er nicht nachweisen kann, dass er die im Verkehr erforderliche Sorgfalt beachtet hat.

Die **Tierhalter- und Tierhüterhaftung stehen nebeneinander** (› Seite Seiten 138 ff. und 162 ff.), ein Geschädigter kann Sie also beide gemeinsam in Anspruch nehmen. Oft kommt es in derartigen Fällen in der weiteren Folge zu einem Regressprozess, wenn der vom Dritten in Anspruch genommene Pferdehalter gegenüber der Reitbeteiligung geltend macht, dass er ohne deren Verschulden nicht hätte haften müssen.

Aber die Reitbeteiligung ist nicht immer Tierhüter, sondern das muss in jedem Einzelfall geprüft werden. So entschied etwa das OLG Frankfurt 2009, dass eine **minderjährige Reitbeteiligung**, die ein Pferd noch nicht ohne Begleitung im Gelände reiten und über das Pferd nicht selbstständig bestimmen darf, nicht als Tierhüterin anzusehen ist.

SCHÄDIGUNG DER REITBETEILIGUNG

Grundsätzlich haften Sie als Pferdehalter, ohne dass es auf ein Verschulden Ihrerseits ankommt, immer auch für Schäden, die das Pferd der Reitbeteiligung zufügt, und zwar aus der **Tierhalterhaftung** des § 833 BGB, wenn sich beim Pferd die unvorhersehbare Tiergefahr verwirklicht (› Seite 138 f.). Eine Haftung scheidet also aus, wenn die Reitbeteiligung deshalb verletzt wird, weil das Pferd genau das getan hat, was es sollte und ihrem Willen gefolgt ist. Oft wird eine Tierhalterhaftung gegeben sein, während sich gleichzeitig die geschädigte Reitbeteiligung eine Mitverschuldensquote anrechnen lassen muss.

Wenn nicht ein schriftlicher Haftungsausschluss zwischen Pferdehalter und Reitbeteiligung vereinbart wurde, gehen Gerichte aber auch schon einmal davon aus, dass die Beteiligten eine gegenseitige Haftung gar nicht wollten. So konstruierte das OLG Nürnberg in einer Entscheidung aus 2011 einen **konkludenten, also durch schlüssiges Handeln vereinbarten, Haftungsausschluss**. Es lag ein mündlicher Reitbeteiligungsvertrag vor, der bereits drei Jahre andauerte, monatlich wurde ein eher symbolisches Entgelt in Höhe von 35 Euro gezahlt. Einer solchen Konstellation wohnt auch inne, so das Gericht, dass die beteiligten Personen davon ausgehen, dass der Pferdehalter im Falle von Schäden durch das Tier nicht haften soll. Denn derjenige, der die Reitbeteiligung hat, soll sich, zumindest wenn es sich um eine volljährige Person handelt, wie ein Tierhalter auf Zeit fühlen und das Risiko von Schäden durch das Tier selber tragen.

SCHÄDIGUNG DES PFERDES

Kommt es während der Nutzung durch die Reitbeteiligung zum Schaden am Pferd, haftet die Reitbeteiligung dafür, soweit ihr ein **Verschulden** zur Last zu legen ist, also mindestens Fahrlässigkeit im Spiel ist.

Darüber hinaus hat die Reitbeteiligung – auch ohne Verschulden – Schäden zu ersetzen, soweit diese aus einer **anderen als der vereinbarten vertragsgemäßen Nutzung** resultieren. Denn bei der unentgeltlichen Nutzungsüberlassung gelten die bereits dargestellten Vorschriften über den Leihvertrag (› Seite 130 f.), bei entgeltlicher Nutzung diejenigen über den Mietvertrag (› Seite 128 f.). Beispiel: Vertraglich war nur das Wanderreiten vereinbart. Wird eine Jagd geritten oder ein Vielseitigkeitsturnier, fällt das aus dem vertraglich vereinbarten Rahmen.

VEREINBARUNG VON HAFTUNGSAUSSCHLÜSSEN

Als Pferdehalter können Sie Ihre Haftung in einem schriftlichen Reitbeteiligungsvertrag gegenüber der Reitbeteiligung begrenzen oder gänzlich ausschließen. Sie können sich von der Reitbeteiligung auch einfach eine **individuelle Haftungsfreistellung** unterzeichnen lassen. Dies betrifft natürlich nur etwaige Ansprüche der Reitbeteiligung gegen Sie als Pferdehalter aus Tierhalterhaftung.

Der Pferdehalter haftet verschuldensunabhängig grundsätzlich für Unfälle der Reitbeteiligung, wenn nicht zuvor ein Haftungsausschluss vereinbart wurde. [Foto: shutterstock.com/Steve Horsley]

Falls Sie einen **vorformulierten Vertragsvordruck** als Reitbeteiligungsvertrag nutzen, unterliegen die Formulierungen der AGB-Inhaltskontrolle der §§ 307 ff. BGB (› Seite 17 f.). Ein vollumfänglicher Haftungsausschluss ist dabei nicht möglich, sondern kann nur begrenzt unter Berücksichtigung der Vorgaben des § 309 Nr. 7 BGB erfolgen. Einen Mustervertrag finden Sie am Ende des Buches (› Seite 229 ff.).

Kommt es während der Nutzung des Pferdes durch die Reitbeteiligung zu Schäden an Dritten, können Sie Ihre Inanspruchnahme durch den Dritten natürlich nicht ausschließen. Sie können aber mit Ihrer Reitbeteiligung durchaus für den Fall, dass Sie wegen eines Verschuldens der Reitbeteiligung gegenüber einem Dritten haften müssen, vereinbaren, sich diese Kosten bei der Reitbeteiligung zurückholen zu dürfen.

Zwei auf einem Pferd – das birgt Risiken und zählt nicht als Reitbeteiligung. [Foto: shutterstock.com/Cathleen A Clapper]

§ RECHTSPFAD-TIPP

Haben Sie als Reitbeteiligung gegenüber dem Pferdehalter einen Haftungsausschluss unterzeichnet, sollten Sie noch am gleichen Tag zwei Versicherungsverträge abschließen: zum einen eine Tierhüter-Versicherung, zum anderen eine Unfallversicherung.

REITBETEILIGUNG AUS VERSICHERUNGSTECHNISCHER SICHT

In der Regel erfasst eine Tierhalterhaftpflichtversicherung auch das sogenannte „Gast- und Fremdreiterrisiko". Aber aufgepasst: Dies gilt nur für u**nentgeltliches und gelegentliches Fremdreiten**. Die typische Reitbeteiligung trifft das ja gerade nicht, denn häufig sind Gegenleistungen vereinbart und „gelegentlich" ist das genaue Gegenteil von „regelmäßig".

Die Reitbeteiligung ist deshalb im Tierhalterhaftpflichtversicherungsvertrag separat und vor allem ausdrücklich abzusichern. In diesem Fall verzichtet dann auch der Versicherer auf den Regress gegenüber der Reitbeteiligung, in den diese stets dann genommen werden würde, wenn ihr eigenes Verschulden oder Mitverschulden an der Schädigung eines Dritten vorzuwerfen wäre.

Überlassung des Pferdeanhängers

Gängigerweise mieten Sie einen Pferdeanhänger von einem gewerblichen Vermieter gegen Entgelt oder leihen ihn unentgeltlich von einem Ihnen bekannten privaten Anhängerbesitzer, manchmal mieten Sie ihn auch gegen ein geringes Entgelt. Zur Miete des Anhängers gelten im Wesentlichen die bereits zur Pferdemiete dargestellten Grund-

sätze (› bei die Anhängervermietung in aller Regel zusätzliche Klauseln in einem schriftlichen Mietvertrag bereithalten wird. An dieser Stelle soll vorrangig das private Entleihen oder Mieten thematisiert werden.

Als privater Besitzer eines Pferdeanhängers haben Sie mehr Freunde als gedacht, nämlich auch solche, die sich Ihren Anhänger mal ausleihen wollen. Damit aus Freunden nicht Feinde werden, sollten Sie das Ausleihen schriftlich fixieren und mit dem Entleiher eine **Haftungsfreistellung vereinbaren,** falls beim Anhängerbetrieb Dritte oder das transportierte Pferd geschädigt werden, sowie eine **Pflicht zur Reparatur** von etwaig entstehenden Schäden am Anhänger niederlegen.

Gesetzlich verpflichtend ist, dass sowohl eine **Haftpflichtversicherung für Ihr Fahrzeug als auch eine für Ihren Anhänger** abgeschlossen sein muss. Ohne diese dürfen Sie den Anhänger nicht fahren. Zieht der Entleiher Ihren Pferdeanhänger mit seinem Zugfahrzeug, bestehen damit zwei Haftpflichtversicherungen verschiedener Versicherungsnehmer. Kommt es zum Unfall unter Anhängerbeteiligung, so hat der BGH 2010 klargestellt, dass im Innenverhältnis zwischen Zugfahrzeughalter und dem Anhängerhalter **das Kraftfahrzeug und der Anhänger den Schaden zu je 50 Prozent** zu tragen haben. Im Außenverhältnis haften Sie beide gegenüber dem Geschädigten gemeinsam als Gesamtschuldner, werden also im Streitfall auch gemeinsam verklagt.

Aus dem freundlichen Verleihen des Anhängers entsteht Ihnen also jedenfalls viel Ärger mit der Abwicklung eines Rechtsstreits, auch wenn dafür letztendlich Ihr Versicherer finanziell einstehen wird. Resultieren kann für Sie aus dem Schaden aber gegebenenfalls die Höherstufung der Haftpflichtversicherungsprämie für den Anhänger. Und wenn der Anhänger beim Unfall beschädigt wurde, bleiben Sie auf der Hälfte des Schadens sitzen. Ohne die bereits angesprochene Haftungsfreistellung zahlen Sie deshalb jedenfalls drauf.

Ob groß oder klein, die Gefahr eines Schadens und einer Haftung ist immer gegeben. [Foto: shutterstock.com/Zuzule]

KAPITEL IV: HAFTUNGS- UND SCHADENSRECHT

Tierhalterhaftung

Den meisten Menschen, die ein Tier halten, ist nicht bewusst, welcher Haftung sie ausgesetzt sind. Denn durch die gesetzlich normierte Tierhalterhaftung in Form des § 833 BGB kann es all diejenigen haftungstechnisch ohne Verschulden treffen, die über ein Tier Kontrolle ausüben. Das kann das Pferd sein, die Katze, der Papagei, aber auch die Biene vom Imker.

PFERDEHALTERHAFTUNG – GEFÄHRDUNGS-HAFTUNG OHNE VERSCHULDEN

In der Regel beschäftigen Sie sich als Pferdehalter mit dem Thema Tierhalterhaftung, wenn Sie – hoffentlich – Ihre Tierhalterhaftpflichtversicherung (› Seite 174) abschließen und dann erst wieder, wenn es zu einem Schaden kommt. Dafür, was die Versicherung absichert, lohnt sich ein Blick ins Gesetz, und zwar in den § 833 Satz 1 BGB: „Wird durch ein Tier ein Mensch getötet oder der Körper oder die Gesundheit eines Menschen verletzt oder eine Sache beschädigt, so ist derjenige, welcher das Tier hält, verpflichtet, dem Verletzten den daraus entstehenden Schaden zu ersetzen."

Es geht also um **Schäden, die ein Pferd bei Dritten** anrichtet, zu denen auch der Reiter zählt, wenn er nicht Tierhalter ist. Was Ihnen aus dem Gesetzestext vielleicht nicht direkt klar

wird: **Für Schäden, die Ihr Pferd verursacht, haften Sie als Tierhalter immer**. Und zwar ohne jedes Verschulden. Der Gesetzgeber geht davon aus, dass Tiere eben einfach gefährlich sind, und wer sich ein Tier hält, muss deswegen grundsätzlich erst einmal jeden Schaden ersetzen. Haben Sie für diese **Gefährdungshaftung** keine Tierhalterhaftpflichtversicherung, haften Sie im Schadensfall mit Ihrem ganzen Vermögen persönlich.

Nur wenige Ausnahmen von der Tierhalterhaftung gibt es, wenn nämlich das Schadensverursachende Pferd ein Nutztier war und der Erwerbstätigkeit des Pferdehalters diente (› Seite 139 f.), wenn einer der wenigen Haftungsausschlüsse gegeben ist (› Seite 133 f.), und schließlich kann es ja sein, dass dem Geschädigten ein Mitverschulden anzulasten ist, sodass Sie als Pferdehalter nicht zu 100 Prozent, sondern vielleicht nur zu 30 Prozent oder zu 50 Prozent haften müssen (› Seite 146 ff.).

Wer ist Tierhalter?

Nicht immer ist diese Frage klar zu beantworten und deshalb im Rechtsstreit von wesentlicher Natur. Oft hat ein Pferd ja gerade dann einen Schaden verursacht, wenn Sie gar nicht dabei waren, vielleicht war es mit jemand anderem auf einer Veranstaltung, war verpachtet oder schon auf Probe verkauft. Wer der Tierhalter ist, hat der BGH in einem Urteil 1988 grundlegend formuliert. Es ist derjenige, der die **Bestim-**

mungsgewalt über das Pferd hat, aus eigenem Interesse für die Kosten des Tieres aufkommt und den allgemeinen Wert und Nutzen des Tieres in Anspruch nimmt.

Auf den Punkt gebracht heißt das: Es kommt nicht darauf an, wer Eigentümer oder Besitzer eines Pferdes ist. Pferdehalter ist, wer faktisch für das Schicksal des Tieres zuständig ist. Der BGH stellte in dem entschiedenen Fall, in dem der Pferdeeigentümer sein Pferd einem anderen zur Nutzung überlassen hatte, klar, dass Pferdehalter im Sinne des Schadensrechts derjenige ist, auf den sich der Schwerpunkt der Nutzung des Tieres verlagert hat. Ein typisches Beispiel hierfür ist die Stutenpacht (› Seite 126 f.).

Andere Gerichte haben zusätzliche Kriterien angenommen, um herauszufinden, wer tatsächlich Tierhalter zum Schadenszeitpunkt war. Das OLG Hamm machte dies 1994 unter anderem auch daran fest, in wessen Gesamtinteresse ein Pferd gehalten wird. Das OLG Düsseldorf entschied 1997 ebenso wie das LG Hanau 2003, dass sich die Tierhaltereigenschaft daran orientiert, wer Versicherungsnehmer der Tierhalterhaftpflicht ist.

Grundsätzlich können auch Minderjährige Tierhalter sein – Volljährigkeit ist nicht notwendig. Deshalb Achtung an alle „Sponsoren" und gönnenden Eltern: Die Nutzungsherrschaft bestimmt auch dann die Haltereigenschaft (etwa der Tochter), wenn für die Kosten ein anderer (etwa die Eltern) aufkommt, so das OLG Schleswig 2004.

Tierhalter sind und bleiben Sie auch nach einer Entscheidung des LG Erfurt im Jahr 2007, wenn Sie dem Pensionsbetriebsinhaber (Tierhüter) erlauben, das Pferd teilweise für seinen Betrieb zu nutzen.

Haftung nur bei Verwirklichung der spezifischen Tiergefahr

Die verschuldensunabhängige Gefährdungshaftung tritt aber nur ein, wenn sich die spezifische Tiergefahr verwirklicht hat. Folglich geht die Rechtsprechung davon aus, dass die schadensverursachende Verletzungshandlung auf ein selbstständiges und willkürliches Verhalten des Tieres zurückzuführen sein muss. Der BGH ging 1999 sogar so weit, dass die Tiergefahr nur eine Ursache für den späteren Schaden gesetzt haben muss. Der Fall: Ein Reiter war kurz nach dem „tierischen Verhalten", nämlich einem kurzzeitigen Durchgehen, aufgrund eigener Verunsicherung von dem dann stehenden Pferd gefallen und hatte sich verletzt. Seinen Schaden musste der Pferdehalter ersetzen.

Das Gegenteil der spezifischen Tiergefahr liegt theoretisch dann vor, wenn das Pferd dem menschlichen Befehl des Reiters, Fahrers oder Führers willenlos folgt und eben nicht selbstständig handelt. Eindeutig ist dies etwa dann, wenn der Reiter sein Pferd bewusst gegen einen Fußgänger lenkt. Die Rechtsprechung zur Frage, wann sich die Tiergefahr verwirklicht hat und wann ein unselbstständiges Folgen vorliegen soll, ist jedoch alles andere als einheitlich. Hierfür beispielhaft die folgenden Urteile: Das LG Gießen entschied 1995, dass sich eine Reiterin, die mit dem Pferd zum Sturz gekommen war, weil sie eine zu schnelle Gangart auf einem Betonboden gewählt hatte, nicht auf die spezifische Tiergefahr berufen kann, weil das Pferd in der Situation lediglich der menschlichen Leitung gehorchte. Eine Tierhalterhaftung kam deshalb nicht in Betracht. Ähnlich urteilte das LG Hagen 2001: „Wenn das Pferd stolpert und es hierdurch zu einer Verletzung des Reiters kommt, liegt kein ‚ein der tierischen Natur entsprechendes Verhalten' vor und entsprechend auch keine Tierhalterhaftung."

Nur noch schwer nachvollziehbar ist hier ein Urteil des KG Berlin aus 1989, das zwar ebenso feststellte, dass unter die Tierhalterhaftung nicht die Fälle fallen, in denen die Beschädigung von einem unter menschlicher Leitung stehenden Tier ausgeht, aber zusätzlich die Tierhalterhaftung verneinte, wenn das Pferd den ihm gegebenen **Anweisungen nicht gehorcht**. Da bleibt die Frage, was, wenn nicht Ungehorsam, ein selbstständiges und willkürliches Verhalten des Tieres ist, wie es schon der BGH voraussetzt?

Gänzlich anders entschied das OLG München 2010 und meinte, dass es nach § 833 BGB gar nicht darauf ankommt, ob die Reaktion des Pferdes auf ein vorangegangenes Verhalten des geschädigten Reiters zurückzuführen ist, es also menschlicher Leitung folgte. Denn ob es folgt oder nicht, Grund der Unberechenbarkeit sei eben tierisches Verhalten, für das der Halter den Geschädigten grundsätzlich schadlos zu halten habe.

Einheitlich ist in diesem Zusammenhang die Rechtsprechung nur dazu, wer was beweisen muss. Wenn das Pferd zum Zeitpunkt des Unfalls unter der Leitung des Reiters stand, **trifft den geschädigten Reiter die Beweislast**, dass der eingetretene Schaden auf eine „spezifische Tiergefahr" zurückzuführen ist, so das LG Gießen 1995 und das OLG Koblenz 1998.

RECHTSPFAD-TIPP

Wer vor Gericht Anspruch auf etwas erhebt, muss auch den Beweis erbringen, dass ihm dieser zusteht. Berufen Sie sich als Geschädigter also darauf, dass Sie durch ein bestimmtes Pferd geschädigt worden sind und deshalb einen Schadensersatzanspruch haben, müssen Sie dafür den Beweis erbringen. Schaffen Sie das, haftet Ihnen der Tierhalter verschuldensunabhängig.

AUSNAHMEN BESTÄTIGEN DIE REGEL: VERSCHULDENSHAFTUNG BEIM NUTZTIER

Die Ersatzpflicht tritt nach § 833 Satz 2 BGB nicht ein, wenn der Schaden durch ein Haustier verursacht wird, das dem Beruf, der Erwerbstätigkeit oder dem Unterhalt des Tierhalters zu

dienen bestimmt ist, und entweder der Tierhalter bei der Beaufsichtigung des Pferdes die im Verkehr erforderliche Sorgfalt beachtet hat oder der Schaden auch bei Anwendung dieser Sorgfalt entstanden sein würde.

Gönnen Sie sich also den Luxus und halten Ihr Pferd nur aus Hobby, dann haben Sie ein „**Luxustier**", für das Sie, wie gesehen, **immer haften, ohne jegliche Schuld**. Können Sie sich jedoch darauf berufen, dass Sie mit Ihrem Pferd Geld verdienen, das zu Ihrem Unterhalt beiträgt, dann haben Sie ein „**Nutztier**" und sind privilegiert: Sie **haften bloß dann, wenn Sie ein Verschulden trifft**.

Sie müssen sich dabei allerdings selbst mit einem **Entlastungsbeweis** aus der Haftung ziehen. Um nicht haften zu müssen, obliegt Ihnen der Beweis, dass Sie entweder bei der Beaufsichtigung des Pferdes die im Verkehr erforderliche Sorgfalt beachtet haben oder dass der Schaden auch bei Anwendung dieser Sorgfalt entstanden sein würde.

Nicht immer einfach:
Abgrenzung Nutztier und Luxustier

Ob Ihr Pferd im Schadensfall Luxus- oder Nutztier war, entscheidet nicht Ihr Portemonnaie, sondern letztendlich immer das Gericht.

Einigkeit besteht unter den Gerichten, dass die bloße Tatsache, dass ein Pferd durch seinen reiterlichen Einsatz Einnahmen erzielt, etwa in Form von Gewinngeldern oder von Einnahmen für seine Gebrauchsüberlassung, für die Annahme der haftungsgünstigeren Nutztiereigenschaft nicht ausreicht. Entsprechend urteilte das OLG Frankfurt 2008, dass ein Pferd, das zeitweise gegen Entgelt von einem Pferdebetrieb vermietet wird, kein Nutztier ist, wenn das Pferd **hauptsächlich der privaten Nutzung** dient.

Auch Vereine können sich nicht automatisch auf das Nutztierprivileg berufen. Schon 1982 entschied der BGH, dass für einen Verein, der nicht auf die Erzielung von Gewinnen ausgerichtet ist und deshalb die Pferde ausschließlich für den sportlichen Gebrauch seiner Mitglieder hält, nicht das Nutztierprivileg gilt. Zwar wurden mit dem schadensverursachenden Pferd Einnahmen generiert, aber nun mal nicht zum Zwecke der Erwerbstätigkeit oder des Unterhalts. Dass damit kein privilegiertes Nutztier anzunehmen ist, urteilte auch das OLG Hamm 2000 für ein Reitpferd, das ein eingetragener Verein seinen Mitgliedern gegen Entgelt zur Verfügung stellte. Das sah der BGH 2010 genauso und verneinte mangels Gewinnerzielungsabsicht die Nutztiereigenschaft des Pferdes eines gemeinnützigen Vereins, das dieser zur Erfüllung seiner satzungsgemäßen Aufgaben zur Behinderten-Reittherapie gegen geringes Entgelt eingesetzt hatte.

Dagegen sprach das OLG Brandenburg 1997 einem schadensverursachenden **Rennpferd** das Privileg des Nutztieres zu, weil es dem zu Erwerbszwecken dienenden Rennstall seines Tierhalters zugeordnet werden konnte. Dass Rennpferde aber nicht per se als Nutztiere einzuordnen sind, befand das OLG Düsseldorf 1994. Es sah es als nicht ausreichend für das Nutztierprivileg an, dass ein Pferd Gewinngelder erzielt, die circa das Doppelte seiner Haltungs- und Trainingskosten betragen, wenn es ansonsten zu Liebhaberzwecken gehalten wird. Das Gericht stellte damit klar, dass es bei der Einordnung, ob Nutztier oder Luxustier, im Wesentlichen auf die **Zweckbestimmung des Pferdes** ankommt.

In diesem Zusammenhang ziehen die Gerichte auch enge Grenzen bei der Überlegung, ob ein Pferd dem Unterhalt des Tierhalters dient. So eröffnete etwa das LG Dortmund 2008 einem Hobbyreitlehrer nicht die Entlastungsmöglichkeit beim Nutztier, weil der mit dem Pferd erzielte Verdienst nur gering war und deshalb „keinen wirtschaftlich erheblichen Beitrag" zum Unterhalt des Tierhalters leistete. Auch nach Ansicht des OLG Frankfurt 2005 reichen erzielte 340 Euro monatlich für eine Nutztiereigenschaft deshalb nicht aus.

Dagegen stellt das **Aufziehen und Ausbilden von Jungpferden** zum Zwecke der späteren Veräußerung nach Ansicht des OLG Celle im Jahr 2000 eine Erwerbstätigkeit dar, mit der Folge, dass der Tierhalter für Schäden eines solchen Pferdes nur dann haftet, wenn ihm ein Verschulden vorzuwerfen ist.

Luxustier oder Nutztier, gerade beim Rennpferd eine elementare Frage. [Foto: Krzysztof Ziemianski]

**Entlastungsbeweis:
in der Praxis oft schwer zu erbringen**

Um im Schadensfall nicht haften zu müssen, dürfen Sie sich als Halter eines Nutztieres entlasten. Bedeutet: Sie haben das Privileg, dann nicht haften zu müssen, wenn Sie **beweisen** können, dass Sie **kein Verschulden am Schaden** trifft. Beispielhaft einige Entscheidungen zu typischen Schadensfällen:

Das OLG Nürnberg entschied 2004, dass ein gewerblicher Pferdehalter sich bei einem Schaden durch ein **entlaufenes Pferd** nur dann entlasten kann, wenn er für den Fall seiner Abwesenheit vom Gehöft Vorsorge gegen unbefugtes Freilassen der Pferde durch Dritte getroffen hat. Der gleichen Ansicht war das OLG Celle 2000 bei einem Schaden, der durch das Ausbrechen eines Pferdes durch **Überspringen des Zauns** eines gewerblichen Tierhalters entstanden war. Der Tierhalter habe zumutbare Vorkehrungen gegen das Überspringen zu treffen. Vorkehrungen gegen einen Ausbruch in der Nähe von Straßen wegen zu befürchtender Verkehrsunfälle sind strenger zu bewerten. Daher kann die pflichtgemäß einzuhaltende Zaunhöhe unterschiedlich sein. Die unterste Grenze läge bei 1,20 Metern. Ein Zaun von einem Meter Höhe sei nicht ausreichend.

Auch vor dem LG Amberg konnte ein gewerblicher Pferdehalter den Entlastungsbeweis 1993 nicht führen: Er hatte einen **Hengst im Reitunterricht** eingesetzt, durch den es zum Schaden kam. Das Gericht war der Ansicht, dass der Pferdehalter die ihm obliegende Sorgfaltspflicht verletzt hatte, denn der Einsatz von Hengsten im Reitsport sei wegen der Unberechenbarkeit und Unkalkulierbarkeit der Tiere unüblich.

HAFTUNGSAUSSCHLÜSSE

Wie gesehen haften Sie als Pferdehalter für Ihr „Luxustier" grundsätzlich verschuldensunabhängig, für Ihr Nutztier verschuldensabhängig.

Ausnahmsweise ist das nicht so, wenn ein Haftungsausschluss vorliegt.

Den können Sie vorher vertraglich mit dem Geschädigten vereinbart haben (› Seite 133 f.), möglicherweise liegt aber auch ein gesetzlicher Haftungsausschluss vor, weil es sich um einen Arbeitsunfall handelt (› Seite 142), oder vielleicht ist dem Geschädigten auch vorzuwerfen, dass er sich bewusst selbst gefährdet hat und deshalb unter dem Gesichtspunkt des „Handelns auf eigene Gefahr" keine Ansprüche hat (› Seite 144).

Vertraglich vereinbarter Haftungsausschluss

Einen Haftungsausschluss können Sie mit denjenigen Personen explizit vertraglich vereinbaren, die mit Ihrem Pferd näher zu tun haben. Sind dies Minderjährige (› Seite 57), ist der Vertrag mit den gesetzlichen Vertretern, zumeist den Eltern, abzuschließen. Klassischerweise wird man einen derartigen vertraglichen Haftungsausschluss mit einer Reitbeteiligung vereinbaren, muss dabei aber die Vorgaben der **AGB-Inhaltskontrolle für Formularvordrucke** beachten (› Seite 17 f.). Eine solche Haftungsfreistellung finden Sie am Ende des Buchs unter den Musterverträgen (› Seite 229 ff.).

Ein gut sichtbar **ausgehängtes Schild im Stall**, dass Teilnehmer eines Lehrgangs auf eigene Gefahr handeln, begründet jedoch im Gegensatz zu anderen gewerblichen Tätigkeiten noch keinen Haftungsausschluss, so das OLG Hamm 1999 unter Bezugnahme auf eine BGH-Entscheidung aus 1977: Für die Bejahung eines Haftungsausschlusses ist zu verlangen, dass Umfang und Bedeutung der Risikoverlagerung dem Reitschüler deutlich vor Augen geführt werden. Ein bloßer Aushang reiche dafür nicht aus.

Stillschweigend vereinbarter Haftungsausschluss

Ganz viele gerichtliche Entscheidungen drehen sich um die Frage, ob zwischen dem Pferdehalter und dem Geschädigten, zumeist dem

Reiter, stillschweigend eine Haftung für spätere Schäden ausgeschlossen wurde.

Das OLG Schleswig stellte dazu 2012 unter Bezugnahme auf die ständige Rechtsprechung des BGH heraus, dass ein stillschweigender (konkludenter) Haftungsausschluss nur ausnahmsweise und nur bei Vorliegen besonderer Umstände in Betracht kommt. Im Wege ergänzender Vertragsauslegung ist dabei Voraussetzung in erster Linie, dass der Schädiger (Pferdehalter), wäre die Rechtslage vorher zur Sprache gekommen, einen Haftungsverzicht gefordert und sich der Geschädigte dem ausdrücklichen Ansinnen **einer solchen Abmachung billigerweise nicht hätte versagen dürfen**, so das Gericht.

Eine solche Situation sah das OLG Nürnberg 2011 zulasten einer geschädigten Reiterin, die den Pferdehalter in Anspruch nehmen wollte. Das Gericht begründete den stillschweigend vereinbarten Haftungsausschluss damit, dass die pferdebegeisterte Geschädigte ein **hohes Eigeninteresse** gehabt habe und ihre Reitbeteiligung bei einmaliger wöchentlicher Nutzung über den Zeitraum von drei Jahren **langfristig und regelmäßig** gewesen sei.

Kein stillschweigend vereinbarter Haftungsausschluss kann jedoch angenommen werden, wenn beide Beteiligten davon ausgehen, dass **hinter dem Tierhalter eine Versicherung** steht, stellte das OLG München 2010 fest.

Wenn Sie als Pferdehalter nur mal nett und gefällig sein wollen und Ihr Pferd deshalb einem anderen Reiter überlassen, sollten Sie im Hinterkopf behalten, dass nach überwiegender Rechtsprechung von einem stillschweigend vereinbarten Haftungsausschluss auch **nicht bei einer Gefälligkeit** ausgegangen wird. Der BGH urteilte dazu 1992 grundlegend: Danach kommt die Tierhalterhaftung auch dem Reiter zugute, dem das Pferd aus Gefälligkeit überlassen wird. Das sei auch beim Sturz eines 13-jährigen Mädchens vom gefälligkeitshalber in der Reithalle überlassenen Pferd nicht anders, so das OLG Karlsruhe 2012.

Ob ein stillschweigender Haftungsausschluss vorliegt, wird immer wieder in den Fällen diskutiert, wo ein Kaufinteressent beim **probeweisen Ausprobieren eines Pferdes** zu Schaden kommt. Das lehnte das OLG Schleswig 2012 ab und stellte fest, dass der Proberitt letztendlich auf Veranlassung des Pferdehalters erfolge und dieser ein wirtschaftliches Interesse daran habe. Ein stillschweigender Haftungsausschluss könne deshalb nicht angenommen werden. Das OLG Düsseldorf sah dies 1997 etwas differenzierter bezogen auf die Dauer der Probe. Wenn ein Pferd einem Kaufinteressenten nicht nur für einen bloßen Proberitt, sondern einige Wochen lang für eine sorgfältige Eignungsprüfung zur Verfügung gestellt wird, müsse man von einem stillschweigenden Haftungsausschluss zugunsten des Pferdehalters ausgehen.

Gesetzlicher Haftungsausschluss: Arbeitsunfall

Einen gesetzlichen Haftungsausschluss hält das Sozialgesetzbuch für Sie als Pferdehalter bereit, wenn der Schaden anlässlich einer Tätigkeit des Geschädigten eingetreten ist, die **im weitesten Sinne als Arbeitsunfall** einzuordnen ist. Denn für Arbeitsunfälle gilt der Haftungsausschluss nach § 104 Abs. 1 SGB VII, wonach im Grundsatz bei Personenschäden, die über die Berufsgenossenschaft reguliert werden oder reguliert werden müssen, eine zusätzliche zivilrechtliche Tierhalterhaftung ausgeschlossen ist.

Das gilt, wenn Sie als Pferdehalter von der Rechtsprechung als Unternehmer oder auch nur als „Wie-Unternehmer" eingeordnet werden und Ihnen **der Geschädigte arbeitnehmermäßig zuzuordnen** ist, notfalls auch als ein „Wie-Arbeitnehmer". Entsprechend muss zwischen Ihnen auch **nicht wirklich ein Arbeitsverhält-**

nis vorgelegen haben, sondern ganz im Gegenteil ist die Rechtsprechung sehr ausufernd dabei, derartige „Wie-Beschäftigungsverhältnisse" zu konstruieren und diese in die landwirtschaftliche Berufsgenossenschaft einzuordnen.

Das hat für Sie als Geschädigten eine weitreichende Bedeutung: Liegt nämlich ein Arbeitsverhältnis mit dem Pferdehalter vor oder wird ein „Wie-Beschäftigungsverhältnis" vom Gericht konstruiert, haben Sie über die Leistungen der Berufsgenossenschaft (BG) hinaus keine weiteren Ansprüche aus Personenschäden, insbesondere also **keinen Anspruch auf Schmerzensgeld**. Dadurch kann Ihr Schaden in jederlei Hinsicht schmerzvoll sei.

Der Haftungsausschluss bezieht sich allerdings nur auf Personenschäden und **nicht parallel auch auf Sachschäden**, wie unter anderem das LG Itzehoe 2003 zu einem Fall festhielt, bei dem der an sich private Pferdehalter als „Wie-Unternehmer" eingeordnet wurde, weil er den später Geschädigten gebeten hatte, ein Pferd für ihn zuzureiten.

Nachfolgend eine kleine Auswahl von Entscheidungen, wann Gerichte Tätigkeiten im Pferdebereich als **arbeitnehmerähnlich** und damit der BG unterfallend angesehen haben:

Bayerisches LSG 2011: Eine Arbeit suchende Berufsreiterin (Bereiterin), die sich im Rahmen der Eigeninitiative **bei einem möglichen neuen Arbeitgeber vorstellt** und beim probeweisen Vorreiten abgeworfen wird, steht nicht unter dem Schutz der BG.

LSG Bremen 2011: Verunglückt ein Reiter mit einem ihm zwecks gemeinsamen Ausrittes überlassenen Pferd, steht dieser nicht als „Wie-Beschäftigter" unter dem Schutz der BG, wenn nach den objektiven Anhaltspunkten **keine Beauftragung seitens des Pferdehalters** zum straßensicheren Einreiten des Pferdes nachgewiesen werden kann.

OLG Celle 2011: Bestand zwischen dem Reiter und dem Pferdehalter ein **reines Gefälligkeitsverhältnis**, innerhalb dessen der Reiter das Pferd unregelmäßig, freiwillig

und unentgeltlich bewegte, ist Derartiges nicht arbeitnehmerähnlich und unterliegt nicht der BG.

OLG Celle 1996: Weil **unentgeltliche Hilfeleistungen** für einen Pferdebetrieb normalerweise solche sind, die sonst von einem Arbeitnehmer erbracht werden, ist auch ein Geschädigter, der diese Leistungen aus reiner Gefälligkeit erbringt, als „Wie-Arbeitnehmer" anzusehen, denn er wird in **fremdwirtschaftlichem Interesse** tätig. Die Unfallfolgen sind deshalb über die landwirtschaftliche BG abzuwickeln, ein Schmerzensgeldanspruch scheidet aus.

SG Frankfurt 2006: Die Betreuung eines Pferdes des abwesenden Pferdehalters durch die Geschädigte ist ein geradezu **selbstverständlicher Hilfsdienst unter Reitkollegen**, für den kein Versicherungsschutz in der BG besteht. An einer fremdwirtschaftlichen Zweckbestimmung fehlt es dann.

Aber auch bei der Einordnung des Pferdehalters als „Wie-Unternehmer" zur BG ist die Rechtsprechung recht großzügig. Unternehmer im Sinne der BG ist derjenige, der das wirtschaftliche Ergebnis der im Unternehmen verrichteten Arbeit unmittelbar verantwortet. Eine tatsächlich auf Erwerb gerichtete Tätigkeit oder ein Geschäftsbetrieb als solcher wird aber nicht vorausgesetzt, sodass **auch Hobby- und Kleinstbetriebe** erfasst werden (› Seite 30). Der sehr weite Unternehmerbegriff der Rechtsprechung in der Übersicht:

Hessisches LSG 2012: Der BG unterfallen auch Personen, die selbstständig oder unentgeltlich, insbesondere **ehrenamtlich im Gesundheitswesen** oder in der Wohlfahrtspflege tätig sind. Grundsätzlich sind alle einschlägigen Tätigkeiten geeignet, ein Unternehmen im Sinne der gesetzlichen Unfallversicherung zu begründen, ohne dass es hierfür auf das Vorliegen eines Betriebs oder einer Organisation im herkömmlichen Sinn ankommt.

OLG Köln 1992: Übernimmt jemand gegenüber einem nichtgewerbsmäßigen Pferdehalter aus Gefälligkeit während dessen mehrtägiger Abwesenheit die Versorgung der Pferde und erleidet dabei einen Personenschaden, so ist die Haftung des Pferdehalters ausgeschlossen, weil er insoweit als „Wie-Unternehmer" gilt und deshalb ein Arbeitsunfall vorliegt.

SG Karlsruhe 2014: Ein **gemeinnütziger Verein**, der eine Reittherapie für kranke Kinder anbietet, ist ein Unternehmen der Wohlfahrtspflege im Sinne des Sozialgesetzbuchs und unterfällt damit den Vorschriften der BG.

„Handeln auf eigene Gefahr" des Geschädigten

In einer Vielzahl von Schadensfällen wird der von der Rechtsprechung entwickelte Rechtsbegriff des sogenannten „Handelns auf eigene Gefahr" zum Thema. Das bedeutet, dass Ihnen als Geschädigtem dabei der Vorwurf gemacht wird, dass Sie sich **bewusst in eine Situation der Selbstgefährdung begeben** haben. War das tatsächlich so, ist eine Haftung des Tierhalters nämlich vollumfänglich ausgeschlossen.

Der BGH schrieb 2005 treffend in seinem Urteil, dass eine vollständige Haftungsfreistellung des Tierhalters unter dem Gesichtspunkt des Handelns auf eigene Gefahr **nur in eng begrenzten Ausnahmefällen** erwogen werden kann. Das sei möglich, wenn der Geschädigte sich mit der Übernahme des Pferdes oder der Annäherung an ein solches bewusst einer besonderen Gefahr aussetzt, die über die normalerweise mit dem Reiten oder der Nähe zu einem Pferd verbundene Gefahr hinausgeht. Der BGH zählte auf, dass das dann der Fall sein könne, wenn ein **Tier erkennbar böser Natur** ist oder erst **zugeritten** werden muss oder wenn der Ritt als solcher spezifischen Gefahren unterliegt, wie beispielsweise **beim Springen oder bei der Fuchsjagd**.

Dass also allein ein **Handeln in eigenem Interesse** vorliegt, stellt ohne Eingehung von besonderen Risiken noch kein Haftungsausschluss dar, so der BGH 1982. Dem schloss

sich das OLG Köln 1987 an und sah kein Handeln auf eigene Gefahr, wenn der Reiter zwar freiwillig und aus eigenem Interesse ein fremdes Pferd reitet, aber eben im konkreten Einzelfall keine ungewöhnlichen Risiken übernimmt, die über diejenigen eines gewöhnlichen Rittes hinausgehen.

2013 konkretisierte der BGH weiter, dass es letztlich auch auf die Motivation des Geschädigten ankomme: „**Das Bewusstsein der besonderen Gefährdung** ist stets Voraussetzung, um ein Handeln des Geschädigten auf eigene Gefahr annehmen zu können." Zum völligen Unverständnis eines jeden Pferdehalters ging der BGH in diesem Urteil sogar so weit, dass er es grundsätzlich als unerheblich erachtete, ob derjenige, der von einem Pferd stürzt, mit oder ohne Einverständnis des Pferdehalters reiten wollte.

Hier einige Beispiele von Gerichten, die einen **vollumfänglichen** Haftungsausschluss aufgrund des „Handelns auf eigene Gefahr" annahmen, weitere Beispiele finden Sie in den typischen Fallgruppen (› Seite 150 ff.):

OLG Düsseldorf 2005: Ist einer erfahrenen Reiterin, die ein Reitpferd von einer Bekannten für einen Ausritt ausleihen will, bekannt, dass es bei dem ersten Versuch, das Pferd für den Ausritt auf einen Anhänger zu verladen, zu erheblichen Schwierigkeiten gekommen ist, muss sie bei einem weiteren Verladeversuch mit entsprechenden Angst- oder Panikreaktionen des Pferdes rechnen. Die Tierhalterhaftung ist ausgeschlossen, wenn sich die Reiterin bei dem **zweiten Verladeversuch in dem Gefahrenbereich einen Meter** hinter oder seitlich hinter dem Pferd aufhält.

OLG Schleswig 2003: Führt der Geschädigte selbst ein Pferd mit sich, muss er zu einem anderen Pferd einen **hinreichenden Sicherheitsabstand einhalten**, damit sich nicht zwischen den Pferden ein Rivalitätsgefühl entwickelt. Verletzt der Geschädigte diese Obliegenheit in grob fahrlässiger Weise, so ist eine Haftung des schädigenden Tierhalters wegen überwiegenden Mitverschuldens ausgeschlossen.

Zu enger Kontakt birgt Konfliktpotenzial, erst unter den Pferden, bei Schaden unter den Tierhaltern. [Foto: Jost Appel]

OLG Hamm 2002: Der Versuch, ein ausgebrochenes Pferd wieder auf „seine" Weide zurückzuführen, ist mit hohem Risiko verbunden, wenn beim dazu erforderlichen Öffnen des Gatters die naheliegende Gefahr besteht, dass dann ein anderes, noch auf der Weide befindliches Pferd ausbricht. Kommt jemand dabei zu Schaden, weil er von dem nunmehr von der Weide flüchtenden Pferd umgerannt wird, kann die Haftung seines Tierhalters von dem **überragenden Eigenverschulden** des Verletzten verdrängt sein.

LG Dortmund 2011: Die Haftung des Tierhalters ist ausgeschlossen, wenn der Schaden nicht der Gefahr des Tieres, sondern dem Handeln des Geschädigten selbst zuzurechnen ist. Dies ist gegeben bei einem Reiter, der in einer Reithalle ein Pferd ohne die dafür **erforderliche Erlaubnis** reitet. (Anmerkung des Autors: RGH entschied 2013 gegenteilig)

LG Paderborn 1998: Tritt ein Pferd bei einer **Schleppjagd** einen anderen Mitreitenden, muss der Tierhalter dafür nicht haften. Derartige Unfälle sind aufgrund der Stress-situation bei Schleppjagden absolut typisch.

AG Eutin 1993: Der Mieter reitet auf eigene Gefahr, wenn er nicht auf vom Vermieter **vorgeschriebenen und aus-geschilderten Wegen** reitet.

QUOTENANRECHNUNG BEI MITVERSCHULDEN AUF GESCHÄDIGTENSEITE

Werden Sie als Pferdehalter in die Haftung genommen, wird, wie Sie gesehen haben, in den wenigsten Fällen ein 100-prozentiger Haftungsausschluss zulasten des Geschädig-ten angenommen. In ganz vielen Fällen kom-men Gerichte jedoch zu einem anteiligen Mit-verschulden des Geschädigten an seinem eigenen Schaden.

Mitverschulden des Geschädigten am eigenen Schaden

Welche **prozentuale Haftungsquote** dann dem Mitverschulden des Geschädigten ent-spricht, formulierte das OLG Hamm 2002 wie folgt: Danach kommt es auf die Erkennbar-keit der konkreten Gefährlichkeit des Verhal-tens sowie auf die **Möglichkeit und Zumut-barkeit ihrer Vermeidung** an. Das Gewicht des eigenen Beitrags des Verletzten am Schaden bemisst sich nach seinem objekti-ven Anteil an der Verletzung und dem **Grad des Sorgfaltsverstoßes gegen das eigene Sicherheitsinteresse**.

Einfach gesagt: In jedem Einzelfall ent-scheiden Gerichte subjektiv über das objek-tive anteilige Mitverschulden des Geschädig-ten. Hier einige Urteilsbeispiele, um sich vorstellen zu können, wie die Gerichte Haf-tungsquoten bei einem Mitverschulden des Geschädigten ansetzen, weitere Entschei-dungen finden Sie auch in den typischen Fallgruppen (› Seite 150 ff.):

OLG München 2010: Besteigt der Geschädigte ein fremdes Pferd, dessen Eigenschaften weder er noch der anwesende Pferdehalter verlässlich kennt, und verfügt der Geschädig-te nicht über eine fundierte Reitausbildung und auch nur über **Reiterfahrung von einem Jahr** mit nur wenig Reit-unterricht, liegt hierin ein zum Schaden führender Mitver-ursachungsbeitrag des Geschädigten in Höhe von einem Drittel.

OLG Koblenz 2002: Es wird als leicht fahrlässig eingestuft und ein Drittel Mithaftung angenommen, wenn die geschädig-te Reitschülerin – ohne Not – mit einem Abstand von **weniger als 1,40 Meter hinter einem anderen Pferd** vorbeigegan-gen ist, ohne sich vorher bemerkbar zu machen.

OLG Celle 1996: Geht ein erfahrener Reiter, ohne dazu gezwungen gewesen zu sein, in einem **zu gering bemessenen Sicherheitsabstand** an der Hinterhand eines Pferdes vorbei, trifft ihn ein Mitverschulden von einem Drittel an der ihm durch Auskeilen des Pferdes zugefügten Verletzung.

OLG Hamm 1994: Kommt ein Reiter während eines einer Fuchsjagd vorangehenden Geländeritts in einer größeren Rei-tergruppe infolge eines **fehlerhaft parierten Gangwechsels** so nahe an das voranreitende Pferd heran, dass dieses scheut und den Reiter durch Ausschlagen des Hufs am Knie tritt, so haftet der Reiter für seinen Schaden aufgrund seines überwie-genden Eigenverschuldens in Höhe von zwei Dritteln gegen-über der Haftung des anderen Reiters wegen Verwirklichung der typischen Tiergefahr in Höhe von einem Drittel.

OLG Düsseldorf 1991: Eine zu Schaden gekommene Rad-fahrerin, die auf einem Radweg weiterfährt, obwohl sie die **Unruhe eines entgegenkommenden** Pferdes bemerkt, trifft 20 Prozent Mitverschulden.

LG Gießen 1998: Bei einem **normalen Geländeritt** auf einer alten und im Reitunterricht ansonsten verlässlichen Stute ist die Tierhalterhaftung nicht aus dem Gesichtspunkt des Han-delns auf eigene Gefahr ausgeschlossen. Der verletzte Reiter muss sich jedoch eine Mithaftung von 50 Prozent anrechnen lassen, wenn er als Tierführer nicht den Beweis antreten kann, dass eine Mitverursachung seinerseits auszuschließen ist.

Sonderfall:
Geschädigter ist minderjährig

Eine Vielzahl von Urteilen betreffen geschädigte Minderjährige. Zwar ist oft deren **individuelle Einsichtsfähigkeit** Thema der Entscheidungsgründe, eine etwaige Mitverschuldensquote wird jedoch von Fall zu Fall unterschiedlich begründet:

BGH 1992: Ein **15½-jähriges Mädchen** muss sich ein Mitverschulden in Höhe eines Drittels anrechnen lassen, wenn sie ohne ausreichende Reitkenntnisse um Überlassung eines Pferdes gebeten hat, sich dabei über das ausdrückliche Reitverbot ihrer Mutter hinweggesetzt hat und nicht einmal die beim Reiten übliche Reitkappe trug.

OLG Köln 1987: Die **Mithaftung eines 12-jährigen Kindes** wird mit 25 Prozent angenommen, wenn sich das verletzte Mädchen ein fremdes Pferd ausgeliehen hat, mit ihm ins Gelände geritten ist und sich dabei der Erkenntnis verschlossen hatte, dass ihm die für eine solche Aktion nötigen Kenntnisse und Erfahrungen fehlten und die Sache von vornherein nicht gut gehen konnte.

Anders das OLG Frankfurt 2009: Für minderjährige Reiter ist im Hinblick auf ein Mitverschulden an einem Reitunfall nur eine ihrem Alter und ihrer Reiterfahrung entsprechende Sorgfalt zu erwarten. Für eine **verunglückte Zwölfjährige** ist eine Mitschuld deshalb nicht gegeben.

Sonderfall:
Geschädigter ist selbst Tierhüter

Oft ergibt sich ein Mitverschulden des Geschädigten dann, wenn er selbst Tierhüter genau desjenigen Pferdes war, das ihm oder seinem Eigentum, dabei gegebenenfalls seinem eigenen anderen Pferd, letztlich einen Schaden zugefügt hat. Weil er nach der Tierhüterhaftung des § 834 BGB (> Seite 162 ff.) dann nicht haftet, wenn er nachweisen kann, **bei der Aufsicht über das Pferd die erforderliche Sorgfalt angewandt** zu haben, muss der Tierhüter diesen Nachweis auch erbringen, wenn er selbst geschädigt wurde und deshalb gegen den Pferdehalter aus dessen verschuldensunabhängiger Tierhalterhaftung vorgeht. **Einige Beispiele:**

BGH 2014: Ein Ausschluss der Tierhalterhaftung wegen Handelns auf eigene Gefahr kommt regelmäßig nicht in Betracht, wenn der Geschädigte, ein gewerblicher Tierhüter, ein Tier für mehrere Tage in seiner Pension aufgenommen und für diese Zeit die Beaufsichtigung des Tieres übernommen hat. Ein **für die Verletzung mitursächliches Fehlverhalten des Geschädigten** ist aber anspruchsmindernd zu berücksichtigen.

OLG Brandenburg 2011: Kommt es beim Ausritt einer 17-jährigen Reiterin zu einem Reitunfall und ist die Geschädigte aufgrund hinreichender Erfahrungen mit Pferden in der Lage, eigenständig ihre **Einflussmöglichkeiten auf die Steuerung des Pferdes wie ein Tierhüter** wahrzunehmen, so obliegt es ihr, den Entlastungsbeweis zu führen, dass sie kein Verschulden trifft. Dies gelang der Reiterin, die ohne Reithelm auf einem schmalen Waldweg schnell galoppierte, nicht. Ihr stehen deshalb keine Ansprüche gegen den Pferdehalter zu.

OLG Frankfurt 1995: Ist die Schädigung durch das Pferd nicht einem Dritten, sondern dem Tierhüter selbst entstanden (hier: schwerste **Verletzungen anlässlich des Aufsattelns in der Pferdebox**), haftet der Pferdehalter wie bei einem Dritten ohne Verschulden aus Tierhalterhaftung und der Reitstallbesitzer als Tieraufseher für denselben Schaden nach verschuldensabhängiger Tierhüterhaftung. Der Umfang des zu leistenden Ersatzes hängt davon ab, inwieweit der Schaden vorwiegend von dem einen oder anderen Teil verursacht worden ist. Diese Abwägung führt dazu, dass beide Parteien den Schaden je zur Hälfte zu tragen haben.

OLG Celle 1991: Wenn ein Tierhüter selbst der Geschädigte ist, ist **sein Schadensverursachungsbeitrag gegen den des Tierhalters abzuwägen**. Es ist dann zu beachten, dass ein Tierhalter, der sein Pferd in die Obhut eines Tierhüters gegeben hat, sich damit auch sämtlicher Einwirkungsmöglichkeiten auf sein Tier begeben hat. Daher tritt der Schadensverursachungsbeitrag des Tierhalters gegenüber demjenigen des Tierhüters vollständig zurück, wenn es dem Tierhüter durch entsprechende Vorsorge und Aufsicht **möglich gewesen wäre, den Schaden durch das überlassene Tier zu verhindern**.

Anteilige Tiergefahr des beschädigten Pferdes

Treffen zwei Tiere aufeinander und kommt es zum Schaden, hat die spezifische **Tiergefahr aber nicht nur das schädigende Tier**, sondern auch das geschädigte Pferd. In einer Vielzahl von Fällen wird vom Gericht deshalb der jeweilige Schadensbeitrag gequotelt und der Besitzer des beschädigten Pferdes erhält Schadensersatz nur anteilig in der vom Gericht festgesetzten Haftungsquote.

Maßgeblich ist, mit welchem Gewicht konkret sich das in den Tieren jeweils verkörpernde Gefahrenpotenzial in der Schädigung manifestiert hat, so das OLG Frankfurt 2008. Auch ein Fehlverhalten des Tierhalters kann nach Ansicht des Gerichts die **Tiergefahrquote des geschädigten Pferdes weiter erhöhen**, den Schadensersatzanspruch also verringern. Sie merken: Auch hier wird von Fall zu Fall unterschiedlich entschieden und die Rechtsprechung kann allenfalls dahingehend eingeordnet werden, dass tendenziell beim Aufeinandertreffen von Tieren am Ende anteilige Haftungsquoten stehen.

Grundlegend für die Pferderechtsprechung ist ein Urteil des BGH aus 1976, als nämlich ein Mischlingsrüde ungewollt eine an der Leine ausgeführte Rassehündin deckte, die gerade läufig war. Der BGH sah eine anteilige Schadensbeteiligung bei der Hündin – allein durch deren Läufigkeit. Eine Vielzahl von Gerichten hat seither im Pferderecht **allein durch die Anwesenheit des geschädigten Pferdes** und der diesem ebenfalls innewohnenden Tiergefahr bei Schäden am Pferd einen quotenmäßigen Abzug vorgenommen.

Dies kann jedenfalls als Rechtsprechungstendenz bei sich frei bewegenden Pferden angenommen werden, also etwa bei **Weideunfällen**. Anders sah dies aber beispielsweise 1992 das OLG Köln bei einem Koppelunfall, nachdem ein Sachverständiger als Schadensursache den Huftritt des anderen, mit Stollenhufeisen beschlagenen Pferdes für die wahrscheinliche Schadensursache erachtet hatte, und sprach der Besitzerin des geschädigten Pferdes vollen Schadensersatz ohne Quotenabzug zu.

Anders liegen im Pferdebereich häufig auch solche Fälle, wo sich das **geschädigte Pferd unter menschlicher Leitung** befand, während das frei laufende Pferd die Schadensursache setzte, typischerweise also etwa, wenn ein Pferd von der Gemeinschaftskoppel geführt wird und dabei Schaden durch einen im gleichen Moment noch frei laufenden Weidepartner erleidet. Die Mehrzahl derartiger Fälle kommt zu einer vollumfänglichen Haftung des Halters des schadensverursachenden Pferdes.

Achtung jedoch bei **Offenstallhaltung**, denn hier gibt es eine gänzlich neue Urteilstendenz. 2013 haben das OLG Köln und 2014 das LG Lüneburg die bisherige Rechtsprechung auf den Kopf gestellt und entschieden, dass der Halter eines Pferdes, der dieses im Offenstall gemeinsam mit anderen Pferden ohne räumliche Trennung unterbringt, im Falle einer Verletzung seines Tieres durch ein anderes Pferd keine Schadensersatzansprüche gegen den Halter der anderen Tiere geltend machen kann. Im Gegensatz zu allen bisherigen Urteilen sprachen diese Gerichte also noch nicht einmal eine Haftungsquote aus, sondern gar keinen Ersatzanspruch. Begründung: Eine derartige Unterbringung unterliege dem Ausschluss der Tierhalterhaftung nach den Grundsätzen des „Handelns auf eigene Gefahr" (› Seite 144).

Zwar ging es in beiden Fällen nicht um eine weitflächige Weidehaltung, sondern um eine für die Anzahl der Pferde begrenzte Fläche. Solch eine Grenze ist jedoch fließend, und damit ist völlig offen, ab wann man von einer begrenzten Fläche und einem daraus resultierenden erhöhten Gefahrpotenzial sprechen kann. Denn zusätzlich zu Bestand und Größe der Auslauffläche sind Geschlecht, Alter und Charakter der Pferde sowie Art der Fütterung zu berücksichtigen.

Einzelfälle zur Schädigung von Pferden anlässlich des Aufeinandertreffens mit anderen Pferden oder anderen Tieren finden Sie unter den typischen Fallgruppen (› Seite 150 ff.).

Anteilige Mithaftung gegenüber beteiligten Kraft- und Luftfahrzeugen

Nicht nur Pferde unterliegen aufgrund ihrer potenziellen Tiergefahr der verschuldensunabhängigen Gefährdungshaftung, sondern Kraftfahrzeuge und Luftfahrzeuge haben eine ebensolche **Betriebsgefahr, weil sie eben potenziell gefährlich sind**, und ihre Halter haften deshalb ebenfalls ohne Verschulden für Schäden. Dazu

kommt, dass Kraft- und Luftfahrzeuge ja immer unter menschlicher Leitung stehen und entsprechend Fahrer oder Flieger Fehler machen können, für die sie dann bei Verschulden haften.

Kriterium für die Verteilung von Haftungsquoten sind dabei nach der Rechtsprechung zum einen die **tatsächlichen Gefährdungsanteile**, die beispielsweise bei einem Moped geringer liegen dürften als bei einem Pferd und bei einem Flugzeug höher. Wichtigste Frage ist jedoch immer, ob ein **Unfall für einen der Beteiligten vermeidbar** war. Denn dann wird man zumeist zur alleinigen Haftung des Schädigers kommen.

Beispielhaft dazu ein Urteil des OLG Hamm aus 1999: Zwar ging es nicht um Pferde, sondern um frei gekommene Rinder, mit denen ein **Pkw-Fahrer** des Nachts kollidierte. Vermeidbar war der Unfall nach Ansicht des Gerichts für keinen der Beteiligten, sodass es dem Fahrer eine Mitschuld auferlegte, weil er bei Dunkelheit nur mit Abblendlicht und mit einer zu hohen Geschwindigkeit gefahren war.

Ohne dass es letztendlich um Verschulden ging, sondern allein, weil ein Pferd nun mal eine haftungsbegründende Tiergefahr und ein Heißluftballon eine haftungsbegründende Betriebsgefahr hat, kam auch das OLG Düsseldorf 1998 zu

Für Menschen ein herrlicher Anblick, für Pferde ein zischendes Ungeheuer. [Foto: shutterstock.com/Goldencow Images]

einer Quotenanrechnung zulasten eines geschädigten Pferdehalters und stellte fest: Gerät ein normal empfindliches Reitpferd dadurch in Panik, dass ein **Heißluftballon** im Landeanflug unter Einsatz des Gasbrenners an einem Reiterhof vorbeifährt, so ist der Halter des Ballons für die Verletzungen des Pferdes zwar verantwortlich, der Pferdehalter muss sich aber eine Mithaftungsquote von einem Drittel anrechnen lassen.

Einzelfälle zu Schädigungen bei Beteiligung von Pferden und Kraft- oder Luftfahrzeugen finden Sie unter den typischen Fallgruppen.

TYPISCHE FALLGRUPPEN

Die eigenartigsten Geschichten schreibt das Leben. Die vielen gerichtlichen Entscheidungen zur Pferdehalterhaftung, die nur einen Auszug aus der Rechtsprechungsdatenbank des Autors wiedergeben und im Folgenden in typische Fallkonstellationen sortiert sind, spiegeln das in beispielhafter Weise wider:

Verletzung des Reiters durch das von ihm gerittene Pferd des Tierhalters

STURZ VOM PFERD
OLG München 2010: Wird der Geschädigte bei dem Versuch, ein Pferd im Beisein des Halters zu reiten, beim oder **unmittelbar nach dem Aufsteigen abgeworfen**, sind die Haftungsvoraussetzungen der gesetzlichen Tierhalterhaftung gegeben.

LG Hagen 2001: Tierhalterhaftung setzt ein der tierischen Natur entsprechend selbstständiges Verhalten voraus, was fehlt, wenn das **Pferd gestolpert** ist und es hierdurch zu einer Verletzung des Reiters durch Sturz vom Pferd kommt.

STURZ MIT DEM PFERD
OLG Köln 2001: Für einen erfahrenen Reiter ergibt sich ein in erheblichem Maße vorwerfbares Verschulden, wenn er sich auf ein ihm unbekanntes junges, noch nicht vollständig eingerittenes, arabisches Vollblutpferd gesetzt und dieses sogleich mit Schlaufzügeln geritten hat, ohne zu wissen, ob das Pferd an **Schlaufzügel gewöhnt** ist. Wegen des sorgfaltswidrigen Verhaltens des verletzten Reiters, das den Sturz mit dem Pferd begründet, tritt eine Tierhalterhaftung vollständig zurück.

LG Gießen 1995: Die Reiterin, die eine **zu schnelle Gangart auf einem Betonboden** gewählt hatte und zum Sturz mit dem Pferd kam, kann sich nicht auf die spezifische Tiergefahr berufen, da sich das Pferd in der Situation unter menschlicher Leitung gehorchend befand.

Verletzung des Reiters oder des gerittenen Pferdes durch Huftritt eines anderen Pferdes

BEGEGNUNGSVERKEHR
OLG Hamm 1998: Lässt sich bei einem Unfall durch scheuende Pferde nicht klären, ob er primär durch das eigene Pferd oder das des Gegners verursacht wurde, hier: **Begegnung von Reitpferd und Kutsche auf 2,30 Meter breitem Weg**, so ist zu unterstellen, dass die Begegnung beider Pferde wechselseitig unberechenbare Reaktionen ausgelöst hat. Bei derart gleicher Gewichtung der Ursachenanteile beschränkt sich der Anspruch auf Schadensersatz und Schmerzensgeld aus Tierhalterhaftung auf die Hälfte.

OLG Düsseldorf 1995: Ist ein an einer Springprüfung teilnehmendes Pferd **infolge eines Zügelrisses** nicht mehr – hinreichend – beherrschbar, sodass es sich nach dem Überspringen eines Hindernisses selbsttätig einen Weg sucht, dabei den Weg eines anderen Pferdes kreuzt und mit diesem zusammenstößt, so verwirklicht sich die typische Tiergefahr „Durchgehen des Pferdes".

ÜBERHOLEN
AG Arnstadt 2005: Ein geschädigter Reiter, der **trotz wiederholten Aufmerksammachens** durch Dritte, dass das später schädigende Pferd zum Auskeilen neigt, diesem Pferd und anderen Pferden immer wieder auf dem Turnierabreiteplatz im Galopp beim Überholen zu nahe kommt, handelt auf eigene Gefahr. Sowohl Verschulden als auch Mitverschulden des tretenden Pferdes scheiden aus.

GRUPPENAUSRITT/NAHES AUFREITEN

OLG Koblenz 2006: Beim gemeinsamen Ausritt ist ein **Pferd, das zum Auskeilen neigt**, mit einer roten Schleife am Schweif zu kennzeichnen. Den über die konkrete Gefährlichkeit des Pferdes nicht informierten Geschädigten trifft kein Mitverschulden, wenn er wegen plötzlicher und nicht durch einen Warnruf angekündigter Verzögerung aus der Gangart Trab zu dicht aufreitet und das schädigende Pferd in diesem Moment nach hinten auskeilt.

OLG Hamm 1994: Kommt ein Reiter während eines einer Fuchsjagd vorangehenden Geländeritts in einer größeren Reitergruppe infolge eines **fehlerhaft parierten Gangwechsels** so nahe an das voranreitende Pferd heran, dass dieses scheut und den Reiter durch Ausschlagen mit dem Huf am Knie tritt, so haftet der Reiter für seinen Schaden aufgrund seines überwiegenden Eigenverschuldens in Höhe von zwei Dritteln.

AG Recklinghausen 2007: Tritt ein Pferd bei einem Ausritt ein anderes Pferd und dessen Reiter in der Situation, wo sich beide **fast nebeneinander im Stand** befinden, so haftet der Tierhalter des schlagenden Pferdes für den Schaden zu 100 Prozent.

SIEGEREHRUNG

OLG Düsseldorf 1984: Die Teilnahme an einem Reitturnier mit Siegerehrung und Aufstellen zur **Ehrengalopprunde** schließt im Fall einer Verletzung des Teilnehmers durch Hufschlag eines fremden Pferdes die Tierhalterhaftung des für dieses Pferd Verantwortlichen nicht aus.

LG Karlsruhe 1996: Nur wenn sich der Reiter mit dem Pferd einer besonderen Gefahr aussetzt, die über die normalerweise mit dem Reiten verbundene Gefahr hinausgeht, kann die Haftung des Tierhalters aus dem Gesichtspunkt des Handelns auf eigene Gefahr stillschweigend ausgeschlossen sein. Ein derart erhöhtes Risiko stellt die **Teilnahme an einer Siegerehrung** nicht dar.

Sturz eines Pferdeführers durch Pferd des Tierhalters

BGH 1993: Wenn eine 13-Jährige auf Anweisung der Tierhüterin ein Pferd mit einer Longe zur Weide bringen soll, haften Tierhalter und Tierhüterin für den Schaden, den die Minderjäh-

rige erleidet, weil sie von dem Pferd mitgerissen und in der Folge mitgeschleift wurde, nachdem sie sich die **Longe um ihr Handgelenk gewickelt** hatte. Ein Mitverschulden trifft die Minderjährige nicht, denn selbst wenn die Tierhüterin ihr vor Übergabe des Pferdes die richtige Handhabung der Longe erklärt haben sollte, war von der unerfahrenen und im Gebrauch der Longe ungeübten Minderjährigen nicht zu erwarten, dass sie diese Erklärungen richtig erfasste und insbesondere die Gefahren erkannte, die bei einem Schlingen der Longe um das Handgelenk drohen konnten.

OLG Frankfurt 2005: Fehler im Umgang mit einem Pferd der Reitlehrerin, hier: der Versuch, ein ängstliches Pferd **über auf losem Kies verlegte Bretter einer Baustelle zu ziehen**, sind der bei diesem Versuch stürzenden oder getretenen 14-jährigen Reitschülerin nicht zum Mitverschulden anzurechnen, wenn das fehlerhafte Verhalten der Reitschülerin dem Vorbild der Reitlehrerin entspricht.

OLG Bamberg 1999: Eine Geschädigte, die auf Bitten einer anderen Pferdehalterin nicht nur ihr eigenes, sondern auch deren Pferd mit auf die Weide führt und dabei durch Scheuen dieses Pferdes zu Sturz kommt, ist voll von der Haftungspflicht des Pferdehalters erfasst. Denn das Verbringen zur Weide stellt einen Vorteil für die haftende Pferdehalterin dar, gleichzeitig ist das Führen zu einer Weide kein gefahrenträchtiger Vorgang, dem sich die Geschädigte hätte bewusst aussetzen können.

Verletzung von Pferdeführer, weiteren Beteiligten oder geführtem Pferd durch anderes Pferd

STALLGASSE UND STALLBEREICH

OLG Frankfurt 2003: Geht ein später Geschädigter in Trittweite hinter einem anderen Pferd vorbei und wird er dabei durch dessen Huftritt verletzt, dann trifft ihn kein Mitverschulden wegen vorwerfbarer Selbstgefährdung, wenn es **nach den baulichen Gegebenheiten keine andere Zugangsmöglichkeit** gab, um zu seinem in einer Stallgasse angebundenen Pferd zu gelangen, als von hinten an dem anderen Pferd vorbeizugehen.

OLG Koblenz 2002: Gegenüber der Haftung eines Tierhalters, dessen festgebundenes Pferd nach hinten auskeilt, ist das Mitverschulden einer Reitschülerin, die ihr eigenes Pferd **ohne ausreichenden Abstand** hinter dem festgebundenen Pferd vorbeiführt, mit einem Drittel zu bemessen.

OLG Celle 1996: Geht ein erfahrener Reiter, ohne dazu gezwungen zu sein, in einem **zu gering bemessenen Sicherheitsabstand** an der Hinterhand eines Pferdes vorbei, trifft ihn ein Mitverschulden von einem Drittel an der ihm durch Auskeilen des Pferdes zugefügten Verletzung.

OLG Köln 1993: War der Geschädigte durch die Konzentration auf das Bandagieren der Hinterhand seines Pferdes abgelenkt und hat er deshalb den Stellungswechsel eines **daneben angebundenen Pferdes** nicht hinreichend beobachtet, das ihn dann durch Auskeilen nach hinten im Gesicht verletzte, kann dem Mitverschulden des Geschädigten nicht ein solches Gewicht beigemessen werden, dass dies zu einer hälftigen Haftung führt. Angemessen ist allerdings eine Mitverschuldensquote von einem Drittel.

OLG Stuttgart 1993: Führt ein Halter sein Pferd auf einer **3,10 Meter breiten Stallgasse** eines Boxenstalls am Zügel an einem anderen Pferd vorbei, das unvermittelt ausschlägt und das geführte Pferd verletzt, so muss sich der Halter des verletzten Pferdes bei der Schadensregulierung nicht entgegenhalten lassen, auch die von seinem Pferd ausgegangene Tiergefahr habe sich verwirklicht.

OLG Düsseldorf 1991: Wer einen Wallach mit der rechten Hand am Trensenzügel durch eine **2,50 Meter breite Stallgasse** an einer Stute vorbeiführt, neben der sich eine Pflegeperson befindet, macht sich keiner Sorgfaltspflichtverletzung schuldig. Die Pflegeperson, die, zwischen beiden Pferden stehend, von dem Hinterhuf des vorbeigehenden Wallachs im Gesicht getroffen wird, trifft kein Mitverschulden an dem von ihr davongetragenen Schaden.

LG Darmstadt 2012: **Wer einem Pferd in einer Notsituation zu Hilfe kommt** und dabei von dem Pferd verletzt wird, handelt nicht auf eigene Gefahr, sondern leistet Nothilfe. Ihm steht daher Schadensersatz in Form von Schmerzensgeld und Verdienstausfall aufgrund der hier entfalteten Tierhalterhaftung zu.

KOPPEL UND PADDOCK

OLG Hamm 2002: Der Versuch, ein **ausgebrochenes Pferd wieder auf „seine" Weide zurückzuführen**, ist mit hohem Risiko verbunden, wenn beim dazu erforderlichen Öffnen des Gatters die naheliegende Gefahr besteht, dass dann ein anderes, noch auf der Weide befindliches Pferd ausbricht. Kommt jemand dabei zu Schaden, weil er von dem nunmehr von der Weide flüchtenden Pferd umgerannt wird, kann die Haftung des Tierhalters von dem überragenden Eigenverschulden des Verletzten verdrängt sein.

OLG Hamm 1993: Wer beim **Aufhalten durchgehender Pferde** verletzt wird, hat einen Schadensersatzanspruch gegen den Pferdehalter, wenn er als zunächst Außenstehender erst die Gefahrenlage für Dritte spontan zum Anlass für sein Eingreifen und seine Nothilfe genommen hat. Nothilfe liegt auch noch vor, wenn der Nothelfer nach dem Einfangen der Pferde eines noch am Halfter festhält, bis ein anderes eingefangenes Pferd in den Stall gebracht worden ist.

VERANSTALTUNGEN UND TRAINING

OLG Schleswig 2003: Im Rahmen der Tierhalterhaftung stellt es ein anspruchsverkürzendes Mitverschulden dar, wenn der Geschädigte **ohne Not an einem fremden Pferd so nahe vorbeigeht**, dass er den Angriffs- und Verteidigungsbewegungen des Pferdes ausgesetzt ist. Führt der Geschädigte auf einer Pferdeschau selbst ein Pferd mit sich, muss er zu einem anderen Pferd einen hinreichenden Sicherheitsabstand einhalten, damit sich nicht zwischen den Hengsten ein Rivalitätsgefühl entwickelt. Verletzt der Geschädigte diese Obliegenheit in grob fahrlässiger Weise, so ist eine Haftung des schädigenden Tierhalters wegen überwiegenden Mitverschuldens ausgeschlossen.

OLG Köln 1995: Wird ein Teilnehmer an einer **Pferde-Körung**, anlässlich derer mehrere Hengste gleichzeitig herumgeführt werden, dadurch verletzt, dass der vor ihm geführte

Kommt es durch die Rivalität von Hengsten zum Schaden, kann fehlender Sicherheitsabstand zum Haftungsausschluss führen. [Foto: Christiane Slawik]

Hengst mit der Hinterhand ausschlägt, haftet der Halter dieses Tieres für die Verletzungsfolgen. Der verletzte Pferdeführer muss sich kein Mitverschulden zurechnen lassen, wenn das unter seiner Leitung stehende Pferd ihm gehorchte und somit nicht durch eigenes unberechenbares Verhalten, wie etwa Ausbrechen oder Ausschlagen, eine Tierreaktion des vor ihm geführten Pferdes ausgelöst hat.

OLG Nürnberg 1991: Ein Reiter, der **auf einem belebten Abreiteplatz** mit einem Pferd auf ein Hindernis zugaloppiert, vor dem das Pferd kurz zuvor schon einmal zur Seite ausgebrochen war, handelt in hohem Maße fahrlässig, wenn neben dem Hindernis noch Helfer stehen, die erkennbar auf den neuen Sprungversuch nicht gefasst sind. Der Schadensersatzanspruch des beim erneuten seitlichen Ausbrechen des Pferdes umgerittenen und schwer verletzten Helfers ist nicht als bewusste Selbstgefährdung zu bewerten. Ein Mitverschulden besteht nicht.

LG München 2001: Springt eine besorgte Mutter ihrem 19 Monate alten Kind, welches sie unter Beisein von weiterem Aufsichtspersonal in einer **Reitbahn auf dem Oktoberfest** auf einem Pony hat reiten lassen, zur Hilfe, weil sie aus ihrer subjektiven Sicht Gefahr für ihr Kind sah, und wird

dabei von einem auskeilenden Pferd verletzt, hat sie sich selbst in die Tiergefahr begeben und kann keinen Schadensersatz verlangen.

VERLETZUNG VON TIERARZT ODER HUFSCHMIED
Haftungsfälle beim Tierarztvertrag (› Seite 106 ff.) und beim Hufschmiedevertrag (› Seite 117 ff.)

Schädigung durch Kutschpferde

BGH 2005: Wird ein **Bockrichter auf einem Fahrturnier** durch Umkippen einer Kutsche vom Bock geschleudert und schwer verletzt, trifft ihn kein Mitverschulden, da er kein Wettkämpfer war, sondern ein ehrenamtlicher Funktionsträger, dem entsprechend kein Handeln auf eigene Gefahr vorzuwerfen ist.

OLG Hamm 1999: Erteilt ein Pferdehalter **aus Gefälligkeit kostenlos Unterricht** im Gespannfahren, so ist damit seine Haftung als Tierhalter grundsätzlich auch dann nicht ausgeschlossen, wenn er durch Schilder im Unterrichtsraum darauf hinweist, dass die Teilnehmer auf eigene Gefahr handeln. Vielmehr haftet der Pferdehalter als Tierhalter, weil ein **Haftungsverzicht** mit seinen weitreichenden Folgen nicht erklärt worden ist.

OLG Karlsruhe 1995: Den Entlastungsbeweis hat ein Halter von Kutschpferden erbracht, wenn er nachweist, dass es im Rahmen seiner gewerblichen Tätigkeit zu einem Durchgehen der Pferde und einem dadurch verursachten (Verkehrs-)Unfall gekommen ist, weil ein **streunender Hund die Tiere angegriffen** hat. Bei dieser Sachlage konnte der beklagte Pferdehalter/Kutscher ein Durchgehen der Tiere nicht vermeiden.

LG Offenburg 1997: Scheut ein Pferd, das mit einer **angespannten Kutsche vorne von seinem Halter am Halfter geführt** wird, plötzlich aus dem Stillstand ohne erkennbaren Grund, so handelt es sich um eine typische Tiergefahr, für die der Halter haftet. Ein Geschädigter, der auf dem Kutschbock saß und beim Umstürzen der Kutsche infolge des Scheuens des Pferdes verletzt wurde, hat Anspruch auf Ersatz seines unfallbedingten Verdienstausfallschadens.

Mit wem oder was ein Pferd kollidieren kann

AUFEINANDERTREFFEN PFERD – PFERD

OLG Celle 2014: Ein Pferdehofbetreiber ist als Tierhalter zur Erstattung des gesamten Schadens verpflichtet, wenn ein **(Fremd-)Fohlen**, das sich bei der Mutterstute befindet, beim Abführen von der Weide in den Stall **durch den Huftritt einer seiner eigenen Stuten verletzt** wird.

OLG Köln aus 2013 sowie LG Lüneburg aus 2014: Der Halter eines Pferdes, der das Tier in einer **räumlich begrenzten Offenstallhaltung** zusammen mit anderen Pferden ohne räumliche Trennung unterbringt, kann im Falle einer Verletzung des Tieres durch ein anderes Tier keine Schadensersatzansprüche gegen den Halter der anderen Tiere geltend machen, da eine derartige Unterbringung ein Handeln auf eigene Gefahr begründet.

OLG Koblenz 2013: Wurde ein **Hengst während eines gezielt initiierten Paarungsaktes** von der Stute getreten und musste er infolge der dabei erlittenen Verletzung eingeschläfert werden, so tritt die Tierhalterhaftung des Eigentümers der Stute ausnahmsweise vollständig hinter die Tiergefahr des Hengstes zurück, soweit der Eigentümer des Hengstes selbst keine Vorbereitung zum Schutz vor derartigem, beim Paarungsakt von Pferden zu erwartenden Verhalten der Stute getroffen hat.

OLG Düsseldorf 1998: Wenn es durch die **Rivalität zweier gemeinsam eingestallter Hengste** verschiedener Halter zu einer Verletzung eines der Tiere kommt, so ist das Verhalten des verletzenden Hengstes die Reaktion auf die Wirkung, die der zusammen mit ihm eingestallte, verletzte Hengst hervorgerufen hat. Dessen mitwirkende Tiergefahr ist deshalb zur Hälfte anzurechnen. Ein darüber hinausgehendes Mitverschulden des Pferdehalters ist nicht gegeben, wenn sich bei einer Gewöhnungszeit von über drei Tagen keine Anzeichen für Machtkämpfe gezeigt hatten.

OLG Düsseldorf 1993: Wenn ein Hengst oder Wallach einer Stute gegenüber sogenannte **Hengstmanieren** zeigt, ist dieses Verhalten nicht nur als Ausdruck der Unberechenbarkeit des Hengstes oder Wallachs zu werten, sondern es stellt auch eine Reaktion auf die Wirkung dar, die die Stute aufgrund ihrer tierischen Eigenart bei dem Hengst oder Wallach erzeugt hat. Es sind demnach die beiderseitigen Verursachungsbeiträge gleich hoch zu bewerten, sodass der Halter des Hengstes oder Wallachs ersatzpflichtig nur in Höhe des hälftigen Schadens ist.

OLG Köln 1992: Befinden sich zwei Islandpferde verschiedener Tierhalter **gemeinsam auf einer Koppel und wird eines davon verletzt**, so hat der Halter des anderen Pferdes aus Tierhalterhaftung vollen Schadensersatz ohne Quotenabzug zu leisten, wenn der gerichtliche Sachverständige als Schadensursache den Huftritt des anderen, mit Stollenhufeisen beschlagenen Pferdes für die wahrscheinliche Schadensursache erachtet.

AUFEINANDERTREFFEN PFERD – SPIEGEL

AG Gießen 2007: Reißt sich ein Pferd, das der Tierhalter in Beritt gegeben hat, dort beim Auftrensen wider Erwarten los und **springt bei seiner Flucht in einen Spiegel** der angrenzenden Reithalle, so hat der Tierhalter den entstandenen Sachschaden zu ersetzen, wenn der Ausbildungsbetrieb den Beweis erbringen kann, dass ihn kein Verschulden für das Pferdeverhalten trifft und dass der Spiegel ordnungsgemäß in der Halle angebracht war.

AUFEINANDERTREFFEN PFERD – PKW/ANDERE FAHRZEUGE

BGH 1965: Angesichts der beträchtlichen Gefahren, die ein frei umherlaufendes Pferd für den Verkehr auf einer Bundesstraße bedeutet, sind an den Entlastungsbeweis des Halters, der das Tier in einem neben der Straße gelegenen Weidegarten zu verwahren pflegt, strenge Anforderungen zu stellen. Hierbei ist von der Pflicht des Halters auszugehen, das vom Weidegarten **zur Straße führende Tor** nicht nur gegen ein Öffnen durch die in der Umzäunung befindlichen Tiere, sondern nach Möglichkeit auch **gegen Manipulationen von Unbefugten zu sichern**.

OLG Brandenburg 2011: Beim Überholen von Reitern ist ein Seitenabstand von mindestens 1,50 bis 2 Metern einzuhalten. Wird im Rahmen der Abwägung der gegenseitigen Verursachungs- und Verschuldensbeiträge lediglich die Betriebsgefahr eines Lkw-Anhängers einerseits und die von einem Pony ausgehende Tiergefahr andererseits berücksichtigt, so überwiegt die Tiergefahr, wenn das **Pony beim Überholvorgang des Lkw-Zugfahrzeugs gescheut** und sich in die Fahrspur des Lkw-Anhängers hineingedreht hat. Die Mitverursachungsquote des Ponys beträgt zwei Drittel.

OLG Saarbrücken 2011: Wenn ein **Kraftfahrzeug sich von hinten zwei pferdeführenden Fußgängern nähert**, abbremst und durch das Wiederanfahrgeräusch eines der Pferde scheut und den es führenden Fußgänger umwirft, sodass dieser erhebliche Knieverletzungen davonträgt, haftet der Kraftfahrzeughalter nur unter dem Aspekt der straßenverkehrsrechtlichen Gefährdungshaftung mit einem Drittel. Der verletzte Fußgänger muss sich ein Mitverschulden von zwei Dritteln anrechnen lassen, wenn er eine Gehrichtung wählte, die es ihm nicht ermöglichte, sich zwischen Pferd und Fahrzeug zu stellen und dem Pferd auch für den Fall einer plötzlichen Bewegung mehr Leine zu lassen.

OLG Saarbrücken 2006: **Blockieren Pferde verschiedener Tierhalter die Fahrbahn**, so spielt es für die Haftung keine Rolle, mit welchem der Tiere ein herannahendes Fahrzeug kollidiert. Die Pferde bilden in diesem Fall ein einheitliches Hindernis, wobei von jedem Pferd die gleiche Gefahr ausgeht. Die betreffenden Tierhalter haften als Gesamtschuldner.

OLG Celle 2005: Ein Verstoß des Kraftfahrers gegen das Sichtfahrgebot kann hinter dem erheblichen mitwirkenden Verschulden des Tierhalters vollständig zurücktreten, dessen vier Pferde nach dem Ausbruch aus einer unmittelbar an einer Bundesstraße gelegenen, **unzureichend gesicherten Weide** auf der Fahrbahn nur schwer erkennbare Hindernisse bildeten.

OLG Nürnberg 2004: Wer zu gewerblichen Zwecken Pferde hält, kann sich nach einem durch ein entlaufenes Pferd verursachten Verkehrsunfall von der Tierhalterhaftung grundsätzlich nur dann entlasten, wenn er für den Fall seiner Abwesenheit vom Gehöft **Vorsorge gegen unbefugtes Freilassen der Pferde durch Dritte** getroffen hat.

OLG Celle 2002: Beim **Zusammenstoß zwischen einem Lkw und einem Pferd**, das auf einer öffentlichen Landstraße geritten wird, den weder der Fahrer noch der Reiter verschuldet haben, haftet der Tierhalter mit einer Quote von 70 Prozent, da von einem Pferd im Straßenverkehr die weitaus größere Gefahr ausgeht.

OLG Köln 2000: Ein Fahrzeugführer, der eine **Landstraße bei Dunkelheit** befährt und zwei auf die Straße laufende Pferde wahrnimmt, muss nicht damit rechnen, dass plötzlich ein zuvor nicht sichtbares Pferd aus einer Böschung heraus auf die Fahrbahn springt. Wenn er in Ansehung der erkennbaren beiden Pferde durch sofortiges Bremsen sachgerecht reagiert hat, war eine Kollision mit dem dritten Pferd für ihn unabwendbar. Der Tierhalter haftet daher zu 100 Prozent.

OLG Hamm 1997: Ein Fahrzeugführer muss sich, obwohl ihm bei einer Kollision mit einem Pferd kein Verschulden zur Last gelegt werden konnte, die von seinem **Pkw ausgehende Betriebsgefahr anspruchsmindernd** entgegenhalten lassen.

OLG Hamm 1993: Ein Kraftfahrer, der sich auf einer **Kreisstraße einer Reiterin nähert**, die auf einem neben dem rechten Fahrbahnrand befindlichen Grünstreifen in seiner Fahrtrichtung mit Schrittgeschwindigkeit reitet, muss seine Geschwindigkeit von 80 Stundenkilometern reduzieren und schon vorsorglich möglichst weit nach links in die (freie) Gegenfahrbahn ausweichen, um eine mögliche Irritation des Pferdes zu vermeiden. Fährt der Fahrer mit unverminderter Geschwindigkeit an der Mitte seiner drei Meter breiten Fahrbahn an dem Pferd vorbei, so haftet er in Höhe von zwei Dritteln für die Verletzungen der Reiterin, wenn das Pferd beim Vorbeifahren des Fahrzeugs ausbricht, auf die Fahrbahn gerät und von dem Fahrzeug erfasst wird.

OLG Köln 1992: Nähert sich ein Pkw-Fahrer **innerhalb einer geschlossenen Ortschaft** einer Reitergruppe mit überhöhter Geschwindigkeit (hier: 64 Stundenkilometer) und muss er eine Vollbremsung vornehmen, so reduziert sich die Tierhalterhaftung auf 20 Prozent, wenn ein Reitpferd aufgrund des Fahrverhaltens des Pkw-Fahrers scheut und mit der Hinterhand in die Fahrbahn ausbricht.

LG Koblenz 2014: Werden zwei Pferde von einer Person mit Halfter und Führkette auf der rechten Fahrbahnhälfte einer Landstraße geführt und kommt es zu einem Verkehrsunfall, weil die an der linken Hand geführte Stute mit einem aus der Gegenrichtung in einer unübersichtlichen Linkskurve bei **überhöhter Geschwindigkeit heranfahrenden Bus** an dessen linker Fahrzeugseite in Kontakt gerät, ist von einem Mithaftungsanteil des geschädigten Tierhalters von 30 Prozent auszugehen.

LG Verden 2007: Springen zwei Pferde – aus Sicht der Autofahrer – von rechts kommend auf die Fahrspur und überqueren sie diese bis auf die Überholspur, wo sie durch einen Autofahrer erfasst werden, wobei sich das Fahrzeug desselbigen bei der Kollision mehrfach überschlägt, so steht dem Autofahrer ein Schadensersatzanspruch aus Tierhalterhaftung zu. Er muss sich aber ein **geringes Mitverschulden bei einer Geschwindigkeitsüberschreitung** anrechnen lassen.

LG Köln 1995: Gerät ein Pferd auf einer Koppel in Panik durch ein mit **klappernden Dosen versehenes vorbeifahrendes Brautfahrzeug** und verletzt sich in Folge und muss eingeschläfert werden, muss die Kraftfahrzeugversicherung für den Schaden aufkommen.

AUFEINANDERTREFFEN FAHRRAD – PFERD

OLG Frankfurt 2009: Kommt ein **Mountainbiker wegen durchgehender Pferde** auf einem Feldweg zu Fall und erleidet durch den Sturz eine Querschnittslähmung, aufgrund derer er dauerhaft auf einen Rollstuhl und auf fremde Hilfe angewiesen ist, ist ein Schmerzensgeld von 380.000 Euro gerechtfertigt. Ein Mitverschulden liegt nicht vor.

OLG Düsseldorf 1991: Die Tiergefahr verwirklicht sich nicht nur, wenn ein Pferd eine **entgegenkommende Radfahrerin** vom Rad stößt, sondern auch, wenn die Radfahrerin bei dem Versuch, dem plötzlich den Radweg versperrenden Pferd auszuweichen, zu Fall kommt. Ein Radfahrer, der auf einem schmalen Radweg weiterfährt, obwohl er innerhalb einer entgegenkommenden Reitergruppe ein unruhiges und tänzelndes Pferd bemerkt, haftet für die Schäden, die er bei einem Ausweichversuch und einem Sturz vom Fahrrad erleidet, in Höhe von 20 Prozent mit.

Andere Verkehrsteilnehmer sind in Bezug auf den Fluchtinstinkt von Pferden in der Regel nichtsahnend. [Foto: Jost Appel]

AUFEINANDERTREFFEN EISENBAHN – PFERD

LG Darmstadt 2001: Ein ortsansässiger Tierhalter, der **Pferde entlang einer Bahnstrecke führt**, ist grundsätzlich verpflichtet, eine ausreichende Zahl von Pferdeführern bereitzuhalten, um einem Scheuen und Fluchtverhalten der Pferde gerade bei solchen Örtlichkeiten zu begegnen. Für ihn ist es auch zumutbar, durch Einblick auf den Fahrplan ein zeitliches Zusammentreffen der Tiere mit Zügen zu vermeiden.

AUFEINANDERTREFFEN LUFTFAHRZEUG/ HEISSLUFTBALLON – PFERD

OLG Koblenz 2002: Wird ein Pferd **durch den Lärm eines Hubschraubereinsatzes derart in Panik** versetzt, dass es die mittels Stacheldrahtumzäunung bestehende und unmittelbar neben einer Autobahn sich befindende Einfriedung der Pferdekoppel durchbricht und sich dabei am rechten Hinterfuß verletzt, so besteht ein Anspruch aus Gefährdungshaftung nach dem Luftverkehrsgesetz. Dem Tierhalter ist nicht deshalb ein Mitverschulden anzulasten, weil die Einfriedung durch Stacheldraht und nicht durch Elektrozaun erfolgte. Er muss sich lediglich die von seinem Pferd ausgehende Tiergefahr mit 20 Prozent anrechnen lassen.

OLG Düsseldorf 1998: Gerät ein normal empfindliches Reitpferd dadurch in Panik, dass ein **Heißluftballon im Landeanflug unter Einsatz des Gasbrenners** an einem Reiterhof vorbeifährt, so kann der Halter des Ballons für die Verletzungen des Pferdes verantwortlich sein. Die Haftung liegt aufgrund der Betriebsgefahr eines Heißluftballons zu zwei Dritteln bei dem Heißluftballonhalter und zu einem Drittel bei dem Pferdehalter aufgrund der von einem Pferd immer ausgehenden spezifischen Tiergefahr.

OLG Oldenburg 1993: Wenn ein **Heißluftballon in niedriger Höhe die Weiden** eines Pferdezüchters überfährt und dessen Besatzung mehrmals den Heißluftbrenner betätigt, was zur Folge hat, dass eine trächtige Stute durch die Knallgeräusche unruhig wird und infolge des Stress-Schock-Erlebnisses frühzeitig verfohlt, haftet der Halter des Heißluftballons für den eintretenden Schaden.

AUFEINANDERTREFFEN HUND – PFERD

OLG Frankfurt 2014: Ein Hundehalter, dessen bellender **Hund sich losreißt und in eine Pferdekoppel eindringt**, wodurch die gesamte Herde durch den nur mittels eines einzigen Drahtes gesicherten Zaun ausbricht, haftet für die Verletzungen eines dabei gestürzten Pferdes voll, ohne dass den Pferdehalter eine anteilige Haftung trifft.

OLG Saarbrücken 2005: Auch **ohne aggressives Verhalten stellt ein Hunderudel** regelmäßig eine typische Tiergefahr dar. Ist jedoch ein Pferd besonders schreckhaft, kann dies im Einzelfall zur Folge haben, dass der gestürzte Pferdehalter seinen Schaden allein zu tragen hat, weil die Tierhalterhaftung für ein anderes beteiligtes Tier dann gänzlich zurücktritt.

OLG Hamm 2001: Die Tierhalterhaftung eines Hundehalters für einen Schaden, der sich bei einem Pferd nach seiner Flucht vor dessen **in die Weide eingedrungenen Hund** einstellt, scheidet aus, wenn für die Gesundheitsstörung des Pferdes eine schon vorher vorhanden gewesene Erkrankung (hier: Hufrehe) prägend ursächlich geworden ist und auch bei natürlichen arttypischen Bewegungsabläufen dieselben Folgen gehabt hätte.

OLG Oldenburg 2001: Den Halter eines Hundes, der wegen seiner **unzureichenden Beaufsichtigung** ein im Stall angeleintes Pferd angreift, trifft erhebliches Verschulden. Die vom Pferd ausgehende Tiergefahr tritt daneben völlig zurück.

AG Daun 2002: Die Behauptung einer Reiterin, der **Hund des Prozessgegners sei plötzlich auf sie zugesprungen**, woraufhin ihr Pferd gescheut habe, weswegen sie vom Pferd gestürzt sei, muss sie beweisen. Gelingt ihr dies nicht, rechtfertigt alleine die Anwesenheit seines Hundes keine Haftung des Hundehalters.

Pferd und Hund: zwei Tiere mit gesetzlich angenommener jeweiliger Tiergefahr. [Foto: Jost Appel]

AUFEINANDERTREFFEN SCHAFE – PFERD

OLG Köln 2002: Gerät ein Pferd beim **Vorbeiziehen einer Schafherde** in Panik und spießt sich bei dem Versuch, aus dem Paddock auszubrechen, auf einem Zaunpfahl auf, so ist das bloße Passieren der Schafherde nicht die Verwirklichung einer spezifischen Tiergefahr der Schafe. Solches wäre nur anzunehmen gewesen, wenn die Schafherde sich **ungewöhnlich hektisch, laut und unkontrolliert schnell bewegt** hätte. Für Derartiges trägt aber die Pferdehalterin die Beweislast.

Tatort Koppel: Personenschäden

BERECHTIGT SICH AUFHALTENDE GESCHÄDIGTE DRITTE

OLG München 2001: Duldet ein Pferdehalter, dass sich ein **Kind auf seine Pferdekoppel** begibt, um dort ein Fohlen zu streicheln, so schließt ein allgemeiner Hinweis des Pferdehalters auf die Gefährlichkeit des Umgangs mit Pferden die Tierhaltergefährdungshaftung nicht aus. Denn ein noch nicht sieben Jahre altes Kind ist nicht in der Lage, die konkrete Gefährlichkeit eines Pferdes zu erkennen.

OLG Düsseldorf 2001: Mit einem **Schild vor ihrem Grundstück „Betreten auf eigene Gefahr"** können sich Grundstückseigentümer nicht der Verantwortung entziehen. Denn wenn der Weg über das Grundstück frei zugänglich ist, müssen Passanten nicht mit einer Attacke eines Pferdes rechnen.

LG Verden 2003: Durchsucht ein zahlenstarkes **Polizeiaufgebot zur Spurensicherung** nach Auffinden einer Kindesleiche unter anderem eine Pferdeweide und verletzt sich währenddessen ein nervös gewordenes Pferd an einem Zaunpfahl, ohne dass die genauen Umstände der Verletzung des Tieres aufklärbar sind, kann der Pferdehalter hinsichtlich der entstandenen Heilbehandlungskosten keinen Schadensersatz von dem betreffenden Bundesland verlangen. Die Verletzung des Pferdes stellt sich als schicksalhafte Verwirklichung des allgemeinen Lebensrisikos dar.

UNBERECHTIGT SICH AUFHALTENDE ODER FÜTTERNDE GESCHÄDIGTE DRITTE

OLG Koblenz 2012: **Überquert ein erfahrener Pferdehalter,** einen kürzeren Weg zu seinem eigenen Pferd wählend, mittig eine fremde Weide, auf der sich vier Pferde befinden, verzichtet

er damit bewusst auf übliche Vorsichtsmaßnahmen. Realisiert sich in einer solchen bewusst herbeigeführten Gefährdungssituation dann die von den Tieren ausgehende tiertypische Gefahr, kann sich der schwer verletzte Geschädigte nicht mehr auf die Gefährdungshaftung des Tierhalters berufen.

LG Itzehoe 1996: Betritt der Geschädigte in Kenntnis der typischen Gefahren, die von Pferden ausgehen, eine **eingefriedete Pferdekoppel,** um die dort befindlichen Pferde zu füttern und zu streicheln, ist die Haftung des Tierhalters unter dem Gesichtspunkt des „Handelns auf eigene Gefahr" ausgeschlossen.

LG Göttingen 1992: Der Pferdehalter haftet auf Schadensersatz und Schmerzensgeld, wenn eine Frau **ein auf der umzäunten Pferdekoppel weidendes Pferd füttert** und dabei plötzlich von dem Pferd an der Brust gepackt, in den Zaun gezerrt und dabei erheblich verletzt wird. Die geschädigte Frau muss sich das Risiko, das sie durch das Füttern des unbeaufsichtigt auf der Weide stehenden Pferdes eingegangen ist, allerdings in Höhe eines hälftigen Mitverursachungsanteils zurechnen lassen.

LG Regensburg 1985: Hat sich ein **neunjähriges Kind** einem ihm unbekannten, auf einer von der öffentlichen Straße durch eine Wiese getrennten Koppel gehaltenen Pferd genähert und wurde es von ihm gebissen, trifft das Verschulden allein das Kind, sodass Ansprüche gegen den Tierhalter nicht gegeben sind.

Nicht immer gewollt: der Deckakt
(Auch Hundefälle, da Gerichte bei Pferdefällen auch Hundeurteile in ihre Entscheidungen einbeziehen)

BGH 1976: Bei der ungewollten Bedeckung einer an der Leine befindlichen Rassehündin durch einen Mischlingsrüden besteht eine anteilige Schadensbeteiligung der Hündin – allein durch deren Läufigkeit. Dabei ist auch das Ausführen einer läufigen Hündin in gewisser Weise fahrlässig.

OLG Köln 1971: In den Schutzbereich der Gefährdungshaftung des Tierhalters fällt es jedenfalls, wenn sich ein **Tier losreißt und ein Muttertier deckt.** Der durch Deckakte männlicher Tiere verursachte Schaden ist rechtlich als Sachschaden zu bewerten.

OLG Karlsruhe 1969: Das Decken eines weiblichen durch ein männliches Tier **verwirklicht nicht die spezifische Tiergefahr**, die eine Gefährdungshaftung des Tierhalters auslösen würde.

AG Daun 1995: Der Halter eines Mischlingsrüden haftet nicht für ungewolltes Decken einer Rassehündin, weil der Halter seinen (männlichen) **Hund nicht für seine Instinkte** – also eine läufige Hündin zu decken – verantwortlich machen kann.

Schäden durch mehrere Pferde

OLG Saarbrücken 2006: **Blockieren die Pferde verschiedener Tierhalter die Fahrbahn**, so spielt es für die Haftung keine Rolle, mit welchem der Tiere ein herannahendes Fahrzeug kollidiert. Die Pferde bilden in diesem Fall ein einheitliches Hindernis, wobei von jedem Pferd die gleiche Gefahr ausgeht. Die betreffenden Tierhalter haften als Gesamtschuldner. Der Geschädigte kann seinen gesamten Schaden gegen einen der Pferdehalter geltend machen. Der in Anspruch genommene kann wiederum die anderen Pferdehalter auf Mithaftung in Anspruch nehmen.

OLG Oldenburg 2002 (Hundeurteil, auf Pferde übertragbar): Wenn mehrere Hunde miteinander **balgend in eine Personengruppe hineinlaufen und ein Mensch zu Fall kommt**, verwirklicht sich die typische Tiergefahr, auch wenn der Sturz nur auf eine Ausweichbewegung des Geschädigten zurückzuführen sein sollte. Im Zweifel haftet ein jeder Halter der beteiligten Hunde, ohne dass es entscheidend darauf ankäme, welcher Hund konkret den Sturz verursacht hat, indem er den Geschädigten anstieß oder Anlass zu einer schadensstiftenden Ausweichbewegung gab.

OLG Köln 1990: Bei einem durch entlaufene Pferde verursachten Verkehrsunfall haften die Tierhalter aller Pferde als Gesamtschuldner, auch wenn sich nicht ermitteln lässt, wer von mehreren Beteiligten den Schaden durch seine Handlung verursacht hat. Eine Beteiligung dabei setzt nicht voraus, dass feststeht, dass die Pferde eines einzelnen Tierhalters und die möglicherweise noch in der Gegend befindlichen anderen Pferde sich zum Unfallzeitpunkt in derselben Gruppe am Unfallort befanden. Es genügt, dass sich **sämtliche ausgebrochenen Tiere in unmittelbarem örtlichen und zeitlichen Zusammenhang im Bereich der Unfallstelle bewegten**.

OLG Schleswig 1989: Ist es wegen mehrerer ausgebrochener Pferde zu einem Reitunfall gekommen, scheidet eine Mithaftung des verletzten Reiters wegen eigener Tiergefahr aus, wenn den für die ausgebrochenen Pferde Verantwortlichen **neben der Tierhalterhaftung auch die Verschuldenshaftung** trifft.

UMFANG DES SCHADENSERSATZANSPRUCHS

Sind Sie als Tierhalter in der Haftung, so müssen Sie nach § 249 BGB im Grundsatz den Zustand herstellen, der bestehen würde, wenn der zum Ersatz verpflichtende Umstand nicht eingetreten wäre. Für Personenschäden und Sachschäden haben Sie **Schadensersatz** zu leisten. Dies kann sich schnell in Schwindel erregende Höhen bewegen. Für den Schadensersatz haften Sie mit Ihrem gesamten Vermögen, wenn Sie keine Tierhalterhaftpflichtversicherung abgeschlossen haben.

Ist ein Gericht zu einer bloß anteiligen Haftung des Tierhalters gekommen, sind sämtliche Schadensersatzansprüche **nur in Höhe der ausgeurteilten Quote** zu zahlen. Trägt also etwa der Geschädigte eine Mitschuld in Höhe von einem Drittel, so ist auch das Schmerzensgeld entsprechend um ein Drittel zu kürzen, so parallel das OLG Koblenz 2002 und OLG Köln 1998.

Haftungsumfang bei Personenschäden

Der Schadensersatz umfasst für den Fall, dass Ihr Pferd einen Menschen verletzt hat, die **ärztlichen Behandlungskosten**. Zumeist meldet sich im Anschluss deswegen der Krankenversicherer des Verletzten bei Ihnen. Der Geschädigte muss allerdings, so das AG Frankfurt 2005, darlegen, dass die begehrten Behandlungskosten auch wirklich im Zusammenhang mit dem Reitunfall stehen. Die bloße Möglichkeit oder der Verdacht einer Verletzung genügen dafür nicht, wie der BGH dies 2013 bestätigte.

Auch **schadensbedingte Fahrtkosten**, etwa zu den einzelnen Arztbesuchen, sind ersatzfähig.

Ferner hat der Geschädigte Anspruch auf ein **Schmerzensgeld**, das sich in seiner Höhe an der Dauer und der Schwere der Verletzungen orientiert. Das Schmerzensgeld ist dabei nicht nach Zeitabschnitten getrennt zu bemessen, sondern hat auch die bereits überschaubare künftige Entwicklung in die Bemessung miteinzubeziehen, so das OLG Düsseldorf 2000. Besteht allerdings die Möglichkeit des Eintritts weiterer Verletzungsfolgen, entschied der BGH 2001, so kann zusätzlich ein rechtliches Interesse an der Feststellung der Ersatzpflicht für immaterielle Zukunftsschäden bestehen.

Ist der Verletzte durch die Schädigung erwerbsunfähig geworden oder in der Erwerbsfähigkeit gemindert, kommt der Anspruch auf eine **monatliche Geldrente** hinzu.

Erleidet infolge der schweren Verletzung oder des Unfalltodes des Geschädigten ein naher Angehöriger eine psychische Beeinträchtigung, so sind Behandlungskosten und Schmerzensgeld für derartige **„Schockschäden"** ersatzfähig, wenn der Angehörige an dem Unfall direkt beteiligt war und die Beeinträchtigungen auf das Miterleben des Unfalls zurückzuführen sind, entschied der BGH 2015.

Hat ein selbstständig tätiger Verletzter durch die Schädigung einen **Verdienstausfall** erlitten, ist auch dieser ersatzfähig, muss allerdings konkret nachgewiesen werden. Der Anspruch eines Arbeitnehmers auf Ersatz des Erwerbsschadens bemisst sich bei vollständiger Erwerbsunfähigkeit nach der voraussichtlichen Lebensarbeitszeit, so der BGH 2010.

Fällt der selbstständige Geschädigte infolge eines Unfallereignisses vollständig aus und muss eine **Ersatzkraft** einstellen, sind die Kos-

ten dafür vom schadensersatzpflichtigen Tierhalter zu ersetzen. Das gilt nach einer Entscheidung des OLG Frankfurt aus 2009 auch für den bestellten Kanzleivertreter. Zur „Heimarbeit" ist der Geschädigte nicht verpflichtet.

Führt der Geschädigte normalerweise einen Haushalt und ist durch die Schädigung an der Haushaltsführung gehindert oder eingeschränkt, sind die aufgewandten Kosten für eine erforderliche **Hilfsperson** ersatzfähig. Stellt der Geschädigte keine Ersatzkraft ein, sondern führt den Haushalt trotz der eigenen Verletzungen weiterhin selbst, hat er dennoch Anspruch auf einen **Haushaltsführungsschaden**, der sich auf der Basis einer fiktiven Haushaltshilfe errechnet. Das gilt nach Ansicht des OLG Saarbrücken aus 2013 aber nicht, wenn die Erwerbsfähigkeit lediglich um 10 Prozent gemindert ist, denn dann kann die Haushaltsführung in zumutbarer Weise umorganisiert werden. Nach einer Entscheidung des AG Wetzlar aus 2008 ist die Mithilfe des Ehepartners jedoch nur in dem Umfang zu berücksichtigen, in dem sie auch ohne Unfall tatsächlich erbracht wurde.

Haftungsumfang bei Schäden am Pferd

Hat Ihr Pferd ein anderes Pferd verletzt, haben Sie die gesamten **tierärztlichen Behandlungskosten** bis zu seiner Genesung zu tragen, und das normalerweise selbst dann, wenn diese den aktuellen Wert des Tieres übersteigen. Ob dabei eine möglicherweise nicht mehr ersatzfähige Unverhältnismäßigkeit vorliegt, orientiert sich an den Heilungschancen, am Gesundheitszustand, an der zu erwartenden Lebensdauer, vor allem aber an der emotionalen Bindung von Tier und Halter. Dazu das LG Traunstein 2007: „Bei der Beurteilung der Verhältnismäßigkeit der zu ersetzenden Heilbehandlungskosten eines überwiegend im Liebhaberinteresse gehaltenen verletzten Tieres ist der Wert des Tieres nicht mit einem Altersabschlag („Abschreibung") anzusetzen. Heilbehandlungskosten bis zum Doppelten

Bei dauerhafter Unbrauchbarkeit aufgrund einer Schädigung durch ein anderes Pferd besteht kein Anspruch auf Unterhaltskosten, etwa für die Unterbringung als Beistellpferd. [Foto: shutterstock.com/Zuzule]

des unverminderten Anschaffungswertes für ein solches Tier sind noch nicht unverhältnismäßig."

Ist das verletzte Pferd aufgrund der Schädigung durch Ihr Pferd verstorben oder unbrauchbar geworden, haben Sie den **Verkehrswert zum Zeitpunkt der Schädigung** zu ersetzen. Besteht noch ein Restwert, ist also etwa das verunfallte Sportpferd noch als Zuchtstute nutzbar, wird dieser vom Verkehrswert abgezogen. Die Wertermittlung nimmt in der Regel ein Sachverständiger vor. Der ursprüngliche Kaufpreis hat dabei lediglich Indizwert.

Ein Schadensersatzanspruch auf „**Rentenzahlung**" in Form von Unterhaltskosten für das unbrauchbar gewordene Reitpferd, dessen Nutzung sich damit auf ein Beistellpferd reduzierte, besteht nicht, wie das OLG Stuttgart 2011 urteilte. Denn der entstandene Schaden ist durch den Ersatz des Verkehrswertes zum Unfallzeitpunkt bereits abgegolten.

Ein **Schmerzensgeld** für den Halter wegen der Tötung seines Pferdes anlässlich eines Unfalls gibt es jedoch nicht, entschied der BGH 2012. Denn die Rechtsprechung zu Schmerzensgeldansprüchen wegen Schockschäden (› Seite 160) bei der Verletzung oder Tötung von Angehörigen ist nicht auf Fälle psychischer Gesundheitsbeeinträchtigungen im Zusammenhang mit der Verletzung oder Tötung von Tieren zu erstrecken.

Nach durchgängiger bisheriger Rechtsprechung hat der private Eigentümer des verletzten Pferdes, anders als bei beschädigten Fahrzeugen, keinen Anspruch auf **Nutzungsausfall** während der Genesungszeit des Pferdes. Das OLG Stuttgart stellte 2011 heraus, dass der Verlust der Nutzungsmöglichkeit bei einem Freizeitpferd entschädigungslos hingenommen werden muss. Zuvor hatte bereits das AG Walsrode 2006 geurteilt, dass die vorübergehende Unbenutzbarkeit eines Reitpferdes keinen ersatzfähigen Schaden darstellt, weil dessen ständige Verfügbarkeit für die eigenwirtschaftliche private Lebenshaltung nicht von zentraler Bedeutung ist.

Anders ist dies allerdings dann, wenn sich der Geschädigte während der Genesungszeit des Pferdes ein **Ersatzpferd mietet**. Denn dann hat er unfallbedingt konkrete Aufwendungen getragen, die entsprechend auch ersatzfähig sind.

Entgangener Gewinn kann nach einem Urteil des BGH aus 2001 verlangt werden, wenn schädigungsbedingt ein zuvor vom Pferd regelmäßig verdientes Nutzungsentgelt ausfällt. Entgangener Gewinn aus **Preisgeldern** eines unfallgeschädigten Rennpferdes ist nach Ansicht des OLG Düsseldorf im Jahr 1985 und des LG Essen im Jahr 1987 aber nur dann ersatzfähig, wenn eine an Sicherheit grenzende Wahrscheinlichkeit besteht, dass das Pferd ohne die Schädigung weiterhin ähnliche Gewinne erzielt hätte wie vor der Schädigung. Das LG Köln lehnte den Ersatz von Gewinnchancen 1996 gänzlich ab, da derartige nur auf Mutmaßungen beruhen würden. Anders urteilte das LG Karlsruhe 1996 und gab der Klage auf Erstattung entgangener Preisgelder bei einem Dressurpferd statt, weil dieses bei Wettbewerben nachweislich ständig vorderste Plätze belegt hatte.

Tierhüterhaftung

Ein Pferd hat den großen Vorteil gegenüber Menschen, dass im Grunde genommen immer jemand für sein tierisches Verhalten gegenüber Dritten haftet. Denn neben dem Tierhalter kann auch derjenige von geschädigten Dritten in Haftung genommen werden, der die Aufsicht über das Pferd des Tierhalters übernommen hat. Dies ist der Tieraufseher, auch Tierhüter genannt.

VERMUTETE VERSCHULDENSHAFTUNG

Geregelt ist die **Haftung des Tierhüters in § 834 BGB**. Danach haftet der Tierhüter zunächst einmal ebenso wie der Tierhalter (› Seite 137 ff.) gegenüber Dritten, nämlich grundsätzlich immer. Nur haben Sie als Tierhüter die Möglichkeit, der Haftung zu entgehen, nämlich dann, wenn Sie an dem eingetretenen Schaden keine Schuld trifft, Sie also die übliche **erforderliche Sorgfalt beachtet** und alles richtig gemacht haben. Dafür müssen Sie als Tierhüter allerdings den vollen Beweis erbringen. Ihr Verschulden wird also vermutet, solange sie sich nicht nachweislich entlasten können.

Eine zweite Möglichkeit, nicht haften zu müssen, obwohl Ihnen schuldhaftes Handeln vorzuwerfen ist, liegt darin, dass Sie beweisen können, dass der Schaden auch dann eingetreten wäre, wenn Sie die im Verkehr erforderliche

Sorgfalt beachtet hätten. Auch diesen Beweis, dass Ihr eigenes **Verschulden mit dem Schaden gar nichts zu tun** hat, müssen Sie als Tierhüter aber voll führen.

Wer ist Tierhüter?

Tierhüter, und damit Haftender, werden Sie schneller, als man denkt. Nämlich immer dann, wenn Sie mit einer **gewissen Selbstständigkeit die Aufsicht über das Tier vertraglich übernommen** haben.

Vertragliche Tieraufsicht kann auf einem schriftlichen oder mündlichen Vertrag beruhen, teilweise merken Sie als juristischer Laie gar nicht, dass Sie Tierhüter geworden sind. Nicht vertraglich, und damit keine Tierhüter, sind jedenfalls nach einem Urteil des OLG Hamm aus 2011 in aller Regel **Familienangehörige**. Denn diese haben zumeist keine vertragliche Beauftragung, sondern übernehmen die Beaufsichtigung von Tieren für den Tierhalter lediglich rein tatsächlich.

In aller Regel werden Sie aber als **Pensionsstallbesitzer** Tierhüter der eingestellten Pferde, und in vielen Fällen auch als **Reiter**, wenn Sie ein Pferd des Tierhalters selbstständig reiten. Nicht jeder aber, zu dessen vertraglich übernommenen Verpflichtungen der Umgang mit Pferden und deren Betreuung gehört, wird Tierhüter. Wann das genau der Fall ist, können Sie etwa einem Urteil des OLG Köln aus 1998 entnehmen: „Der Tierhüter muss eine der Stellung des Tierhalters angenäherte Stellung einnehmen. Zum Wesen der vertraglich übernommenen ‚Führung der Aufsicht über das Tier' gehört demgemäß, dass der Übernehmende auch bei einem zwischen ihm und dem Tierhalter bestehenden **Abhängigkeitsverhältnis** ein gewisses Maß selbstständiger Gewalt über das Tier erlangt beziehungsweise dass ihm eine gewisse **Selbstständigkeit** bei dem Ergreifen von Maßnahmen zukommt, die dem Schutze Dritter gegen die von dem Tier ausgehenden Gefahren dienen.

Tierhüter und Aufsichtsführer im Sinne des Gesetzes sind jedoch nicht diejenigen, die, wie etwa der Stallbursche oder der angestellte Reitlehrer, auf Anweisung handeln."

Demzufolge ist nach einer Entscheidung des LG Erfurt aus 2007 Tierhüter jedenfalls derjenige, der das Pferd in Pension nimmt, **um es zu versorgen**. Das Gleiche urteilte das OLG Hamm 2006 zu einem Landwirt: Das Füttern und Misten ihrer Pferde hatten mehrere Pferdehalter in Eigenregie übernommen, er hatte diesen aber gegen Entgelt Stallboxen, Weidemöglichkeiten und Futter für die Pferde überlassen und war auch damit betraut, die Pferde morgens **auf die Weide zu lassen** und auch sonst nach dem Rechten zu sehen.

Doch auch wenn Sie **Berechtigter aus einem Reitbeteiligungsvertrag** sind und nicht sieben Tage die Woche wie der Pensionsbetreiber für das Pferd Sorge tragen, werden Sie in der Regel zum Tierhüter, wenn Ihr Umgang mit dem Pferd von einer gewissen Selbstständigkeit geprägt ist. Bei Minderjährigen ist das jedoch immer fraglich. Entsprechend urteilte das OLG Frankfurt 2009, dass eine minderjährige Reitbeteiligung in der Regel erst dann zum Tierhüter wird, wenn sie ein Pferd ohne Begleitung im Gelände reiten darf und sie hierüber selbstständig bestimmen darf.

RECHTSPFAD-TIPP

Vergessen Sie nie, wenn Sie sich um ein nicht eigenes Pferd kümmern, dass Sie mit einem Bein in der Tierhüterhaftung stehen. Stellen Sie sich deshalb immer zwei Fragen: Erstens, ob Ihr Kümmern vertragsähnlichen Charakter hat und zweitens, ob es von Ihnen mit einer gewissen Selbstständigkeit ausgeführt wird.

Dass Sie auch bei einem kürzeren Miteinander mit dem Pferd als Tierhüter angesehen werden können, hat der BGH aber schon 1986 bescheinigt: Wer ein **gemietetes Pferd selbstständig**

ausreitet, ist zwar nicht Tierhalter des Reitpferdes, wohl aber in der Regel Tierhüter.

Dem schloss sich das KG Berlin 1994 an und unterstellte in seinem Urteil sogar einem **13-Jährigen eine gewisse Selbstständigkeit**. Der Schüler, der mit Einwilligung seiner Eltern ein Reitpferd von einem gewerblichen Reitstallbesitzer und Reitlehrer für einen selbstständigen Ausritt im Beisein einer **Aufsichtsperson** gemietet hatte, hatte deshalb für die Folgen eines von dem Pferd verursachten Verkehrsunfalls als Tierhüter zu haften.

Das OLG Celle entschied dagegen 1996 gänzlich anders zu einem **Ausritt in Begleitung des Tierhalters** selbst: Es komme auf die „selbstständige allgemeine Gewalt und Aufsicht" über das Pferd an. Diese wird dem Reiter aber nach Ansicht des Gerichts gerade nicht übertragen, weil der mitreitende Tierhalter sie durch seine unmittelbare Anwesenheit selbst innehat.

Sicher ist, dass ein lediglich **kurzfristiges Beaufsichtigen** eines Pferdes aber noch keine Tierhütereigenschaft begründet, so das OLG Köln 1997. Hier hatte eine Beklagte bei einem öffentlichen Fest beim Ponyreiten geholfen. Dabei kam es zu einem Unfall durch das von ihr geführte Pony. Das Gericht sah die Beklagte nicht als Tierhüterin an, weil sie beim Führen des Ponys nicht selbstständig handelte, sondern sich im Gegenteil im unmittelbaren Aufsichtsbereich des Tierhalters befand, dessen Anweisung sie Folge leistete.

Diese Haftungssituation dürfte sich im gängigen Reiteralltag auf das kurzfristig aufgestallte oder eingekoppelte Wanderreitpferd oder den reiterlichen Besuch im Nachbarstall übertragen lassen. Hier wird der zur Verfügung stellende Stall- oder Koppelbesitzer folglich nicht Tierhüter.

Dass Sie nicht für alles und jedes haften müssen und die Tierhüterhaftung auch ihre Grenzen hat, zeigte gleichfalls das OLG München 1997 auf: Reiten erfahrene Reiter gefälligkeitshalber zur Beaufsichtigung einer Reitergruppe mit, so haften sie nicht als Tierhüter, da sie weder die Herrschaft über die gemieteten Pferde übernommen haben noch sich als Reitlehrer betätigten. Hier fehlt definitiv die **vertragliche Grundlage** wie auch das **selbstständige Bestimmen** über die Pferde.

Entlastungsbeweis bei Beachtung der im Verkehr erforderlichen Sorgfalt

Sind Sie also nun Tierhüter im Rechtssinne, haften Sie, und Ihr Verschulden im Schadensfall wird erst einmal vermutet. Wie können Sie aber nun den Entlastungsbeweis für das von Ihnen „behütete" Pferd antreten, um der Haftung zu entgehen?

Konkret müssen Sie dafür den vollen Beweis erbringen, dass Sie als Tierhüter **die im Verkehr erforderliche Sorgfalt beachtet** haben. Was darunter zu verstehen ist, sehen der Geschädigte und der Tierhüter zumeist subjektiv sehr unterschiedlich. Maßgebend ist, wie sich ein durchschnittlich gewissenhafter Tierhüter unter Berücksichtigung der jeweiligen Umstände des Einzelfalles verhalten hätte. Daran müssen Sie sich als Tierhüter mit ihrem Entlastungsbeweis messen lassen.

Die Gerichte entscheiden dabei nach den jeweiligen Umständen des Einzelfalls von Fall zu Fall unterschiedlich. Eine einheitliche Linie ist kaum zu erkennen. Fest steht, dass Sie nicht jeder abstrakten Gefahr durch Vorbeugemaßnahmen Rechnung tragen müssen. Vielmehr bedarf es nach gängiger Rechtsprechung nur solcher Sicherungsmaßnahmen, die **ein verständiger und umsichtiger, in vernünftigen Grenzen vorsichtiger Mensch für ausreichend halten darf und die ihm den Umständen nach zumutbar sind**, um andere Personen vor Schäden zu bewahren.

Diese Grenze zeigt ein Urteil des OLG München aus 2008. Einen Verstoß gegen die erforderliche Sorgfalt wollte beispielsweise eine Halterin eines im Stall des Tierhüters an einer Darmperforation verstorbenen Hengstes gesehen haben. Sie meinte, der Stallbesitzer hätte die Pferdeboxen nicht gegen ein von außen einwirkendes Ereignis ausreichend geschützt.

Das Gericht stellte dagegen fest, dass zwar der Stallbesitzer als Tierhüter für eine sichere Unterkunft und artgerechte Betreuung zu sorgen habe, aber nicht alle Umstände ausschließen müsse, die den mysteriösen Tod des Hengstes erklären könnten.

Die **nicht ausreichend gesicherte Unterbringung** des Pferdes ist sicher gängigster Streitfall vor Gericht. Dabei führt der Zustand der Zäune die Hitliste an. Verbindliche Vorgaben betreffend **Zaunhöhe und -konstruktion** gibt es nicht, dafür aber jede Menge Empfehlungen, allen voran die Leitlinien der Landwirtschaftsministerien. Sie haben keinen Gesetzesrang, sondern es kommt immer auf den Einzelfall an, dabei auf Bestandsdichte, Größe und Geschlecht der Pferde, ganzjährige oder Wechselbeweidung, Lage und Größe der Weide, Verkehrsnähe und auch verwendetes Zaunmaterial.

Eine nicht ausreichende Sicherung gegen Ausbruch sah etwa das LG Potsdam 2012 bei einem Zaun, der mit drei, stellenweise vier Elektrolitzen auf einer Höhe zwischen 35 und 115 Zentimetern versehen war, dabei aber nur 2000 Volt führte. Dass der Sorgfaltsmaßstab oft recht hoch und ebenso außerhalb gängiger Pferdepraxis liegt, zeigen ebenfalls Urteile, die sich mit dem am Ausgang einer Weide vorhandenen Verschluss auseinandersetzen.

Als Tierhüter werden Sie teilweise mit überzogenen Sicherungsvorstellungen der Gerichte konfrontiert, wie ein Urteil des OLG Nürnberg aus 1991 zeigt: Sorgfältig wäre nach Ansicht des Gerichts die **Sicherung des Weideausgangs** nur mit Kette und Vorhängeschloss gewesen. Etwas pragmatischer entschied das saarländische OLG 1997: „Der Aufsichtspflicht eines Tieraufsehers ist noch genügt, wenn die Pferdekoppel mit einem Bolzendrehverschluss gesichert ist, dessen Betätigung Kraft und Geschicklichkeit erfordert."

Wie weit Diskussionen um Sorgfaltspflicht gehen können, zeigt auch ein Urteil des LG Erfurt aus 2007: Ein Reitstallbetreiber, der zugleich Tier-

Kein wirklicher Schutz gegen Ausbruch. [Foto: Jost Appel]

hüter eines eingestellten Pferdes war, hatte sich nach der Reiterfahrung eines ihm Unbekannten erkundigt und diesen auf das Erfordernis des **Tragens einer Reitkappe** hingewiesen. Damit beachtete er die im Verkehr erforderliche Sorgfalt, so das Gericht. Eine weitergehende Sorgfaltspflicht dahingehend, einen Ausritt ohne Reitkappe zu verhindern, lehnte das Gericht jedoch ab.

Letztendlich sollten Sie als Tierhüter auch bei der **Auswahl Ihrer Mitarbeiter** sorgfältig sein, denn diese sind rechtlich gesehen Ihre Verrichtungsgehilfen. Deshalb haften Sie beim Schaden an einem Dritten aufgrund einer fehlenden Sorgfalt Ihrer Mitarbeiter gleichfalls, wenn Sie den Entlastungsbeweis nicht führen können. Das gilt aber nur für Ihre eigenen Mitarbeiter und nicht für von Ihnen unabhängige Dritte, die dem Tierhalter gelegentlich bei der Betreuung seines Pferdes helfen. Denn diese fallen nicht in Ihren Haftungsbereich als Tierhüter, wie das LG Gießen 2008 und das OLG Hamburg 1987 urteilten. Entsprechend wird auch der **angestellte Reitlehrer** einer Reitschule, die Tierhalter ist, in aller Regel nicht Tierhüter und muss im Schadensfall nicht haften, urteilte das OLG Düsseldorf folgerichtig 2002.

Mitgefangen, mitgehangen: gesamtschuldnerische Haftung mit dem Tierhalter

Stellen Sie sich ein gängiges Haftungsszenario vor: Das Pferd eines Halters ist aus der Koppel des Pensionsstallbetreibers, also des Tierhüters, entlaufen und hat einen Verkehrsunfall verursacht. Der Geschädigte wird in aller Regel versuchen, sowohl den Tierhalter in Anspruch zu nehmen, der immer und ohne Verschulden haftet (› Seite 146), wie auch den Tierhüter, selbst wenn dieser die Möglichkeit hat zu beweisen, dass ihn keine Schuld und damit keine Haftung trifft.

Die beiderseitige Inanspruchnahme ist nach der Rechtsprechung auch richtig, denn die Übertragung der Tieraufsicht auf den Tierhüter führt nicht dazu, dass der Tierhalter nicht mehr haftet. **Tierhalter und Tierhüter werden dann als sogenannte Gesamtschuldner** in Anspruch genommen, haften also beide dem Geschädigten nebeneinander – und zwar beide jeweils auf den vollen Schaden. Der Geschädigte kann sich in dem Fall nach seiner Wahl bei beiden anteilig oder auch nur bei einem befriedigen – je nachdem, wer die bessere (oder überhaupt eine) Versicherung hat oder mehr Vermögen.

Entsprechend urteilte das OLG Hamm 2006 auch, dass in derartigen Fällen immer eine **einheitliche Quote von Tierhalter und Tierhüter im Verhältnis zum Geschädigten** festzusetzen ist und nicht etwa jeweils einzelne Haftungsanteile. Das führt in der Praxis oft zu einem Folgeprozess zwischen Tierhalter und Tierhüter, in dem dann die tatsächlichen Haftungsanteile gegeneinander abgeklärt werden.

Ganz spannend wird es, wenn Sie **als Tierhüter selbst geschädigt** werden. Gegenüber sich selbst haften Sie ja nicht. Deswegen kommt es in diesem Fall unterm Strich darauf an, ob und mit welcher Quote das Gericht auf Ihrer Seite ein Mitverschulden an Ihrem eigenen Schaden sieht. Sind Sie Ihren Sorgfaltspflichten nicht vollständig nachgekommen, reduziert das, wie schon bei der Tierhalterhaftung dargestellt, die Haftungsquote des Pferdehalters (› Seite 137 ff.).

TYPISCHE FALLGRUPPEN

Weide und Stall
BGH 1993: Wenn eine 13-Jährige auf Anweisung der Tierhüterin ein Pferd zur Weide bringen soll und diese das Pferd mit einer Longe übergibt, haftet die Tierhüterin neben dem Tierhalter für den Schaden, den die Minderjährige erleidet, wenn sie von dem Pferd mitgerissen wird, weil sie die **Longe um ihr Handgelenk** gewickelt hat.

BGH 1990: Ein Pferdestall eines Tierhüters, der **nahe bei einer Autobahn liegt**, muss selbst dann durch ein Schloss gesichert sein, wenn sich der Stall in einer ländlichen Gegend befindet, aber innerhalb eines dicht besiedelten Gebietes liegt.

OLG Hamm 2006: Der dem Tierhüter mögliche Entlastungsbeweis ist nicht geführt, wenn über mehrere Stunden unbeaufsichtigt gewesene Pferde nach 18 Uhr **aus einer ordnungsgemäß gesicherten Stallbox entweichen**.

OLG Saarbrücken 1997: Der Aufsichtspflicht eines Tieraufsehers ist noch genügt, wenn die **Pferdekoppel mit einem Bolzendrehverschluss gesichert** ist, dessen Betätigung Kraft und Geschicklichkeit erfordert.

OLG Hamm 1994: Der tierhütende Landwirt kann sich entlasten, wenn erwiesen ist, dass das Ausbrechen der Pferde und der anschließende Unfall nicht auf einer Sorgfaltspflichtverletzung beruhte, weil die Weide, auf der sich die Pferde befanden, ordnungsgemäß mit einem **vierfachen Stacheldraht in der üblichen Höhe von 1,25 Metern** eingezäunt war, sodass unter normalen Umständen ein ausreichender Schutz gegen das Ausbrechen gegeben war. Mit außergewöhnlichen Umständen wie etwa einer Panikreaktion der Tiere musste der Landwirt nicht rechnen und daher auch keine anderweitigen, im Übrigen auch wirtschaftlich unzumutbaren, Sicherungsmaßnahmen treffen.

OLG Koblenz 1986: Ein durchschnittlich gewissenhafter Inhaber eines Reiterhofs, in dem ständig mehr als 40 Pferde gehalten werden, darf ein unmittelbar zu einer Landesstraße führendes **Eingangstor nicht während der üblichen Besuchszeiten ständig offen lassen**, sondern muss dieses grundsätzlich geschlossen halten. Dies gilt umso mehr, wenn die – später durch das Tor ausgebrochenen – Pferde schon mehrfach durch das Tor geritten oder geführt wurden und ihnen dieser „Fluchtweg" daher bekannt war.

Reiter und Reitbeteiligung
OLG Frankfurt 2009: Der Berechtigte aus einer – Reitbeteiligung – wird in der Regel erst dann zum Tierhüter im Sinne von § 834 BGB, wenn er ein Pferd **ohne Begleitung im Gelände reiten darf** und er hierüber selbstständig bestimmen darf.

OLG Schleswig 2007: Besteht eine Reitbeteiligung für einen Tag pro Woche gegen 25 Euro Entgelt monatlich sowie Stalldienst, erfüllt das die Anforderungen an eine Tierhütereigenschaft. Das gilt insbesondere für die unfallverursachende **13-jährige Reitbeteiligung, die die selbstständige Aufsicht über das Pferd beim Reiten** gehabt hat. Die Reiterin muss jedoch trotz Tierhütereigenschaft nicht haften, wenn ihr der Entlastungsbeweis gelingt, dass ihr reiterliches Fehlverhalten nicht vorzuwerfen ist.

OLG Hamm 2000: Der bei einem Reitverein **angestellte Reitlehrer** ist während des Reitunterrichts kein Tieraufseher bezüglich des im Unterricht eingesetzten vereinseigenen Pferdes.

AG Gießen 2005: Eine jugendliche Reiterin ist Tierhüterin, wenn sie das Pferd des Tierhalters für 30 Euro Miete im Monat reiten darf. Reitet sie das Pferd an einer Landstraße und scheut das Pferd daraufhin, ist es Sorgfaltspflichtverletzung, wenn die Reiterin dann **beim ungeschickten Absteigen zu Fall kommt** und die Zügel des Pferdes dabei loslässt, sodass das Pferd durchgehen könnte. Den dabei an einem Pkw vom Pferd angerichteten Schaden müssen deshalb Tierhalter und Tierhüter als Gesamtschuldner tragen.

MITVERSCHULDEN DES GESCHÄDIGTEN

Sind Sie Geschädigter und wollen den Tierhüter in Haftung nehmen, müssen Sie sich ein etwaiges eigenes Mitverschulden, also eine **Sorgfaltspflichtverletzung, mit einer Haftungsquote anrechnen** lassen. Trifft Sie das überwiegende Verschulden am eigenen Schaden, entfällt die Haftung des Tierhüters.

Ansonsten gelten für eine Mitverschuldensquote gegenüber dem Tierhüter die gleichen Grundsätze, wie sie bereits beim Mitverschulden gegenüber dem Tierhalter dargestellt sind (› Seite 146).

Herstellerhaftung nach dem Produkthaftungsgesetz

Haben Sie schon einmal vom Produkthaftungsgesetz (ProdHaftG) gehört? Die Chancen sind gering, denn allein das deutsche Bundesrecht umfasst circa 2.000 Gesetze und circa 3.500 Verordnungen mit insgesamt knapp 80.000 Artikeln und Paragrafen; hinzu kommen die Gesetze und Rechtsverordnungen der 16 Länder. Aber das ProdHaftG verdient besondere Aufmerksamkeit. Denn es gibt Ihnen starken rechtlichen Rückenwind gegenüber Produktherstellern im Pferdebereich.

Der Grundsatz nach § 1 ProdHaftG: Wird durch den **Fehler eines Produkts** jemand getötet, sein Körper oder seine Gesundheit verletzt oder eine Sache beschädigt, so ist der Hersteller des Produkts verpflichtet, **dem Geschädigten den daraus entstehenden Schaden zu ersetzen**. So umfassend, so einfach. Noch dazu ist Hersteller nach § 4 ProdHaftG **nicht nur der eigentliche Produzent, sondern auch der tatsächliche Lieferant**, wenn er dem Geschädigten auf Aufforderung nicht innerhalb eines Monats den tatsächlichen Hersteller benennt.

Ein Fehler liegt dann vor, wenn das Produkt **nicht die erforderliche Sicherheit bietet** und wenn der Fehler **zum Zeitpunkt des Inverkehrbringens** schon vorgelegen hat. Es geht also nicht darum, dass er eventuell später durch übliche Abnutzung oder Einwirkung entstanden ist. So könnte es beispielsweise durch einen Produktfehler am Sattel oder den Steigbügeln zu einem Sturz und zum Schaden kommen. Auch Produktfehler am Reithelm oder an der Sicherheitsweste sind vorstellbar und können bei einem Sturz zu enormen Schadensansprüchen führen.

Aufgepasst: Im Falle der Sachbeschädigung gilt dies **nur, wenn eine andere Sache als das fehlerhafte Produkt beschädigt wird** und diese andere Sache ihrer Art nach gewöhnlich für **den privaten Gebrauch bestimmt** und hierzu von dem Geschädigten hauptsächlich verwendet worden ist. Heißt: kein Ersatz für den Schaden am Produkt selbst und kein Anspruch, wenn Sie nicht privat handeln.

Die Produkthaftung ist, wie zum Beispiel die Tierhalterhaftung auch (› Seite 137 ff.), eine **Gefährdungshaftung und damit unabhängig vom Verschulden des Herstellers**. Wer etwas in den Verkehr bringt, soll für die Ordnungsgemäßheit seines Produkts haften müssen. Dafür, dass es aufgrund des fehlerhaften Produkts zu einem Schaden gekommen ist, **tragen jedoch Sie als Geschädigter die Beweislast**.

Das gestaltet sich in der Praxis nicht ganz einfach, wie eine Geschädigte 2007 vor dem AG Frankfurt feststellen musste. Ihre beiden Pferde hatten unmittelbar nach der Gabe von **Pferdeleckerli** eine Schlundverstopfung erlitten. Das Gericht sah den kausalen Zusammenhang jedoch als nicht hinreichend erwiesen an. Auch vor dem OLG Oldenburg scheiterte eine Geschädigte 1999 an der Beweislast. Sie konnte anlässlich der Erkrankung ihres Pferdes durch **schimmelpilzbefallenen Hafer** nicht beweisen, dass der Hafer bereits bei der Herstellung mehr als nur geringfügig mit Schimmelpilzen kontaminiert war.

Ein Hersteller von **Boxentrennwänden** musste hingegen 1989 eine Niederlage vor dem BGH hinnehmen. Der BGH urteilte, dass der Hersteller dafür zu sorgen habe, dass die in den Boxen gehaltenen Pferde bei ihrem typischen Tierverhalten keine Verletzungen erleiden. Hierzu gehöre auch die Vorsorge, dass sich die Pferde bei dem zwar seltenen, aber doch typischen Aufbäumen nicht infolge scharfer Kanten einzelner Stäbe an den Sehnen verletzen konnten. Eine Veränderung der Konstruktion der Trennwände oder Ersetzen durch eine andere Abschlusskonstruktion wäre technisch einfach möglich und der Beklagten offensichtlich auch wirtschaftlich zumutbar gewesen.

Auch landwirtschaftliche Produkte fallen mittlerweile unter das ProdHaftG. Zu denken ist hier etwa an **Frisch- oder Tiefgefriersperma**. Denn in dem Moment, wo Nativsperma die erste Verarbeitungsstufe durchlaufen hat, ist es ein Produkt. Ist das Sperma beispielsweise mit Krankheitskeimen versehen und kommt es dadurch zum Schaden, haftet der Hersteller entsprechend ohne Verschulden.

Schäden an Pferden durch Dritte

Glücklicherweise seltener als Schädigungen durch Pferde sind Schäden, die Dritte an Pferden verursachen. Im Bereich vorsätzlich herbeigeführter Schädigungen, etwa durch die sogenannten Pferderipper, ist die **Haftung aus Verschulden** eindeutig. Aber gar nicht so selten ist die nicht willentliche Schädigung durch Unwissenheit – durch Erwachsene ebenso wie durch Kinder.

Sie regelt sich nach der zentralen Haftungsnorm des § 823 BGB. Danach muss Schadensersatz leisten, **wer vorsätzlich oder fahrlässig das Eigentum oder ein sonstiges Recht eines anderen widerrechtlich verletzt**. Beruht also die Schädigung eines Pferdes durch einen Menschen auf Verschulden, gemeint ist damit mindestens Fahrlässigkeit, also das Außerachtlassen der im Verkehr erforderlichen Sorgfalt, muss er haften.

Auch hier gilt aber, dass Sie als **Geschädigter den vollen Beweis** erbringen müssen, dass der vermeintliche Schädiger auch wirklich der tatsächliche Schädiger ist und dass der eingetretene Schaden auf dem schädigenden Handeln des Schädigers beruht.

Beispielhaft ein Fall, der 2008 vor dem OLG Karlsruhe entschieden wurde: Ein Unbeteiligter und Pferdeunkundiger wollte seine Schwester auf einem Reiterhof abholen. Während der Wartezeit **fütterte er, trotz Hinweis „Füttern verboten", herumliegendes Heu** an drei Pferde. Das Heu war jedoch frisch, gerade geerntet. Nachweislich deswegen erlitten in der Folge alle drei Pferde eine Kolik, ein Pferd verstarb. Das Gericht bescheinigte dem Beklagten Fahrlässigkeit, womit er haften musste. Es gehöre zwar nicht zum Allgemeinwissen, dass frisches Heu für Pferde gefährlich ist, aber dem Beklagten musste klar sein, dass er keinerlei Kenntnisse über Nahrungsunverträglichkeiten bei Pferden hatte und schon deshalb gehalten war, jegliche Gabe von Futter zu unterlassen, um deren Gesundheit nicht zu gefährden.

Viel Streitpotenzial entfacht sich auch, wenn **Schäden an Pferden durch Minderjährige verursacht** werden. Inwieweit haften sie beziehungsweise was ist mit der Aufsichtspflicht ihrer Erziehungsberechtigten?

Kinder und Jugendliche genießen besonderen Schutz durch den Gesetzgeber. Sie haften nur unter bestimmten Voraussetzungen, die in § 828 BGB geregelt sind. Danach **haften Kinder unter sieben Jahren grundsätzlich nicht**. Mindestens sieben-, aber noch nicht 18-jährige Minderjährige haften nur, wenn sie aufgrund ihres Alters und ihrer Reife **erkennen mussten, dass durch ihr Verhalten ein Schaden entstehen** konnte.

Eltern haften gemäß § 832 BGB grundsätzlich für Schäden, die ihre Kinder Dritten zufügen.

Können die Eltern aber beweisen, dass sie ihrer **Aufsichtspflicht genügend nachgekommen sind, sind sie entlastet** und müssen nicht für den Schaden aufkommen. Das Gleiche gilt, wenn Eltern beweisen können, dass der gleiche Schaden unabhängig von ihrer Aufsichtspflichtverletzung ebenfalls entstanden wäre.

Soweit zur juristischen Theorie. Als Orientierung, wie Gerichte ein schädigendes Verhalten Minderjähriger beurteilen, die folgenden Beispiele:

BGH 2012: Durch **zündelnde Kinder** wurde ein Pferdebetrieb vollständig zerstört. Das Maß der gebotenen elterlichen Aufsicht bestimmt sich nach Alter, Eigenart und Charakter des Kindes sowie danach, was den Aufsichtspflichtigen in ihren jeweiligen Verhältnissen zugemutet werden kann. Entscheidend ist, was verständige Aufsichtspflichtige nach vernünftigen Anforderungen unternehmen müssen, um die Schädigung Dritter durch ein Kind zu verhindern.

Das Füttern von Pferden sollte man Kindern nicht allein überlassen. [Foto: shutterstock.com/Marcel Jancovic]

OLG Osnabrück 2006: Bei einem Minderjährigen kommt es im Hinblick auf ein Verschulden darauf an, ob Kinder seines Alters und seiner Entwicklungsstufe den Eintritt eines Schadens hätten voraussehen können und müssen und ob von ihnen bei Erkenntnis der Gefährlichkeit ihres Handelns in der konkreten Situation die Fähigkeit erwartet werden konnte, sich dieser Erkenntnis gemäß zu verhalten. Von einem **neunjährigen Jungen** kann nicht erwartet werden zu erkennen, dass das an sich harmlose **Werfen von Matschkugeln** in Richtung eines herumlaufenden Hundes ein in der Nähe befindliches Pferd, das sich in einer umfriedeten Führanlage aufhält, derart verschrecken kann, dass dieses scheut und sich dabei verletzt.

AG München 2003: Auch ein **achtjähriges Kind** weiß schon, dass das **Zerkratzen eines geparkten Autos** nicht erlaubt ist und ein eher ungewöhnliches Verhalten für ein Kind darstellt. Es haftet daher persönlich. Für ein solch ungewöhnliches Kindverhalten haften die Eltern aber nur dann, wenn das Kind schon in früherer Zeit in gleicher oder ähnlicher Weise auffällig geworden ist. Nur dann sind die Eltern gewarnt und können ihr auffälliges Kind beim Spielen nicht unbeaufsichtigt lassen. Da das Kind im vorliegenden Fall erstmalig in dieser Form auffällig geworden ist, haften sie dem geschädigten Pkw-Eigentümer gegenüber nicht.

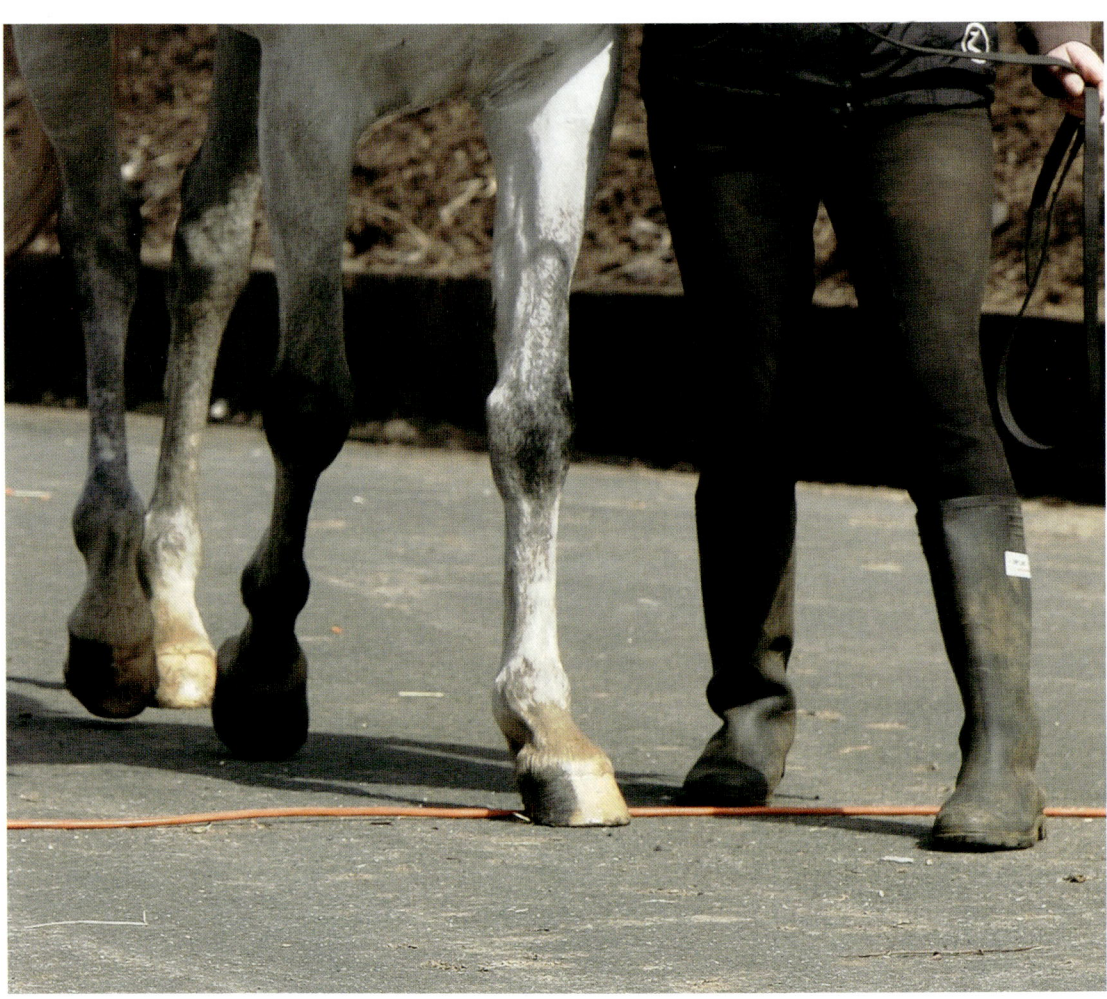

Elektrokabel auf Pferdeüberweg: Mit offen verlegtem Strom steht immer direkt die Verkehrssicherungspflicht auf dem Plan. [Foto: Jost Appel]

Verkehrssicherungspflichten

Als Tierhüter (› Seite 162 ff.) oder Veranstalter von Sportveranstaltungen (› Seite 205 f.) müssen Sie immer vorausschauend unterwegs sein, denn Ihnen obliegt die **Pflicht zur Abwehr von Gefahrenquellen** für Pferde und Menschen, die auf Ihrem Hof oder Ihrer Veranstaltung verkehren.

Das OLG Hamm brachte das 2011 auf den Punkt: Wer eine Gefahrenlage gleich welcher Art schafft, ist grundsätzlich verpflichtet, **alle notwendigen und zumutbaren Vorkehrungen** zu treffen, um eine Schädigung anderer möglichst zu verhindern. Zwar muss nicht jeder abstrakten Gefahr vorbeugend begegnet werden, denn eine Verkehrssicherung, die jede Schädigung ausschließt, ist im praktischen Leben nicht erreichbar. Die Verkehrssicherungspflicht erfordert jedoch regelmäßig den Schutz vor Gefahren, die **über das übliche Risiko bei der Anlagenbenutzung hinausgehen**, vom Benutzer nicht vorhersehbar und für ihn nicht ohne Weiteres erkennbar sind. Der Umfang der erforderlichen Sicherheitsmaßnahmen richtet sich dabei insbesondere danach, welcher Grad an Sicherheit bei der jeweiligen Sportart typischerweise erwartet werden kann.

Dass **Scheiben und Spiegel in Reithallen**, wenn nicht verkehrssicher angebracht, eine Gefahrenquelle darstellen können, zeigt auch das Urteil des AG Gießen 2007. Das Gericht sah die Verkehrssicherungspflicht bei einem geplanten Reiten, dem sich das Pferd durch Losreißen entzogen hatte und im Anschluss in den Spiegel gesprungen war, nur deshalb als nicht verletzt an, weil der Spiegel dann nicht hatte zugehängt werden müssen. Das sei allerdings anders, wenn das Freilaufen eines Pferdes beabsichtigt sei, so das Gericht.

Wie weit die Verkehrssicherungspflicht gehen kann, beurteilte das OLG Hamm 2013. Es ging zwar nicht um einen Pferdefall, kann jedoch auf **Untergründe im Stall oder auf dem Reitplatz** übertragen werden: Der Betreiber eines Baumarkts muss die Fußböden insbesondere im Kassenbereich seiner Geschäftsräume regelmäßig kontrollieren und die eine Rutschgefahr begründenden Verunreinigungen sofort beseitigen, so das Gericht. Das Urteil gibt noch einmal wieder, dass es nicht nur um bauliche Verkehrssicherungspflichten geht, sondern auch um situationsbedingte. Für den Pferdebetrieb und den Veranstalter bedeutet das, dass auch kurzfristig entstandene Gefahren im Verkehrsbereich zeitnah entfernt werden müssen oder eine Sperrung des Bereiches vorgenommen werden muss, angefangen von plötzlichem Glatteis über gefährliche Maschinen bis hin zu sich als ungeeignet erweisenden Reit- oder Paddockböden.

Das OLG Osnabrück konkretisierte 2004 die Verkehrssicherungspflicht hinsichtlich der **erforderlichen Zaunbeschaffenheit** und urteilte, dass die **tägliche Überprüfung** der Funktionsfähigkeit eines in der Regel genügenden intakten Zaunes – auch eines Elektrozaunes – erforderlich ist.

Als Anlagenbetreiber muss Ihnen gleichfalls klar sein, dass nicht nur an die Koppelumzäunung, sondern auch an die **Begrenzung eines Reitplatzes** besondere Sicherheitsanforderungen gestellt werden. Zur Verwendung einer Autobahnleitplanke stellte das LG Freiburg 1998 in einem Urteil fest, dass eine solche scharfkantige Umzäunung gerade wegen der bei kindlichen Reitanfängern nicht zu vermeidenden Stürze vom Pferd zu schwerwiegenden Verletzungen führen kann, sodass eine weit über das übliche Maß hinausgehende Gefahr geschaffen wird.

Pferdehaltung birgt so einige Gefahren.
Ein ausreichender Versicherungsschutz ist daher wichtig.
[Foto: shutterstock.com/Alberto PÃ©rez Veiga]

KAPITEL V:
VERSICHERUNGSRECHT

Nie ohne:
Rechtsschutzversicherung

Sie ist eine der wichtigsten „Soll"-Versicherungen. Möglichst schon bevor man Besitzer eines Pferdes wird, eine Reitbeteiligung eingeht, Reitunterricht nimmt oder Züchter wird, sollte man bereits eine Rechtsschutzversicherung abgeschlossen haben. Dies deshalb, weil Rechtsschutzversicherungen **in aller Regel eine Wartezeit von ein bis drei Monaten** nach ihrem Abschluss haben, bevor sie erstmals greifen. Die Versicherungen wollen so verhindern, dass Rechtsschutzverträge abgeschlossen werden, weil der Versicherungsnehmer schon jetzt genau weiß, dass in Kürze eine Streitigkeit ansteht.

Aber auch für den **landwirtschaftlichen oder gewerblichen Zucht- oder Reitbetrieb** ist eine Rechtsschutzversicherung allerdringendst anzuraten, denn wenn Anwälte beauftragt werden müssen oder gar ein Gerichtsverfahren zu führen ist, geht dies im Bereich Pferd in aller Regel gleich in die Tausende.

Ganz wichtig für Sie als Züchter: **Züchtet man regelmäßig**, wird der Rechtsschutzversicherer relativ schnell – dies im Einklang mit der BGH-Rechtsprechung, wonach das regelmäßige Anbieten von selbst gezüchteten Tieren auf dem Markt selbst dann, wenn man gar keine Gewinne erzielt, **bereits gewerbliche Tätigkeit ist** (› Seite 30) – eine Kostendeckung ablehnen, wenn man die Pferdezucht nicht ausdrücklich mitversichert hat.

Die Rechtsschutzversicherung trägt, möglicherweise abzüglich einer vereinbarten Selbstbeteiligung, die gesetzlichen **Anwaltsgebühren** des Rechtsanwaltes, den der Versicherte frei gewählt hat, und zwar von der Rechtsberatung über die außergerichtliche Vertretung bis hin zum Gerichtsverfahren. Im Gerichtsverfahren zahlt der Versicherer zudem die **Gerichtskosten**, zu denen die in Pferdeprozessen ganz häufig sehr teuren **Sachverständigengutachten** genauso gehören wie die Gerichtsgebühren und die Auslagen, die für Zeugenvernehmungen gezahlt werden. Verliert man den Rechtsstreit ganz oder teilweise, zahlt der Rechtsschutzversicherer dann auch die **Kosten des Gegners** ganz oder in Höhe der verlorenen Quote.

Aufgepasst: Sie haben **freie Anwaltswahl**. Nach einer Entscheidung des BGH aus 2013 ist es unzulässig, wenn ein Versicherer Ihnen vorgeben will, welchen Anwalt Sie beauftragen, er also schon bei Abschluss der Versicherungspolice dem Kunden das Recht auf freie Anwaltswahl durch einen vergünstigten Tarif quasi „abkauft". Zulässig sind dagegen neuerdings Anreizsysteme, etwa Vergünstigungen für die Zukunft, wenn der vom Versicherer empfohlene Anwalt beauftragt wird oder gar der Hausjurist des Rechtsschutzversicherers eine Rechtsberatung erteilt. Dies mag für den täglichen 08/15-Fall sicherlich seine Berechtigung haben, nicht aber für Spezialrechtsgebiete wie das Pferde- oder Tiermedizinrecht, denn da hat der fachfremde Jurist, der nicht schon jahrelang schwerpunktmäßig im Pferderecht tätig ist und idealerweise auch Pferdewissen und praktische Pferdeerfahrung vorweisen kann, nahezu keine Chance, die umfangreiche Rechtsprechung auch nur im Ansatz dem zu bewertenden Sachverhalt zuzuordnen.

Private Haftpflichtversicherung greift oft nicht

Ihre private Haftpflichtversicherung deckt die typischen Risiken des Alltags ab, wenn gegen Sie Schadensersatzansprüche geltend gemacht werden. Die Privathaftpflichtversicherung greift jedoch in der Regel wegen entsprechender Ausschlüsse in den Versicherungsbedingungen **nicht, wenn es um die Haltung von Pferden geht**. Das ist rechtens, so der BGH 2007, und zwar nicht nur für die eigentliche Tierhalterhaftung (› Seite 137 ff.), sondern auch für alle anderen Anspruchsgrundlagen, aufgrund derer sich der Versicherte **in seiner Eigenschaft als Tierhalter** Haftpflichtansprüchen ausgesetzt sieht.

Das gilt allerdings **wohl nur für das eigene Pferd**, wie ein interessanter Fall vor dem LG Hagen aus 2002 zeigt: Zwei Pferdehalter hatten sich geeinigt, dass bei Abwesenheit des jeweils anderen dessen Pferd mitversorgt wird. Anlässlich einer Urlaubsabwesenheit brachte die Beklagte entsprechend auch das ihr fremde Pferd auf die Koppel. Dabei nahm sie aber nicht wie üblich den Halsring ab. Am anderen Tag wurde das Pferd tot aufgefunden; offensichtlich hatte sich ein Hinterhuf im Halsring eingeklemmt, wodurch das Pferd gestürzt war und sich das Genick gebrochen hatte. Die private Haftpflichtversicherung der Beklagten, der dieses Missgeschick passiert war, lehnte eine Schadensübernahme jedoch mit der Begründung ab, dass kein Versicherungsschutz für den Halter oder Hüter von Pferden bestünde. Dies sah das Gericht aber nicht so. Denn dieser – zulässige – Risikoausschluss

betrifft nur solche Fälle, in denen **durch das Pferd anderen ein Schaden zugefügt** wird, nicht aber solche Fälle, in denen durch schuldhaftes Verhalten des Halters oder Hüters **das Tier selbst geschädigt** wird.

Ein Muss: Tierhalterhaftpflichtversicherung

Die Tierhalterhaftpflichtversicherung schützt Sie als Pferdehalter vor Schadensersatzansprüchen Dritter, die aufgrund Ihrer Tierhaltung entstehen. Wie dargestellt haften Sie grundsätzlich **für alle von Ihrem Pferd angerichteten Schäden**, egal ob verschuldet oder nicht (› Seite 137 ff.).

Obwohl viele letztendlich sechsstellige Haftungsurteile die schweren Schäden zeigen, die durch die Pferdehaltung entstehen können, ist die Tierhalterhaftpflichtversicherung interessanterweise, trotz gesetzlich vermuteter Gefährdungshaftung, **für das Pferd nicht wie für den Pkw gesetzlich vorgeschrieben**. Anders ist dies nur beim Hund, für den in einigen Bundesländern eine Versicherungspflicht besteht. Die Tierhalterhaftpflichtversicherung ist damit **rein rechtlich nur eine „Soll"-Versicherung**. Haben Sie jedoch keine, können Sie durch einen Schadensfall leicht Haus und Hof verlieren.

Dazu ein typischer vom BGH 2007 entschiedener Fall: Ein Pferdehalter hatte nach dem Ausmisten der Pferdebox vergessen, den Riegel der Boxentür zu verschließen, woraufhin das Pony die Boxentür aufgeschoben hatte und ausgebrochen war, was in einem schweren Verkehrsunfall resultierte. Mangels Tierhalterhaftpflichtversicherung versuchte der Pferdehalter, seine Privathaftpflichtversicherung in Anspruch zu nehmen. Diese berief sich jedoch darauf, dass nach dem Versicherungsvertrag die Haftpflicht als Tierhalter nicht versichert war. Der BGH bestätigte dies, weil sich in dem Schaden nämlich die typische Tiergefahr verwirklicht habe, für die ein Tierhalter eben haften muss. Den vom Pony angerichteten Schaden in Höhe von 590.000 Euro musste der Ponyhalter also aus eigener Tasche zahlen.

Dass Sie Ihren Tierhalterhaftpflichtvertrag genauestens lesen sollten, zeigt ein Urteil des AG Köln aus 1993: Die Versicherung lehnte die Haftung für ein ausgebrochenes Pferd ab, das im Nachbargarten auf dem Rasen Schaden angerichtet hatte, und bezog sich darauf, dass nach dem Versicherungsvertrag „**Flurschäden durch Weidevieh" ausgeschlossen** wären. Das Gericht gab der Versicherung recht, denn ein Reitpferd sei auch Weidevieh. Unter den Flurschaden sei zudem nicht nur ein Schaden an Feldern oder Wiesen zu fassen, sondern auch die Beschädigung bloß gärtnerisch genutzten Bodens, so das Gericht.

Aufgepasst bei der oft verwendeten **Angehörigenklausel**, wonach bei Schäden zulasten von Angehörigen keine Einstandspflicht besteht: Sie wird in der Regel als wirksam angesehen und benachteiligt den Versicherten nicht entgegen dem Gebot von Treu und Glauben in unangemessener Weise, so das OLG Hamm 1995, als der Ehemann der Versicherten durch deren Pferd verletzt worden war. Ähnlich entschied das OLG Frankfurt, als die Schwiegermutter des Tierhalters beim Ausführen des Hundes zu Schaden gekommen war – es hätte sich genauso gut um ein Pferd handeln können.

Als nicht zulässig sah hingegen das OLG Oldenburg 2004 die Klausel an, dass **Kutschpferde nicht mitversichert** wären. Eine derartige Klausel sei eine unklare Regelung und insgesamt ein sehr überraschender Haftungsausschluss bei einer Tierhalterhaftpflichtversicherung. Derartige Ungereimtheiten gehen deshalb zulasten der Versicherung.

Wo sind die Ausschlussklauseln versteckt? [Foto: Jost Appel]

Ob Spiel oder Kampf, es kann schnell zu Verletzungen kommen. [Foto: shutterstock.com/Andrzej Kubik]

Lebens- und Unbrauchbarkeitsversicherung für Pferde

Die sogenannte Lebendtierversicherung sollten Sie ebenso sehen wie eine Lebensversicherung für Sie selbst: Man kann sie haben, muss man aber nicht. Sie ist im Normalfall dafür gedacht, die finanziellen Einbußen abzufangen, wenn das versicherte Pferd in **Folge von Krankheit, Diebstahl, Unfall oder Transport zu Tode kommt oder notgetötet** werden muss.

Erweitern können Sie diese Grundlebendtierversicherung typischerweise gegen Aufpreis noch um den Versicherungsschutz **„dauernde Unbrauchbarkeit"**. Dieser greift etwa dann, wenn Ihr Turnierpferd verletzungsbedingt nur noch auf der Koppel stehen kann oder nur noch beschränkt reitbar ist, gleichzeitig aber keine Indikation für eine Nottötung gegeben ist. Versichern kann man bei der Lebendtierversicherung auch zusätzlich oder isoliert das Zuchtrisiko, bei dem das Unfruchtbarwerden von Zuchtstute oder Deckhengst abgesichert wird.

Eine abgespeckte und damit günstigere Version der Lebendtierversicherung können Sie für Tod, aber auch zusätzlich für dauernde Unbrauchbarkeit wählen, wenn Sie nur solche Schäden versichern, die aus **Unfallereignissen** resultieren: Tod, Nottötung oder dauernde Unbrauchbarkeit infolge von Krankheit oder Diebstahl sind dann nicht mit abgesichert.

Noch eingeschränkter sind sogenannte **Transportversicherungen**, die Tod und Nottötung, wahlweise zusätzlich dauernde Unbrauchbarkeit nur für den Transportfall oder als Folge des Transports versichern und dabei in aller Regel zusätzlich unterscheiden, ob innerhalb Deutschlands oder im Ausland transportiert wird.

Ein Sonderfall der Lebendtierversicherung ist die sogenannte **Leibesfrucht-Versicherung** für das noch ungeborene Fohlen. Sie kann zumeist erst ab dem sechsten Trächtigkeitsmonat abgeschlossen werden. Sie gilt in der Regel bis zum siebten Lebenstag des geborenen Fohlens.

Je nach Art und Umfang der Lebendtierversicherung benötigt man zum Wirksamwerden des Vertrags ein **tierärztliches Gutachten**, für das abhängig von der Versicherungssumme teilweise auch Röntgenaufnahmen gefertigt werden müssen.

Aufgepasst: Die Lebendtierversicherung für ein Pferd **geht mit dessen Verkauf automatisch auf den Käufer über**. Verunglückt beispielsweise ein Pferd beim Transport zu seinem neuen Besitzer tödlich oder wird dabei so schwer verletzt, dass es eingeschläfert werden muss, kommt die Versicherung seither für den Wert des Pferdes auf. Früher blieb der Käufer auf dem wirtschaftlichen Verlust sitzen, denn der Versicherungsschutz war mit dem Verkauf des Tieres erloschen und oft noch nicht wieder aktiviert. Die Kehrseite der Medaille: Nach dem Verkauf dürfen nur noch der Käufer des Pferdes oder der Versicherer den Vertrag über die Lebendtierversicherung kündigen, der Verkäufer nicht mehr. Und trotzdem **haftet er für die Beitragszahlung des laufenden Versicherungsjahrs** zusammen mit dem Käufer gesamtschuldnerisch.

Um die vereinbarte Versicherungssumme im Schadensfall auch zu bekommen, muss der Versicherungsnehmer seine **Obliegenheitspflichten einhalten**. Dies gilt insbesondere bei einer seiner Ansicht nach erforderlichen **Nottötung**: Hier muss der Versicherungsnehmer **vorher eine Einverständniserklärung seines Versicherers** einholen, denn sonst geht er, wie Entscheidungen des OLG Saarbrücken 2003 und des OLG Düsseldorf 2002 zeigen, leer aus. Eine Ausnahme besteht nur dann, wenn der Leidenszustand des Tieres durch bewährte tierärztliche Behandlungsmethoden nicht kurzfristig behebbar ist und der Tod des Tieres als Folge des Leidenszustands mit Sicherheit zu erwarten ist.

Ähnliches gilt auch beim **Diebstahl**, wie das OLG Oldenburg 1999 entschied: Meldet der Versicherungsnehmer den Diebstahl nämlich nicht zeitnah, wird der Versicherer von seiner Entschädigungspflicht frei. Zeitnah hieß nach Ansicht des Gerichts, dass bei der Entdeckung der Entwendung eines wertvollen Pferdes aus der Pferdebox an einem Samstagmorgen um 7:00 Uhr eine Anzeige bei der zuständigen Polizeidienststelle spätestens am Samstagabend hätte eingehen müssen – und nicht erst am darauffolgenden Montag.

Pferde-Operationskosten-Versicherung

Eine weitere „Kann"-Versicherung stellt für Sie die OP-Kosten-Versicherung dar. Sie erfasst üblicherweise die **teilweise Kostenübernahme bei notwendigen Operationen** beispielsweise infolge von Koliken, Frakturen, Tumoren, lebensbedrohlichen Verletzungen und Erkrankungen sowie bei Operationen im Rahmen der Geburtshilfe. Richtiger wäre daher die Bezeichnung OP-Kosten-Beihilfeversicherung.

Die Versicherer bieten in der Regel **mehrere Wahlvarianten** an, die von einer einfachen Grunddeckung bis zu einer etwas umfassenderen Deckung reichen und Versicherungsschutz entweder nach einem bestimmten (anteiligen) Satz der Gebührenordnung für Tierärzte (GOT) bieten oder einen bei Versicherungsabschluss festgelegten Maximalbeteiligungsbetrag pro notwendiger Operation auszahlen.

Eine abgespeckte und damit günstigere Variante der OP-Kosten-Versicherung ist die Kolik-OP-Versicherung, die nur den Fall einer Kolik abdeckt.

Pferde-Krankenversicherung

Auch die Krankenversicherung für Pferde ist eine „Kann"-Versicherung. Über die OP-Kosten-Versicherung hinaus greift sie zusätzlich auch bei ambulanten und stationären tierärztlichen Behandlungen, die nicht Operation sind.

Tierarztkosten werden jedoch **grundsätzlich nur zu einem Anteil erstattet werden, meist zu circa 60 Prozent**, und dies auch **nur nach dem einfachen Satz** der tierärztlichen Gebührenordnung GOT. Der einfache Satz wird jedoch nur bei einfach gelagerten Fällen berechnet, gesetzlich vorgesehen ist der ein- bis dreifache Gebührensatz. Entsprechend handelt es sich bei der Tier-Krankenversicherung tatsächlich ebenfalls nur um eine Beihilfe-Krankenversicherung, deren Auszahlungsanteile erheblich unter der OP-Kosten-Beihilfeversicherung liegen. Dass sich dies bei jährlichen Prämien zwischen 600 und 800 Euro lohnt, dürfte nur im Einzelfall erreicht werden.

Ob Hobby- oder Profibetrieb: nie ohne Betriebshaftpflichtversicherung

Die Betriebshaftpflichtversicherung ist eine „Soll"-Versicherung. Mit ihr können Sie sich als Eigentümer, Betreiber oder Pächter eines Pferdebetriebs **vor Ansprüchen Dritter schützen**, wenn gegen Sie Schadensersatzansprüche gel-

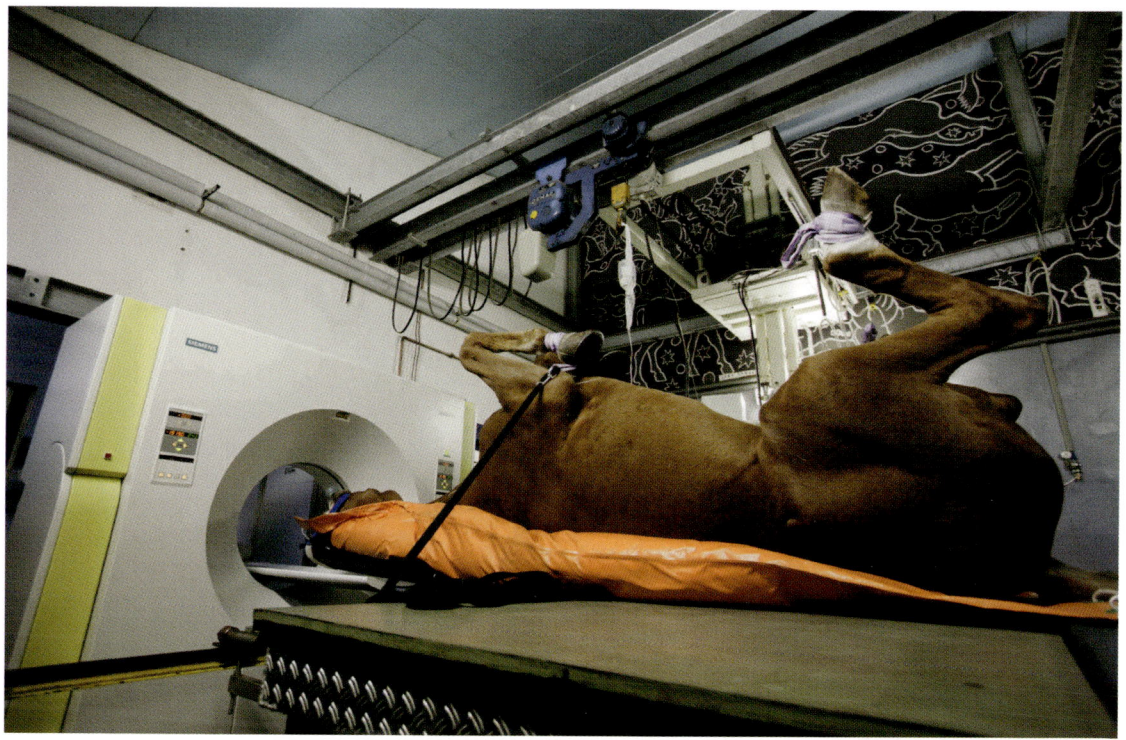

Die Krankenversicherung für Pferde hat auch ihre Grenzen. [Foto: Chrisitane Slawik]

tend gemacht werden. Denn die Versicherung bezahlt die berechtigten Schadensersatzansprüche, wehrt unberechtigte Ansprüche ab und übernimmt in aller Regel auch die Kosten eines Anwalts, wenn man sich vor Gericht gegen den behaupteten Anspruch wehren muss.

Die Fallgestaltungen sind vielfältig und häufig, wobei die typischsten sicherlich angebliche Fehler beim Füttern, Schädigung eines Pferdes in der Box, auf dem Reitplatz oder sonstigen Bereichen des Pferdebetriebs, schwere Personenschäden durch vermeintlich fehlerhafte Betriebsführung, falsche Beaufsichtigung oder unterlassene Reitlehreranweisungen sind.

Als Pferdebetrieb im Rechtssinn gilt im Übrigen auch schon derjenige, der **in kleinem Rahmen regelmäßig züchtet**, selbst wenn er dabei keine Gewinne erzielt, oder der **Mini-Pensionsbetreiber**, der regelmäßig einigen wenigen fremden Pferden gegen Entgelt Box oder Weideplatz zur Verfügung stellt. Das ist völlig unabhängig davon, ob der Betrieb steuerlich geführt ist oder nicht.

Was genau man im Betriebshaftpflichtvertrag versichert, ist grundsätzlich Vereinbarungssache und abhängig von Betriebsgröße und -ausgestaltung. Die **Grunddeckung**, die typischerweise **Schäden aus dem Betreiben der Gebäude und Flächen** umfasst, kann um Risiken wie **Beritt, Reitunterricht, Schulpferde, Reittherapie, Voltigieren** und vieles mehr erweitert werden.

Wie wichtig es ist, welche Risiken Sie explizit versichert haben, gibt ein Urteil des LG Kassel aus 1990 wieder: Ein Versicherungsnehmer hatte das Risiko „gewerbsmäßige Verwahrung und Pflege von Pensionspferden in Verbindung mit pferdesportlichen Aktivitäten" versichert. Bei einer **Pferdeverkaufsschau** kam es zum Schaden. Das Gericht sprach den Versicherer von einer Haftung frei, da der Versicherungsnehmer nach Abschluss des Versicherungsvertrags auch im Pferdehandel tätig geworden war, und zwar in einem Umfang, dass er aus beiden Bereichen gleich hohe Umsätze erzielte.

Grundsätzlich gilt Ihr Betrieb, wenn Sie **Pensionspferde gegen Entgelt untergebracht** haben, als gewerblicher Betrieb, egal wie groß oder klein. Deshalb sollten Sie in Ihrer Betriebshaftpflichtversicherung dringend das gewerbliche Tierhüterrisiko (› Seite 162 ff.), auch **Hütehaftpflicht** genannt, einbeziehen. Sie schützt den Stallbetreiber vor hohen finanziellen Ansprü-

chen, wenn etwa das eingestellte Pferd aus Box oder Weide entweicht, auf der Straße mit einem Auto kollidiert und einen Personenschaden anrichtet. Sie spielen sonst mit Ihrer Existenz.

Vielen Stallbetreibern ist zudem nicht bekannt, dass die Tierhüterversicherung nur für **Schäden durch das Pensionspferd** greift, nicht allerdings für **Schäden am Pensionstier** selbst aufkommt. Derartige Schäden können nur über eine sogenannte **Obhutsversicherung** erfasst werden, die ein frei versicherbarer Zusatz im Rahmen der Betriebshaftpflichtversicherung ist.

Eine Betriebshaftpflichtversicherung sollte auch eine Hütehaftpflicht enthalten. [Foto: shutterstock.com/Erika J Mitchell]

Existenzsicherung: Gebäude-, Feuer- und Inventarversicherung

Die Gebäude- und Inventarversicherung stellt ebenfalls eine „Soll"-Versicherung dar. Sie schützt Ihr Eigentum, wenn es **durch Feuer, Blitzschlag, Sturm oder Hagel beschädigt oder zerstört** wird. Die Prämien sind relativ hoch, schützen aber im Schadensfall Ihre Existenz.

Das **Gebäude selbst ist größtenteils zum Neuwert** oder zum gleitenden Neuwert bei Wertveränderungen versichert. Zum **Inventar** zählen normalerweise die Betriebseinrichtung, also etwa Stalltechnik, Fütterungsanlagen oder Werkzeuge, alle Vorräte einschließlich der Ernte, dies unabhängig davon, ob schon eingelagert oder noch auf dem Feld, sowie alle Tiere des Betriebs. Der genaue Versicherungsumfang wird jedoch sehr unterschiedlich in den Versicherungsbedingungen verschiedener Versicherer geregelt.

Gesetzliche Unfallversicherung: Berufsgenossenschaft ist Pflicht

Die Zugehörigkeit zur gesetzlichen Unfallversicherung, also zu einer Berufsgenossenschaft, ist Pflicht, sobald man einen Betrieb führt, und sei er auch **noch so klein oder nur Hobbybetrieb**. Versichert sind dabei der Betreiber des Pferdebetriebs, sein Ehegatte und, wenn in der Pferdehaltung Arbeitnehmer beschäftigt werden, auch diese. Wie schnell man in diesem Zusammenhang einen Betrieb im gesetzlichen Sinne führt, wird sehr weit ausgelegt, wie

schon zum Thema Arbeitsunfall dargestellt (› Seite 142): Es reicht, wenn man im weitesten Sinne wirtschaftliche Ergebnisse erzielt. Eine tatsächlich **auf Erwerb gerichtete Tätigkeit oder ein Geschäftsbetrieb als solcher wird nicht vorausgesetzt.**

Was viele nicht wissen: Demzufolge werden **auch Hobby- und Kleinstbetriebe** von der gesetzlichen Unfallversicherungspflicht umfasst, solange die Gesamtbetriebsfläche über 2.500 Quadratmeter liegt, § 5 SGB VII. Grundsätzlich zuständig für Pferdehaltungen ist die **landwirtschaftliche Berufsgenossenschaft** (BG), deren Träger wiederum die Sozialversicherung für Landwirtschaft, Forsten und Gartenbau (SVLFG) ist. Liegt aber keine landwirtschaftliche Tätigkeit vor oder ist die Gesamtbetriebsfläche kleiner, dann ist zumeist die **Berufsgenossenschaft für Transport und Verkehrswirtschaft** (BG Verkehr) zuständig. Das ist anerkannt für außerhalb der Landwirtschaft betriebene Pensionsstallhaltungen, für Pferdesporttrainer mit vorhandener Stallhaltung und Trainingsanlage, für Reitlehrer mit eigener Schul- und Reittierhaltung, für Pferdehaltungen mit gewerbsmäßiger Zielsetzung sowie, man glaubt es kaum, für die private Reittierhaltung.

Dagegen unterfallen private Stallgemeinschaften ohne sportliche Zielsetzung der **Verwaltungs-Berufsgenossenschaft** (VBG) ebenso wie Reitvereine sowie Pferdesporttrainer ohne vorhandene Stallhaltung und Trainingsanlage und Reitlehrer ohne eigene Schulpferde. Noch anders sind Vereine einzuordnen, die **Reittherapie** für kranke Kinder anbieten. Diese sind nämlich nach einer Entscheidung des SG Karlsruhe aus 2014 in der Berufsgenossenschaft für Gesundheitsdienst und Wohlfahrtspflege (BGW) versicherungspflichtig.

Der Zweck der BG besteht darin, **Arbeitsunfälle, Berufskrankheiten und arbeitsbedingte Gesundheitsgefahren zu verhüten** und nach Eintritt von Arbeitsunfällen oder Berufskrankheiten die **Gesundheit und die Leistungsfähigkeit ihrer Versicherten mit allen geeigneten Mitteln wiederherzustellen**. Darüber hinaus obliegt es der gesetzlichen Unfallversicherung, **Unfall- und Krankheitsfolgen** durch Geldzahlung, insbesondere Rentenzahlung, **finanziell auszugleichen**. Das erfasst aber kein Schmerzensgeld, und auch Sachschäden werden von der BG nicht ersetzt (› Seite 142).

Die Kehrseite der gesetzlichen Leistung bei Unfällen und Berufskrankheiten ist die gleichzeitige gesetzliche Pflicht des Unternehmers, der zuständigen Berufsgenossenschaft **beizutreten und entsprechend auch Beiträge zu entrichten** – bei verspäteter Anmeldung infolge etwaiger Unkenntnis der Versicherungspflicht notfalls auch nachträglich für vorangegangene Jahre. Die Höhe der Beiträge richtet sich nach fest vorgegebenen Schlüsseln, die wiederum Ihre Betriebsgröße und Ihre konkreten betriebstypischen Gefahren erfassen.

Private Unfallversicherung für dauerhafte Körperschäden

Im Gegensatz zur gesetzlichen BG ist die private Unfallversicherung eine „Kann"-Versicherung. Sie zahlt bei einem Unfall unabhängig von der Örtlichkeit, also weltweit, und unabhängig vom Unfallanlass, ob also pferdeverursacht oder nicht, eine Kapitalleistung und/oder eine Unfallrente aus. Ein Unfall liegt vor, wenn der Versicherte **durch ein plötzlich von außen einwirkendes Ereignis** unfreiwillig eine Gesundheitsschädigung erleidet.

Die private Unfallversicherung zahlt, wenn der Versicherte **durch einen Unfall einen dauerhaften Körperschaden erleidet**. Achten Sie dabei auf die Versicherungsbedingungen: Es gibt Verträge, bei denen schon bei 1 Prozent Invalidität Leistungen fällig werden, bei anderen Versicherungsmodellen fließt erst ab einer Invalidität von 20 Prozent oder sogar 50 Prozent Geld – dies dann in der Regel bei vergleichsweise geringen Prämien.

Nachdem aus der juristischen Praxis eine Vielzahl von Fällen bekannt ist, wo es insbesondere beim Reiten oder beim Umgang mit Pferden zu schweren dauerhaften Verletzungen kommt, oft gerade dann, wenn man mit dem eigenen Pferd ohne Fremdschädigung verunfallt, ist das Risiko dauerhafter körperlicher Ausfälle über eine Unfallversicherung deshalb gut abzudecken.

Berufsunfähigkeitsversicherung

Die Berufsunfähigkeitsversicherung ist eine „Kann"-Versicherung. Sie springt für den Fall ein, dass Sie auf Dauer krankheits- oder unfallbedingt ganz oder zu mindestens **50 Prozent unfähig sind, Ihren Beruf auszuüben**.

Im Gegensatz zur Erwerbsunfähigkeit liegt eine Berufsunfähigkeit auch dann vor, wenn Sie gesundheitlich imstande wären, einen anderen, jedoch gegebenenfalls sozial weniger angesehenen oder mit Einkommenseinbußen verbundenen Beruf auszuüben. Versichert ist also Ihre individuelle berufliche Leistungsfähigkeit in Bezug auf Ihren **zuletzt ausgeübten Beruf** oder auf eine andere Tätigkeit, die Sie mittlerweile tatsächlich ausüben.

Leistet die Versicherung und spricht Ihnen eine Rente zu, kann sie unter bestimmten Voraussetzungen ein sogenanntes **Nachprüfungsverfahren** einleiten. Nach einer Entscheidung des OLG Hamm aus 2006 durfte danach eine Versicherung, die im Rahmen eines solchen Verfahrens herausgefunden hatte, dass der Pferdewirt mit Schwerpunkt Reiten, der aufgrund einer Schulterluxation laut ärztlicher Feststellung nicht mehr in seinem Beruf arbeiten konnte, später als Reitlehrer und als Turnierrichter mit entsprechend ausreichendem Einkommen fähig und auch tätig war, die Zahlung der Berufsunfähigkeitsrente einstellen.

§ RECHTSPFAD-TIPP

Beim Abschluss einer Berufsunfähigkeitsversicherung sollten Sie darauf achten, welches Berufsbild und/oder welche Tätigkeit zugrunde gelegt wird. Denn im Schadensfall orientiert sich daran die Frage, ob und in welcher Höhe die Versicherung zu leisten hat. Auch bei jeder beruflichen Änderung, etwa vom Reitlehrer zum Bereiter, sollten Sie die Versicherung immer sofort angleichen lassen.

Bildet man berufsmäßig Pferde aus, sollte eine Berufsunfähigkeitsversicherung dahingehend abgeschlossen werden.
[Foto: Christiane Slawik]

Der Wunsch vieler Menschen: ein Leben mit Pferden.
[Foto: shutterstock.com/Natural Circle]

KAPITEL VI:
PFERDEBETRIEB UND PFERDEHALTUNG

Anzeige- und Genehmigungspflicht

Wenn Sie einen landwirtschaftlichen Betrieb oder ein Gewerbe eröffnen, haben Sie dies nach amtlich vorgeschriebenem Vordruck **der Gemeinde mitzuteilen**, in der der Betrieb liegt. Die Mitteilung hat innerhalb eines Monats nach Betriebsgründung zu erfolgen. Als Betriebsgründung gilt die Aufnahme der Tätigkeit. Die **Anzeigepflicht** dient in erster Linie der steuerlichen Erfassung, denn die Gemeinde unterrichtet das zuständige Finanzamt davon.

Ob klein oder groß: Wer gewerbsmäßig mit Pferden handelt, einen Reit- oder Fahrbetrieb unterhält oder Pferdeschauen organisiert oder Pferde hierfür zur Verfügung stellt, bedarf ferner nach § 11 Tierschutzgesetz (TierSchG) der **Erlaubnis des zuständigen Veterinäramtes**. Dass Sie viel schneller als gedacht als Pferdebetrieb eingeordnet werden, wurde bereits dargestellt (› Seite 179).

Nach dem TierSchG dürfen Sie mit der Ausübung Ihrer betrieblichen Tätigkeit auch **erst nach Erteilung der Erlaubnis beginnen**, wobei das Veterinäramt gesetzlich vorgegeben bis zu vier Monaten Zeit hat, Ihren schriftlichen Antrag zu bescheiden. Haben Sie die erforderliche Erlaubnis nicht oder noch nicht, dann darf Ihnen das Veterinäramt Ihre Tätigkeit untersagen und darf gegebe-nenfalls sogar Ihren Betrieb schlichtweg schließen, wie das VG Arnsberg 2011 für einen Pferdehandel bestätigte.

Dabei machen Sie sich noch dazu nach § 18 TierSchG einer **Ordnungswidrigkeit** schuldig, was mit einer Geldbuße bis zu 25.000 Euro geahndet werden kann.

Baurecht

Erst fragen, dann handeln – diesen wesentlichen Grundsatz sollten Sie beachten, um nicht den Traum vom Pferdebetrieb zum Albtraum werden zu lassen. Das gilt umso mehr, wenn Sie bauliche Aktivitäten vornehmen wollen. Denn das Thema ist nicht nur finanziell für Sie grundlegend, sondern auch rechtlich äußerst komplex.

BAUEN IM AUSSENBEREICH, LANDWIRT-SCHAFTLICHE PRIVILEGIERUNG

Im Außenbereich, wo sich Pferdehaltungen zumeist befinden, darf grundsätzlich erst einmal niemand bauen, auch Sie nicht. Der Außenbereich soll im Interesse einer geordneten städtebaulichen Entwicklung und aus Gründen des Umweltschutzes weitestgehend von einer Bebauung frei gehalten werden. Ausnahme: Sie sind **privilegierter Landwirt** im Sinne des § 35 BauGB. Dann dürfen Sie im Außenbereich

Vorhaben realisieren, die **Ihrem landwirtschaftlichen Betrieb dienen**, solange sie nur einen untergeordneten Teil Ihrer Betriebsfläche einnehmen.

Außenbereich bedeutet, dass an dieser Stelle noch kein Bebauungsplan vorliegt. Der Außenbereich beginnt also dort, wo der durch Bebauungspläne geregelte Innenbereich endet. Das heißt im Allgemeinen: hinter dem letzten Haus des im Zusammenhang bebauten Ortsteils.

Wie aber werden Sie zum privilegierten Landwirt, wenn Sie es noch nie waren? Sie können davon ausgehen, dass die zuständigen Baubehörden bei Ihrem Bauvorhaben im Außenbereich Missbrauch wittern und Ihr Vorhaben einer akribischen Prüfung unterziehen, denn das privilegierte landwirtschaftliche Bauvorhaben im Außenbereich ist die **seltene Ausnahme**. Ganz grob brauchen Sie dafür neben einer gesicherten Erschließung eine eigene Futtergrundlage, eine nachweisliche Nachhaltigkeit des Pferdebetriebs einschließlich vorhandener persönlicher Eignung und vor allem Gewinnerzielungsabsicht und -möglichkeit, weil der Betrieb, um privilegiert zu sein, wesentlich zu Ihrem Lebensunterhalt beitragen muss.

Eigene Futtergrundlage

Für die gehaltenen oder geplanten Pferde muss eine **eigene Futtergrundlage** vorhanden sein. Das bedeutet, dass der überwiegende Futteranteil für die Tiere vom Betrieb selbst erzeugt werden kann. Dies wird lediglich abstrakt beurteilt und orientiert sich an der objektiv vorhandenen Nutzfläche im Verhältnis zum Pferdebestand.

Das Kriterium der eigenen Futtergrundlage hatte der Bayerische VGH 2005 dahingehend konkretisiert, dass die Voraussetzung dann erfüllt ist, wenn **pro Pferd 0,35 Hektar an landwirtschaftlicher Nutzfläche vorhanden** ist. Dieser Wert gilt seither für die meisten Baubehörden als Grundlage.

Ob das Futter auch tatsächlich von Ihnen erzeugt wird oder ob Sie das Futter zukaufen, weil dies vielleicht wirtschaftlicher ist, ist zweitrangig: Es kommt lediglich auf die theoretische Möglichkeit an, so das VG Gelsenkirchen im Jahr 2012.

Nachhaltigkeit

Wird die sogenannte Nachhaltigkeit einer privilegierten Landwirtschaft auf den Prüfstand gestellt, bedeutet dies, dass der Betrieb nach den von der Rechtsprechung des Bundesverwaltungsgerichts entwickelten Grundsätzen ein **auf Dauer angelegtes, und zwar für Generationen gedachtes, lebensfähiges Unternehmen** sein muss. Auch wenn die Forderung der Generationstauglichkeit in neueren Entscheidungen nicht mehr ausdrücklich hervorgehoben wird, bleibt es dabei, dass die Dauerhaftigkeit ein maßgebliches Bewertungskriterium ist.

Hinsichtlich der Nutzfläche stellt sich damit die Frage, ob Nachhaltigkeit nur bei eigenen Flächen gegeben ist und inwieweit Pachtflächen in die Berechnung einbezogen werden dürfen. Weil Pachtverträge in der Regel kurzfristig und Landpachtverträge nach § 594a BGB zumeist mit knapp zweijähriger Kündigungsfrist kündbar sind, sieht die gängige Rechtsprechung bei Pachtflächen eine Nachhaltigkeit nur dann als gegeben an, wenn eine **Mindestpachtdauer von zwölf Jahren** vorliegt. Noch strenger urteilte das VG Bayreuth 2011, das selbst eine solche Laufzeit als nicht ausreichend für die Annahme der Nachhaltigkeit ansah.

Das BVerwG, das 1995 eine Möglichkeit der Zupachtung ausdrücklich bejahte, führte aus, dass die Nachhaltigkeit des Betriebs indiziert sei, je höher der Eigentumsanteil an den Flächen ist. Umgekehrt müsse **mehr Wert auf andere Kriterien gelegt werden, je weniger eigenes Land vorhanden sei,** wobei alle Umstände des Einzelfalls zu berücksichtigen seien. Dem schloss sich auch der Bayerische VGH 2005 an: Weil das Gesetz nämlich für das Verhältnis von

Eigentums- und Pachtflächen keine Mindestwerte vorsieht, sei es für die Anerkennung der Privilegierung nicht ausgeschlossen, dass ein Teil der Betriebsflächen zugepachtet wird.

Wird jedoch eine Pferdezucht **überwiegend auf hinzugepachteten Futterflächen** betrieben, erfüllt dies nach einem Urteil des VGH Baden-Württemberg aus 2010 die Anforderungen an einen privilegierten landwirtschaftlichen Betrieb nicht, wenn nicht ausnahmsweise zusätzliche für die Dauerhaftigkeit des Betriebs sprechende Anhaltspunkte vorliegen, wie etwa ein im Grundbuch eingetragenes Vorkaufsrecht.

Gewinnerzielungsabsicht

In das Thema Nachhaltigkeit spielt des Weiteren eine aus dem Steuerrecht bekannte Frage eine wesentliche Rolle, ob nämlich eine Gewinnerzielungsabsicht bei Ihnen vorliegt. Hierfür muss ein **Betriebskonzept** vorliegen, aus dem geschlossen werden kann, dass der vom Kläger geplante Betrieb oder die beabsichtigte Erweiterung **dauerhaft objektiv Gewinn erzielen kann**, der eine angemessene Entlohnung des Betriebsinhabers und die notwendige Eigenkapitalbildung sicherstellt.

Ob es sich um eine Neben- oder Vollerwerbslandwirtschaft handelt, spielt dabei keine entscheidende Rolle. Ausschlaggebend ist nach einem Urteil des BVerwG aus 2004 bei einer Nebenerwerbslandwirtschaft jedoch, dass sich aus dieser zumindest ein **wesentlicher Beitrag zum Lebensunterhalt erwirtschaften lässt**. Zu berücksichtigen sind dabei sämtliche landwirtschaftliche Betätigungen, so das Gericht. Neben einer vorrangigen Pensionspferdehaltung oder Pferdezucht können also durchaus Einnahmen aus Heuverkauf mit eingerechnet werden. Dass gerade im Hinblick auf eine im Nebenerwerb betriebene Pensionspferdehaltung der Gewinnerzielungsabsicht eine gewichtige indizielle Bedeutung zukommt, bestätigte 2009 das OVG Nordrhein-Westfalen nochmals.

Hinsichtlich der Gewinnerzielungsabsicht müssen Sie die tatsächliche oder geplante nachhaltige **Wirtschaftlichkeit nachweisen** und nicht nur laufende Einnahmen und Kosten darlegen, sondern auch Investitionskosten, Kosten der allgemeinen Betriebsführung oder auch alle Kosten rund um das Thema Versicherungen. So versagte der Bayerische VGH beispielsweise 2011 die Anerkennung als privilegierte Landwirtschaft, weil nach Ansicht des Gerichts keine konkreten und nachprüfbaren Angaben zur Einnahmen- und Ausgabensituation vorgelegt waren.

RECHTSPFAD-TIPP

Es empfiehlt sich sehr, bei den Baubehörden gleich eine selbst in Auftrag gegebene gutachterliche Stellungnahme vorzulegen, die das Thema Wirtschaftlichkeit detailliert berechnet.

Tierbestand

Auch an der **Größe des geplanten oder vorhandenen Tierbestands** orientiert sich die zuständige Behörde bei der Frage, ob es sich bei Ihrem Vorhaben um eine privilegierte Landwirtschaft handelt. Bei **Pferdezuchtbetrieben** orientieren sich die Gerichte zumeist noch an der Rechtsprechung des VGH Kassel aus dem Jahr 1984, der bei kontinuierlicher Zucht 20 Pferde als Mindestbestand in einer charakteristisch altersgemäßen Zusammensetzung vorsieht.

Bei der **Pensionspferdehaltung** wird in der gängigen Rechtsprechung die nötige Bestandsgröße danach beurteilt, **ob sich mit ihr nachhaltig wirtschaften lässt**. Der VGH Baden-Württemberg sah insoweit 1995 die Wirtschaftlichkeit bei einem Bestand von 14 Pferden als noch nicht gegeben an, während das saarländische VG 2013 eine Zahl von zehn Pensionspferden genügen ließ. Diese Zahlen sind jedoch nicht fest verbindlich, zumal sich die Struktur der Pferdebetriebe stetig verändert.

Persönliche Eignung

Letztendlich müssen Sie nachweisen, ob Sie die persönliche Eignung zur Führung eines landwirtschaftlichen Betriebes besitzen. Ob diese Eignung vorhanden ist, kann gerade in Grenzfällen den Ausschlag geben, ob von den Behörden die Ernsthaftigkeit und Nachhaltigkeit einer Betätigung angenommen wird oder nicht.

Eine **Ausbildung in der Landwirtschaft** oder die Herkunft aus einer landwirtschaftlich geprägten Familie sind dabei sicherlich hilfreich, aber nicht zwingend notwendig. So sah beispielsweise der VGH Baden-Württemberg 2010 den Erwerb des **Befähigungsnachweises** für Zucht und Haltung am Haupt- und Landgestüt Marbach als ausreichend für die persönliche Eignung an.

Ausgleich der Kriterien

Wenn Sie eines der vorstehenden Kriterien nicht vollends erfüllen können, ist es durchaus möglich, mit einem anderen Kriterium einen Ausgleich zu schaffen. Hier können Sie den Leitsatz des OVG Schleswig aus dem Jahr 1995 sicherlich als grobe **Faustformel** nehmen: Je kleiner die landwirtschaftliche Nutzfläche ist, je geringer der Kapitaleinsatz und, damit in aller Regel zusammenhängend, je geringer die Zahl der Tiere und Maschinen ist, umso stärkere Bedeutung kommt dem Indiz der Gewinnerzielung zu.

Dem landwirtschaftlichen Betrieb dienendes Bauvorhaben

Haben Sie die Hürde der landwirtschaftlichen Privilegierung überwunden, muss Ihr konkretes Bauvorhaben Ihrem landwirtschaftlichen Betrieb auch tatsächlich dienen.

In diesem Zusammenhang erfuhr ein Landwirt 2012 mit einem Bauvorhaben, das er zum Zwecke des Anbietens von Reittherapie plante, eine Niederlage vor dem VG München: Das Gericht befand, dass das Vorhaben von seiner Hofstelle zu weit entfernt und die Fläche zum Anfragezeitpunkt zudem noch verpachtet sei, stellte aber vor allem heraus, dass Reittherapie als **freiberufliche Tätigkeit keinen mitgezogenen, untergeordneten Betriebsteil** einer Landwirtschaft darstelle.

Auch die Landwirtschaftskammer des OLG Stuttgart orientierte sich 2011 unter anderem an der Entfernung zur Hofstelle und verneinte die Aufstockung eines bestehenden Betriebes, wenn **zwischen dem Heimatbetrieb und dem zu erwerbenden Grundstück eine Distanz von mehr als 70 Kilometern** liegt. Das sei keine wirtschaftlich gemeinsame Nutzung in dem Sinne, dass der eine Betrieb von dem anderen profitiert.

Das OVG Münster stellte zur Dienlichkeit des Vorhabens 2010 fest, dass solche Vorhaben verhindert werden sollen, die zwar an sich geeignet wären, einem privilegierten Betrieb zu dienen, die aber in Wirklichkeit nicht zu diesem Zweck, sondern in **Wahrheit anderweitig genutzt** werden.

Recht bekam dagegen ein Inhaber eines Pferdebetriebes, der mit der Begründung, dass es aufgrund der notwendigen Rund-um-die-Uhr-Versorgung erforderlich wäre, beim Betrieb zu wohnen und deshalb den **Bau eines Wohnhauses im Außenbereich** beantragte. Das VGH Baden-Württemberg entschied 2010 dazu, dass ein Wohnhaus dann einem landwirtschaftlichen Betrieb dient, wenn der sich aus spezifischen Abläufen dieses Betriebs ergebende Zweck ständiger Anwesenheit und Bereitschaft auf der Hofstelle im Vordergrund steht, wovon man bei einem Vollerwerbsbetrieb in der Regel ausgehen kann.

Jedoch vor allem bei Nebenerwerbsbetrieben bedürfe es einer besonderen Prüfung, so das Gericht.

Wenn Pferde ihre Haltung wählen dürften, würden sie immer die Haltung an der frischen Luft wählen. [Foto: shutterstock.com/Lenkadan]

Wer möchte da nicht auch sein Haus bauen? [Foto: shutterstock.com/nexus 7]

Erschließung und öffentliche Belange des Landschaftsschutzes

Aber auch das dem privilegierten Landwirt dienende Bauvorhaben ist im Sinne des § 35 BauGB dann nicht genehmigungsfähig, wenn die ausreichende **Erschließung nicht gesichert** ist oder wenn **öffentliche Belange** des Landschaftsschutzes entgegenstehen.

Das ist nach einem Urteil des VG Stuttgart aus 1996 etwa dann der Fall, wenn die Umgebung – wegen ihrer Schönheit oder auch einer Funktion als Biotop – besonders schutzwürdig ist oder wenn das **Bauvorhaben das Landschaftsbild verunstalten** würde. Das Gericht gab dem klagenden Landwirt, dem die Baugenehmigung behördlicherseits verweigert worden war, recht und stellte fest, dass das Landschaftsbild im Umkreis der geplanten Scheune nicht sonderlich reizvoll sei und außerdem bereits durch eine Scheune, eine Hütte und durch die Foliege-

wächshäuser einer Gärtnerei beeinträchtigt wäre. Anders ist dies jedoch, so das saarländische VG 2011 selbst bei einem Haupterwerbslandwirt, wenn das Bauvorhaben ein **Landschaftsschutzgebiet** betrifft.

Mit der Zuwegung hatte sich das saarländische VG 2013 zu befassen. Für einen landwirtschaftlichen Betrieb mit zehn Pensionspferden verletzt die **Zuwegung zu dem im Außenbereich befindlichen Pferdestall** auf einem drei Meter breiten Schotterweg durch ein allgemeines Wohngebiet nicht das Gebot der Rücksichtnahme und kann die Erschließung sichern.

BAUEN IM INNENBEREICH: NACHBARRECHT UND IMMISSIONSSCHUTZ

Wenn Sie meinen, dass nur Bauvorhaben im Außenbereich Probleme aufwerfen können, dann haben Sie die Rechnung nicht nur ohne Bauamt, sondern eventuell auch ohne Ihre Nachbarn gemacht. Zum Streit mit dem Nachbarn kommt es im Innenbereich vor allem, wenn es dem Nachbarn stinkt oder zu laut ist.

Dorfgebiete und Splittersiedlungen

Inwieweit Behörden dann tätig werden, hängt unter anderem von der Baunutzungsverordnung (BauNVO) ab. Lässt man diejenigen landwirtschaftlichen Betriebe, die Bestandsschutz genießen, einmal außen vor, dann lässt die BauNVO lediglich in Dorfgebieten Vorhaben von land- und forstwirtschaftlichen Wirtschaftsstellen zu.

Gemäß § 5 Abs. 1 BauNVO ist dabei **auf die Belange landwirtschaftlicher Betriebe vorrangig Rücksicht** zu nehmen, wobei das Dorfgebiet als ländliches Mischgebiet verstanden werden kann, in der die drei Hauptnutzungen Land- und Forstwirtschaft, Wohnen und Gewerbe vom Grundsatz her nebeneinander existenzberechtigt sind.

Entsprechend entschied das VG Göttingen 2003 gegen einen Kläger, der sich gegen einen **Reitplatz im Innenbereich** wehrte. Derjenige, dessen Wohnbebauung sich in der unmittelbaren Nähe eines bereits bestehenden landwirtschaftlichen Betriebs befindet, müsse regelmäßig mit den für eine Landwirtschaft typischen Emissionen rechnen und könne sich auch nicht darauf verlassen, dass es auf Dauer nicht zu stärkeren Belästigungen kommt, als sie bereits bei der Entstehung der Wohnbebauung üblich waren. Auf solche Entwicklungsmöglichkeiten ist jedenfalls dann Rücksicht zu nehmen, wenn sie im Rahmen eines landwirtschaftlichen Betriebes zur Wahrnehmung einer vernünftigen Wirtschaftsführung erfolgten. **Lärm- und Staubemissionen**, die von dem Reitplatz ausgehen, seien daher, solange sie mit der landwirtschaftlichen Nutzung einhergehen, im Grundsatz hinzunehmen.

Ähnlich scheiterte ein klagender Nachbar beim VGH Baden-Württemberg 1996. Die Eigenart der näheren Umgebung, in der sich mehrere land-

In Dörfern ist mit Tierhaltung in der Nachbarschaft und entsprechenden Emissionen zu rechnen. [Foto: shutterstock.com/Polina Shestakova]

wirtschaftliche Betriebe befänden, entspräche der eines Dorfgebietes. Deshalb sei vorrangig auf die Belange der Landwirtschaft Rücksicht zu nehmen. Die **traditionelle Tierhaltung sei in einem Dorf keine Verletzung des Nachbarrechts**, wenn sie den Nachbarn nicht in besonders gravierender Weise belästige, so das Gericht.

Auch das OVG Lüneburg entschied 2005 pro Pferdebetrieb: Für die Annahme eines Dorfgebietes reiche es aus, dass Wirtschaftsstellen landwirtschaftlicher Betriebe neben Wohngebäuden und Gewerbe- oder Handwerksbetrieben noch vorhanden sind und das **Gebiet damit dörflich prägen**. Maßgeblich für die Frage, ob eine Pferdehaltung für die benachbarte Wohnbebauung zu unzumutbaren Belästigungen führt oder dieser noch zugemutet werden kann, sind die Umstände des Einzelfalls.

Die Wahrung des Rücksichtnahmegebots war auch 2014 für den Bayerischen VGH in einem Urteil entscheidend. Eine erteilte Genehmigung für den Neubau eines nicht gewerblich genutzten Pferdestalls für fünf Pferde mit der Nebenbestimmung, dass die Pferde so zu halten sind, dass ein Umkreis von 20 Metern um das geplante Wohnhaus des Nachbarn von Tieren grundsätzlich frei zu bleiben hat, ist im **landwirtschaftlich geprägten Gebiet einer Splittersiedlung** rechtmäßig.

Dass es dabei im Endeffekt immer auf den Einzelfall ankommt, zeigt letztendlich ein Urteil des OVG Münster aus 2011 zu einer an Landwirtschaftsbetriebe **heranrückenden Wohnbebauung**: Entschließt sich eine Gemeinde, den Bestand an landwirtschaftlicher Tierhaltung und gewisse Erweiterungsmöglichkeiten landwirtschaftlicher Betriebe in einem Dorfgebiet durch einen Bebauungsplan abzusichern, trifft sie bei der Zusammenstellung des Abwägungsmaterials eine Ermittlungspflicht betreffend der Zumutbarkeit von Geruchsemissionen durch die Landwirtschaft.

Emissionen vom Pferdebetrieb

Häufig klagen Nachbarn von Pferdebetrieben und -haltungen wegen der dadurch auf sie einwirkenden Immissionen in Form von Geruchs-, Staub- und Lärmbelästigungen.

Interessant zu wissen ist in diesem Zusammenhang, dass auch der Hauseigentümer, der selbst kein Problem mit den benachbarten Pferden hat, eventuell zum Handeln gegen vermeintliche Immissionen gezwungen sein kann, wenn sein **Mieter sich beeinträchtigt fühlt** und deshalb die Miete mindert. Das kann rechtens sein, so das AG Bersenbrück 1997 betreffs eines Mieters, der sich durch **Geruchsemissionen** einer angrenzenden Pferdehaltung belästigt und in seiner Wohnqualität beeinträchtigt fühlte.

Ob **Pferdekoppelemissionen** hinzunehmen oder zu beseitigen sind, hängt zumeist vom Einzelfall, insbesondere aber von der Wohnlage des klagenden Nachbarn ab. Wer am Ortsrand wohnt, wo Landwirtschaft ja typischerweise gerade anfängt, wird mit derartigen Klagen seltener Erfolg haben, wie ein Urteil des VG Saarlouis aus 2011 zeigt: Danach hat ein im Innenbereich wohnender Grundstückseigentümer grundsätzlich keinen Anspruch darauf, dass auf einem angrenzende sich bereits im Außenbereich befindlichen Grundstück keine Pferde gehalten werden.

Auf den Pferdebetrieb wirkende Immissionen

Aber es geht auch andersherum, wenn Sie sich nämlich **mit Ihrem Pferdebetrieb gegen Außeneinflüsse wehren** müssen. Ob es Gewerbebetriebe sind, Windräder, Schießplätze oder der geplante Festplatz der Gemeinde: Die resultierenden Beeinträchtigungen bis Gefährdungen erfordern bisweilen eine gerichtliche Prüfung. Dabei ist zu entscheiden, ob die **Immissionen sich gefährdend auf den Pferdebetrieb auswirken**.

Dass dabei nicht nur verschiedene Gerichte unterschiedlichste Rechtsauffassungen vertreten und sich jeweils auf den gerade vorliegenden berühmten Einzelfall berufen, sondern auch verschiedene Kammern ein und desselben Gerichts, kommt immer wieder einmal vor. Hier war es das VG Ansbach, das in anschaulicher Weise demonstriert, wie man von außen auf den Pferdebetrieb einwirkende Immissionen beurteilen kann:

Einem geplanten **Holzhäcksellagerplatz** unterstellte die 9. Kammer des Gerichts 2011 eine unzumutbare Lärmentwicklung durch plötzlich auftretende hohe Schalldruckpegel bei Verladevorgängen mit Metallcontainern, woraus eine erheblich erhöhte Gefahr von Reitunfällen auf dem benachbarten Reitplatz aufgrund des Fluchtverhaltens der Pferde folge.

Beim geplanten **Bau eines Windrades** in der Nähe des Pferdebetriebs sah die 11. Kammer des Gerichts 2012 dagegen keine Gefahr durch unzumutbaren Lärm, Beeinträchtigung durch Infraschall, unzumutbaren Schattenwurf, Lichteffekte oder Eisgefahren, und damit keinen Verstoß gegen das Rücksichtnahmegebot.

Steuerrecht

Zwei Fehleinschätzungen, die gravierende finanzielle Folgen aus dem Steuerrecht haben und die eigene Existenz massiv gefährden können, sind im Pferdebereich häufig: zum einen der Glaube, man sei nicht steuerpflichtig, weil man die Pferde ja **nur privat halte oder nur hobbymäßig züchte**; zum anderen der Versuch, die aus Liebhaberei gehaltenen Pferde in einen steuerlich anerkannten Pferdebetrieb zu überführen, um die dabei entstehenden Verluste, die zumeist ja nur für die Anfangsjahre „geplant" sind, den Einkünften,

aus denen der Lebensunterhalt eigentlich bestritten wird, **entgegenrechnen zu können und damit Steuern zu sparen**.

BLOSS HOBBY? WIE SCHNELL IHRE STEUERPFLICHT BEGINNT

Mit einer Pferdehaltung oder einer Pferdezucht, ebenso mit der Erteilung von Reitunterricht oder der Durchführung von Beritt, sind Sie schneller steuerpflichtig, als Sie denken. Zahlen Sie dann keine Steuern, nennt sich das **Steuerhinterziehung** und ist strafbar.

Das gilt selbstverständlich, falls Sie mit Ihrer Pferdehaltung oder Ihrer selbstständigen Tätigkeit rund ums Pferd tatsächlich **Gewinne erzielen**: Seien diese noch so gering, Sie sind dafür einkommensteuerpflichtig.

Steuerrechtlich sind Sie aber auch schon Unternehmer, wenn Sie eine gewerbliche oder freiberufliche Tätigkeit ausüben und Einnahmen erzielen. Das wiederum setzt die **wiederholte Ausführung von Lieferungen oder Dienstleistungen am Markt gegen Entgelt** voraus. Es spielt keine Rolle, ob die Tätigkeit regelmäßig oder nur gelegentlich ausgeführt wird und auch **nicht, ob Sie überhaupt einen Gewinn erzielen**. Mit der bloßen Erzielung von Einnahmen sind Sie steuerpflichtig!

Bedeutet für den Pferdebereich: Das **wiederholte Verkaufen** von selbst gezüchteten oder aufgekauften und dann weitergebildeten Pferden ist auch dann, wenn Sie es nur hobbymäßig betreiben, eine steuerlich relevante Tätigkeit, ebenso gilt das für regelmäßig **wiederkehrende Einnahmen für Pensionspferde**, und seien es auch nur ein oder zwei. Selbst die gelegentliche, aber **wiederholte Unterrichtserteilung** ist steuerpflichtig, genauso der **Beritt**.

Auch wer nur gelegentlich, aber wiederholt gegen Entgelt Unterricht erteilt, ist steuerpflichtig. [Foto: shutterstock.com/AAR Studio]

Sieht man all die Kosten, die Sie mit Ihrer Pferdehaltung oder -zucht haben, werden Sie zwar in den häufigsten Fällen nicht wirklich Gewinne erzielen, aber wenn Sie wiederholt **aus der gleichen Tätigkeit Einnahmen generieren**, nehmen Sie dennoch steuerrechtlich gesehen am Markt teil und sind damit steuerpflichtig. Der Knackpunkt in dieser Situation ist die **Umsatzsteuerpflicht**: Während der private Pferdeverkäufer, der beispielsweise sein nicht mehr turniergeeignetes Reitpferd verkauft, die volle Einnahme für sich behalten darf, sind Sie als regelmäßiger Wiederverkäufer oder als wiederholt am Markt auftretender Züchter mehrwertsteuerpflichtig. Von einer Einnahme aus Pferdeverkauf beispielsweise in Höhe von 5.000 Euro haben Sie 19 Prozent, also knapp 800 Euro, an das Finanzamt abzuführen.

Umsatzsteuerpflichtig werden Sie nur dann nicht, wenn Sie unter die **Kleinunternehmerregelung** des § 19 UStG fallen, nämlich dann, wenn Ihr Umsatz im vorangegangenen Kalenderjahr 17.500 Euro nicht überstiegen hat.

Ihre Unternehmereigenschaft beginnt mit dem ersten nach außen erkennbaren, auf eine Unternehmertätigkeit gerichteten Tätigwerden, wenn die spätere Ausführung entgeltlicher Leistungen ernsthaft beabsichtigt ist. Steuerlich sind Sie also genauso schnell Unternehmer, wie dies auch zivilrechtlich beim Pferdeverkauf schon dargestellt ist (› Seite 30).

VERLUSTAUSGLEICH NUR BEI LANDWIRTSCHAFT, ABGRENZUNG ZUM GEWERBE

Planen Sie einen Pferdebetrieb, hat die Frage, ob Sie steuerlich mit Ihrem Betrieb als Landwirtschaft oder Gewerbe eingestuft werden, für Sie entscheidende Konsequenzen. Gerade wenn Sie planen, Verluste aus Pferdehaltung oder -zucht Ihren anderen Einkünften entgegenzurechnen, um damit Ihre Einkommensteuerlast zu senken, können Sie dies nämlich nur, wenn Sie als Landwirtschaft anerkannt werden. Denn nach § 15 Abs. 4 EStG dürfen **Verluste aus gewerblicher Tierzucht oder gewerblicher Tierhaltung mit anderen Einkünften gerade nicht ausgeglichen** werden.

Als Landwirt haben Sie auch viele weitere Steuervorteile in der Einkommensteuer, Umsatzsteuer, Erbschaftsteuer und Grundsteuer sowie beim Veräußerungsgewinn des ganzen Betriebs. Über all die Details wäre ein eigenes Buch zu schreiben, zentral ist für Sie aber erst einmal, wie Sie Landwirt werden und bei der Pferdehaltung und -zucht eine gewerbliche Einordnung vermeiden können. Das entscheidet für Sie zwar das Finanzamt, notfalls das Finanzgericht, aber Sie haben doch Handlungsmöglichkeiten.

Nach § 13 EStG ist das **Verhältnis von Vieheinheiten (VE) zu der zur Verfügung stehenden Fläche in Hektar** ausschlaggebend. Landwirtschaft bei Einkünften aus Tierzucht und -haltung liegt danach etwa für die ersten 20 Hektar vor, wenn nicht mehr als zehn VE pro Hektar landwirtschaftlich genutzter Fläche gehalten werden, für größere Flächen sinken die erlaubten VE nach einer weiteren Staffelung. Dabei werden **Pferde unter drei Jahren und Kleinpferde mit 0,7 VE und dreijährige und ältere Pferde mit 1,1 VE** gerechnet.

Ein Rechenbeispiel: Halten Sie etwa bei 5 Hektar Betriebsfläche sechs Zuchtstuten (= 6,6 VE) und sechs Jungpferde (= 4,2 VE), sind dies rechnerisch 10,8 VE, womit Sie nicht mehr landwirtschaftlich, sondern gewerblich tätig sind. Wichtig ist auch, dass es bei der Berechnung um die **landwirtschaftliche Nutzfläche** geht. Die Hofstelle selbst und nicht landwirtschaftlich nutzbare Teile ihrer Fläche werden abgezogen, eventuell nicht zu 100 Prozent landwirtschaftlich verwertbare Grundstücke nicht mit dem Faktor 1, sondern geringer angesetzt, minder-

wertige Magerwiesen etwa nur mit dem Faktor 0,25. Sie sollten also Ihren **Flächenbestand von vornherein so großzügig wählen**, dass die Berechnung der VE nicht knapp werden kann, und deshalb notfalls eine Zupacht anstreben.

Landwirtschaftliche Tätigkeit ist aber neben der landwirtschaftlichen Flächenbewirtschaftung nach § 13 EStG eben nur Tierzucht und -haltung und damit zusammenhängend die **Einnahme von Decktaxen, die Pensionspferdehaltung, die Ausbildung von Eigen- und Zuchtpferden** sowie die Beherbergung unterhalb von vier Zimmern und weniger als sechs Betten.

Üben Sie daneben auch **gewerbliche Tätigkeiten aus, typischerweise Reitunterricht, Beritt und Training von fremden Pferden, Handel mit Pferden und Reitzubehör oder Bewirtung im Reiterstübchen**, laufen Sie Gefahr, dass diese auf Ihren landwirtschaftlichen Betrieb „abfärben" und dass das Finanzamt sämtliche Ihrer Einkünfte zu solchen aus Gewerbebetrieb erklärt. Das ist dann der Fall, wenn mit Ihren **gewerblichen Tätigkeiten mehr als ein Drittel des Nettogesamtumsatzes** erzielt wird oder wenn Ihr **gewerblicher Umsatz den Betrag von 51.500 Euro überschreitet**. In diesem Fall sollten Sie Ihre gewerbliche Tätigkeit rechtzeitig in einen eigenen Gewerbebetrieb ausgliedern.

LIEBHABEREI WEGEN FEHLENDER GEWINNERZIELUNGSABSICHT

Liebe macht blind, könnte die Überschrift auch heißen. Nämlich blind für das finanzielle Szenario, das auf Sie zukommt, wenn Sie **zu lange Verluste mit Ihrem Pferdebetrieb erwirtschaften** und diese mit Ihren anderen positiven Einkünften in der Einkommensteuererklärung verrechnet haben. Grundsätzlich ist die Verrechnung legitim, solange Sie landwirtschaftlich und nicht gewerblich tätig geworden sind (› Seite 185), bis zu dem Zeitpunkt, wo das

Finanzamt Ihnen **Liebhaberei wegen fehlender Gewinnerzielungsabsicht** unterstellt. Die damit verbundenen Steuerrückforderungen können sehr teuer werden und im schlimmsten Fall sogar die Existenz kosten.

Das Finanzamt geht grundsätzlich erst einmal davon aus, dass Sie Ihre angemeldete Tätigkeit aus wirtschaftlichen Gründen betreiben, um damit positive Einkünfte zu erwirtschaften. Sieht das Finanzamt das nach etwa **fünf Jahren Anlaufphase** als nicht oder nicht mehr gegeben an, unterstellt es Ihnen, wenn Sie nicht nachweisen können, dass Sie **den Verlusten durch geeignete Maßnahmen aktiv entgegenwirken**, fehlende Gewinnerzielungsabsicht und ordnet Ihren Pferdebetrieb als Liebhaberei ein.

Typische Indizien dafür sind auch, dass Ihr Betrieb nicht nach betriebswirtschaftlichen Gesichtspunkten geführt wird, dass die sogenannten Anlaufverluste über die üblichen Anlaufzeiten hinausgehen, vor allem aber dass die resultierenden Verluste und der Lebensunterhalt des Steuerpflichtigen durch positive Einkünfte anderer Einkunftsarten finanziert werden und trotz anhaltender Verluste nichts an der Betriebsführung geändert wird.

Wer beispielsweise mit seiner Zucht über längere Zeit Verluste erwirtschaftet und diese einkommensteuerlich gegenrechnet, dem kann Liebhaberei unterstellt werden. [Foto: shutterstock/Photography by Gini]

Entscheidend ist eine **Totalgewinnprognose auf Dauer**, dass also insgesamt betrachtet regelmäßig Überschüsse aus Ihrer Unternehmung **erzielt werden können**. Können Sie diesen Beweis nach anhaltenden Verlustjahren nicht erbringen, droht Ihnen eine Steuernachzahlung, und zwar in der Höhe der von Ihnen seit Betriebsgründung durch die Verrechnung Ihrer landwirtschaftlichen Verluste mit Ihren anderen Einkünften **ersparten Steuern**.

Der BFH hat die Vorgaben in einem Leitsatz aus 2012 wie folgt gut verdeutlicht: „Es fehlt an der Gewinnerzielungsabsicht, wenn **bei objektiver Betrachtung ein positives Ergebnis zwischen Betriebsgründung und Betriebsbeendigung nicht zu erwarten** ist und der Steuerpflichtige die verlustbringende Tätigkeit nur aus im Bereich seiner Lebensführung liegenden persönlichen Gründen und Neigungen ausübt. Für die Prognose können die Verhältnisse der bereits abgelaufenen Zeiträume wichtige Anhaltspunkte bieten. Das gilt jedoch nicht für die Anlaufzeit, vor allem dann nicht, wenn der Betrieb neu aufgebaut werden muss. Verluste der Anlaufzeit können nur dann steuerlich nicht anerkannt werden, wenn aufgrund der bekannten Entwicklung des Betriebs eindeutig feststeht, dass er, **so wie er vom Steuerpflichtigen betrieben wurde, von vornherein nicht in der Lage war, nachhaltige Gewinne zu erzielen** und deshalb nach objektiver Beurteilung von Anfang an keine Einkunftsquelle im Sinne des Einkommensteuerrechts darstellte."

Anhaltspunkte für eine fehlende Gewinnerzielungsabsicht bei einer Pferdezucht zählte 2014 das FG Düsseldorf explizit wie folgt auf: „Ein Steuerpflichtiger handelt in Bezug auf eine von ihm betriebene Pferdezucht ohne Gewinnerzielungsabsicht, wenn die Pferdezucht nicht nach betriebswirtschaftlichen Grundsätzen betrieben wird (hier: **falsche Einschätzung der Marktsituation; Pferdezucht auf zu schmaler**

Basis; **Züchter waren keine Fachleute; nach Erkennen der mangelnden Wirtschaftlichkeit wurden keine Umstrukturierungsmaßnahmen unternommen**)."

KOMPLIZIERTE UMSATZSTEUER

Sind Sie umsatzsteuerpflichtig (› Seite 194) und **landwirtschaftlich tätig**, unterfallen Sie nach § 24 UStG der sogenannten **Pauschalierung der Umsatzsteuer**, wenn Sie dies nicht beim Finanzamt „abgewählt" haben, um wie ein Gewerblicher besteuert zu werden. Pauschalierung bedeutet, dass Ihnen die Arbeit mit der Umsatzbesteuerung vereinfacht wird, denn Sie müssen keinerlei Aufzeichnungen hierüber führen. Zwar erhalten Sie im Grundsatz für den Verkauf Ihrer Pferde, Ihrer produzierten Futtermittel und Ihrer Leistungen tatsächlich die **Umsatzsteuer in Höhe von derzeit 10,7 Prozent des Nettowarenwertes** und haben beim Einkauf von Waren auch die übliche Mehrwertsteuer von 19 oder 7 Prozent zu bezahlen. Ein Umsatzsteuerabgleich ist aber nicht notwendig, und damit müssen Sie auch keine Umsatzsteuererklärung beim Finanzamt abgeben.

Sind Sie dagegen **gewerblich tätig**, unterfallen Sie für Dienstleistungen und Verkäufe der Regelbesteuerung von 19 Prozent und in Ausnahmefällen dem ermäßigten Mehrwertsteuersatz von 7 Prozent. Sie müssen dann Ihre im Verhältnis zur ausgegebenen Vorsteuer erhaltene Umsatzsteuer dem Finanzamt gegenüber regelmäßig erklären und abführen.

Diese Grundsätze gelten unverändert beim **Pferdeverkauf**: Nachdem seit dem 1.7.2012 wegen eines Vertragsverletzungsverfahrens der EU gegen Deutschland der bis dahin geltende ermäßigte Steuersatz von 7 Prozent weggefallen ist, müssen bei Pferdeverkäufen seither grundsätzlich 19 Prozent Umsatzsteuer abgeführt werden. Nur der pauschalierende Landwirt muss sich nicht erklären und berechnet theoretisch 10,7 Prozent.

Rund um die Pferdehaltung finden Sie jedoch zahlreiche Ausnahmen, die das Umsatzsteuerrecht dann doch komplex gestalten. Einfach ist noch die **Vermietung und Verpachtung von Weideflächen oder Stallboxen**, ohne dass gleichzeitig Zusatzleistungen übernommen werden. Derartige sind grundsätzlich umsatzsteuerfrei.

Ebenfalls umsatzsteuerfrei sind **Einnahmen aus therapeutischem Reiten (Hippotherapie)**, sofern eine entsprechende Zusatzausbildung

vorliegt, denn dann liegt eine befreite Heilbehandlung nach § 4 Nr. 14 UStG vor. Das gilt aber nur in engen Grenzen, wie die Inhaberin eines Ponyhofs feststellen musste. Das FG Nürnberg entschied nämlich 2011, dass die ausgebildete Erzieherin exakt darlegen und glaubhaft machen muss, welche Umsätze tatsächlich für pädagogisch-therapeutisches Reiten erzielt wurden und welche für die ebenfalls angebotenen Leistungen Reitunterricht, Ferienlager und Kinderbetreuung. Da ihr diese Abgrenzung nicht gelang, kam sie nicht in den Genuss der Steuerbefreiung.

Einnahmen aus therapeutischem Reiten sind unter bestimmten Voraussetzungen umsatzsteuerfrei. [Foto: shutterstock/wallybird]

Bei der **Pferdevermietung** ist die Umsatzsteuer mit 19 Prozent abzuführen, auch vom pauschalierenden Landwirt, so der BFH in 2011. Anders ist dies nur, wenn der pauschalierende Landwirt an einen anderen Landwirt vermietet, dann bleibt es bei der Pauschalierung ohne Erklärungspflicht.

Grundsätzlich mit 7 Prozent ermäßigtem Steuersatz werden **Leistungsprüfungen** besteuert sowie Leistungen rund um die **Besamung**, also die Decktaxe selbst und die damit zusammenhängenden Besamungsleistungen einschließlich der für die Besamung erforderlichen kurzfristigen Pferdeunterbringung. Nur wenn diese Leistung vom pauschalierenden Landwirt gegenüber einem anderen Landwirt erbracht wird, bleibt es bei der Pauschalierung.

Bei Einnahmen aus **Pensionspferdehaltung** muss genau abgegrenzt werden: Werden Pferde eingestellt, die dem Eigentümer für den Freizeitsport, für selbstständige oder gewerbliche Zwecke dienen, liegt also keine Nutzung für landwirtschaftliche Zwecke vor, fallen 19 Prozent Umsatzsteuer an. Dagegen sind bei eingestellten Pferden, die als Zucht- und Arbeitspferde genutzt werden, nur 7 Prozent Umsatzsteuer abzuführen. Das Gleiche gilt für Gnadenbrotpferde. **Unter diese Regelung fallen auch die pauschalierenden Landwirte** nach einer Entscheidung des BFH aus 2014, die damit ausnahmsweise gegenüber dem Finanzamt für die Pensionspferdehaltung Umsatzsteuer erklären und abführen müssen. Nur dann, wenn das eingestellte Pferd landwirtschaftlichen Zwecken dient, also im Auftrag eines anderen Landwirts aufgestallt wird, bleibt es bei der Pauschalierung ohne Abführung von Umsatzsteuer.

Zwar ist die Gewährung der Beherbergung und Beköstigung bei Aufnahme von Kindern und Jugendlichen zu **Erziehungs- und Ausbildungszwecken** bei Vorliegen einer behördlichen Erlaubnis nach § 4 Nr. 23 UStG steuerfrei,

nach einer Entscheidung des BFH aus dem Jahr 2008 gilt das aber nicht für **Reiterferien**. Diese sind mit 19 Prozent umsatzzuversteuern, die reine Beherbergungsleistung mit 7 Prozent.

Für die Erteilung von **Reitunterricht** und die **Ausbildung von fremden Pferden** gilt grundsätzlich der Regelsteuersatz von 19 Prozent.

Sind Sie „Liebhaber-Opfer" des Finanzamtes geworden, hat es also Ihre **Pferdehaltung als Liebhaberei** eingestuft (› Seite 195 f.), sind Sie zwar nicht mehr einkommensteuerpflichtig und können Verluste nicht mehr Ihren anderen Einkünften gegenrechnen. Sie zahlen aber weiterhin Umsatzsteuer beziehungsweise dürfen die Vorsteuer Ihren Einnahmen gegenrechnen. Dazu urteilte der BFH 2009, dass auch ein **Pferdezüchter ohne Gewinnerzielungsabsicht** Umsatzsteuer als Vorsteuer abziehen darf. Das gelte ebenfalls für eine Kommanditgesellschaft, die eine Pferdezucht ohne Gewinnerzielungsabsicht betreibt.

UMSATZSTEUERPFLICHT DES GEMEINNÜTZIGEN REITVEREINS

Als gemeinnütziger Verein strebt man keine Gewinnerzielung an, warum sollte man dann Umsatzsteuer zahlen? Für den Bereich der **Pensionspferdehaltung** hat dies der BFH 2013 entschieden und festgestellt, dass Dienstleistungen von gemeinnützigen Vereinen dabei von der Umsatzsteuer befreit sein können oder dem ermäßigten Steuersatz unterliegen.

Das ist dann der Fall, so das Gericht, wenn die Dienstleistungen ohne Gewinnstreben im Sinne der EU-Richtlinie 77/388/EWG in engem **Zusammenhang mit Sport stehen und für dessen Ausübung unerlässlich sind** und die tatsächlich Begünstigten dieser Leistungen Personen sind, die den Sport auch ausüben. Der klagende Reitverein hatte mit Erfolg argumentiert, dass der angebotene Reitsport in Gestalt der Erteilung von Reitunterricht, der Nutzung der vereinseigenen Anlagen und dem Abhalten von Reitturnieren nicht stattfinden könne, wenn die Sportler nicht auf ihren eigenen Pensionspferden reiten könnten, sondern insoweit auf die nur in geringer Zahl vorhandenen vereinseigenen Pferde angewiesen wären. Die Pensionspferdehaltung sei deshalb unerlässlich für den Vereinszweck der Förderung des Reitsports.

SIND AUFWENDUNGEN FÜR DAS TURNIERPFERD WERBUNGSKOSTEN?

Nicht nur Pferdebetriebe und Vereine haben das Finanzamt im Nacken sitzen. Auch der beruflich tätige Reiter hat es immer mal wieder mit einem „unrittigen Amtsschimmel" zu tun. Dass dieser bei den Aufwendungen für das eigene Turnierpferd sehr widersetzlich sein kann, zeigen die zwei folgenden Urteile: Vor dem FG Rheinland-Pfalz musste eine

Reitlehrerin im Jahr 2000 eine Niederlage hinnehmen. Das Gericht lehnte den Ansatz der Aufwendungen für das eigene Turnierpferd in der Steuererklärung ab. Die Kosten für das eigene Pferd könne eine Reitlehrerin auch dann steuerlich nicht als Werbungskosten geltend machen, wenn sie dieses Pferd **neben dem Turniereinsatz für die eigene berufliche Weiterbildung benötigt**.

Diese Ansicht bestätigte der BFH 2012: Ob Aufwendungen eines Reitlehrers für Gegenstände (hier: **Reitpferd**), **die auch im Rahmen der allgemeinen Lebensführung genutzt** werden, abzugsfähige Werbungskosten sind, sei unter Würdigung aller Umstände nach der tatsächlichen Zweckbestimmung und der Funktion des Wirtschaftsguts im Einzelfall festzustellen. Sei ein Reitpferd für die Ausführung von Reitunterricht, in der Art, wie der Reitlehrer diesen auf dem Markt anbietet, aber nicht unbedingt erforderlich, könne er die Aufwendungen nicht als Werbungskosten ansetzen.

Ab einer bestimmten Größe des in freier Natur gelagerten Misthaufens liegt ein Strafdelikt vor. [Foto: Jost Appel]

Bei Boxenhaltung sollte für genügend Ausblick gesorgt sein. [Foto: shutterstock.com/Gerald Marella]

Umweltrecht

Sie denken, mit Umweltschutz hat Ihr Pferd nichts zu tun, denn schließlich läuft es ja nicht mit Benzin oder Diesel? Weit gefehlt ...

ABGELAGERTER PFERDEMIST

Was dem einen die Abgase sind, sind dem anderen Pferdeäpfel und Pferdemist. Zwar durchaus biologisch, aber bitte nicht in hoher Konzentration am falschen Ort.

Dies erfuhr ein Landwirt 2001 vor dem bayerischen VGH, nachdem er große Mengen **Pferdemist (250 Kubikzentimeter) in der Nähe eines Baches** abgelagert hatte. Das Gericht fasste den – ja eigentlich mit erheblichem landwirtschaftlichen Nutzwert versehenen – Misthaufen als „Abfall" auf und orientierte sich an der strafrechtlichen Vorschrift des § 326 StGB. Abfälle, die „nachhaltig ein Gewässer, die Luft oder den Boden zu verunreinigen geeignet sind", dürfen danach nicht außerhalb zulässiger Zonen abgelagert werden. Darauf, dass tatsächlich gar kein Schaden eingetreten war, kam es nicht an, sondern nur auf die bloße Möglichkeit einer Gefährdung.

Die gleiche Vorschrift des § 326 StGB sah das OLG Koblenz auch 1997 in einem Strafverfahren als erfüllt an. Auch hier hatte ein Pferdebetrieb größere Mengen Pferdemist zwischengelagert, um diesen einer Wiederverwertung, sprich: **Ausbringung auf landwirtschaftliche Nutzflächen**, zuzuführen. Auch das Zwischenlagern sei aber, so das Gericht, potenziell umweltgefährdend und deshalb strafbar.

Straflos wären beide möglicherweise geblieben, wenn es sich um geringere Mengen gehandelt hätte und sie diese „kreativ" an verschiedenen Stellen gelagert hätten.

GRASNARBE UND BUNDESBODENSCHUTZGESETZ

Damit sind Sie daran erinnert, dass man auf seinem Grund und Boden nicht machen kann, was man will, und dass der Gesetzgeber durch die Hintertür Einzug in unser Privatleben hält. Ist ein Einschreiten bei der Mistablagerung noch nachvollziehbar, lässt die Auslegung des Bundesbodenschutzgesetzes (BBodSchG) durch manche Gerichte doch an Praxisnähe zweifeln.

Allen voran ein Urteil des OVG Nordrhein-Westfalen aus 2012: Es ging um eine **durch Überweidung zerstörte Grasnarbe**. Die zuständige Behörde hatte ein **Beweidungsverbot und ein Einsaatgebot für eine Koppel** ausgesprochen. Eine erneute Beweidung durfte nach Anordnung der Behörde erst nach Wiederherstellung der Grasnarbe erfolgen. Das Gericht bestätigte die Rechtsauffassung der Behörde und sah in der Zerstörung der Grasnarbe durch die Weidenutzung als solche eine schädliche Bodenveränderung im Sinne des BBodSchG. Argument: Infolge des großflächigen Fehlens einer schützenden Grasnarbe drohe der ungehinderte Eintrag von Nitrat und anderen in den Ausscheidungen der Pferde enthaltenen Stoffen in den Boden bis hinein ins Grundwasser. Auch hier verwies das Gericht darauf, dass es nicht auf einen bereits eingetretenen Schaden ankomme, sondern dass es ausreiche, wenn bereits die Wahrscheinlichkeit der Gefährdung des Grundwassers bestehe.

Ähnlich urteilte das VG Würzburg 2008: Eine flächige Verletzung der Grasnarbe sah das Gericht dann gegeben, wenn das wie bei herkömmlicher Rinderweide unvermeidbare Maß **(linienförmige und punktuelle Verletzungen im Bereich von Treibwegen, Viehtränken et cetera)** überschritten wird.

Bleibt zu hoffen dass dies Einzelentscheidungen bleiben.

Eine zerstörte Grasnarbe kann zum Streit mit der zuständigen Behörde führen. [Foto: shutterstock.com/NERAMIT SISA]

Der Reitverein

Der Reitverein vereint viele Bereiche rund ums Pferd und es gibt viel zu beachten. Allein die bloße Übersicht des in den §§ 21 ff. BGB geregelten Vereinsrechts, auf dem die Satzung und die Handlungsmöglichkeiten eines jeden Reitvereins gründet, wäre ein Handbuch wert.

Die wichtigen Haftungsregelungen zur Tierhalterhaftung für die Vereinspferde (› Seite 137 ff.) und zur Tierhüterhaftung der Vereinsmitglieder und des Reitlehrers (› Seite 162 ff.), die typischen Verträge über Reitunterricht (› Seite 98 ff.) und Pensionspferde (› Seite 87 ff.) sowie die Grundsätze der steuerlichen Veranlagung (› Seite 199 f.) finden Sie in den einzelnen Rechtsgebieten dargestellt.

Es gibt Sachen, da kann auch ein Pferd nur staunen.
[Foto: shutterstock.com/Peter Asprey]

KAPITEL VII:
SONSTIGE ZENTRALE PFERDERECHTSTHEMEN

Reitsportveranstaltungen

Reitsportveranstaltungen bieten Wettkampf, Unterhaltung und Spannung. Den wenigsten ist jedoch klar, was von Veranstaltern und Teilnehmern zu beachten ist, damit eine Veranstaltung nicht nur erfolgreich, sondern auch schadensfrei bleibt.

PFLICHTEN DES VERANSTALTERS

Um Schäden zu vermeiden, müssen Sie als Veranstalter die sogenannten **Verkehrssicherungspflichten** beachten (› Seite 171), die gerade beim Zusammentreffen von Pferden, Reitern und Zuschauern höher angesetzt werden müssen als beispielsweise beim Sonntagskonzert des örtlichen Rentnervereins. Reitböden und andere Untergründe, die Wettkampfanlagen selbst sowie die für Teilnehmer und Zuschauer typischerweise zugänglichen Örtlichkeiten sind verkehrssicher zu gestalten und zu erhalten.

Grundsätzlich gilt: Je größer die Veranstaltung, umso größer die Verkehrssicherungspflichten. Wie unterschiedlich streng die Gerichte bei Reitveranstaltungen geurteilt haben, zeigen die nachfolgenden Beispiele:

BGH 2010: Zu den Nebenpflichten des Veranstalters eines Reit- und Springturniers gehört auch die Pflicht, geeignete Wettkampfanlagen zur Verfügung zu stellen, die keine Gefah-

ren aufweisen, mit denen **ein verständiger, umsichtiger, vorsichtiger und gewissenhafter Teilnehmer nicht zu rechnen braucht**. Der Betreiber einer Sportanlage braucht demnach nicht allen denkbaren Gefahren vorzubeugen, muss aber vor Gefahren schützen, die über das übliche Risiko bei der Anlagenbenutzung hinausgehen, vom Benutzer nicht vorhersehbar und nicht ohne Weiteres erkennbar sind. Soweit der verantwortliche Veranstalter eines Reit- und Springturniers **externe Fachleute** für den Parcoursaufbau heranzieht, hat er sich das **Verschulden des Parcourschefs und der Turnierrichter** als seinen Erfüllungsgehilfen zurechnen zu lassen.

Thüringer OLG 2013: Handelt es sich um ein **internationales Springreitturnier** von mehreren Wochen Dauer, sind höhere Anforderungen an die sichere Beschaffenheit der Wettkampfanlagen zu stellen als etwa bei einem ländlichen Reitturnier auf einem bäuerlichen Wiesengelände. Verwendet der Veranstalter eines solchen Reit- und Springturniers zur Abgrenzung des Abreiteplatzes einen **Zaun mit Pfostenschuhen aus Beton** wie bei Baustellenzäunen, handelt es sich um eine besondere Gefahrenquelle für Pferd und Reiter. Es bedarf einer Absicherung dieser Betonfüße etwa durch die Vorlagerung von Strohballen.

OLG Celle 2009: Eine Verkehrssicherungspflicht des Veranstalters einer Pferdeleistungsschau besteht nicht dafür, dass er für die Unterlassung jeder **Benutzung des benachbarten Geländes** Sorge tragen muss.

OLG Oldenburg 2000: Wird ein 9½-jähriges Mädchen als Zuschauerin eines ländlichen Reitturniers auf einem Abreiteplatz durch einen Pferdetritt verletzt, so haftet ein ländlicher

Reitverein als Veranstalter des Turniers für die Verletzungsfolgen nicht unter dem Gesichtspunkt der Verletzung der Verkehrssicherungspflicht, wenn er den **Abreiteplatz bei offenem Ein- und Ausgang** im Übrigen durch einen Zaun abgegrenzt hat.

OLG Hamm 2000: Der Teilnehmer eines Reitturniers kann nicht erwarten, dass der **Holzfußboden eines Verpflegungszeltes** jederzeit sauber und trocken ist.

OLG Hamm 1998: Veranstalter eines Reitturniers haften für die Sicherheit der Reitplätze (Abreite- und Turnierplatz) auch dann, wenn die Haftung in den **Turnierausschreibungsbedingungen** ausdrücklich ausgeschlossen ist. Dies gilt insbesondere dann, wenn sich **auf den Reitplätzen Gegenstände befinden**, an denen sich Pferde verletzen könnten.

LG Osnabrück 2005: Vom Veranstalter eines **ländlichen Turniers** kann nicht verlangt werden, dass er während des Turniers kontrolliert, ob die für die Veranstaltung unterbrochene Stromzufuhr für stromführende Zäune durch Unbefugte wiederhergestellt worden ist. Es gelten nicht die gleichen Sicherheitsstandards wie bei finanziell starken Großturnieren. Ferner sind die Regelungen der „Leistungsprüfungsordnung" maßgeblich, aus denen sich ergibt, dass ein Rettungssanitäter und Sanitätshelfer vor Ort ausreichend sind. Die ständige Verfügbarkeit eines Notarztes muss nicht gegeben sein, seine Abrufverfügbarkeit von sechs bis acht Minuten genügt.

AG Kehl 1993: Der Veranstalter eines Reitturniers genügt seiner Verkehrssicherungspflicht, wenn er den Abreiteplatz jede Woche zwei- bis dreimal mit einem speziell für diesen Zweck angeschafften eggeähnlichen Platzplaner abziehen lässt, um Fremdkörper zu entdecken und zu beseitigen.

PFLICHTEN DES TEILNEHMERS

Als Wettkampfteilnehmer vergisst man im Eifer des Gefechts oft, dass man als Teilnehmer nicht nur Rechte, sondern auch Pflichten hat. Vorrangig sind das für Sie Sorgfaltspflichten gegenüber anderen Reitern, Pferden und Zuschauern.

Kommen bei einer Veranstaltung viele Menschen und Pferde zusammen, sind etliche Pflichten zu beachten. [Foto: shutterstock.com/SAKHATSKYI IHOR]

Dies ist unabhängig davon, dass Sie als Pferdehalter für Schäden durch die Tiergefahr Ihres Pferdes aus Tierhalterhaftung verantwortlich sind (› Seite 138 f.) oder als Reiter daneben aus Tierhüterhaftung (› Seite 162 ff.). Verletzen Sie darüber hinaus Ihre Sorgfaltspflichten durch vorsätzliches oder fahrlässiges Verhalten, haften Sie nach § 823 BGB für Schäden am Leben, am Körper, an der Gesundheit und am Eigentum anderer. Fuchteln Sie also etwa mit Ihrer Gerte derart, dass ein anderes Pferd dadurch panisch durchgeht, oder nehmen Sie Ihr Pferd mit aufs Turnier, obwohl Sie vermuten, dass es eine ansteckende Krankheit hat, löst das im Schadensfall Ihre Ersatzpflicht aus.

Für einen solchen Fall haben Sie dann hoffentlich auch eine private Haftpflichtversicherung (› Seite 174). Einige Urteile als Beispiel:

OLG Düsseldorf 1995: Bei der Teilnahme an einer **parallel ausgeübten Sportart wie dem Trabrennsport** ist weder ein stillschweigender Haftungsausschluss noch ein Handeln auf eigene Gefahr anzunehmen. Für die parallele Sportausübung gilt als oberste Verkehrspflicht, dass sich der Teilnehmer so verhalten muss, dass er die spezifischen Sportgefahren unter Kontrolle hat; dieser Grundsatz wird durch die von den Sportverbänden aufgestellten Verhaltensregeln konkretisiert. Die Haftung des Trabrennfahrers gegenüber anderen Teilnehmern des Trabrennens ist auf vorsätzlich und grob fahrlässig begangene Regelverstöße beschränkt.

OLG Hamm 1983: Bei einem Galopprennen stellt das **Hineindrängen in die Laufbahn konkurrierender Rennteilnehmer** einen schwerwiegenden Regelverstoß dar, welcher bei Verursachung des Sturzes eines Mitbewerbers den insoweit haftungsbegründenden Vorwurf grober Fahrlässigkeit rechtfertigt.

OLG Nürnberg 1991: Ein Reiter, der auf einem belebten Übungsplatz mit einem Pferd auf ein Hindernis zugaloppiert, obwohl er sich der Beherrschung des Pferdes nicht sicher sein kann, weil dieses kurz zuvor schon einmal zur Seite ausgebrochen war, handelt in hohem Maße fahrlässig, wenn neben dem Hindernis noch Helfer stehen, die auf den neuen Sprungversuch nicht gefasst sind.

DOPING

Doping ist kein Kavaliersdelikt, denn im Turniersport soll nicht nur Chancengleichheit gelten, sondern Ziel ist auch die Einhaltung des Tierschutzes und die Unfallverhütung.

Regelwerke national und international
Nationale Turniere sollen den Bestimmungen der **Anti-Doping- und Medikamentenkontroll-Regeln (ADMR)** der FN (Deutsche Reiterliche Vereinigung e.V.) gerecht werden. Die ADMR unterscheiden zwischen Doping und unerlaubter Medikation.

Dabei ist Doping normalerweise eine unerlaubte Leistungssteigerung: Die vorhandene Leistungsfähigkeit des gesunden Pferdes wird verändert, etwa durch Anabolika. Es kann aber auch eine Leistungsminderung, also ein Doping auf Niederlage sein. Die **unerlaubte Medikation** wird als Leistungsbeeinflussung angesehen: Eine zum Wettkampfzeitpunkt vorhandene Leistungsminderung, etwa durch eine Krankheit am Bewegungsapparat, wird medikamentiert, etwa durch die Verabreichung von Schmerzmitteln, und das Pferd wird dadurch in die Lage versetzt, seine „normale" Leistung zu erbringen.

Der Start unter Einfluss einer Dopingsubstanz oder einer unerlaubten Medikation ist zwar in beiden Fällen eine Leistungsbeeinflussung und daher im **Wettkampf verboten**. Bei der unerlaubten Medikation wird allerdings unterstellt, dass die zum Einsatz gelangten Substanzen in erster Linie der Behandlung einer Erkrankung dienen. Wegen dieser guten Absicht ist das Strafmaß bei unerlaubter Medikation niedriger als beim – unterstellt betrügerisch gewollten – Doping.

Die **Regeln der FEI** (Fédération Équestre Internationale) für internationale Turnierteilnahmen sind ähnlich, aber bei Weitem nicht gleich. Dort gibt es die „**Prohibited Substances List**", die zwischen außerhalb des Wettkampfs erlaubten, aber im Wettkampf verbotenen Substanzen („Controlled Medication Substances"), und generell für die Anwendung bei Pferden verbotenen Substanzen („Banned Substances") unterscheidet.

Dopingkontrolle und -verfahren

Durch den mit der Medikationskontrolle beauftragten Tierarzt wird unter Mithilfe der für das Pferd verantwortlichen Person und der Verwendung eines **standardisierten Medikationskontroll-Kits** zunächst eine Urinprobe vorbereitet. Erst wenn das Pferd in einer hierfür eigens vorbereiteten Box **30 Minuten lang keinen Urin** in den Urinauffangbeutel absetzt, wird eine **Blutprobe nach standardisierten Durchführungsbestimmungen** entnommen. Die Medikationskontrolle soll im Pferdepass eingetragen werden.

Urin oder Blut werden sodann jeweils auf zwei Probenflaschen mit der Kennzeichnung A und B verteilt. Der vorgefertigte Versandkarton wird entweder am selben Tag oder nach Beendigung der Veranstaltung an das jeweilige Analyselabor geschickt; erfolgt der Versand nicht unmittelbar, sind die Proben gekühlt bei vier Grad Celsius zu lagern. Auch im Analyselabor erfolgt die Handhabung und Untersuchung nach standardisierten Abläufen.

Im Fall einer positiven A-Analyse wird der Verband benachrichtigt, der wiederum den Betroffenen anschreibt. Der Betroffene hat innerhalb einer Frist von einer Woche die Möglichkeit, eine B-Analyse der Probe zu beantragen. Die kurze Fristsetzung dient dazu, das Verfahren zu beschleunigen. Die **Wiederholung der A-Analyse durch die B-Analyse** bestätigt das Ergebnis der ersten Analyse in der Regel (laut Statistik der FN sollen nur zwei von 15.000 Proben abweichend gewesen sein).

Liegt kein Einspruch gegen eine positive A-Analyse oder eine ebenfalls positive B-Analyse vor, wird im weiteren Verfahren ermittelt, ob die **verantwortliche Person**, also der Reiter, Fahrer, Voltigierer oder Longenführer, **schuldhaft, fahrlässig oder grob fahrlässig gehandelt** hat. Der Betroffene ist dabei aufgefordert, sich zu entlasten. Die FN entscheidet dann im schriftlichen Verfahren oder durch Anhörung vor der Disziplinarkommission über eine Ordnungsmaßnahme.

Dies kann neben der **Annullierung der Ergebnisse des Wettkampfs** eine Einstellung des Verfahrens sein oder eine Sperre und ein Ordnungsgeld. Die **Regelsperre bei Doping liegt bei zwei Jahren**, das Strafmaß wird jedoch in Abhängigkeit von der Art des Verstoßes, der nachgewiesenen Substanz, der entlastenden sowie der belastenden Momente festgelegt. Auch das **Pferd** wird gemäß der ADMR bei Nachweis von Dopingsubstanzen mit einer **Sperre von acht Wochen** belegt. Sollte es sich um ein Anabolikum handeln, wird das betroffene Pferd für ganze sechs Monate von Turnieren ausgeschlossen.

Auch die Manipulation von Proben oder der Probenentnahme oder die Verweigerung derselben führt zur Strafe und immer zur Disqualifikation der verantwortlichen Person und zur Streichung des Wettkampfergebnisses.

Zivilgerichtliche Zuständigkeit

Ist der Rechtsweg vor den Sport-(schieds-)gerichten erschöpft, folgt oft der Gang der Betroffenen zum nächstzuständigen Zivilgericht. Bisher zogen sich die Zivilgerichte dann aber auf eine nur noch eingeschränkte richterliche Überprüfbarkeit des Urteils des Sportgerichts zurück.

Das gibt ein Urteil des LG Münster aus 2008 zu einem **Dopingfall** gut wieder: Demnach unterliegen gerichtliche Maßnahmen gegen einen Sportler auf der Grundlage einer vertraglichen Unterwerfungsvereinbarung unter das Verbandsregelwerk ebenso wie vereinsrechtliche Maßnahmen gegenüber einem Vereinsmitglied nur einer **eingeschränkten richterlichen Kont-**

rolle. Die Überprüfung der verbandsgerichtlichen Maßnahme durch staatliche Gerichte beschränkt sich auf die Punkte, ob das im Regelwerk vorgeschriebene Verbandsverfahren eingehalten worden und dies angemessen ist, ob die Sanktion eine ausreichende, dem Gesetz und dem Grundsatz von Treu und Glauben entsprechende Grundlage im Regelwerk hat, ob die verhängte Maßnahme gesetzes- oder sittenwidrig ist, ob die der Sanktion zu Grunde liegende Tatsachenermittlung fehlerfrei und die Maßnahme willkürlich oder grob unbillig ist.

Im gleichen Jahr entschied auch das LG Dortmund, dass zwar **Vereinssanktionen, die in die Berufsausübungsfreiheit eingreifen**, nur zulässig sind, wenn die konkreten Vorschriften im Einzelfall durch einen legitimen Zweck gerechtfertigt sind. Dopingbekämpfung sei aber ein legitimer Zweck, weswegen bei dringendem Verdacht eines Doping- oder Medikamentenmissbrauchs eine vorläufige Sperre erforderlich und verhältnismäßig sei.

Siege und Platzierungen zählen nur, wenn sie ohne Doping errungen wurden. [Foto: shutterstock.com/horsemen]

Viel weiter ging jedoch bereits das OLG Hamm 2010. Es beschränkte sich nicht nur auf die Nachprüfung des Regelwerks der FN, sondern stellte fest, dass die **Verweigerung der Erteilung einer Jahresturnierlizenz gegenüber einem Berufsreiter**, dessen Stute positiv auf eine verbotene Substanz getestet worden war, dem aber dabei lediglich fahrlässiges und kein vorsätzliches Handeln zum Vorwurf gemacht worden war, unter **Berücksichtigung aller Umstände** fehlerhaft war.

Erstmals im Jahr 2009 hebelte das LG Dortmund die Vormachtstellung der Reitsportgerichtbarkeit aus und entschied selbstständig, dass die Versagung der Jahresturnierlizenz gegenüber einem Berufssportler **wegen eines fast zwei Jahre zurückliegenden Dopingverstoßes unzulässig** ist. Das Gericht begründete seine Entscheidung unter anderen mit dem Missbrauch einer marktbeherrschenden Stellung der FN in kartellrechtlicher Hinsicht.

Diese Rechtsprechung ist mit dem Obsiegen der Eisschnellläuferin Claudia **Pechstein vor dem OLG München im Januar 2015** bestätigt. Das Gericht war der Ansicht, dass ein Sportler auf die Zuständigkeit der Zivilgerichtsbarkeit nur freiwillig und damit zugleich frei von Zwang verzichten kann. Die **zwangsweise Unterwerfung unter die Sportgerichtsbarkeit verstoße gegen die öffentliche Ordnung und sei daher unzulässig**.

Tierzuchtrecht

Das Tierzuchtrecht gehört zu den ältesten gesetzlichen Regelungen und ist heute im **Tierzuchtgesetz (TierZG)** geregelt, das die EU-rechtlichen Vorgaben umgesetzt hat. Es regelt im Wesentlichen Anerkennung und Arbeit der Zuchtorganisationen, Besamungswesen und Embryotransfer und das innergemeinschaftliche Verbringen.

Die **37 anerkannten deutschen Zuchtverbände** (Stand: März 2015) nehmen staatliche Aufgaben wahr und arbeiten deshalb nach den gesetzlichen Vorgaben unter Aufsicht der jeweiligen Landwirtschaftskammer desjenigen Bundeslandes, wo sie ihren Sitz haben. Gleichzeitig handeln sie nach ihrer Satzung und ihrer **Zuchtbuchordnung (ZBO)**, die von der Mitgliederversammlung beschlossen werden. Die ZBO unterliegt aber wiederum der Kontrolle der Aufsichtsbehörde, da sie zum TierZG und den EU-rechtlichen Vorgaben konform sein muss.

Der Inhalt der ZBO ist für die Eintragung von Hengsten bindend, weswegen der Zuchtverband im Einzelfall nicht von den selbst gesetzten Vorgaben abweichen kann. Deswegen bestehen wegen der verweigerten Eintragung eines gekörten Hengstes in das Zuchtbuch unter Missachtung der Vorschriften der ZBO **Schadensersatzansprüche des Hengsthalters**, so der BGH im Jahr 1999.

Die Zuchtverbände sind berechtigt, Zuchtbücher für die in **ihrer ZBO ausgewiesenen Rassen** zu führen. Sie müssen sich dabei jedoch immer an die züchterischen Vorgaben derjenigen Züchterorganisation halten, die das sogenannte **Ursprungszuchtbuch** für die Rasse führt. Wer das Ursprungszuchtbuch innerhalb der EU, aber außerhalb Deutschlands hat, kann aber nach einer Entscheidung des BGH aus 2001, die betreffend etlicher aus Österreich importierter Haflinger erging, nicht darauf pochen, dass das alleinige Recht zur Ausstellung von Zuchtbescheinigungen nur im Geburts- und Ursprungsland besteht.

Der zuständige oder einer der zuständigen Zuchtverbände stellt für Pferde, die in seinem Zuchtbuch eingetragen sind oder eingetragen werden können (Fohlen), den schon beschriebenen, für jedes in der EU befindliche Pferd pflichtigen **Equidenpass** (› Seite 75 f.) in Verbindung mit der **Zuchtbescheinigung** aus, nachdem er vorher die Kennzeichnung mit dem ebenfalls pflichtigen **Mikrochip** (› Seite 79) sichergestellt

hat. Die Ausstellung einer **Eigentumsurkunde** (› Seite 77) ist optional.

Dies schuldet der Zuchtverband aber nach einer Entscheidung des LG Itzehoe aus 2000 nur seinen Mitgliedern. Wer also ausgetreten ist, hat keinen Anspruch auf Erteilung von Zuchtbescheinigungen mehr.

Tierschutzrecht

Was ist los in der deutschen Pferdehaltung? Geht man vom prozentualen Anteil der Pferdeurteile der letzten Jahre aus, so scheinen die Tierschutzfälle mittlerweile überhandzunehmen. Dabei ist auffällig, dass es sich **mehrheitlich um Haltungsfälle** handelt. Wo auf der einen Seite finanziell und persönlich überforderte Tierhalter stehen, die die Realität des Leidens ihrer Tiere gar nicht mehr wahrnehmen, erfolgen auf der anderen Seite Anzeigen durch unwissende Bürger, die, das sauber geputzte Pferd in der Reithalle vor Augen, mit dem im Matsch gewälzten Offenstallpferd artwidrige Haltung verbinden und für die das halb volle Wasserfass halb leer ist.

WANN DAS VETERINÄRAMT HANDELT

Zentrale Vorschrift ist § 1 des **Tierschutzgesetzes (TierSchG)**, wonach niemand einem Tier ohne vernünftigen Grund Schmerzen, Leiden oder Schäden zufügen darf. Konkretisiert wird das durch die Haltungsvorgaben des § 2 TierSchG über angemessene Ernährung, Unterbringung und Bewegung.

Wie man die Frage, ob ein erhebliches Leiden eines Pferdes im Sinne des TierSchG vorliegt, beantworten kann, zeigt ein Strafrechtsurteil des OLG Celle aus 2010: Danach ist darauf abzustellen, ob **äußerlich wahrnehmbare Auffälligkeiten im Verhalten der**

Stacheldraht als Zaun und Gerümpel auf der Weide: unter tierschutzrechtlichen Gesichtspunkten seitens der Behörden schon fraglich.
[Foto: Jost Appel]

Tiere festzustellen sind, die als taugliche Anzeichen für das Vorliegen eines erheblichen Leidens anzusehen sind. Der optisch wahrnehmbare Ernährungszustand als solcher ist dabei nur als Indiz heranzuziehen.

Die Umsetzung des Tierschutzes basiert auf einem **umfassenden Kontrollrecht** des Amtstierarztes nach § 16 TierSchG. Ob begründet oder nicht, der Amtsveterinär hat jedem – anonymen oder konkreten – Hinweis auf einen Tierschutzverstoß nachzugehen, muss also vor Ort die Haltung kontrollieren. Dabei gibt ihm das Gesetz bei berechtigtem Verdacht erheblich weitreichendere Verfügungsmacht als anderen staatlichen Ordnungshütern.

Insbesondere hat das Veterinäramt sowohl ein **Auskunftsrecht** als auch ein **Betretungsrecht der Pferdehaltung**. Es kann vom Halter verlangen, dass sämtliche Grundstücke, Räume, Einrichtungen und Transportmittel bezeichnet und geöffnet werden, dass bei der Untersuchung der einzelnen Tiere Hilfestellung zu leisten ist oder dass geschäftliche Unterlagen vorzulegen sind.

Ein Verstoß hiergegen, also die **Weigerung, mit der Behörde zusammenzuarbeiten**, ist nach § 18 Abs. 1 Nr. 26 TierSchG als Ordnungswidrigkeit zu ahnden.

Die entsprechende praktische Auslegung, was tierschutzwidrig ist und was tierschutzgerecht, erfolgt durch den zuständigen Amtsveterinär Ihres Landkreises. Ihm ist, wie auch das OVG Lüneburg 2013 in einem Urteil bestätigte, bei der Frage, ob die Anforderungen an eine artgerechte Tierhaltung erfüllt sind, vom Gesetzgeber eine **vorrangige Beurteilungskompetenz** eingeräumt worden. Im vorliegenden Fall ging es um eine Stacheldrahteinzäunung, die der Veterinär als tierschutzwidrig angesehen hatte, was das Gericht bestätigte.

Häufig orientieren sich die Veterinärämter an den **Leitlinien 2009 zur Beurteilung von Pferdehaltungen unter Tierschutzgesichtspunkten** der Landwirtschaftsministerien. Diese sind jedoch kein verbindliches Regelwerk, sondern nur Empfehlungen bezogen auf den Idealfall, was gerade hippologische Sachverständige kritisieren.

VERWALTUNGSRECHTLICHE FOLGEN VON TIERSCHUTZVERSTÖSSEN

Das Tierschutzrecht ist Verwaltungsrecht, und damit gilt, dass behördlicherseits zuerst **immer das mildeste Mittel anzuordnen** ist. Wenn das Veterinäramt der Ansicht ist, dass Haltung und Zustand der Pferde unzureichend und diese vernachlässigt sind und Verhaltensstörungen aufzeigen, die dies nachweisen, wird es deshalb zunächst unter Fristsetzung der Erledigung Bescheide erlassen, die dem Tierhalter konkrete **Maßnahmen zur Fütterungs- und/oder Haltungsveränderung** auferlegen oder auch die **tierärztliche Untersuchungspflicht**.

Befolgt der Pferdehalter diese nicht, kann die Behörde die Ersatzvornahme anordnen und derartige **Maßnahmen auf Kosten des Pferdehalters** durchführen lassen. Bei größeren Beständen kann sie ebenfalls die **Zwangsverwaltung** oder ein **Zuchtverbot** zur Kontrolle der Bestandsgröße anordnen.

Ändern sich dadurch die Bedingungen der Pferde nicht zum Besseren, darf das Veterinäramt die Pferde dem Halter **fortnehmen und auf dessen Kosten anderweitig unterbringen**, und zwar so lange, bis eine ordnungsgemäße Haltung durch den Halter sichergestellt ist. Ist dies nicht möglich oder unverhältnismäßig, kann das Veterinäramt gegenüber dem Tierhalter die **Veräußerungspflicht anordnen**, die **Pferde selbst veräußern** oder sie **versteigern lassen**. Liegen irreparable Schmerzen und Leiden vor, kann die Behörde ein betroffenes Pferd auch auf Kosten des Halters **töten lassen**.

Je dringlicher Maßnahmen erforderlich sind, umso eher wird das Veterinäramt diese **in Form des Sofortvollzugs** anordnen. Rechtsbehelfe des Pferdehalters hiergegen sind nur im gerichtlichen Eilverfahren möglich. Insbesondere bei Fortnahme und Unterbringung von vernachlässigten Pferden kommt es ansonsten immer auf eine sogenannte **Gefahrenprognose** an, also darauf, wie der Pferdehalter voraussichtlich zukünftig die Pferdehaltung gestalten wird. Das stellte das VG Aachen 2009 heraus, als es für erheblich vernachlässigte Pferde die Gefahr einer weiteren Beeinträchtigung ihrer Gesundheit und ihres Wohlbefindens als nicht ausgeschlossen ansah und die Wegnahme deshalb als rechtmäßig bestätigte.

STRAFRECHTLICHE FOLGEN VON TIERSCHUTZVERSTÖSSEN

Ein Verstoß gegen das Tierschutzrecht kann aber nicht nur veterinärrechtliche, sondern vor allem auch strafrechtliche Folgen haben. Nach § 17 TierSchG wird vorsätzliches tierschutzwidriges Verhalten mit einer **Freiheitsstrafe bis zu drei Jahren oder mit einer Geldstrafe** geahndet.

Strafbar sind die ungerechtfertigte **Tiertötung**, die **Misshandlung** von Tieren und das **Zufügen von erheblichen Schmerzen oder Leiden aus Rohheit**. Ebenfalls strafbar ist die Tiertötung oder Tierquälerei durch Unterlassen, was beispielsweise bei mangelhafter Fütterung und Versorgung vorliegen kann. Ein bloßer Versuch der Tat ist nicht strafbar.

Wird der Tierschutzverstoß nicht vorsätzlich begangen, sondern fahrlässig, so ist das keine Straftat mehr, sondern eine bloße **Ordnungswidrigkeit**, die in § 18 TierSchG geregelt ist.

Pferd und Umwelt

Bewegen Sie sich mit Ihrem Pferd reitend oder führend auf öffentlichen Wegen und Straßen, sollten Sie die wichtigsten Gesetze und Vorschriften hierzu kennen. Wie heißt es so schön: Unwissenheit schützt nicht vor Schaden. Denn gerade auf öffentlichem Terrain, wo man mit größtenteils „Pferdeunwissenden" in Kontakt kommt, liegt ein erhöhtes Gefahrenpotenzial vor.

DAS PFERD ALS VERKEHRSTEILNEHMER NACH STVO

§ 1 der Straßenverkehrsordnung (StVO) regelt die Basics: Die Teilnahme am Straßenverkehr erfordert ständige Vorsicht und **gegenseitige Rücksicht**, und jeder Verkehrsteilnehmer hat sich so zu verhalten, dass **kein anderer geschädigt**, gefährdet oder mehr als nach den Umständen unvermeidbar behindert oder belästigt wird.

Bewegen Sie sich mit Ihrem Pferd im Straßenverkehr, gelten für Sie beide nach § 28 Abs. 1 StVO wie für andere Verkehrsteilnehmer auch **alle Regeln der StVO**. Straßenverkehr ist alles, was öffentlich zugänglich ist, also auch außerhalb gelegene Wege.

Geregelt ist in § 28 Abs. 2 StVO zudem ausdrücklich, dass Sie ein **Pferd, das den Verkehr gefährden kann**, von der Straße fernzuhalten haben. Pferde sind dort ferner ausdrücklich nur zugelassen, wenn sie von **geeigneten Personen begleitet** sind, die ausreichend auf sie einwirken können. Und führen dürfen Sie Ihr Pferd auch weder vom Auto aus noch vom Fahrrad.

Ferner ist in der gleichen Vorschrift die **Pflichtbeleuchtung bei Dunkelheit** geregelt: Der Einzelreiter muss mindestens ein weißes, **nicht blendendes Licht auf der linken Seite** nach vorn und hinten gut sichtbar mitführen. Bei mehreren Reitern ist außerdem ein **rotes Licht am Ende des Verbandes** vorgeschrieben. Zusätzliche reflektierende Gamaschen oder Reflektorbänder, Stiefelleuchten und Steigbügelleuchten sollten, müssen Sie aber nicht mitführen.

Aber auch Emissionen in Form **heruntergefallener Pferdeäpfel** sind in § 32 StVO geregelt: Gefährden oder erschweren sie den Verkehr, was zumindest bei größeren Mengen denkbar sein könnte, sind sie Verkehrshindernisse und müssen unverzüglich von dem für den verkehrswidrigen Zustand Verantwortlichen beseitigt werden.

Pferdeäpfel dürfen auf der Fahrbahn nur dann liegen bleiben, wenn sie den Verkehr nicht beeinträchtigen. [Foto: shutterstock.com/Peter Gudella]

Wichtig im Alltag sind für Sie die in der StVO genannten **Sonderwege** wie Reitweg, Fahrradweg und Gehweg. Solche Sonderwege dürfen nur und ausschließlich von den für sie bestimmten Verkehrsteilnehmern genutzt werden. Selbst wenn Sie also Ihr Pferd führen, sind Sie kein Fußgänger und müssen das grundsätzlich auf der Straße tun. Einziger Trost: Der ausgeschilderte Reitweg ist dann auch nur für Sie und Ihr Pferd da.

Wie die Gerichte die StVO in der Rechtsprechung umsetzten, zeigen folgende Beispiele:

OVG Lüneburg 1997: **Gewerbliche Kutschfahrten** im öffentlichen Straßenverkehr bedürfen einer Sondernutzungserlaubnis.

OLG Celle 1996: Ist das Gelände eines Reitvereins während eines Turniers **jedermann zugänglich**, so nehmen in dieser Zeit Reiter auf den allgemein begehbaren Wegen und Flächen am Straßenverkehr teil und unterliegen der StVO. Unerlaubtes Entfernen des Reiters mit Pferd vom Unfallort wird deshalb als Unfallflucht geahndet.

OLG Hamm 1971: Autoscheue, **nervöse Pferde sowie unerfahrene Jungpferde** gelten nicht als straßensicher, ebenso eventuell Pferde mit Gesundheitsschäden wie zum Beispiel Taubheit und Blindheit, die die Sicherheit einschränken. Bei einem Jungpferd sind zusätzliche Sicherheitsvorkehrungen zu treffen, es muss geführt werden oder von einem erfahrenen Pferd begleitet und abgeschirmt werden.

LG Koblenz 2014: Das gleichzeitige **Führen von zwei Pferden** durch eine Person im öffentlichen Straßenverkehr an der Hand bringt ganz erhebliche Risiken mit sich und führt dazu, dass auf ein so geführtes Tier nicht mehr in ausreichender Weise eingewirkt werden kann.

VG Augsburg 2002: Die StVO ist auch **für einen privaten Weg anwendbar**, der der Nutzung durch die Öffentlichkeit offen steht.

LG Bad Kreuznach 1996: Gemäß StVO ist beim **Führen von Großtieren** im Straßenverkehr eine Leuchte mit weißem Licht mitzuführen. Hat der Pferdeführer gegen diese Beleuchtungspflicht verstoßen, erscheint bei einem Schadensfall eine Mitverschuldensquote von 50 Prozent als angemessen.

REITEN IN WALD UND FELD

Was gibt es Schöneres, als draußen zu reiten? Als Reiter können Sie sich oft nur schwer vorstellen, dass es Eigentümer und andere Wald- und Feldgäste gibt, die Ihre Freude nicht teilen. Auf der anderen Seite ist es aus deren

Sicht auch nicht einfach, ihrer Freude Ausdruck zu geben, wenn Sie im Jagdgalopp an
ihnen vorbeirauschen. Doch wer darf eigentlich was im Wald?

Erlaubnis ist Ländersache

Damit es nicht drüber und drunter geht, sorgen Rahmengesetze für Ordnung, nämlich
das **Bundesnaturschutzgesetz** für die Feld-

Was gibt es Schöneres für einen Reiter? [Foto: Jost Appel]

flur und das **Bundeswaldgesetz** (BWaldG) für den Wald. Grundlage ist jedoch § 14 Abs. 1 BWaldG, wonach jedem das Betreten des Waldes zum Zwecke der Erholung gestattet ist. Nach dem Wortlaut sollte das ja auch für Reiter Geltung haben. Aber nach § 14 Abs. 2 BWaldG sind für das Reiten und Gespannfahren im Gelände letztlich die teilweise sehr unterschiedlichen **Landesgesetze der Bundesländer** entscheidend. Sie gelten im Übrigen für den Privatwald ebenso wie für den staatlichen Forst.

Ist beispielsweise im Wald in Bremen, Saarland oder Rheinland-Pfalz das Reiten auf jeder Straße und jedem Weg gestattet, beschränkt Bayern das Reiten nur auf Straßen und „geeignete" Wege. In Hessen etwa darf man im Wald nur auf befestigten oder naturfesten Wegen reiten, während in Berlin, Mecklenburg-Vorpommern oder Nordrhein-Westfalen nur ausgewiesene oder gekennzeichnete Reitwege beritten werden dürfen. Eine jeweils aktualisierte Übersicht für die einzelnen Bundesländer finden Sie auf der Homepage der FN zum Thema Breitensport.

Gegen die Regelung in Sachsen, die das Reiten im Wald grundsätzlich nur auf solchen privaten Straßen und Wegen erlaubt, die als Reitwege gekennzeichnet sind, ging ein Kläger durch alle Instanzen vor. Letztlich entschied der sächsische Verfassungsgerichtshof, dass eine derart strikte landesgesetzliche Regelung rechtens ist, da sie nicht gegen das Grundgesetz verstoße.

Wie weit der Arm der Behörden reichen darf, stellt ein Urteil des VGH Baden-Württemberg aus 1994 dar, wo das Landeswaldgesetz das Reiten nur auf Straßen und „geeigneten" Wegen gestattet. Was geeignet ist und was nicht, ist aber Behördensache, denn, so das Gericht: Die Straßenverkehrsbehörde kann das Reiten auf Waldwegen zur Verhütung außerordentlicher Schäden an der Wegeanlage verbieten.

Wie gesagt, nach § 14 BWaldG ist jedem das Betreten des Waldes zum Zwecke der Erholung gestattet. Doch das Bayerische OLG machte da 2004 einen Unterschied zwischen privater Erholung und Erholung, die durch gewerbliche Vermittlung zustande kommt, und urteilte, dass der Eigentümer ungewidmeter Waldwege nicht verpflichtet ist, **gewerblich angebotene, begleitete Geländeausritte** einschränkungslos und unentgeltlich zu dulden.

Verkehrssicherungspflichten im Wald und auf Reitwegen

Die Waldbesitzer haben es nicht leicht. Nicht nur sind sie gesetzlich verpflichtet, Erholungsuchende, dazu gehören auch die Reiter, in ihren Wald zu lassen. Darüber hinaus obliegen ihnen auch noch erhebliche Verkehrssicherungspflichten (› Seite 171), denn Eigentum verpflichtet.

Die Frage, wie weit solch eine Pflicht zu gehen hat, führt immer wieder vor Gericht. Die nachfolgenden Urteile könnte man so interpretieren: Der Reiter ist für Gefahren, wie sie gerade die Natur typischerweise bereithält, selbst verantwortlich. Aber lesen Sie selbst:

BGH 2012: Die Benutzung des Waldes erfolgt auf eigene Gefahr. Hieraus ergibt sich, dass der Waldbesitzer grundsätzlich nur für atypische Gefahren haftet, nicht aber für waldtypische Gefahren (hier: **Astbruch**).

OLG Koblenz 2003: Der für einen **Hochsitz** Verkehrssicherungspflichtige haftet nicht für den Schaden, der dadurch entsteht, dass ein Pferd mit dem Vorderlauf in die unteren Sprossen der Hochsitzleiter gerät und wegen der Verletzungen getötet werden muss, die es bei den erfolglosen Befreiungsversuchen erleidet.

OLG München 1992: Ein **Fußgängersteg** muss nicht pferdesicher gemacht werden. Anderes könnte nur gelten, wenn der Sicherungspflichtige ausdrücklich eine Sicherungspflicht für Reitverkehr übernommen hätte, aber fehlerhaft eine Gefahrenquelle schafft.

LG Trier 2003: Mit **Bodenunebenheiten** muss jeder Benutzer eines Waldweges rechnen, auch mit solchen, die der Sicht zunächst verborgen sind. Dabei spielt es keine Rolle, ob er sich zu Fuß, mit dem Fahrrad oder mit dem Pferd bewegt. Das Auffüllen von Unebenheiten mit Bauschutt stellt noch keine Verletzung der Verkehrssicherungspflicht dar. Für den Verkehrssicherungspflichtigen genügt eine gelegentliche Sichtkontrolle; eine ständige genaue Inspektion des Zustandes der Waldwege kann nicht verlangt werden.

LG Kleve 1996: Es besteht eine Verkehrssicherungspflicht auf **ausgewiesenen Reitwegen** nur insoweit, als dass die Benutzer vor atypischen Gefahren, mit denen sie nicht zu rechnen haben, zu bewahren sind.

Das Pferd als Erbe

Mein Pferd soll erben! Nach deutschem Erbrecht klaffen hier Wunsch und rechtliche Durchführbarkeit jedoch weit auseinander. Denn dass dieser Wunsch nicht durch ein Testament mit dem Inhalt: „Nach meinem Tod soll alles mein Pferd erben", verwirklicht werden kann, ergibt sich schon daraus, dass Pferden wie allen Tieren die Rechtsfähigkeit und damit die **Erbfähigkeit im zivilrechtlichen Sinn fehlt**.

Möglich ist es aber sehr wohl, dass Sie Ihrem Pferd „indirekt" etwas zukommen lassen, nämlich indem Sie Ihren gesetzlichen oder den von Ihnen bedachten **Erben mit einer entsprechenden Auflage beschweren**. Zum Beispiel in der Form, dass Sie einen Teil Ihres Vermögens ausdrücklich mit der Auflage vererben, dass es für den monatlichen Unterhalt einschließlich aller Tierarztkosten für Ihr Pferd und bis zu dessen Lebensende zu

verwenden ist. Zulässig können Sie sogar noch weitergehende Auflagen formulieren, etwa dass das Pferd an einem bestimmten Ort oder in einer bestimmten Haltungsform verbleiben soll.

Die Grenze der Auflagenverpflichtung liegt einerseits in der **tatsächlichen Möglichkeit** und andererseits in der **rechtlichen Vertretbarkeit**. Reicht also der hinterlassene Geldbetrag gar nicht für die Erfüllung der Auflage aus oder soll das Pferd etwa in absoluter Freihaltung ohne Unterstand und trockene Liegefläche gehalten werden, sodass das Tierschutzrecht auf den Plan käme, muss sich der Erbe daran nicht halten.

Aber Achtung: Bei der Formulierung des Testaments müssen Sie sicherstellen, dass es sich bei der Auflage ausdrücklich um die **Auferlegung einer Verpflichtung** handelt. Die bloße Äußerung eines Wunsches im Testament begründet nämlich keine Auflage und stellt dann allenfalls eine moralische Verpflichtung des Erben oder des Vermächtnisnehmers dar.

Und wenn der mit der Auflage beschwerte Erbe sich nicht an die Auflagebedingungen hält? Wenn etwa der Erblasser zulasten eines Vermächtnisnehmers verfügt hat, dass das an diesen übergebene Pferd in einer Box mit ausreichend Paddock gehalten werden soll, er es aber postwendend in eine Offenstallhaltung verbringt? In einem solchen Fall kann die Erfüllung der Auflage von demjenigen gerichtlich durchgesetzt werden, der Erbe wäre, wenn nicht der mit der Auflage Beschwerte das Pferd bekommen hätte.

Wenn der finanzielle Rahmen es ermöglicht, bietet sich alternativ zur Auflage an, eine **Stiftung zu errichten**, die den Zweck beinhaltet, das Pferd oder die Pferde zu versorgen und zu pflegen – und zwar so, wie es sich der Erblasser vorstellt und solange es sich der Erblasser vorstellt.

Erben können Pferde nicht, aber eine testamentarische Verfügung kann die lebenslange Versorgung sicherstellen. [Foto: Jost Appel]

ANHANG:
MUSTERVERTRÄGE

Die folgenden Musterverträge sind vor allem Formulierungshilfen. Als Formularverträge unterliegen sie der gesetzlichen Inhaltskontrolle (› Seite 17 f.).

Der Abdruck der Musterverträge erfolgt trotz sorgfältiger Bearbeitung ohne Gewähr. Eine Haftung des Autors oder des Verlags ist ausgeschlossen.

Pferdekaufvertrag

- 1 -

PFERDEKAUFVERTRAG

zwischen ....
....
(nachfolgend: „Verkäufer")   *(Name/n, vollständige Anschrift)*

und ....
(nachfolgend: „Käufer")   *(Name/n, vollständige Anschrift)*

§ 1 Kaufgegenstand
Der Verkäufer verkauft dem Käufer das Pferd ....
(Name des Pferdes bzw. Lebensnummer, falls ohne Namen)

§ 2 Beschaffenheitsvereinbarung
I.   Die Parteien vereinbaren zum Zeitpunkt des Gefahrübergangs des Pferdes folgende **äußere Beschaffenheit**:
Alter/geb.: .... Farbe: .... Geschlecht: ....
Lebensnr. .... Pferdepass ausstellender Verband: ....
Vater: .... Mutter: .... Muttervater: ....
Rasse: .... Turnier-/Wettkampferfolge: ....
Zuchtleistung: .... Ausbildungsstand: ....
besondere Merkmale: ....

II. Folgender **Gebrauch** hat bisher stattgefunden *(nichtzutreffendes jeweils streichen)*:
Halfterführigkeit, Transporte mit dem Anhänger/Lkw, Behandlungen durch den Hufschmied,
Impfungen, Wurmkuren, Ausstellung auf Fohlenschau/Zuchtschau, Trense gewöhnt, Sattel gewöhnt,
Longieren, Führmaschine, Reiten in Halle/auf Reitplatz, Reiten im Gelände, Reiten ohne
Begleitpferd, ...

III. Zwischen den Parteien wird ferner folgende **gesundheitliche Beschaffenheit** vereinbart:
1. **Ohne** tierärztliche Kaufuntersuchung (*1. ganz streichen, wenn 2. zutreffend*):
Die Parteien sind darüber einig, dass eine tierärztliche Kaufuntersuchung möglich wäre, aber
dennoch nicht durchgeführt wird. Soweit es daher um den Gesundheitszustand des
gegenständlichen Pferdes geht, vereinbaren die Parteien einen unbekannten und deshalb
unwägbaren, mit dem Risiko einer Erkrankung behafteten Gesundheitszustand des Pferdes.
2. **Mit** tierärztlicher Kaufuntersuchung (*2. ganz streichen, wenn 1. zutreffend*):
a. Die tierärztliche Kaufuntersuchung ist **noch nicht durchgeführt** *(a. ganz streichen, wenn b. zutreffend):*
Die Parteien vereinbaren als aufschiebende Bedingung des Kaufvertrags die Billigung der
Kaufuntersuchung durch den Käufer. Die Kaufuntersuchung soll am ....
durchgeführt werden durch den Tierarzt /die Tierklinik ....
Der Käufer muss die Billigung oder Ablehnung der Kaufuntersuchung dem Verkäufer binnen
drei Tagen nach Erhalt des Untersuchungsprotokolls mitteilen. Der Verkäufer wird von
seiner Verkaufsverpflichtung frei, wenn der Käufer seine Billigung nicht innerhalb dieser
Frist mitteilt. Spätestens wenn der Käufer das Pferd in seinen Besitz übernimmt, gilt die
Kaufuntersuchung immer als gebilligt.
Die Kosten für die tierärztliche Untersuchung werden vom Verkäufer getragen/vom Käufer

- 2 -

getragen/wie folgt aufgeteilt (*nichtzutreffendes streichen*): ....
....

b. Die tierärztliche Untersuchung wurde **bereits durchgeführt** durch den Tierarzt/die
Tierklinik .... am .... (*b. ganz streichen,
wenn a. zutreffend*).

c. Vereinbart wird der Gesundheitszustand, der sich aus der tierärztlichen Untersuchung
ergibt. Der Inhalt des angefertigten tierärztlichen Untersuchungsprotokolls ist ausdrücklich
Bestandteil dieses Vertrags. Die dort getroffenen tierärztlichen Feststellungen zum
Gesundheitszustand des Pferdes bestimmen die gesundheitliche Beschaffenheit des
Pferdes; darüber hinausgehende tierärztliche Befundbewertungen oder Prognosen sind
nicht Gegenstand dieser Beschaffenheitsvereinbarung. Ausführungen im tierärztlichen
Gutachten zum Verwendungszweck werden nicht Inhalt dieses Kaufvertrags. Den Parteien
ist bekannt, dass über die durchgeführte Kaufuntersuchung hinausgehende weitere
tierärztliche Untersuchungen möglich sind. Wegen derartiger nicht durchgeführter
Untersuchungen vereinbaren die Parteien deshalb einen unbekannten und unwägbaren, mit
dem Risiko einer Erkrankung behafteten Gesundheitszustand des Pferdes.

3. Das Pferd hat während der Besitzzeit beim Verkäufer folgende **Krankheiten/ Verletzungen**
gehabt: ....
....

IV. Das Pferd hat die **folgenden Besonderheiten/Eigenheiten** (z. B. Pferd lässt sich schlecht
verladen/transportieren, ist nicht geländesicher, nicht schmiedefromm, webt, koppt, ist
Boxenläufer, hat reiterliche/gesundheitliche Einschränkungen, keine Herdenerfahrung etc. –
nichtzutreffendes streichen bzw. weitergehend eintragen):
....
....

§ 3 Kaufpreis
Der Kaufpreis beträgt .... € (in Worten .... Euro).
Der Kaufpreis ist am/bis zum/heute* in bar/durch Überweisung* auf das Konto des Verkäufers,
Kontonr./IBAN* .... BLZ/BIC* .... zu zahlen.
Die Parteien vereinbaren Ratenzahlung wie folgt*: ....
....
Sollte der Käufer mit einer Rate mehr als 10 Tage in Verzug kommen, wird der gesamte Restkaufpreis
sofort fällig.*
Ein Teil des Kaufpreises in Höhe von .... € wird durch Inzahlunggabe des Pferdes* ....
.... (das einschließlich seiner Pferdepapiere übergeben
wird)/durch Gewährung eines Zuchtrechtes* wie folgt
..../durch Arbeitsleistungen* wie folgt
.... erfüllt.

§ 4 Eigentumsübergang und Gefahrübergang
I. Das Eigentum am Pferd geht erst mit vollständiger Kaufpreiszahlung gemäß § 3 auf den Käufer über.
Der Verkäufer erklärt, dass zum Zeitpunkt der vollständigen Bezahlung Rechte Dritter am Pferd nicht
bestehen.

II. Die Gefahr einer zufälligen Verschlechterung oder des Untergangs des Pferdes sowie Lasten und
Kosten gehen auf den Käufer über*
mit Wirksamwerden des Kaufvertrages* (= sofort, wenn keine tierärztliche Untersuchung

- 3 -

vorgesehen ist, bzw. bei Vereinbarung tierärztlicher Kaufuntersuchung gem. § 2 III. 2. a.)/bei
Übergabe des Pferdes*/.. .

§ 5 Urkunden

I. Der Verkäufer übergibt dem Käufer den Pferdepass des Pferdes zusammen mit dem Pferd.
II. Es existieren ferner die folgenden Urkunden für das Pferd*:
Eigentumsurkunde, Abstammungsnachweis, Zuchtbescheinigung, ...
Diese händigt der Verkäufer dem Käufer mit Eigentumsübergang des Pferdes aus.

§ 6 Garantie

Der Verkäufer übernimmt keinerlei Garantie, insbesondere nicht für bestimmte Eigenschaften oder
Verwendungsmöglichkeiten des Pferdes, auch nicht dafür, dass das Pferd eine bestimmte Beschaffenheit
für eine bestimmte Dauer behält.
Die Parteien sind sich darüber einig, dass die weitere Entwicklung und die weiteren Fähigkeiten des
Pferdes nicht absehbar sind. Eventuelle mündliche Aussagen des Verkäufers über die Zuordnung des
Pferdes hinsichtlich seiner vorwiegenden, dauerhaften Eignung, etwa als Dressur-/Spring-/Distanz-
/Renn-/Fahr-/Voltigier- oder Therapiepferd stellen keine Beschaffenheitsmerkmale dar, sondern
beruhen auf subjektiv geprägten Eindrücken des Verkäufers bzw. der von ihm beauftragten Personen.

§ 7 Sachmängelhaftung

I. Ist der Verkäufer Verbraucher oder sind Verkäufer und Käufer beidesamt Unternehmer, wird das
Pferd unter Ausschluss jeglicher Mängelhaftung verkauft.
Dieser Haftungsausschluss gilt nicht, sofern eine Haftung für Schäden aus der Verletzung des
Lebens, des Körpers oder der Gesundheit besteht, die auf einer mindestens fahrlässigen
Pflichtverletzung des Verkäufers, seines gesetzlichen Vertreters oder Erfüllungsgehilfen beruhen,
sowie ferner nicht, sofern eine Haftung für sonstige Schäden besteht, die auf einer mindestens grob
fahrlässigen Pflichtverletzung des Verkäufers, seines gesetzlichen Vertreters oder Erfüllungsgehilfen
beruhen.
II. Sollte ein Sachmangel des Pferdes vorliegen, vereinbaren die Parteien, dass
Schadensersatzansprüche und Aufwendungsersatzansprüche ausgeschlossen sind. Von diesem
Ausschluss nicht erfasst ist die Haftung, die für Schäden aus der Verletzung des Lebens, des Körpers
oder der Gesundheit besteht, die auf einer mindestens fahrlässigen Pflichtverletzung des
Verkäufers, seines gesetzlichen Vertreters oder Erfüllungsgehilfen beruhen, sowie ferner nicht die
Haftung für sonstige Schäden, die auf einer mindestens grob fahrlässigen Pflichtverletzung des
Verkäufers, seines gesetzlichen Vertreters oder Erfüllungsgehilfen beruhen.
Eine Nacherfüllung hat nach der Wahl des Käufers durch Nachbesserung oder Nachlieferung, im Fall
von Unzumutbarkeit oder Unmöglichkeit der Nachbesserung durch Nachlieferung zu erfolgen.

§ 8 Verjährung

Ist der Verkäufer Unternehmer und der Käufer Verbraucher, verjähren sämtliche Mängelansprüche des
Käufers innerhalb eines Jahres ab Übergabe des Pferdes, in allen anderen Fällen innerhalb von acht
Wochen ab Übergabe.
Von dieser Verjährungserleichterung ausgenommen sind alle Ansprüche wegen Schäden aus der
Verletzung des Lebens, des Körpers oder der Gesundheit, die auf einer mindestens fahrlässigen
Pflichtverletzung des Verkäufers, seines gesetzlichen Vertreters oder Erfüllungsgehilfen beruhen, sowie
ferner alle Ansprüche aus solchen Schäden, die auf einer mindestens grob fahrlässigen Pflichtverletzung
des Verkäufers, seines gesetzlichen Vertreters oder Erfüllungsgehilfen beruhen.

- 4 -

§ 9 Schriftformerfordernis
Änderungen und Ergänzungen dieses Vertrags bedürfen der Schriftform. Das Schriftformerfordernis kann nur schriftlich abbedungen werden.

§ 10 Rechtswahl
Die Parteien vereinbaren für die Durchführung und Abwicklung dieses Vertrags und auch für eventuelle Rechtsstreitigkeiten die Anwendung deutschen materiellen und prozessualen Rechts.

§ 11 Gerichtsstand
Sofern beide Parteien Kaufleute, juristische Personen des öffentlichen Rechts oder öffentlich-rechtliche Sondervermögen sind, vereinbaren sie als Gerichtsstand den Geschäftssitz des Verkäufers.

§ 12 Besondere individuelle Vereinbarungen
....
....
....
....
....

§ 13 Salvatorische Klausel
Sollten einzelne Bestimmungen unwirksam sein oder werden, wird hierdurch die Wirksamkeit der übrigen Bestimmungen nicht berührt.

Nichtzutreffendes jeweils streichen

............................., ...
    (Ort)   *(Datum)*   *(Verkäufer)*

............................., ...
    (Ort)   *(Datum)*   *(Käufer)*

Einstellvertrag

- 1 -

PFERDEPENSIONSVERTRAG

zwischen   ....

   (nachfolgend: „Pensionsbetreiber")   *(Name/n, vollständige Anschrift, Mobiltelefon)*

und   ....

   (nachfolgend: „Einsteller")   *(Name/n, vollständige Anschrift, Mobiltelefon)*

§ 1 Vertragsgegenstand
I.   Der Pensionsbetreiber stellt dem Einsteller für das Pferd .... sowie für
   die Pferde* .... (je)* eine
   Pferdebox*/Box mit Paddock*/einen Platz in einem Offenstall*/in einem Aktivstall*/auf einer
   Koppel*/... zur Verfügung.
II.   Der Einsteller hat keinen Anspruch auf eine bestimmte Box, sofern gleichartige andere Boxen
   vorhanden sind.* Der Pensionsbetreiber ist berechtigt, dem Pferd aufgrund von
   Pferdeunverträglichkeit oder aus anderen wichtigen Gründen eine andere, gleichartige Box
   zuzuweisen.*

§ 2 Leistungen des Pensionsbetreibers
Das Vertragsverhältnis beinhaltet folgende Leistungen:
I.   Vermietung gemäß § 1
II.   zweimal*/dreimal* tägliche/ad libitum* Fütterung des Pferdes mit Raufutter.
III.   zweimal*/dreimal* tägliche Fütterung des Pferdes mit Kraftfutter. Die Art des Kraftfutters wird
   durch den Pensionsbetreiber bestimmt, die Menge durch den Einsteller*/der Einsteller stellt dem
   Pensionsbetreiber das Futter jeweils fütterungsfertig vorbereitet zur Verfügung*.
IV.   Tränken des Pferdes über eine Selbsttränke*/mittels Wasserstellen, sodass dem Pferd durchgängig
   Wasser zugänglich ist*/dreimal täglich von Hand*.
V.   Hallen- und Anlagennutzung gemäß der Anlagennutzungsordnung* in der jeweils gültigen Fassung
   unter Berücksichtigung der festen Stallzeiten (täglich von .... Uhr bis .... Uhr) und
   dem aktuellen zeitlichen Hallen- bzw. Anlagennutzungsplan*. Die Anlagennutzungsordnung und der
   zeitliche Anlagen- und Hallennutzungsplan sind Bestandteile dieses Vertrages, hängen im
   Pensionsbetrieb sichtbar aus und werden dem Einsteller auf Wunsch ausgehändigt.
VI.   Ausmisten (täglich zweimal*/täglich einmal*/nur montags bis freitags*/wöchentlich*).
VII.   Einstellung des Pferdes auf der vom Pensionsbetreiber bestimmten Einstreu*/auf folgender Einstreu
   (bei zusätzlichem monatlichen Kostenbeitrag: .... €)*: ....
VIII.   Verbringen und Rückholung des Pferdes auf/von Koppel*/Auslauf*/..*
   jeweils täglich*/während der Koppelsaison*/in Abhängigkeit von den
   Witterungsbedingungen*/.. * ist*/ist nur* gegen einen monatlichen
   Aufpreis von .... € im Leistungsumfang enthalten.
IX.   Pflege der Koppeln und Ausläufe* ist*/ist nur* gegen einen monatlichen Aufpreis von .... € im
   Leistungsumfang enthalten.

§ 3 Zusatzleistungen, Tierarzt
I.   Zusatzleistungen wie etwa Beritt, Pflege bei Krankheit, Führen, Führanlagenbenutzung, Aufhalten
   für Hufpflege, Wahrnehmung von Tierarztterminen, Gesundheitskontrolle oder -pflege oder

- 2 -

Verabreichung von verordneten Medikamenten, Pflege von Sattel- und Zaumzeug etc. werden gesondert abgerechnet.

II. Die Kosten für die Tierseuchenkasse trägt der Einsteller.

III. Die Kosten für Hufpflege und -beschlag sowie für die gesamte tierärztliche Versorgung des Pferdes einschließlich Wurmkuren trägt allein der Einsteller.

IV. Das Pensionsbetreiber kann im Namen und auf Kosten des Einstellers einen Tierarzt bestellen, in dringenden Fällen auch ohne Absprache und ohne Zustimmung des Einstellers.

§ 4 Erklärungen des Einstellers, Pferdepass

I. Der Einsteller versichert, dass sein Pferd fieberfrei, mit keiner ansteckenden Krankheit oder mit Erscheinungen behaftet ist, die den Ausbruch einer ansteckenden Krankheit befürchten lassen, dass es nach seiner Kenntnis aus keinem verseuchten Bestand kommt, kein Beißer oder Schläger ist, nicht koppt, nicht webt und kein Boxenläufer ist.

II. Der Einsteller erklärt, dass das Pferd folgende besondere Merkmale, Unarten oder Krankheiten hat:
....

III. Dem Einsteller ist bei Abschluss dieses Vertrags der Zustand der Box bekannt. Er erkennt ihn als ordnungsgemäß, zweckentsprechend und zum vertraglichen Gebrauch als tauglich an.

IV. Entsprechend den gesetzlichen Vorgaben übergibt der Einsteller dem Pensionsbetreiber den Pferdepass für das Pferd zu treuen Händen.

§ 5 Pensionsentgelt

I. Der Einsteller zahlt ein monatliches Grund-*Einstellentgelt in Höhe von .... €.
Hinzu kommen monatliche Zusatzleistungen gemäß § 2 in Höhe von .... €.
Das gesamte Pensionsentgelt beträgt damit .... €.

II. Das Pensionsentgelt ist fällig zum Monatsersten im Voraus*/zum Monatsende*/.............................*
und zwar jeweils in bar*/durch Überweisung* auf das Konto des Pensionsbetreibers,
Kontonr./IBAN* .... BLZ/BIC* ....

III. Für den laufenden Monat sind anteilig fällig .... €. Sie müssen bis zum Ende des laufenden Monats gezahlt sein.

IV. Eine verspätete Zahlung berechtigt den Pensionsbetreiber, eine Mahngebühr von 5,00 € für jede Mahnung sowie Verzugszinsen zu erheben.

V. Die vorübergehende Abwesenheit des Pferdes, z. B. Turnierbesuch, Urlaub, Klinikaufenthalt etc. verringert nicht die Höhe des Einstellpreises, ebenso nicht ein Stallwechsel des Pferdes noch vor Beendigung des Einstellverhältnisses.

VI. Räumt der Einsteller den Vertragsgegenstand gemäß § 1 noch vor Ablauf der Kündigungsfrist, so ist er nur dann berechtigt, das vereinbarte Einstellentgelt für die Restlaufzeit anteilig abzuziehen, wenn der Pensionsbetreiber den Stellplatz in diesem Zeitraum tatsächlich hat weitervermieten können. Eine Reduzierung der Boxenmiete für diesen Zeitraum auf eine „Leerboxenmiete" ist ausdrücklich nicht zulässig, da der Pensionsbetreiber sämtliche Aufwendungen vorhält und vorfinanziert.

VII. Der Pensionsbetreiber ist berechtigt, eine angemessene Angleichung des Einstellpreises an veränderte Wirtschaftsverhältnisse gleich welcher Art, insbesondere bei Veränderung der Betriebskosten (Futter-, Einstreu-, Energie-, Arbeitskosten etc.) vorzunehmen, sofern mindestens vier Monate seit der letzten Preisanpassung vergangen sind. Die Änderung des Einstellpreises muss schriftlich angezeigt werden und tritt mit Wirkung des übernächsten Monatsersten in Kraft. Der Einsteller hat in diesem Fall das Recht, den Vertrag mit einer Frist von einem Monat nach Ankündigung der Preisanpassung zum nächsten Monatsende schriftlich zu kündigen.

- 3 -

§ 6 Vertragsdauer
I. Das Vertragsverhältnis beginnt am ....
II. Der Vertrag läuft auf unbestimmte Zeit*/befristet bis zum* ....
III. Ist der Vertrag auf unbestimmte Zeit geschlossen, so kann er mit einer Frist von zwei Monaten zum Monatsende gekündigt werden.
IV. Eine fristlose Kündigung aus wichtigem Grund aufgrund von Verletzungen dieses Vertrags bleibt davon unberührt.
V. Die Kündigung muss schriftlich erfolgen.

§ 7 Pflichten des Einstellers
I. Der Einsteller verpflichtet sich, seinen Stellplatz und die Anlage des Pensionsbetriebs nebst Inventar pfleglich zu behandeln und in ordnungsgemäßem Zustand zu erhalten und zurückzugeben. Sollten durch ihn oder sein Pferd Schäden entstehen, ist er verpflichtet, die Kosten für die Reparaturen dieser Schäden zu ersetzen . Dies gilt insbesondere auch für beschädigte und angefressene Boxenwände, Tränken, Tröge, Zäune etc.
II. Der Einsteller verpflichtet sich, die Anlage des Pensionsbetriebs stets sauber zu halten. Er hat dafür Sorge zu tragen, dass die Tore und Stalltüren verschlossen sind und dass das Licht beim Verlassen der Anlage ausgeschaltet wird. Insbesondere sind sämtliche Pferdeäpfel, die vom eingestellten Pferd außerhalb der Box fallen, aufzusammeln und in die entsprechenden Mistsammelplätze zu verbringen.
III. Der Einsteller darf die Box nicht an Dritte weitergeben oder weitervermieten.
IV. Der Einsteller ist nicht berechtigt, ohne Zustimmung des Pensionsbetreibers bauliche Veränderungen an der Pferdebox vorzunehmen.
V. Der Einsteller ist nicht berechtigt, ohne ausdrückliche Zustimmung des Pensionsbetreibers Dritten Reitunterricht zu erteilen.

§ 8 Haftung und Versicherungen
I. Der Einsteller stellt den Pensionsbetreiber ausdrücklich von jeglicher Haftung für Schäden an seinem Pferd frei. Davon ausgenommen ist die Haftung für grobe Fahrlässigkeit und Vorsatz.
Die Haftungsfreistellung gilt nicht, sofern eine Haftung für Schäden aus der Verletzung des Lebens, des Körpers oder der Gesundheit besteht, die auf einer mindestens fahrlässigen Pflichtverletzung des Pensionsbetreibers, seines gesetzlichen Vertreters oder Erfüllungsgehilfen beruhen.
II. Eine eventuell darüber hinaus doch bestehende Übernahmeverpflichtung des Pensionsbetreibers ist ausdrücklich auf den Umfang seiner bestehenden Betriebshaftpflichtversicherung beschränkt.
III. Zeigt sich im Laufe der Vertragszeit ein Mangel in der dem Einsteller bzw. dessen Pferd vom Pensionsbetreiber überlassenen Vertragssache oder wird eine Vorkehrung gegen eine nicht vorhergesehene Gefahr erforderlich, so hat der Einsteller dem Pensionsbetreiber unverzüglich hierüber schriftliche Anzeige zu machen. Unterlässt der Einsteller seine Anzeigepflicht, kann er aus derartigen Mängeln keine Schadensersatzansprüche gegen den Pensionsbetreiber herleiten.
Der Haftungsausschluss gilt nicht, sofern eine Haftung für Schäden aus der Verletzung des Lebens, des Körpers oder der Gesundheit besteht, die auf einer mindestens fahrlässigen Pflichtverletzung des Pensionsbetreibers, seines gesetzlichen Vertreters oder Erfüllungsgehilfen beruhen, und ebenso nicht, sofern die Haftung auf grobe Fahrlässigkeit oder Vorsatz gründet.
IV. Der Einsteller haftet dem Pensionsbetreiber für sämtliche durch ihn, seine Erfüllungsgehilfen und sonstige von ihm beauftragte Personen sowie durch sein Pferd verursachte Schäden. Soweit in diesem Zusammenhang Dritte im Rahmen der Tierhalterhaftung des Einstellers beschädigt werden, verpflichtet sich der Einsteller für den Fall der Inanspruchnahme des Pensionsbetreibers durch den Dritten, den Pensionsbetreiber von einer etwaigen Schadenstragungspflicht, und sei sie auch nur anteilig, freizustellen.

- 4 -

V. Der Einsteller erklärt, dass er für sein Pferd eine gültige Pferdehalterhaftpflichtversicherung bei folgender Versicherungsgesellschaft abgeschlossen hat: ....

§ 9 Schlüssel
I. Der Einsteller erhält heute .... Stallschlüssel*/ .... Schlüssel der Schließanlage des Pensionsbetriebs*/.............. Sattelkammerschlüssel*/... .
II. Er darf die Schlüssel nicht ohne Zustimmung des Pensionsbetreibers an Dritte weitergeben.
III. Mit Vertragsende sind sämtliche Schlüssel an den Pensionsbetreiber zurückzugeben.
IV. Bei Verlust des Schlüssels hat der Einsteller die Neuanfertigung des Schlüssels zu ersetzen. Sofern der Schlüssel zu einer Schließanlage gehört, hat der Einsteller den Neueinbau der Schließanlage nebst sämtlichen Schlössern und Schlüsseln zu ersetzen.
V. Das Gleiche (Ziff. III.) gilt, wenn der Einsteller nach Beendigung des Vertragsverhältnisses trotz einer weiteren schriftlichen Aufforderung des Pensionsbetreibers den Schlüssel trotz Fristsetzung nicht zurückgegeben hat.

§ 10 Pfandrecht, Zurückbehaltung, Aufrechnung
I. Der Einsteller erklärt, dass das Pferd sein Eigentum ist, insbesondere nicht sicherungsübereignet, gepfändet oder verpfändet ist. Der Einsteller verpflichtet sich, den Pensionsbetreiber von einer etwaigen Pfändung oder dem Verkauf des Pferdes unverzüglich zu unterrichten. Ein Verstoß gegen diese Vertragsbestimmung berechtigt den Pensionsbetreiber, das Vertragsverhältnis fristlos zu kündigen.
II. Der Pensionsbetreiber hat wegen fälliger Forderungen gegen den Einsteller ein Pfandrecht am Pferd, im Falle mehrerer eingestellter Pferde an allen Pferden des Einstellers, an den Ausrüstungsgegenständen sowie am Zubehör. Der Pensionsbetreiber kann sich binnen eines Monats nach schriftlicher Verkaufsandrohung aus den vorgenannten Pfandrechten befriedigen. Die Befriedigung erfolgt nach den für das Pfandrecht geltenden Vorschriften des BGB.
III. Ferner steht dem Pensionsbetreiber wegen fälliger Forderungen ein Zurückbehaltungsrecht am Pferd/an den Pferden sowie an allen in seinen Besitz gelangten, im Eigentum des Einstellers stehenden Gegenständen zu.
IV. Der Pensionsbetreiber hat nach mehr als einmonatigem Zahlungsverzug des Einstellers das Recht*, für das/die unter § 1 genannte/n Pferd/e eine oder mehrere Reitbeteiligungen zu bestellen*/das Pferd im Schulbetrieb einzusetzen*/..*, um die laufenden Aufwendungen für das/die Pferd/e zu reduzieren.
V. Die Aufrechnung des Einstellers gegenüber dem Pensionsentgelt mit einer Gegenforderung ist nur zulässig, wenn diese rechtskräftig festgestellt ist oder vom Pensionsbetreiber nicht bestritten wird.

§ 11 Mehrere Personen als Einsteller
I. Mehrere Personen als Einsteller haften für alle Verpflichtungen als Gesamtschuldner. Für die Rechtswirksamkeit einer Erklärung des Pensionsbetreibers genügt es, wenn sie gegenüber einem der Einsteller abgegeben wird. Insbesondere bewirkt die Kündigung gegenüber einem Einsteller die Kündigung des gesamten Vertragsverhältnisses.
II. Willenserklärungen eines Einstellers sind auch für die anderen Einsteller verbindlich. Die Einsteller gelten zur Vornahme und Entgegennahme solcher Erklärungen als gegenseitig bevollmächtigt.
III. Tatsachen, die für einen Einsteller eine Verlängerung oder Verkürzung des Vertragsverhältnisses herbeiführen oder für oder gegen ihn einen Schadensersatz oder sonstige Ansprüche begründen, haben für die anderen Einsteller die gleiche Wirkung.

- 5 -

§ 12 Besondere individuelle Vereinbarungen

....
....
....
....
....

§ 13 Sonstiges

Änderungen und Ergänzungen dieses Vertrags bedürfen der Schriftform. Das Schriftformerfordernis kann nur schriftlich abbedungen werden.

Sollten einzelne Bestimmungen unwirksam sein oder werden, wird hierdurch die Wirksamkeit der übrigen Bestimmungen nicht berührt.

Nichtzutreffendes jeweils streichen

........................., ...
    (Ort)   *(Datum)*   *(Pensionsbetreiber)*

........................., ...
    (Ort)   *(Datum)*   *(Einsteller)*

Reitbeteiligungsvertrag

- 1 -

REITBETEILIGUNGSVERTRAG

zwischen ....

(*nachfolgend: „Pferdehalter"*)   *(Name/n, vollständige Anschrift, Mobiltelefon)*

und ....

(*nachfolgend: „Reitbeteiligung"*)   *(Name/n, vollständige Anschrift, Mobiltelefon)*

§ 1 Vertragsinhalt

I.   Der Pferdehalter räumt der Reitbeteiligung im Rahmen eines Leihvertrags das Recht ein, das Pferd
.... art- und tiergerecht zu reiten.
     (Name des Pferdes)

II. Das Pferd hat folgende besondere Merkmale*/Unarten* (z. B. nicht verkehrssicher, schreckhaft,
steigt, bockt, beißt, tritt, Sonstiges .... – *nichtzutreffendes streichen
bzw. ergänzen*) bzw. leidet an den Erkrankungen*
COB/Husten/Arthrose/Headshaking/Sommerekzem/Sonstiges
.... – *nichtzutreffendes streichen bzw. ergänzen*)

III. Die Reitbeteiligung verpflichtet sich, die Vorgaben des Tierschutzes sowie diejenigen der Deutschen
Reiterlichen Vereinigung FN vollumfänglich zu beachten.

IV. Die Reitbeteiligung darf das Pferd wie folgt nutzen (*nichtzutreffendes streichen*):
Bodenarbeit, Longieren, Reiten in der Halle, Reiten auf dem Reitplatz, Reiten im Gelände,
freizeitmäßiges Reiten, dressurmäßiges Reiten, Springen, westernmäßiges Reiten, Wanderreiten,
Distanzreiten, Reitunterrichtsteilnahme, Sonstiges: ....

V.   In anderer Weise als vorgenannt darf die Reitbeteiligung das Pferd nur nutzen, wenn der
Pferdehalter dem zuvor ausdrücklich zugestimmt hat. Insbesondere ist es der Reitbeteiligung nicht
erlaubt, an Turnieren, Jagden oder ähnlichen Veranstaltungen teilzunehmen.

§ 2 Kostenbeteiligung

I.   Die Reitbeteiligung beteiligt sich an den Haltungskosten des Pferdes (= anteilige Futter-, Pensions-,
Tierarzt-, Schmiede-, Versicherungskosten) und zahlt an den Pferdehalter monatlich einen Betrag
von .... €.

II. Die monatliche Beteiligung ist zum Monatsersten im Voraus*/zum Monatsende*/........................*
zu zahlen, und zwar jeweils in bar*/durch Überweisung* auf das Konto des Pferdehalters,
Kontonr./IBAN* .... BLZ/BIC* ....

III. Die Reitbeteiligung bleibt auch bei eigener Verhinderung oder krankheitsbedingtem Ausfall des
Pferdes zur Zahlung verpflichtet. Sollte das Pferd sich nach Ablauf eines Monats als vorübergehend
oder endgültig nicht mehr vertragsgemäß nutzbar erweisen, erlischt die Zahlungspflicht der
Reitbeteiligung zum Monatsende.

§ 3 Zeitliche Vereinbarungen

I.   Die Reitbeteiligung hat das Recht, das Pferd pro Woche .... Mal zu reiten. Es gilt eine
durchschnittliche Reitdauer von einer Stunde*/einer halben Stunde*/...*
als vereinbart.

II. Für Wochenenden und Feiertage treffen die Parteien die folgenden Regelungen:
....
....

- 2 -

III. Zwischen den Parteien wird eine feste tageweise Nutzung vereinbart, wonach die Reitbeteiligung das Pferd ausschließlich an den folgenden Tagen nutzt (*ganz streichen, wenn nicht zutreffend*): montags*/dienstags*/mittwochs*/donnerstags*/freitags*/samstags*/sonntags*

IV. Zwischen den Parteien wird die Nutzung jeweils kurzfristig frei vereinbart (*streichen, wenn nicht zutreffend*):

V. Zusätzlich übernimmt die Reitbeteiligung für das Pferd Pflege*, Füttern*, Ausmisten*, Sonstiges: ....* an ihren Nutzungstagen*/an den folgenden Wochentagen*: ....

§ 4 Pflichten der Reitbeteiligung

I. Die Reitbeteiligung trägt beim Reiten grundsätzlich immer eine Reitkappe* sowie beim Reiten im Gelände / beim Reiten über Sprünge eine der EN-Norm entsprechende Sicherheitsweste*.

II. Beim Ausreiten verpflichtet sich die Reitbeteiligung, ein Mobiltelefon mit sich zu führen*.

III. Die Reitbeteiligung darf folgende Hilfsmittel **nicht** zum Reiten nutzen: Gerte*/Sporen*/ Ausbinder*/Dreieckszügel*/sonstige Hilfszügel*/Sonstiges* ....

IV. Die Reitbeteiligung verpflichtet sich, mit dem Pferd auf eigene Kosten Reitunterricht (.......... Mal pro Monat) zu nehmen*.

V. Die Reitbeteiligung verpflichtet sich, die Regeln des Reitstalls einschließlich der vereinbarten Nutzungszeiten einzuhalten und die Anweisungen des Pensionsbetreibers zu befolgen.

VI. Im Krankheits-/Verletzungsfall sowohl des Pferdes als auch der Reitbeteiligung verpflichtet sich diese, den Pferdehalter unverzüglich zu informieren.

§ 5 Pflichten des Pferdehalters

I. Der Pferdehalter hat eine Instandhaltungspflicht bezüglich der Ausrüstung, insbesondere, sofern die Ausrüstungsgegenstände der Sicherheit dienen. Dies gilt nicht, sofern Ausrüstungsgegenstände durch grob fahrlässiges Handeln der Reitbeteiligung beschädigt wurden oder sich verschlechtert haben.

II. Im Krankheits-/Verletzungsfall des Pferdes verpflichtet sich der Pferdehalter, die Reitbeteiligung unverzüglich zu informieren.

§ 6 Vertragsdauer

I. Der Vertrag läuft auf unbestimmte Zeit*/befristet vom* .... bis* ....

II. Der Vertrag kann mit zweiwöchiger Frist zum Monatsende ordentlich gekündigt werden. Eine fristlose Kündigung aus wichtigem Grund aufgrund von Verletzungen dieses Vertrags bleibt davon unberührt. Die Kündigung muss schriftlich erfolgen.

§ 7 Haftung

I. Die Parteien erklären wechselseitig den unwiderruflichen Haftungsausschluss. Damit verzichten beide Parteien im Schadensfall wechselseitig auf alle Ansprüche – gleich aus welchem Rechtsgrund.

II. Insbesondere verzichtet der Pferdehalter auf Haftungsansprüche gegen die Reitbeteiligung aus Schäden am Pferd oder an der Ausrüstung.

III. Insbesondere verzichtet die Reitbeteiligung auf alle Haftungsansprüche gegen den Pferdehalter, vor allem auf solche aus Tierhalterhaftung wegen Schäden aufgrund tierischen und willkürlichen Verhaltens des Pferds.

IV. Die beiderseitige Haftung aufgrund grober Fahrlässigkeit oder Vorsatz bleibt vom Haftungsausschluss unberührt.
Dieser Haftungsausschluss gilt ferner nicht, soweit eine Haftung für Schäden aus der Verletzung des Lebens, des Körpers oder der Gesundheit besteht, die auf einer mindestens fahrlässigen Pflichtverletzung einer Vertragspartei beruht.

- 3 -

V.   Soweit dies gesetzlich möglich ist, umfasst der Haftungsausschluss auch alle Ansprüche, die aufgrund ihrer Art auf eine Krankenkasse oder einen Sozialversicherungsträger übergehen.

§ 8 Versicherungspflichten
I.   Der Pferdehalter erklärt, eine gültige Pferdehalterhaftpflicht abgeschlossen zu haben, die das sogenannte Fremdreiterrisiko erfasst. Er verpflichtet sich, die Versicherung aufrechtzuerhalten. Sofern der Versicherungsvertrag vorsieht, dass die Reitbeteiligung namentlich gemeldet werden muss, verpflichtet er sich, diese Anzeige unverzüglich vorzunehmen.
II.   Die Reitbeteiligung verpflichtet sich, eine Unfall- und Privathaftpflichtversicherung abzuschließen, die das Risiko „Reiten" miteinschließt, bzw. derartige Versicherungen aufrechtzuerhalten.

§ 9 Besondere individuelle Vereinbarungen
....
....
....
....
....

§ 10 Sonstiges
Änderungen und Ergänzungen dieses Vertrags bedürfen der Schriftform. Das Schriftformerfordernis kann nur schriftlich abbedungen werden.
Sollten einzelne Bestimmungen unwirksam sein oder werden, wird hierdurch die Wirksamkeit der übrigen Bestimmungen nicht berührt.

Nichtzutreffendes jeweils streichen

.............................., ...
(Ort)   (Datum)   (Pferdehalter)

.............................., ...
(Ort)   (Datum)   (Reitbeteiligung)

Haftungsfreistellung Pferdetransport

- 1 -

HAFTUNGSFREISTELLUNG FÜR PFERDETRANSPORT

zwischen ....

        (nachfolgend: „Transporteur")   *(Name/n, vollständige Anschrift, Mobiltelefon)*

und   ....

        (nachfolgend: „Pferdehalter")   *(Name/n, vollständige Anschrift, Mobiltelefon)*

§ 1 Vertragsgegenstand

I.   Der Pferdehalter beauftragt den Transporteur mit dem Transport seines Pferdes*/seiner Pferde* .... am .... von .... nach ....… und* ....

II.   Der Transporteur führt den Transport mit seinem eigenen Pkw und Anhänger */Transport-fahrzeug*/Lkw durch.

III. Der Pferdehalter hat das Transportmittel besichtigt und erklärt es für geeignet und vertragsgemäß.*

§ 2 Kosten

I.   Für den/die Transport/e* zahlt der Pferdehalter ein festes Entgelt von .... €*/pro gefahrenen Kilometer (einschließlich Rückfahrkilometer*) .... €*.

II.   Das Transportentgelt ist fällig vor Antritt des Transports*/bei Ablieferung des Pferdes am Zielort*/am .... *.

§ 3 Pferdepass, Gesundheitszeugnis

I.   Entsprechend den gesetzlichen Vorgaben übergibt der Pferdehalter dem Transporteur für den Transport den Pferdepass für das Pferd*/die Pferde*.

II.   Sollte für den Fall eines Auslandstransports ein amtstierärztliches Gesundheitszeugnis erforderlich sein, verpflichtet sich der Pferdehalter, die Erstellung eines solchen zu veranlassen und bezahlen.

§ 4 Haftung und Versicherungen

I.   Der Pferdehalter stellt den Transporteur ausdrücklich von jeglicher Haftung für Schäden an seinem Pferd*/seinen Pferden* frei. Davon ausgenommen ist die Haftung für grobe Fahrlässigkeit und Vorsatz. Die Haftungsfreistellung gilt ebenfalls nicht, sofern eine Haftung für Schäden aus der Verletzung des Lebens, des Körpers oder der Gesundheit besteht, die auf einer mindestens fahrlässigen Pflichtverletzung des Transporteurs, seines gesetzlichen Vertreters oder seines Erfüllungsgehilfen beruhen.

II.   Der Pferdehalter haftet dem Transporteur für sämtliche durch sein Pferd verursachten Schäden. Soweit in diesem Zusammenhang Dritte im Rahmen der Tierhalterhaftung des Pferdehalters beschädigt werden, verpflichtet sich der Pferdehalter für den Fall der Inanspruchnahme des Transporteurs durch den Dritten, den Transporteur von einer etwaigen Schadenstragungspflicht, und sei sie auch nur anteilig, freizustellen.

III. Der Pferdehalter erklärt, dass er für sein Pferd eine gültige Pferdehalterhaftpflichtversicherung bei folgender Versicherungsgesellschaft abgeschlossen hat: ....

- 2 -

§ 5 Besondere individuelle Vereinbarungen
....
....
....

§ 6 Sonstiges
Änderungen und Ergänzungen dieses Vertrags bedürfen der Schriftform. Das Schriftformerfordernis kann nur schriftlich abbedungen werden.
Sollten einzelne Bestimmungen unwirksam sein oder werden, wird hierdurch die Wirksamkeit der übrigen Bestimmungen nicht berührt.

Nichtzutreffendes jeweils streichen

......................................, ...
       (Ort)   *(Datum)*   *(Transporteur)*

......................................, ...
       (Ort)   *(Datum)*   *(Pferdehalter)*

[Foto: Christiane Slawik]

STICHWORTREGISTER

Hilfreiche Links

www.eudequi.org
www.rechtspfad.de
www.spezialist-pferderecht.de
www.spezialanwaelte-pferderecht.org
www.hippotax.de